Politik – Wirtschaft

Einführungsphase
mit Berufs- und Studienorientierung

herausgegeben von
Kersten Ringe
Jan Weber

bearbeitet von
Stefan Knapp
Stephan Podes
Kersten Ringe
Jan Weber

C.C.Buchner Verlag · Bamberg

Niedersachsen

Kolleg Politik und Wirtschaft – Niedersachsen

Politik – Wirtschaft
Einführungsphase
mit Berufs- und Studienorientierung

Herausgegeben von Kersten Ringe und Jan Weber

Bearbeitet von Stefan Knapp, Stephan Podes, Kersten Ringe, Jan Weber

Zu diesem Lehrwerk sind erhältlich:
- Digitales Lehrermaterial click & teach Einführungsphase (BN 720541)
- Digitales Schulbuch click & study Einführungsphase (BN 720511)

Weitere Materialien finden Sie unter www.ccbuchner.de

1. Auflage, 3. Druck 2018

Alle Drucke dieser Auflage sind, weil untereinander unverändert, nebeneinander benutzbar.

Dieses Werk folgt der reformierten Rechtschreibung und Zeichensetzung. Ausnahmen bilden Texte, bei denen künstlerische, philologische oder lizenzrechtliche Gründe einer Änderung entgegenstehen.

Die Mediencodes enthalten ausschließlich optionale Unterrichtsmaterialien. Auf verschiedenen Seiten dieses Buches finden sich Verweise (Links) auf Internetadressen. Haftungshinweis: Trotz sorgfältiger inhaltlicher Kontrolle wird die Haftung für die Inhalte externer Seiten ausgeschlossen.

Redaktion: Meike Rademacher
Grafische Gestaltung: HOCHVIER GmbH & Co. KG, Bamberg
Umschlaggestaltung: tiff.any GmbH, Berlin
Druck und Bindung: creo Druck & Medienservice GmbH, Bamberg

www.ccbuchner.de

ISBN 978-3-661-72051-7

Liebe Schülerinnen und Schüler,

Mit der Einführungsphase sind Sie nun in der gymnasialen Oberstufe angekommen. Hier sollen u.a. in allen Fächern des neuen neunjährigen Gymnasiums erste vertiefende Kenntnisse erworben und fachliche Kompetenzen weiter ausgebaut werden, um Ihnen begründete Wahlentscheidungen für ein Profil in der Qualifikationsphase zu ermöglichen. Eine Besonderheit im Fach Politik-Wirtschaft ist die ergänzende Stunde zur Berufs- und Studienwahlvorbereitung. Wir Autoren hatten bei der Erstellung dieses Schulbuchs insbesondere vier Ziele vor Augen:

Damit Sie einen möglichst guten Zugang zum Fach und seinen Themen finden und die theoretischen Erkenntnisse anwenden können, arbeiten wir konsequent mit aufschlussreichen **Beispielen**, die Sie in Ihrem Umfeld oder in den Medien bereits wahrgenommen haben könnten.

Wahrscheinlich haben Sie den Politik-Wirtschaft-Unterricht in den Klassen 8-10 sehr verschieden erlebt – möglicherweise in verschiedenen Schulformen, in getrennten Klassen und mit unterschiedlichen Schwerpunkten und Arbeitsformen. In diesem Buch haben wir die grundlegenden **Lern- und Arbeitstechniken** des Faches für Sie verständlich und strukturiert aufbereitet sowie die Arbeit mit **Operatoren** in den Mittelpunkt gestellt. Anschließend sind Sie bestens vorbereitet auf den Unterricht in der Qualifikationsphase.

Damit Sie eine Einschätzung dafür bekommen, auf welchem Niveau Sie sich mit den Themen- und Fragestellungen im Prüfungsfach Politik-Wirtschaft in der Qualifikationsphase beschäftigen würden, haben wir für jedes Großkapitel jeweils ein **Vertiefungskapitel** erarbeitet. Wenn Ihnen die niveauvolle Auseinandersetzung damit Spaß macht und für Sie zu leisten ist, sollten Sie das Fach Politik-Wirtschaft als drei- oder sogar fünfstündiges Prüfungsfach in die engere Wahl ziehen.

Nicht zuletzt soll die **Berufs- und Studienorientierung** für Sie einen Schwerpunkt in dieser Einführungsphase bilden. In und außerhalb der Schule werden Sie sich intensiv mit verschiedenen Facetten dieses wichtigen Themas auseinandersetzen. In diesem Buch haben wir u.a. die Analyse eines regionalen Wirtschaftsraums und den benoteten Praktikumsbericht in den Mittelpunkt gestellt. Vor allem aber haben wir über das Buch verteilt Impulse gesetzt, die die Inhalte der Kapitel mit eigenen beruflichen Zukunftsvorstellungen verknüpfen. So können Sie diese zur individuellen Auseinandersetzung nutzen. Am besten verwenden Sie diese auch zur Erstellung eines Portfolios, das Sie auch in den nächsten Jahren fortführen.

Interessante Diskussionen, gewinnbringende Erkenntnisse und vor allem viel Spaß mit Politik-Wirtschaft wünschen

Die Autoren und der Verlag

Zum Aufbau der Kapitel

Der Kapitelaufbau folgt dem Doppelseiten- bzw. Vier-Seiten-Prinzip. Dieser Aufbau erleichtert die Strukturierung der Unterrichtsstunden.

Einführung

Jedes Kapitel beginnt mit einem Problemaufriss, einer Lernstandserhebung und der Formulierung der im Kapitelverlauf zu erwerbenden Kompetenzen.

Unterkapitel

Jedes Unterkapitel zeichnet sich durch exemplarisches Vorgehen sowie eine konsequente Schüler- und Problemorientierung aus. Die **Materialien** sind multiperspektivisch angelegt und vertiefen zentrale Themenaspekte. Sie ermöglichen einen vielseitigen und kompetenzorientierten Unterricht. Unter anderem die Darstellung aktueller Kontroversen fördert die Urteilskompetenz der Schüler.

In **Infoboxen** und in der **Randspalte** werden grundlegende Sachinformationen platziert. Inhaltliche Bezüge zu anderen Kapiteln werden durch **Verweise** ebenfalls in der Randspalte gekennzeichnet.

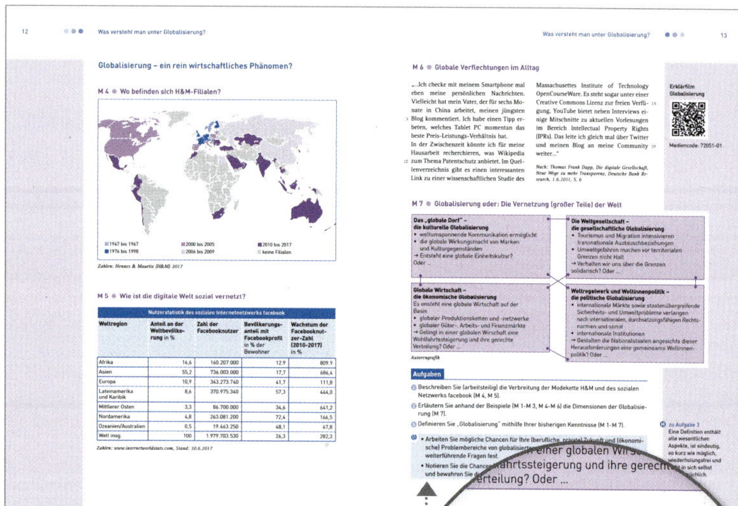

Aufgaben

Jede Themeneinheit schließt mit Aufgaben ab, die die Schüler gezielt an den aufgeworfenen Zusammenhängen und Problemstellungen arbeiten lassen. Die Aufgaben sind durchgängig mit den **Operatoren für das niedersächsische Abitur** formuliert.

In der Randspalte sind Aufgaben zum **Helfen** Ⓗ, **Fordern** Ⓕ und mit besonderem **methodischen Schwerpunkt** Ⓜ platziert. Sie bilden den Ausgangspunkt für einen binnendifferenzierten Unterricht, in dem alle Schüler möglich selbsttätig sind.

Speziell in der Einführungsphase sind über das gesamte Buch verteilt Aufgaben zur **Berufs- und Studienorientierung** gekennzeichnet. Sie geben Impulse zur individuellen Auseinandersetzung. Die Inhalte des Kapitels werden hier mit eigenen beruflichen Zukunftsvorstellungen verknüpft. Dabei wird die Erstellung eines Portfolios angeregt, das auch in der weiteren Auseinandersetzung mit dem eigenen Werdegang (in der Qualifikationsphase) fortgeführt werden kann.

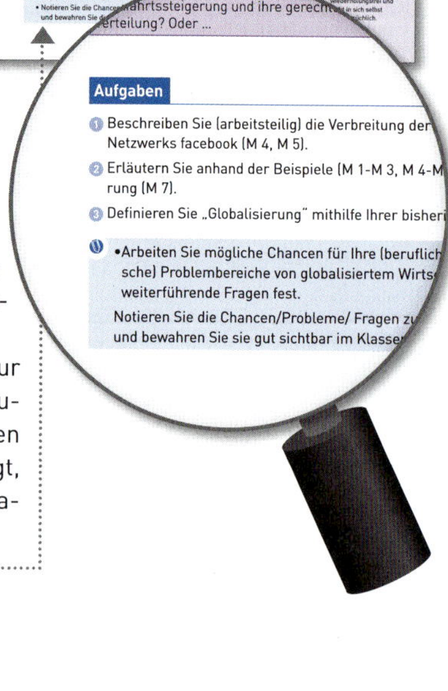

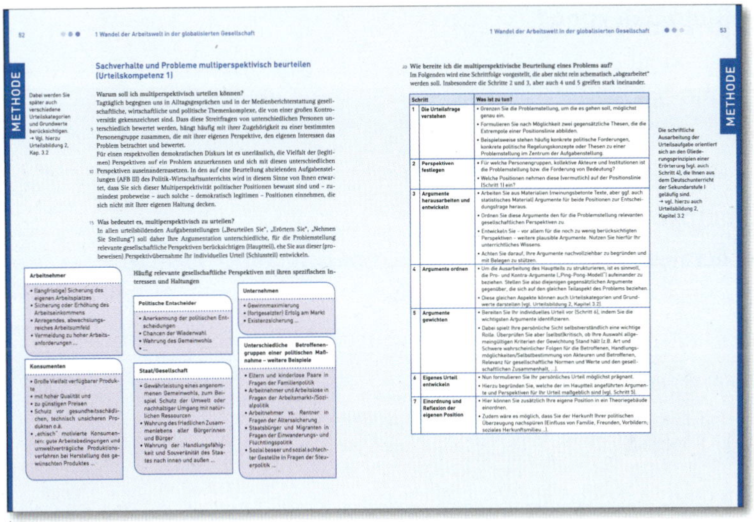

Methoden

Grundlegende Methoden und Arbeitstechniken für das Fach werden für Schüler verständlich und strukturiert eingeführt und beispielhaft ausgearbeitet. In Bausteinen werden die Aspekte der Urteilsbildung dargestellt und mit Arbeitshilfen versehen.

Orientierungswissen

Orientierungswissen am Ende der Unterkapitel hilft den Schülern, das erworbene Wissen konzentriert zu sichern, und ermöglicht eine Wiederholung zentraler Inhalte.

Vertiefung

In jedem Großkapitel extra ausgewiesen sind Unterrichtseinheiten mit besonderem Anspruch, die den Schülerinnen und Schülern einen Ausblick und eine Entscheidungshilfe für eine mögliche Wahl des Faches auf erhöhtem Anforderungsniveau oder als Prüfungsfach auf grundlegendem Niveau bieten.

Kompetenzen anwenden

Kompetenzseiten runden die Kapitel ab. Mit diesen können die Schüler die am Kapitelanfang formulierten Kompetenzen an komplexen Aufgabenstellungen zeigen und weiter ausbauen.

Serviceanhang

Am Ende des Buches finden die Schülerinnen und Schüler viele hilfreiche Angebote, mit denen sie selbstständiges, strukturiertes Arbeiten einüben und sich auf die Herausforderungen der Qualifikationsphase vorbereiten können: Beschreibung der erwarteten Leistung zu allen **Operatoren** des niedersächsischen Zentralabiturs, Hinweise zur **Bearbeitung von Aufgabenstellungen,** eine **Musterklausur mit Erwartungshorizont** und **Formulierungshilfen** sowie ein **Methodenglossar**.

INHALT

Einstieg: Was versteht man unter Globalisierung?

INHALT

Anhang

Über QR-Codes können in verschiedenen Kapiteln digitale Inhalte direkt angesteuert werden. Diese können außerdem über die Eingabe von Mediencodes im Suchfeld auf www.ccbuchner.de aufgerufen werden.
Beispiel: 72051-00

Einstieg:
Was versteht man unter Globalisierung?

Was ist Globalisierung?

Vorbereitung:

(a) Jedes Gruppenmitglied bringt drei Gegenstände mit, die es mit dem Begriff „Globalisierung" verbindet.

(b) Erheben Sie in Ihrer Gruppe, aus welchen Ländern Ihre Lieblingskleidung stammt.

Durchführung:

Gestalten Sie – am besten mit einer großen Weltkarte als Grundlage – eine Ausstellung zum Begriff „Globalisierung". Ordnen Sie hierzu die von Ihnen mitgebrachten Gegenstände und Informationen in sinnvoller Weise an. Wählen Sie weitere Formen der Visualisierung, um Ihr gemeinsames Begriffsverständnis zum Ausdruck zu bringen. Präsentieren Sie Ihre Ausstellungen in Ihrem Kurs.

Auswertung:

Vergleichen Sie Ihre Ausstellungen und arbeiten Sie Ihr gemeinsames Verständnis von Globalsierung heraus. Sammeln Sie weiterführende Fragen, die sich aus Ihren Ausstellungen ergeben.

Was ändert sich durch globalisiertes Wirtschaften?

M 1 ● Der Weg einer Jeans bis ins Geschäft

Was wird wo hergestellt?

Eine Jeans reist um die halbe Welt, bevor sie in einem europäischen Laden landet. Viele nehmen diese Route:

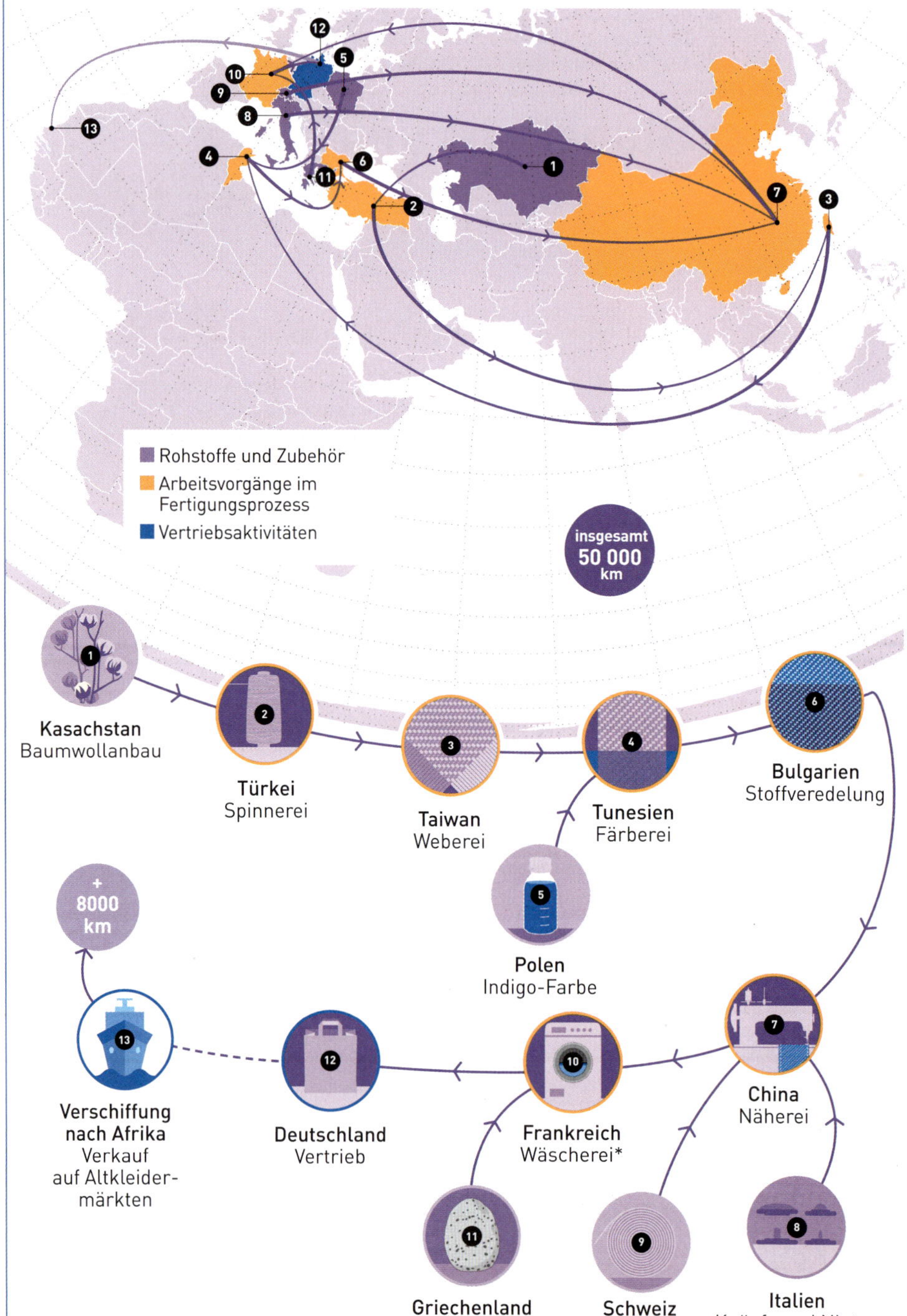

*Stoned-washed-Verfahren

Jan Schwochow, Thomas Ramge, Wirtschaft verstehen mit Infografiken, Berlin 2016, S. 109

M 2 ● Arbeitnehmer in der deutschen Textilindustrie

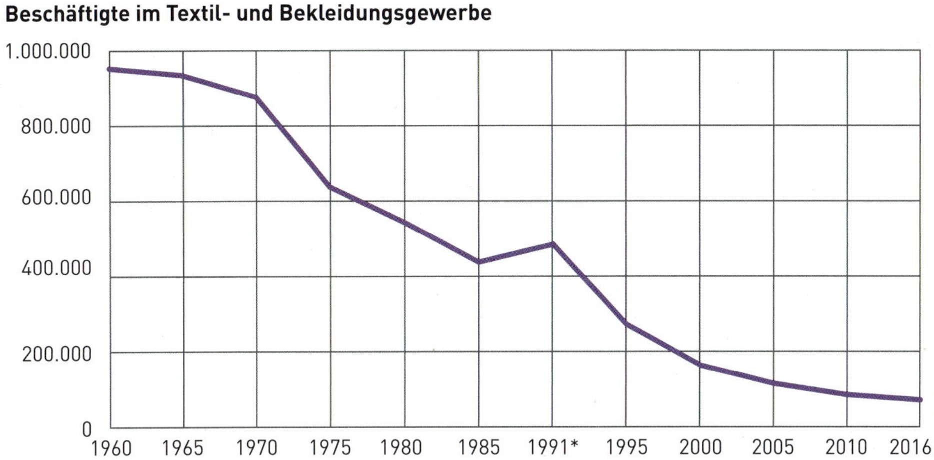

*bis 1990 früheres Bundesgebiet; aufgrund unterschiedlicher Wirtschaftssystematiken sind die Daten der Zeitreihe nur bedingt vergleichbar.

Zahlen: Statistisches Bundesamt, Fachserie 4, Reihe 4.1.1 Beschäftigung und Umsatz der Betriebe des Verarbeitenden Gewerbes; Wiesbaden 2016

M 3 ● Arbeitnehmer in der deutschen Autoindustrie

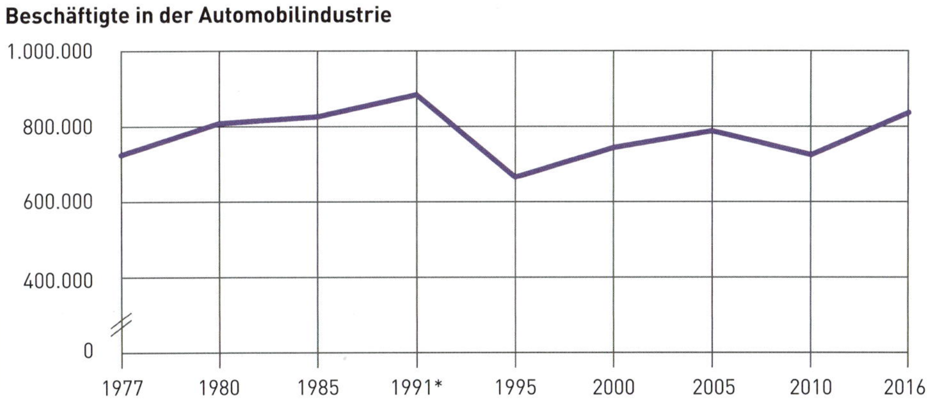

*bis 1994 früheres Bundesgebiet; aufgrund unterschiedlicher Wirtschaftssystematiken sind die Daten der Zeitreihe nur bedingt vergleichbar.

Zahlen: Statistisches Bundesamt, Fachserie 4, Reihe 4.1.1 Beschäftigung und Umsatz der Betriebe des Verarbeitenden Gewerbes; Wiesbaden 2016

Aufgaben

1. Beschreiben Sie den Produktionsprozess einer Jeans bis in ein mitteleuropäisches Geschäft (M 1).
2. Analysieren Sie die Entwicklung der Beschäftigten in der Textil- sowie in der Automobilindustrie (M 2, M 3).
3. Stellen Sie Hypothesen auf zu möglichen Zusammenhängen zwischen den Beschäftigtenzahlen und fortschreitender wirtschaftlicher Globalisierung bzw. Internationalisierung.

Textilindustrie
Industriezweig, in dem Stoffe aus natürlichen und künstlichen Materialien gefertigt werden (z.B. für Bekleidung, Planen, Segel, Haustextilien, Verbände…)

Bekleidungsindustrie
Industriezweig, in dem Kleidung gefertigt wird

F zu Aufgabe 1
Recherchieren Sie den Produktions- und Handelsweg anderer Produkte des täglichen Bedarfs (z.B. Mobiltelefone).

M zu Aufgabe 2
Gehen Sie in Partnerarbeit zunächst arbeitsteilig vor.

Globalisierung – ein rein wirtschaftliches Phänomen?

M 4 Wo befinden sich H&M-Filialen?

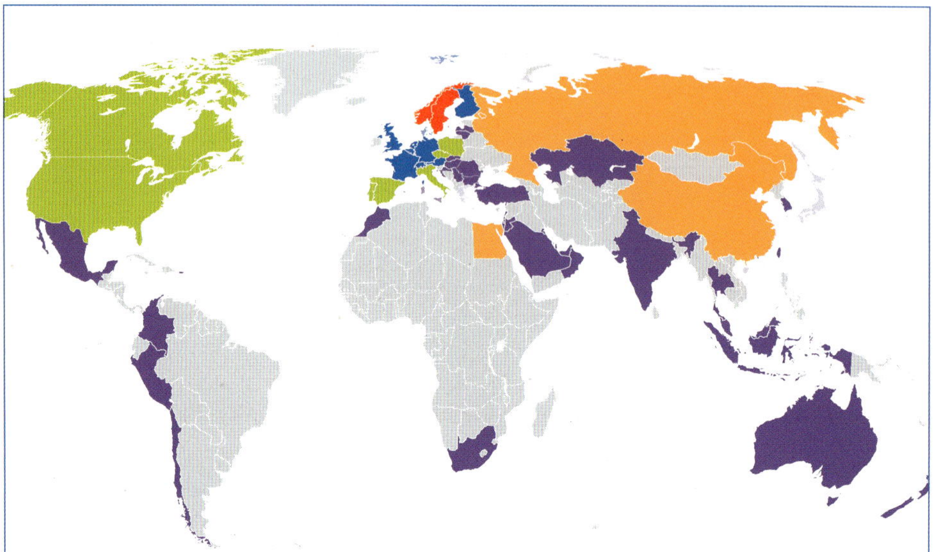

Zahlen: Hennes & Mauritz (H&M) 2017

M 5 Wie ist die digitale Welt sozial vernetzt?

Nutzerstatistik des sozialen Internetnetzwerks facebook

Weltregion	**Anteil an der Weltbevölkerung** in %	**Zahl der Facebooknutzer**	**Bevölkerungsanteil mit Facebookprofil** in % der Bewohner	**Wachstum der Facebooknutzer-Zahl (2010-2017)** in %
Afrika	16,6	160.207.000	12.9	809.9
Asien	55,2	736.003.000	17,7	686,4
Europa	10,9	343.273.740	41,7	111,8
Lateinamerika und Karibik	8,6	370.975.340	57,3	444,0
Mittlerer Osten	3,3	86.700.000	34,6	641,2
Nordamerika	4,8	263.081.200	72,4	166,5
Ozeanien/Australien	0,5	19.463.250	48,1	67,8
Welt insg.	100	1.979.703.530	26,3	282,3

Zahlen: www.internetworldstats.com, Stand: 30.6.2017

M 6 ● Globale Verflechtungen im Alltag

„...Ich checke mit meinem Smartphone mal eben meine persönlichen Nachrichten. Vielleicht hat mein Vater, der für sechs Monate in China arbeitet, meinen jüngsten Blog kommentiert. Ich habe einen Tipp erbeten, welches Tablet PC momentan das beste Preis-Leistungs-Verhältnis hat.
In der Zwischenzeit könnte ich für meine Hausarbeit recherchieren, was Wikipedia zum Thema Patentschutz anbietet. Im Quellenverzeichnis gibt es einen interessanten Link zu einer wissenschaftlichen Studie des Massachusettes Institute of Technology OpenCourseWare. Es steht sogar unter einer Creative Commons Lizenz zur freien Verfügung. YouTube bietet neben Interviews einige Mitschnitte zu aktuellen Vorlesungen im Bereich Intellectual Property Rights (IPRs). Das leite ich gleich mal über Twitter und meinen Blog an meine Community weiter...“

Nach: Thomas Frank Dapp, Die digitale Gesellschaft, Neue Wege zu mehr Transparenz, Deutsche Bank Research, 1.6.2011, S. 6

Erklärfilm Globalisierung

Mediencode: 72051-01

M 7 ● Globalisierung oder: Die Vernetzung (großer Teile) der Welt

Das „globale Dorf“ – die kulturelle Globalisierung
- weltumspannende Kommunikation ermöglicht
- die globale Wirkungsmacht von Marken und Kulturgegenständen

→ Entsteht eine globale Einheitskultur? Oder ...

Die Weltgesellschaft – die gesellschaftliche Globalisierung
- Tourismus und Migration intensivieren transnationale Austauschbeziehungen
- Umweltgefahren machen vor territorialen Grenzen nicht Halt

→ Verhalten wir uns über die Grenzen solidarisch? Oder ...

Globale Wirtschaft – die ökonomische Globalisierung
Es ensteht eine globale Wirtschaft auf der Basis
- globaler Produktionsketten und -netzwerke
- globaler Güter-, Arbeits- und Finanzmärkte

→ Gelingt in einer globalen Wirschaft eine Wohlfahrtssteigerung und ihre gerechte Verteilung? Oder ...

Weltregelwerk und Weltinnenpolitik – die politische Globalisierung
- internationale Märkte sowie staatenübergreifende Sicherheits- und Umweltprobleme verlangen nach internationalen, durchsetzungsfähigen Rechtsnormen und somit
- internationale Institutionen

→ Gestalten die Nationalstaaten angesichts dieser Herausforderungen eine gemeinsame Weltinnenpolitik? Oder ...

Autorengrafik

Aufgaben

1. Beschreiben Sie (arbeitsteilig) die Verbreitung der Modekette H&M und des sozialen Netzwerks facebook (M 4, M 5).
2. Erläutern Sie anhand der Beispiele (M 1-M 3, M 4-M 6) die Dimensionen der Globalisierung (M 7).
3. Definieren Sie „Globalisierung“ mithilfe Ihrer bisherigen Kenntnisse (M 1-M 7).

- Arbeiten Sie mögliche Chancen für Ihre (berufliche, private) Zukunft und (ökonomische) Problembereiche von globalisiertem Wirtschaften heraus und halten Sie weiterführende Fragen fest.
- Notieren Sie die Chancen/Probleme/Fragen zur weiteren Bearbeitung auf Karten und bewahren Sie diese gut sichtbar im Klassenraum auf (Fragenspeicher).

H zu Aufgabe 3
Eine Definition enthält alle wesentlichen Aspekte, ist eindeutig, so kurz wie möglich, wiederholungsfrei und nicht in sich selbst widersprüchlich.

Arbeiter in der Chipherstellung, St. Gallen

Paketzusteller an seinem Dienstfahrzeug

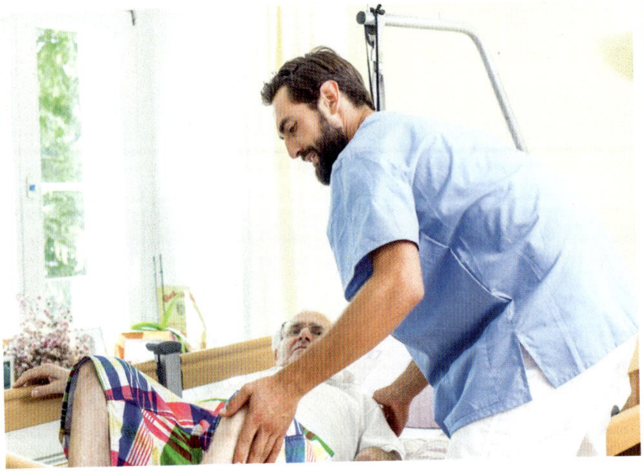

Altenpfleger im Seniorenheim

Einer der bekanntesten Co-Working Spaces: Das betahaus in Berlin

1 Wandel der Arbeitswelt in der globalisierten Gesellschaft

Die berufliche Arbeit ist derzeit starken Wandlungsprozessen unterworfen.
Der Wandel der beruflichen Arbeit kann zunächst gesamtgesellschaftlich als eine Veränderung der Beschäftigungs- und Produktionsstruktur beschrieben werden. In Kapitel 1.1 analysieren Sie, wie der technologische Wandel (Digitalisierung) beeinflusst, welche Berufe und Tätigkeiten in Deutschland heute und zukünftig nachgefragt werden. In diesem Zusammenhang erarbeiten Sie die in den Sozial- und Wirtschaftswissenschaften zentrale Drei-Sektoren-Hypothese, die einen langfristigen Wandel von einer Agrar- über die Industrie- zur Dienstleistungsgesellschaft beschreibt.
Veränderungen der Arbeit ergeben sich parallel jedoch auch auf der Ebene des Unternehmens und des einzelnen Arbeitsplatzes. Arbeit wird insgesamt immer stärker flexibilisiert. Unterschiedliche Formen und Strategien der Flexibilisierung, die die Arbeitsverträge, den Ort der Arbeit, ihren zeitlichen Umfang oder die Arbeitsorganisation (Selbst- vs. Fremdsteuerung) betreffen, analysieren Sie in Kapitel 1.2.
Gesellschaftliche und technologische Wandlungsprozesse fordern Unternehmen und Politik heraus, ihre Ziele auch weiterhin zu erreichen. In Kapitel 1.3 werden Ihnen zwei exemplarische Herausforderungen (Rekrutierung von Fachkräften durch Unternehmen, politische Regelungen für „gute Arbeit" und faire Entlohnung für alle Arbeitnehmer) genauer vorgestellt und Sie werden angeleitet, diese zu diskutieren und zu beurteilen.

Was wissen und können Sie schon?

1. Vergleichen Sie die in den Bildern dargestellten Berufe bzw. Arbeitssituationen (mögliche Aspekte: Freude an der Arbeit, körperliche und kognitive Anforderungen, Stressfaktoren, Selbstständigkeit, vermutlicher Verdienst, Aufstiegschancen ...).
2. Diskutieren Sie, welche der dargestellten Berufe und Tätigkeitsfelder große Zukunftschancen aufweisen. Begründen Sie Ihre Einschätzungen.

KOMPETENZEN

Am Ende dieses Kapitels sollten Sie Folgendes wissen und können:

... Tätigkeiten und Berufe differenziert beschreiben.

... die Entwicklung der Beschäftigungs- sowie der Produktionsstruktur in Deutschland beschreiben und mithilfe der Drei-Sektoren-Hypothese erläutern.

... Veränderungen in der Arbeitswelt (z.B. Digitalisierung) beschreiben und die damit verbundenen Anforderungen an Beschäftigte bewerten.

... ökonomische und politische Herausforderungen der sich wandelnden Arbeitswelt analysieren und Lösungsstrategien beurteilen.

1.1 Was werden wir arbeiten? Der Wandel der Beschäftigungs- und Produktionsstruktur

1.1.1 „Was machen Sie eigentlich beruflich?" Annäherungen an die Arbeitswelt

M 1 ● Die Arbeitswelt in Porträts

Jessica Rademacher, Robotik-Spezialistin

a) Jessica Rademacher, 36, Robotik-Spezialistin

ARD.de: Sie sind Roboter-Entwicklerin – warum haben Sie sich für diesen Beruf entschieden?

Rademacher: Meine Berufsbezeichnung bei Kuka [einem laut Selbstaussage „weltweit führenden Anbieter von Robotik und Industrie-4.0-Pionier" mit Sitz in Augsburg, Anm. d Red.] lautet „Head of Usability Engineering". Ich finde es faszinierend, Roboter zu gestalten. Wir sind quasi mittendrin im Produkt-Entwicklungsprozess und haben mit ganz vielen unterschiedlichen Abteilungen und Ansprechpartnern zu tun. Das ist sehr abwechslungsreich und nie langweilig.

Wie verlief die Ausbildung – auf welchen Wegen sind Sie das geworden, was Sie heute sind?

Zu Beginn meines Studiums hatte ich nicht das Ziel vor Augen, Roboter zu entwickeln. Ich war technikbegeistert. Deshalb studierte ich Elektrotechnik. Bei Kuka war ich zunächst „Trainer Robotics". Ich brachte also unseren Kunden bei, mit Robotern umzugehen. Später wechselte ich in die Konzernforschung und beschäftigte mich mit Machbarkeitsstudien für Roboteranwendungen. Schließlich arbeitete ich im Softwarebereich als Product Ownerin und Projektleiterin. Seit einem Jahr bin ich in meiner jetzigen Position.

Können Sie bitte Ihren typischen Arbeitstag von Dienstbeginn bis Feierabend beschreiben?

Mein Team beschäftigt sich damit, die Nutzbarkeit unserer Roboter für den Kunden zu erhöhen. Dazu erarbeiten wir Konzepte, damit unsere Roboter und Produkte ihn bestmöglich bei der Arbeit unterstützen können. Das Schöne an meinem Beruf ist, dass ich sehr viel mit Menschen zu tun habe. Im Rahmen von Workshops holen wir die verschiedenen Abteilungen, wie zum Beispiel Service, Vertrieb, Produktmanagement, Entwicklung, aber auch unsere Kunden an einen Tisch und erarbeiten sogenannte Workflows [Arbeitsablauf- bzw. Projektplanungen]. Den Rest des Tages verbringe ich am Schreibtisch, plane neue Workshops und beantworte E-Mails. [...]

Lieben Sie Ihren Beruf?

Ja! Ich habe das Glück, einen Beruf zu haben, der kreativ und abwechslungsreich ist. Außerdem ermöglicht er mir, mit vielen verschiedenen Menschen auf der ganzen Welt zusammen zu arbeiten und von ihnen Neues zu lernen. Ich habe das Gefühl, ein

Stück Zukunft mitzugestalten. Das finde ich sehr besonders, und es macht mir großen Spaß.

Was denken Ihre Freunde über Ihre berufliche Tätigkeit – und in welchem Verhältnis steht die Höhe der gesellschaftlichen Anerkennung zu Ihrem Gehalt?
Für die meisten Leute in meinem privaten Umfeld komme ich von einem anderen Stern, weil ich mit Software und Robotern zu tun habe. Aber das macht nichts. Im beruflichen Umfeld entwickelt sich das Bewusstsein, dass Roboter einfach zu bedienen sein müssen. Ich bin zufrieden mit der Anerkennung meiner Leistung.

Interview: Ingo Fischer, Berufs-Porträt Roboter-Entwicklerin, www.ard.de, 18.10.2016

b) Anja van Lunteren, 49, Altenpflegerin
ARD.de: Sie sind Pflegerin – warum haben Sie sich für diesen Beruf entschieden?
Anja van Lunteren: Während meiner Fortbildung zur Pflegeserviceassistenz ist mein Interesse für das Berufsbild der Altenpflegefachkraft gewachsen. Die Altenpflege ist ein Beruf mit vielen Facetten und Abwechslung. Des Weiteren kann ich älteren Menschen etwas zurückgeben – für das, was sie erschaffen haben und wovon wir heute profitieren. [...]

Können Sie bitte Ihren typischen Arbeitstag von Dienstbeginn bis Feierabend beschreiben?
Wie in allen gesundheitlichen Berufen wird auch bei uns in Schichten gearbeitet, die mit einer ausführlichen Übergabe und Bereichseinteilung beginnen. Im Frühdienst geschieht dies in der Regel um 6.30 Uhr. Zwischen 7 und 10 Uhr erfolgt die Grundpflege aller Bewohner, dazu zählt auch, den Hilfebedürftigen das Frühstück anzureichen. Anschließend dürfen wir als Team zwischen 10 und 10.30 Uhr selber frühstücken, ehe wir eine Stunde lang die Möglichkeit haben, auf individuelle Wünsche und Bedürfnisse einzugehen.
Ab 11.30 Uhr helfen wir unseren Bewohnern, das Mittagsessen anzureichen und begleiten sie danach zur Mittagsruhe. Am Ende unseres Arbeitstages dokumentieren wir unsere Tätigkeiten und bereiten die Übergabe an die nächste Schicht vor. Als Altenpflegefachkraft sind wir auch für die Medikationen, Arztvisiten und Wundversorgungen verantwortlich, die während unserer Dienstzeit anfallen. [...]

Lieben Sie Ihren Beruf?
Ja, ich liebe meinen Beruf und kann sagen: „Er ist meine Berufung.“ Gerade an Tagen, an denen der Alltag etwas stressig ist, freue ich mich, wenn es mir gelingt, unseren Hochbetagten ein Lächeln zu entlocken. Dann gehe ich glücklich und zufrieden nach Hause.

Wie hoch schätzen Sie die Anerkennung der Gesellschaft für Ihren Altenpflege-Beruf ein – und in welchem Verhältnis steht die Höhe der gesellschaftlichen Anerkennung zu Ihrem Gehalt?
Pflege ist in Deutschland ein Tabuthema, dementsprechend gering ist die Anerkennung für unseren Beruf. Es herrscht leider noch ein falsches Bild von der Pflege vor, aus Scham, darüber zu sprechen. Unsere Arbeit ist wichtig und braucht mehr Anerkennung, denn jeder Mensch möchte irgendwann würdevoll gepflegt werden.
Eine gegenseitige Anerkennung, Wertschätzung und Menschlichkeit sind grundlegende Bausteine für unseren Beruf. Wer heute einen Pflegeberuf ergreift, tut dies unter anderem, weil er anderen Menschen etwas Gutes tun und ihre Lebensqualität erhöhen möchte. Dies erfordert eine bessere Anerkennung und Entlohnung seitens unserer Gesellschaft.

Interview: Ingo Fischer, Berufs-Porträt Altenpflegerin, www.ard.de, 4.11.2016

Verdienstmöglichkeiten

- **Altenpfleger** verdienen als Berufsanfänger je nach Arbeitgeber zwischen 2.000 bis 2.400 € brutto pro Monat. In der Regel steigt das Gehalt mit der Berufserfahrung, sodass ältere Beschäftige zwischen 2.700 und 3.000 € brutto verdienen können (jeweils Vollzeitbeschäftigung).
- **Maschinenbauingenieure** können derzeit ein Einstiegsgehalt zwischen 3.000 bis 3.600 € erzielen. Bei berufserfahrenen Ingenieuren schwankt das Einkommen je nach Unternehmen und Position zwischen 3.000 und 6.800 € brutto.

Info

Was ist Arbeit?

Arbeit wird im deutschen Sprachgebrauch in der Regel als Erwerbsarbeit verstanden und umfasst in diesem Sinne „jede zweckhafte Tätigkeit, die der Befriedigung materieller oder geistiger Bedürfnisse dient. Die Tätigkeit selbst kann dabei in körperlicher, manueller Arbeit und/oder geistiger Arbeit bestehen.

In ihrer elementarsten Form ist Arbeit auf die Sicherung des Überlebens auf der Grundlage natürlicher Ressourcen gerichtet. [...] In soziologischer Sicht wird insbesondere darauf verwiesen, dass Arbeit in der Regel im Rahmen einer Gemeinschaft und in sozialen Bezügen der Kooperation und Arbeitsteilung erfolgt, im Rahmen von Organisationen und in Interaktion mit anderen geleistet wird.

Gertraude Mikl-Horkl, Art. ‚Arbeit', in: Hartmut Hirsch-Kreinsen, Heiner Minssen (Hg.), Lexikon der Arbeits- und Industriesoziologie, Berlin 2013, S. 28ff.

M 2 ● Typologie der Erwerbsarbeit

Die folgende Typologie fokussiert, wie in der Arbeitssoziologie insgesamt üblich, ausschließlich Formen der Erwerbsarbeit. Damit bleiben Hausarbeit und unbezahlte Erziehung und Pflege (Care- bzw. Reproduktionsarbeit) sowie ehrenamtliche Tätigkeiten an dieser Stelle unberücksichtigt.

a) Einfacharbeit

Die sozialwissenschaftliche Arbeitsforschung beschreibt (**industrielle**) **Einfacharbeit** als „eine Tätigkeit, die im Gegensatz zur qualifizierten Facharbeit keine einschlägige Berufsausbildung verlangt und nach kurzen Qualifizierungs- oder Einarbeitungsprozessen ausgeführt werden kann. Die Einfacharbeiten sind in der Regel [auf einen überschaubaren Arbeitsplatz bzw. Arbeitsbereich bezogen]; übergeordnetes Wissen und Hintergrundwissen spielen keine oder eine untergeordnete Rolle. [Hinsichtlich] [...] der Handlungsautonomie [befinden sich die] Einfacharbeiter [...] auf einem vergleichsweise niedrigen Niveau [...]."

Jörg Abel, Hartmut Hirsch-Kreinsen, Peter Ittermann, Einfacharbeit in der Industrie. Strukturen, Verbreitung und Perspektiven, Berlin 2014, S. 15

b) Wissensarbeit

Der Begriff der **Wissensarbeit** (z.B. Unternehmensberatungen oder Finanzdienstleistungen) bezeichnet kommunikative und auf Interaktion ausgerichtete Tätigkeiten, die durch die zentrale Bedeutung – sich wandelnden – Wissens gekennzeichnet sind. Dieses Wissen kann nicht einmalig im Rahmen einer Berufsausbildung oder eines Hochschulstudiums erworben werden, sondern muss immer wieder im Arbeits- und Weiterbildungsprozess überprüft, erneuert und erweitert werden, um den Anforderungen der Tätigkeit gerecht werden zu können. Wissensarbeit ist zudem dadurch gekennzeichnet, dass auch ein besonders qualifizierter Mitarbeiter nicht alles wissen kann, da es beispielsweise häufig auch um Zukunftsprognosen (z.B. Marktentwicklungen) geht; der Wissensarbeiter muss also auch sein Nicht-Wissen reflektieren.

Autorentext nach Helmut Willke, Organisierte Wissensarbeit, in: Zeitschrift für Soziologie 27 (1998), Heft 3, S. 161

c) Dienstleistungsarbeit

Im internationalen Kontext wird **Dienstleistungsarbeit** gemeinhin als Service Work bezeichnet. Im Gegensatz zur Wissensarbeit impliziert [dieser Begriff] eher geringqualifizierte Tätigkeiten, die in der Regel im direkten Kontakt mit Kunden stattfinden. [...] Durch die Anwesenheit des Kunden wird Service Work zu einem interaktiven Arbeitsprozess [Interaktionsarbeit], bei dem [persönliche Eigenschaften] wie die Emotionalität und Empathie der dienstleistenden Arbeitskräfte, aber auch physische Aspekte wie das Aussehen oder Auftreten eine zentrale Rolle spielen. [...]

Von den dienstleistenden Arbeitskräften wird Emotionsarbeit erwartet. [Die US-amerikanische Soziologin Arlie R.] Hochschild hat diese Art der Tätigkeit erstmals bei Flugbegleiterinnen [...] untersucht. Deren Lächeln [...] ist im Interesse des Unternehmens und wird vom Unternehmen erwartet bzw. teilweise sogar explizit gefordert – auch wenn es nicht der aktuellen Gefühlslage der dienstleistenden Arbeitskräfte entspricht.

Caroline Ruiner, Maximiliane Wilkesmann, Arbeits- und Industriesoziologie, Paderborn: Fink/UTB (Soziologie im 21. Jahrhundert) 2016, S. 68ff.

d) Facharbeit

Berufliche **Facharbeit** ist bzw. war zentral für die industrielle Produktionsarbeit in der Bundesrepublik Deutschland. Der Begriff beschreibt Arbeiten auf einem mittleren Kompetenzniveau, die gleichermaßen planende wie ausführende Tätigkeiten beinhalten – beispielsweise die Arbeit eines Werkzeugmechanikers, Industriemechanikers oder eines Maschinen- und Anlagenführers. Die Qualifikationen, die für die Bewältigung dieser Anforderungen erforderlich sind, werden im System der dualen Berufsausbildung (Betrieb und Berufsschule) erworben und anschließend über Berufserfahrung und Weiterbildung weiter ausgebaut. Standardisierte berufsbezogene Kenntnisse, aber auch betriebsspezifische Problemlösungsstrategien prägen das Wissen des Facharbeiters.

Autorentext nach Christoph Köhler, Stefan Schröder, Art. ‚Facharbeit', in: Hartmut Hirsch-Kreinsen, Heiner Minssen (Hg.), Lexikon der Arbeits- und Industriesoziologie, Berlin 2013, S. 208

Zur **dualen Ausbildung**
→ vgl. Kap. 5.3.1

Aufgaben

1 a) Beschreiben Sie Charakter und Bedeutung, die die Interviewten ihrer Arbeit zuschreiben (M 1).

b) Vergleichen Sie die beiden dargestellten Berufswelten hinsichtlich typischer Tagesabläufe, Tätigkeiten und Arbeitsanforderungen (M 1).

2 Ordnen Sie die dargestellten Berufswelten (M 1, ggf. auch Auftaktseite) in die Typologie der Erwerbsarbeit ein (Infobox, M 2).

- Analysieren Sie eigene Arbeitserfahrungen, die Sie bereits in Ferienjobs oder Praktika erworben haben. Orientieren Sie sich dabei an den Aspekten aus Aufgabe 1.
- Reflektieren Sie auf dieser Grundlage, welche Arbeitsweise Sie sich für Ihre persönliche Zukunft wünschen.

F **zu Aufgabe 1b**
Befragen Sie berufstätige Verwandte oder Bekannte mit denselben Fragen (M 1). Ordnen Sie diese Berufe in die Typologie der Erwerbsarbeit ein (M 2). Stellen Sie besonders interessante Ergebnisse in Ihrer Klasse vor.

1.1.2 Von der Agrar- zur Dienstleistungsgesellschaft: der wirtschaftliche Strukturwandel

M 3 Wo der Wohlstand erwirtschaftet wird: die Produktionsstruktur

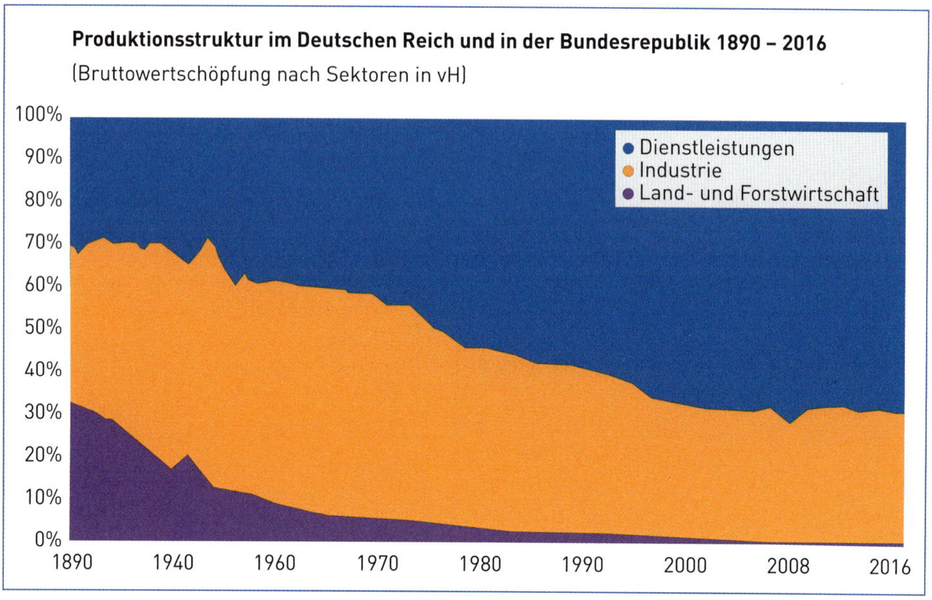

Nach: Werner Abelshauser, Deutsche Wirtschaftsgeschichte, Bonn, 2011, S. 313 (erweitert)

M 4 Die Drei-Sektoren-Hypothese

a) Beschäftigungs- und Produktionsstrukturen verändern Gesellschaften

Aus dem beobachteten Strukturwandel leitet [Daniel Bell] ab, dass im wirtschaftlichen Bereich ein Übergang von der vorindustriell-landwirtschaftlichen über die industriell-güterproduzierende hin zur nachindustriellen Dienstleistungsgesellschaft erfolgt [...]. Diese Veränderungen führen nach Bell [...] zu einem grundlegenden Wandel von Arbeit [vgl. Tabelle b)]. [...]

Bell nimmt an, dass mit dem Wandel eine Veränderung der Berufsstruktur einhergeht, indem höher qualifizierte, technische und akademische Berufe an Bedeutung gewinnen. Das führt dazu, dass immer mehr Menschen nicht mehr unmittelbar in der Produktion tätig sind [vgl. Kap. 1.1.4]. Im Zuge der Entwicklung hin zur postindustriellen Gesellschaft steigt somit der gesamtgesellschaftliche Wohlstand und die Relevanz von Lebensqualität, was zu einer wachsenden Nachfrage nach Dienstleistungen [vgl. Kap. 1.1.3] wie Bildung, Gesundheit, Erholung, Sport und Tourismus führt [...]. Der Massenkonsum und das Bevölkerungswachstum resultieren in einem Ausbau des Finanz-, Immobilien- und Versicherungswesens. Das steigende Einkommen führt dazu, dass Gebrauchsgüter und Luxusartikel sowie persönliche Dienstleistungen stärker nachgefragt würden. [...]

Bell [...] diagnostiziert [...] eine zunehmende Relevanz von (theoretischem) Wissen und die Entwicklung des Dienstleistungssektors als wesentliche Merkmale des gesellschaftlichen Wandels. Theoretisches Wissen wird zum axialen Prinzip der Gesellschaft, [weshalb einige Autoren die nachindustrielle Gesellschaft weniger als Dienstleistungs-, sondern als Wissensgesellschaft beschreiben].

Wertschöpfung

[Der Begriff der] Wertschöpfung [bezeichnet] die Summe der in einem bestimmten Zeitraum in den einzelnen Wirtschaftsbereichen der Volkswirtschaft hergestellten Güter und Leistungen.

Duden Wirtschaft von A bis Z: Grundlagenwissen für Schule und Studium, Beruf und Alltag, Mannheim 2016

Zum Wandel der **Beschäftigungsstruktur** → vgl. Kap. 1.1.3, M 5

Die **Drei-Sektoren-Hypothese** basiert sowohl auf Veränderungen in der Wertschöpfung (M 3) als auch in der Veränderung der Beschäftigungsstruktur (M 5) der untersuchten Gesellschaften.

Wirtschaftssektoren

Primärer Sektor = Land- und Forstwirtschaft

Sekundärer Sektor = Produzierendes Gewerbe, Industrie

Tertiärer Sektor = Dienstleistungen

b) Von der vor- zur nachindustriellen Gesellschaft

	Vorindustrielle Gesellschaft	**Industrielle Gesellschaft**	**Nachindustrielle Gesellschaft**
Dominierender Wirtschafts-sektor	Primärer Sektor (Extraktive Industrien): Landwirtschaft, Bergbau, Fischerei, Forstwirtschaft	Sekundärer Sektor (Güterproduktion): Verarbeitung, industri-elle Produktion	Tertiärer Sektor (Dienstleistungen): Verkehr, Banken, Erholung, Versicherun-gen – Gesundheit, Forschung, Ausbildung, Verwaltung
Wichtigste Berufsgruppen	Bauer, Bergmann, Fischer	Angelernter Arbeiter, Ingenieur	Technische und akademische Berufe, Akademiker
Grundlagen der Technologie	Rohstoffe	Energie	Informationen
Charakter von Arbeit	Kampf gegen die Natur	Kampf gegen die technisierte Natur	Interaktion zwischen Personen
(Ideelles) Zentrum der Gesellschaft	Traditionalismus, Begrenzung von Boden und Ressourcen	Wirtschaftswachstum, abgesichert durch staatliche Wirtschafts-politik	Theoretisches Wissen, das sich beständig erweitert

a) + b) Nach: Caroline Ruiner, Maximiliane Wilkesmann, Arbeits- und Industriesoziologie, Paderborn 2016, S. 84f.

Neben **Daniel Bell** (1919 – 2011), US-amerikanischer Soziologe, gelten seine französischen Kollegen **Jean Fourastié** und **Alain Touraine** als Begründer der Drei-Sektoren-Hypothese.

Info

(Technologische) Antriebskräfte des Strukturwandels

Der technische Fortschritt, der erhebliche Produktions- und Produktivitätssteigerungen ermöglicht, gilt als zentrale Ursache für gesellschaftlichen Wandel.

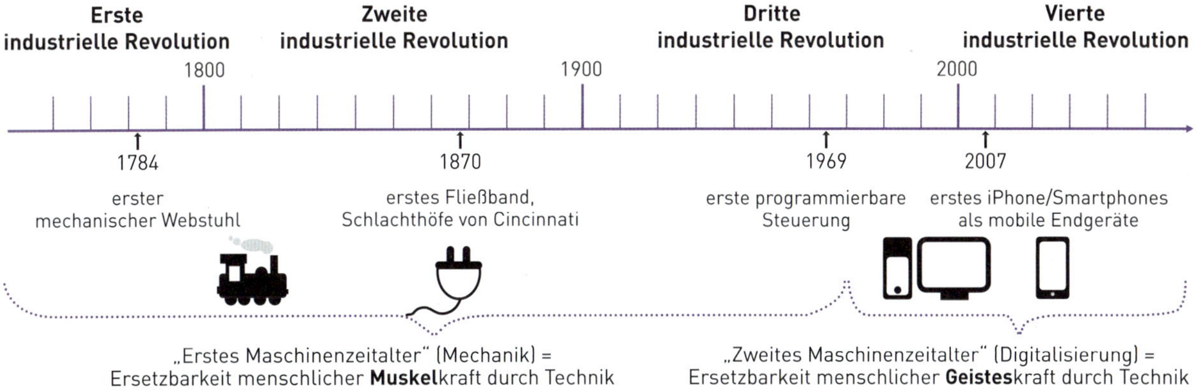

Autorengrafik nach: Caroline Ruiner, Maximiliane Wilkesmann, Arbeits- und Industriesoziologie, Paderborn 2016, S. 24

Aufgaben

1. a) Beschreiben Sie die Grafik M 3.
   b) Erläutern Sie den wirtschaftlichen Strukturwandel von einer vorindustriell agrarischen bis zur nachindustriellen Dienstleistungsgesellschaft (M 3, M 4, Infobox).
2. Skizzieren Sie ausgehend von der Drei-Sektoren-Hypothese für die in M 1 vorgestellten Berufe mögliche Entwicklungen.

H zu Aufgabe 1b
Achten Sie auf eine genaue Darstellung der Ursachen (Antriebskräfte) und der resultierenden Folgen (Strukturwandel).

1.1.3 Schöne neue Servicewelt? Dienstleistungsbeschäftigung in Deutschland

M 5 Entwicklung der Dienstleistungsbeschäftigung in Deutschland

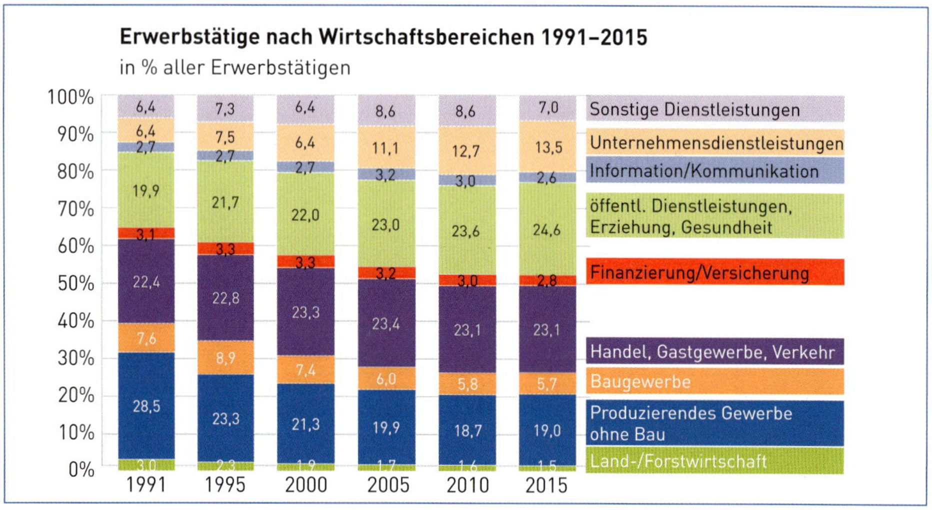

Nach: www.sozialpolitik-aktuell.de

M 6 Demografischer Wandel – Antrieb für (soziale) Dienstleistungsberufe?

a) Über die Zukunft der Altenpflege

Anja van Lunteren: Aufgrund des demografischen Wandels - sprich der steigenden Lebenserwartung und des steigenden Durchschnittsalters - wird unsere Berufsgruppe noch wichtiger: Die Zahl der Pflegebedürftigen wird steigen. Mit Blick auf die steigende Zahl der Singlehaushalte gehe ich zusätzlich davon aus, dass eine stetig wachsende Anzahl Pflegebedürftiger keine Hilfe von Angehörigen erwarten kann. Genau hier werden Pflegekräfte gefordert sein.

In Japan wird bereits an einem Pflegeroboter namens Ri-Man getüftelt, der Alltagsaufgaben im Haushalt übernehmen könnte. Mich erschreckt schon die Vorstellung, meinen Lebensabend mit einem Roboter verbringen zu müssen. Wo bleiben da die Achtung und der menschliche, soziale Umgang?

Interview: Ingo Fischer, Berufs-Porträt Altenpflegerin, www.ard.de, 4.11.2016

b) Entwicklung der Pflegebedürftigkeit in Deutschland

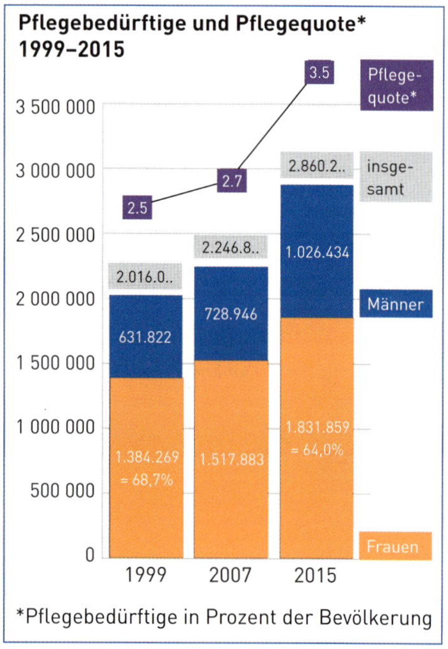

Nach: www.sozialpolitik-aktuell.de

Info

Demografischer Wandel

Mit dem Begriff des demografischen Wandels werden die in Deutschland parallelen Prozesse der steigenden Lebenserwartung und rückläufigen Geburtenrate bezeichnet, wodurch die Gesellschaft insgesamt schrumpft und durchschnittlich altert. *Autorentext*

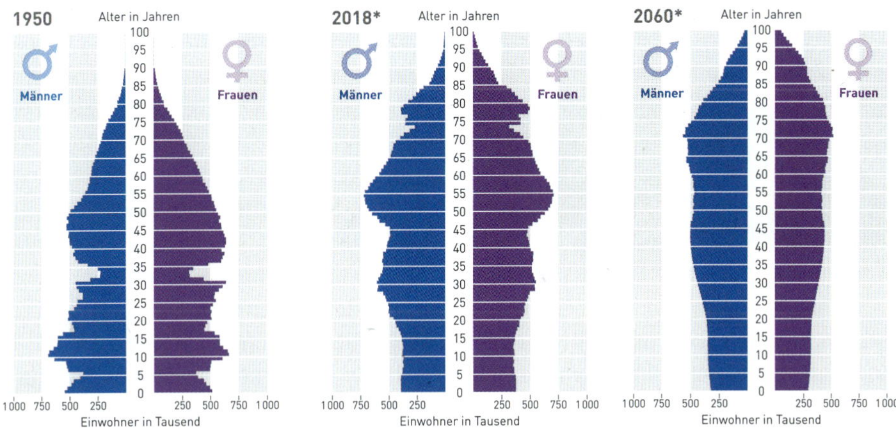

12298 © Globus

*Annahmen der Vorausberechnungen: Steigerung der Lebenserwartung bei Geburt auf 84,7 Jahre bei Jungen und 88,6 Jahre bei Mädchen bis zum Jahr 2060; Sinken der jährlichen Differenz von Zu- und Abwanderung von plus 750 000 in 2016 auf plus 200 000 Menschen ab 2021; Geburten 1,5 Kinder je Frau

Erklärfilm Demografischer Wandel:

Mediencode: 72051-02

M 7 ● Schöne neue Servicewelt? Arbeitsalltag in (einfachen) Dienstleistungsberufen

Die Arbeit von Callcenter-Agenten gilt als Inbegriff standardisierter, gering qualifizierter Dienstleistungsbeschäftigung.

„Manchmal ist die Arbeit auch lustig“, sagt die 35-Jährige. Aber meistens sei sie purer Stress. Denn Verena* muss pro Schicht 350 bis 400 Kundengespräche erledigen. Spätestens nach dem zweiten Klingeln muss sie den grünen Hörer per Mausklick aktiviert haben, „sonst kriege ich richtig was aufs Dach“.

So oder ähnlich sieht der Alltag von bundesweit 540.000 Callcenteragenten aus, die im Auftrag von großen Versicherungen, Warenhäusern oder Reiseportalen Kunden betreuen. [...] Hoher Stress, permanente Überwachung und schlechte Bezahlung sind in der Branche üblich. Und vor allem ein Frauenproblem.

Denn es sind hauptsächlich Frauen, von denen Geduld, Empathie und gute Kommunikation am Telefon erwartet wird. Zudem sind es mehrheitlich Frauen, die hier in Teilzeit arbeiten, um Beruf und Familie unter einen Hut zu bringen. Nach Angaben des Callcenter Verbandes (CCV) sei der hohe Anteil an weiblichen Teilzeitbeschäftigten charakteristisch für die Branche. Je nach Betrieb stellen Frauen 50 bis 95 Prozent der Beschäftigten in der untersten Hierarchieebene dar. Dass die Callcenter auch sonn- und feiertags erreichbar sein müssen, nutzen die Frauen, die sich am Wochenende nicht um die Kinderbetreuung kümmern müssen.

„Von sonntags arbeiten wollen kann keine Rede sein. Aber ich verdiene so wenig, dass ich jeden Sonntag mitnehme, den ich krie-

Mitarbeiter in einem Callcenter

gen kann. Die Zuschläge bringen noch mal extra Geld", sagt Verena, die seit einem halben Jahr in Vollzeit dabei ist und bislang 8,50 Mindestlohn pro Stunde erhalten hat. Die gelernte Ergotherapeutin ist froh, überhaupt eine Arbeit gefunden zu haben. [...] Sie lebt im Ruhrgebiet, an dem der Aufschwung spurlos vorbeigezogen ist. „Ich habe früher schlecht verdient. Heute verdiene ich noch schlechter, obwohl der Job viel stressiger ist." Sie ist verheiratet, Mutter und froh, dass auch ihr Mann einen Job hat.

Doch seit sie für das Callcenter im Einsatz ist, steht ihr nach der Schicht nicht mehr der Sinn nach Familienleben. „Dann will ich eigentlich nur noch Ruhe haben und nicht mehr sprechen oder zuhören müssen", gibt sie zu. Grund dafür ist ein Arbeitsalltag, der es in sich hat: Die 8,5 Stunden Arbeitszeit leistet sie entweder in der Früh-, Mittag- oder Spätschicht. Am Ende einer Woche erfährt sie, wie sie den Montag darauf eingesetzt wird. Hat die Schicht einmal begonnen, muss sie Vollgas geben. Sie muss versuchen, ihre Konzentration zu halten. „Jedes Gespräch wird überwacht. Alles, was ich am PC mache oder unterlasse, ebenso." [...]

Doch das Kundengespräch [...] macht nur einen Teil der Arbeit aus. Parallel dazu muss sie auf dem Bildschirm permanent unterschiedliche Masken beachten, die sie während eines Telefonats bearbeiten muss. Etwa die Schufa-Auskunft über den Kunden. In der anderen Maske wird abgefragt, ob ein Kunde sich regelmäßig beschwert und ob er bereits einen Gutschein zur Besänftigung erhalten hat. Oder ob sie den Kunden schon gefragt hat, ob er Werbe-E-Mails erhalten möchte?

Pausen, auch gesetzlich vorgeschriebene Bildschirmpausen (zehn Minuten pro Stunde) kennt Verena nicht. „Ich kann nur mal schnell eine rauchen oder mein Brot essen, wenn kein anderer Kollege draußen ist", sagt sie. Sie arbeitet unter einer Neonröhre, der Boden ist mit Teppich ausgelegt und die Gespräche der anderen Callcenter-Agenten kriegt sie ebenfalls mit. [...]

Die Callcenterbranche ist weitgehend unsichtbar – und enorm vielfältig. Branchendaten zeigen: Die meisten Beschäftigten haben eine abgeschlossene Berufsausbildung und immer mehr Mitarbeiter haben sogar einen Hochschulabschluss. Sie verkaufen uns Versicherungen, nehmen Reklamationen entgegen oder wickeln Ticketbuchungen ab. Sie arbeiten in sogenannten Inhouse-Callcentern, in dem Mitarbeiter für den firmeneigenen telefonischen Kundenservice beschäftigt sind. Oder in externen Callcentern, die Dienstleistungen für große Konzerne übernehmen und unter einem großen Konkurrenzdruck stehen.

In der Regel werden Mitarbeiter in externen Callcentern schlechter bezahlt. Nach Branchenangaben liegen die durchschnittlichen Löhne nur bei 71 Prozent der Inhouse-Callcenter-Gehälter: Während ein Mitarbeiter eines externen Callcenters in der niedrigsten Lohnstufe den Mindestlohn von 8,83 Euro erhält, kommt der Mitarbeiter des Inhouse-Callcenters auf 12,12 Euro Stundenlohn. [...]

Fakt ist, dass die Branche insgesamt einen hohen Krankenstand und eine hohe Fluktuation aufweist, was ein Beleg für die Unzufriedenheit der Mitarbeiter sein dürfte. [...] [Die Dienstleistungsgewerkschaft] Ver.di führt diese Tatsache auf die schlechten Arbeitsbedingungen zurück.

Auch viele Callcenter-Mitarbeiter bestätigen diese Annahme. So wie Melanie, seit Kurzem im Outbound-Team eines Callcenters. Sie muss selbst aktiv anrufen und strebt den Vertragsabschluss von Mobilfunk- und Festnetzanschlüssen an. [...] „Niemals hat mich die Arbeit so aggressiv gemacht wie jetzt. Jede Pause, jeder Toilettengang wird zeitlich festgehalten. Wir sitzen hier zusammengepfercht auf engstem Raum“, erzählt sie. Als besonderen Druck empfindet sie die Transparenz: Jeder Verkauf wird graphisch auf einer Flipchart festgehalten, sodass sich alle Kollegen miteinander vergleichen können. „Das erhöht den Druck. Man kommt sofort in Erklärungsnot, wenn der Absatz nicht stimmt.“ Dass Telefonate von den Teamleitern mitgehört werden – daran hat sie sich gewöhnt. [...]

Insgesamt ist es also ein stressiger und unbefriedigender Job. Für den es kaum Anerkennung gibt. Aber für viele Menschen ist er alternativlos.

Silke Hoock, Arbeiten in der Großraumhölle, www.zeit.de, 2.2.2017

** Die Namen der Callcenter-Mitarbeiterinnen und -Mitarbeiter wurden anonymisiert.*

Aufgaben

1. a) Beschreiben Sie die Entwicklung der Dienstleistungsbeschäftigung in Deutschland (M 5).
   b) Ordnen Sie die dargestellten Entwicklungstendenzen in das Konzept des wirtschaftlichen Strukturwandels ein (M 3, M 4).
2. Analysieren Sie die Bedeutung des demografischen (M 6, Infobox) sowie des technologischen Wandels (Infobox) für die Zunahme der Dienstleistungsbeschäftigung (M 1b, M 5).
3. Charakterisieren Sie – ausgehend vom Beispiel der Callcenter (M 7) – die Arbeit in Dienstleistungs- bzw. Serviceberufen. Nutzen Sie hierfür den Begriff der Emotionsarbeit (M 2).
4. Etwa 85% aller erwerbstätigen Frauen gehen einer Beschäftigung im Dienstleistungssektor nach, in dem ungefähr jede zweite Stelle von einer Frau besetzt wird. Erörtern Sie dieses geschlechtsspezifische Erwerbsverhalten. Berücksichtigen Sie neben den damit verbundenen Tätigkeiten und Arbeitsbedingungen auch den (vermutlichen) Verdienst und die Aufstiegschancen.

H zu Aufgabe 1a
Zur Methode „Statistikanalyse“
→ vgl. Kap. 2.1

H zu Aufgabe 2
Beschreiben Sie die Konsequenzen, die eine höhere Lebenserwartung für die Lebensführung der Menschen bedeutet.

- Ordnen Sie auf der Grundlage einer Recherche den in M 5 dargestellten Typen von Dienstleistungsbeschäftigung konkrete Berufe zu.
- Vergleichen Sie ausgewählte Dienstleistungsberufe hinsichtlich (a) ihres Arbeitsalltages sowie (b) ihres (voraussichtlichen) zukünftigen Bedarfes.
- Reflektieren Sie, ob bzw. inwiefern eine Beschäftigung im Dienstleistungssektor Ihren Neigungen und Fähigkeiten entspricht.

1.1.4 Schafft die Digitalisierung die Produktionsarbeit ab? Arbeiten in der „Industrie 4.0"

M 8 ● (Industrie-)Arbeit ohne Zukunft?

Karikatur: Danomyte, 21.10.2015

M 9 ● Wie die Digitalisierung Produkte und Produktion verändert

a) Der individuelle Eisbecher – voll automatisiert

Die Fließbänder in der Lernfabrik der Universität Stuttgart stehen bereits still, als die Studenten sich zur letzten Übung des Semesters einfinden. [...] Die angehenden Ingenieure und Ökonomen haben in der Vorlesung gelernt: Immer mehr Maschinen kommunizieren über das Internet. Fabriken werden autonomer. Und deshalb werden in Zukunft Industriegüter völlig anders hergestellt als heute. Im Prinzip. Wie das konkret funktioniert, das wollen die Dozenten den Studenten heute zeigen, und deshalb dürfen die sich jetzt ganz individuelle Eisbecher wünschen. Etwa Erdbeere mit Sahne und Smarties.

Jeder Student schreibt eine Zutatenliste für das eigene Wunsch-Eis. Was folgt, macht den Kern der zukünftigen Fabrik aus. Per Funk werden die Eisrezepte vom Computer auf sechs briefmarkengroße, rote Chips übertragen, einer für jeden Eisbecher. Jedem noch leeren Pappbecher in der physikalischen Welt ist nun ein digitales Rezept im Cyberspace zugeordnet. [...]

Das reale Eis wird in drei Arbeitsschritten an drei verschiedenen Tischen zusammengestellt. Weniger wie in der Gelateria, eher wie am Fließband: zuerst die Kugeln der verschiedenen Sorten, dann die Soße, zuletzt die süße Dekoration. Für jeden Arbeitsschritt liegt ein Tablet-PC bereit, um die Funkchips auszulesen und nachzuschauen, welche Zutat in einen bestimmten Becher gehört, und zu protokollieren, wenn sie drin ist. Die Studenten könnten dieselbe Information auch in Echtzeit im Internet verfolgen.

Für sechs individuelle Eisbecher mag das nach unverhältnismäßigem Aufwand klingen. Aber [...]: Ginge es um Hunderte Eisbecher, die womöglich aus Dutzenden Komponenten bestünden, dann könnte die Technik den Unterschied machen zwischen heillosem Chaos – und reibungsloser Produktion.

SmartFactoryKL

An der TU Kaiserslautern wird in Kooperation mit zahlreichen Unternehmen und Forschungseinrichtungen eine Musterfabrik der „Industrie 4.0" erprobt, die „SmartFactoryKL" (http://www.smartfactory.de/).

Informationstechnik, Telekommunikation und Fertigungsindustrie verschmelzen. Was die Studenten in die Maschinenhalle lockt, beschäftigt längst die Unternehmen und Forschungseinrichtungen: die Fabrik von morgen, etwas hochtrabend als „Industrie 4.0" bezeichnet [...] [vgl. Infobox „Technologische Antriebskräfte des Strukturwandels" in Kap. 1.1.2].

Iestyn Hartbrich, In der Zukunftsfabrik, www.zeit.de, 23.1.2014

b) Autoproduktion und -vermarktung im Wandel

	Industrie 3.0	**Industrie 4.0**
Produkt-planung	im Unternehmen durch Produktentwickler/Ingenieure unter Nutzung von Computersystemen (beispielsweise für Konstruktion, Simulationen)	zwischen anbietendem Unternehmen und Kunden unter Nutzung von Computersystemen, die einzelne Planungsprozesse zunehmend selbstständig ausführen (künstliche Intelligenz)
Produkt	Serienfertigung von genormten Autos, standardisierte Modifikationen bei einzelnen Ausstattungsmerkmalen (Motorisierung, Farbgebung, Sitze, Getriebe oder Automatik ...), die als Module verbaut werden	auf individuelle Kundenwünsche zugeschnittene Produkte auf Basis zahlreicher Auswahlmöglichkeiten; unter Umständen Einzelfertigung möglich
Produktion	Von Menschen gesteuerte Roboter übernehmen standardisierte und kraftaufwändige Arbeitsschritte (z.B. Schweißen, Montieren, Lackieren).	Lernende Roboter übernehmen neben standardisierten Arbeitsschritten auch komplexe Aufgaben, die sie in Kooperation mit Menschen und anderen Robotern erlernen; insbesondere lernen sie zunehmend, Fehler vorausschauend wahrzunehmen und eigenständig zu beheben. 3-D-Druck-Verfahren ermöglicht kostengünstige Fertigung von Sonderanfertigungen.
Produkt-wartung	elektronische Wartung und Diagnose in Werkstätten in pauschal festgelegtem Turnus (Fahrzeugalter, Laufleistung) Standardisierte Ersatzteile werden auf Vorrat produziert und im Lager vorgehalten oder müssen mit Wartezeit geliefert werden.	Durch internetbasierte Vernetzung von Produzent und Auto („Internet der Dinge") automatisierte Fernwartung in Echtzeit möglich (z.B. digitale Anbahnung eines Werkstattbesuches). Erforderliche Ersatzteile können „on demand" per 3-D-Druck-Verfahren hergestellt werden; Lagerhaltung und Wartezeit entfallen bzw. werden reduziert.

Autorengrafik

Info

Industrie 4.0

In der Industrie 4.0 verzahnt sich die Produktion mit modernster Informations- und Kommunikationstechnik. Treibende Kraft dieser Entwicklung ist die rasant zunehmende Digitalisierung [...]. Technische Grundlage hierfür sind intelligente, digital vernetzte Systeme, mit deren Hilfe eine weitestgehend selbstorganisierte Produktion möglich wird: Menschen, Maschinen, Anlagen, Logistik und Produkte kommunizieren und kooperieren in der Industrie 4.0 direkt miteinander. Produktions- und Logistikprozesse zwischen Unternehmen im selben Produktionsprozess werden intelligent miteinander verzahnt, um die Produktion noch effizienter und flexibler zu gestalten.
So können intelligente Wertschöpfungsketten [vgl. Kap. 2.2] entstehen, die zudem alle Phasen des Lebenszyklus des Produktes miteinschließen – von der Idee eines Produkts über die Entwicklung, Fertigung, Nutzung und Wartung bis hin zum Recycling. [...]
Auf diese Weise könn[te] zum einen [...] [d]ie individuelle Fertigung und Wartung der Produkte [...] der neue Standard werden. Zum anderen können trotz individualisierter Produktion die Kosten der Produktion gesenkt werden.

Bundesministerium für Wirtschaft und Energie, www.plattform-i40.de, Abruf am 2.9.2017

M 10 • Welche Folgen hat die vierte industrielle Revolution?

Eine 3D-Figur auf dem Mobile World Congress in Barcelona (27.2.2017) in einem 3-D-Drucker. Mit einer Software und einer Brille für virtuelle Realität kann man Produkte designen und später drucken.

Zum **Internet der Dinge** → vgl. **digital vernetzte Systeme** in Infobox „Industrie 4.0“

Wir stehen am Rande einer technischen Revolution, die unsere Art zu leben, zu arbeiten und miteinander umzugehen grundlegend verändern wird. In ihrem Ausmaß, ihrer Reichweite und ihrer Komplexität wird es sich bei dieser Transformation um eine noch nie erlebte Erfahrung handeln. [...]

Die erste industrielle Revolution nutzte Wasser und Dampfkraft, um die Produktion zu mechanisieren. Bei der zweiten war es die Elektrizität, welche die Massenproduktion ermöglichte. Die dritte machte sich Elektronik und die Informationstechnologie zunutze, um die Produktion zu automatisieren. Nun baut die vierte industrielle Revolution auf der Dritten auf – die digitale Revolution, die in der Mitte des vergangenen Jahrhunderts begann. Ihr Merkmal ist die Verschmelzung von Technologien, das heißt, die Grenzen zwischen der physikalischen, der digitalen und der biologischen Sphäre verschwimmen. [...] Die Möglichkeiten von Milliarden von Menschen, die über Mobilgeräte mit einer noch nie da gewesenen Verarbeitungs- und Speicherkapazität miteinander verbunden sind, sind nahezu unbegrenzt, ebenso wie der Zugang zu Wissen. Und diese Möglichkeiten werden potenziert durch sich abzeichnende technische Durchbrüche in Bereichen wie künstliche Intelligenz, Robotik, das Internet der Dinge, autonome Fahrzeuge, 3-D-Druck, Nano- und Biotechnologie, Materialwissenschaften, Energiespeicherung. [...]

Wie die vorhergehenden Revolutionen birgt auch die vierte industrielle Revolution die Chance, dass sich das Einkommen und der Lebensstandard in der gesamten Welt verbessern. Bis dato sind es diejenigen Verbraucher, die es sich leisten können, an der digitalen Welt teilzuhaben, die am meisten profitieren. Dank der Technologie verfügen wir über neue Produkte und Dienstleistungen, welche unser Dasein sowohl effizienter als auch angenehmer machen. Ein Taxi ordern, einen Flug buchen, ein Produkt kaufen, eine Zahlung tätigen, Musik hören, einen Film ansehen oder ein Spiel spielen – all das können wir nun aus der Ferne tun.

In Zukunft wird die technologische Innovation auch ein Wunder auf der Angebotsseite bewirken, was mit steigender Effizienz und Produktivität einhergeht. Die Kosten für Transport und Kommunikation werden zurückgehen, globale Logistik- und Lieferketten arbeiten effektiver, und die Kosten für den Handel werden schrumpfen – die Folge sind die Entstehung von neuen Märkten und ein beschleunigtes Wirtschaftswachstum.

Gleichzeitig jedoch, darauf weisen die Ökonomen Erik Brynjolfsson und Andrew McAfee hin, könnte die Revolution zu einer noch größeren Ungleichheit führen, insbesondere, weil sie möglicherweise die Arbeitsmärkte erschüttert. Da die Automation die menschliche Arbeitskraft quer durch die gesamte Ökonomie ersetzt, könnte ein Ungleichgewicht zwischen der Rendite [Ertrag] auf Kapital und der Rendite auf Arbeit entstehen. Auf der anderen Seite jedoch, könnte diese Entwicklung unter dem Strich bewirken, dass nur noch lohnende und sichere Arbeitsplätze übrig bleiben.

Erklärfilm
Internet der Dinge

Mediencode: 72051-03

Zum jetzigen Zeitpunkt können wir nicht vorhersagen, welches Szenario sich durchsetzen wird. Die Geschichte lehrt, dass es sich um eine Kombination aus beiden handeln wird. [...] So wird ein Arbeitsmarkt entstehen, der sich in die beiden Segmente „geringe Kenntnisse/niedrige Bezahlung" und „gute Ausbildung/hohes Einkommen" teilt. Und dies wiederum führt zu wachsenden sozialen Spannungen.
Neben dem grundlegenden Umbau der Wirtschaft stellt das mit der vierten industriellen Revolution einhergehende Ungleichgewicht die größte soziale Herausforderung dar. [...]
Weder die Technologie noch der durch sie bedingte Wandel sind exogen gegebene Kräfte, über die der Mensch keine Kontrolle hat. Wir sind alle dafür verantwortlich, wie diese Evolution verläuft und zwar durch unsere täglichen Entscheidungen als Bürger, Verbraucher und Investoren. Wir sollten deshalb die Chance und unsere Macht nutzen, diese vierte industrielle Revolution mitzugestalten und sie in eine Richtung zu lenken, die unseren gemeinsamen Zielen und Werten entspricht.

Klaus Schwab, Die Vierte Industrielle Revolution, www.handelsblatt.com, 20.1.2016
Klaus Schwab ist Wirtschaftswissenschaftler und Präsident des von ihm gegründeten Weltwirtschaftsforums.

M 11 ● Geht der Industrie die Arbeit aus? Effekte der Digitalisierung

Rationalisierungsmaßnahmen haben bislang in erster Linie Beschäftigte mit geringer bis mittlerer Qualifikation betroffen. Die fortschreitende Digitalisierung und Automatisierung bedroht jedoch zunehmend auch die Perspektiven von besser Qualifizierten. Es deutet sich an, dass eine formale Qualifikation nicht mehr das entscheidende Kriterium für ein zukunftssicheres Berufsbild ist.
So schätzt eine vielzitierte Studie [der Ökonomen Frey und Osborne], dass rund 47 Prozent aller Beschäftigten in den USA in Berufen arbeiten, die zumindest mittelfristig davon bedroht sind, durch Maschinen, Roboter und Computerprogramme ersetzt zu werden. Methodisch wird darin die jeweilige Schwierigkeit ermittelt, vor denen Ingenieure stehen, um einen bestimmten Beruf zu „automatisieren". Bei dieser Vorgehensweise finden sich auf den vorderen Rängen der von Automatisierung bedrohten Berufe Telefonverkäufer, einfache Büroangestellte, Köche und Packer, aber auch Piloten und Richter. Bei letzteren wird argumentiert, dass sie einen ungleichen Kampf gegen Autopiloten und Algorithmen antreten, die fehlerfrei navigieren beziehungsweise routiniert entscheiden würden. Von Rationalisierungsmaßnahmen sind also vor allem Berufe bedroht, in denen Präzision und Routine eine hohe Bedeutung zukommen. Hier sind Maschinen den Menschen überlegen. Umgekehrt zeichnen sich zukunftssichere Beschäftigungsfelder vor allem durch hohe Anforderungen in den Bereichen Kreativität, soziale Intelligenz und unternehmerisches Denken aus. Dazu zählen zum Beispiel Architekten, Ärzte, Lehrer und Psychologen, aber auch Förster und Fitnesstrainer. Die Übertragung dieser Prognosen auf Deutschland [durch das Mannheimer Zentrum für Europäische Wirtschaftsforschung (ZEW), vgl. Statistik] liefert zumindest vordergründig ähnliche Resultate. [...]
In einem tätigkeitsbasierten Ansatz weisen [jedoch] [...] nur 12 Prozent der Arbeitsplätze in Deutschland ein relativ hohes Automatisierungsrisiko auf. Dementsprechend scheint insgesamt Vorsicht bei der Beurteilung des technischen Automatisierungspotenzials angebracht, da dieses wohl eher überschätzt wird.
Dennoch werden die Veränderungen in der Welt der Berufe erhebliche Implikationen für Bildung und Ausbildung haben. Abgesehen davon, dass die Automatisierungswahrscheinlichkeit für Geringqualifizierte systematisch höher ausfallen dürfte, stellt

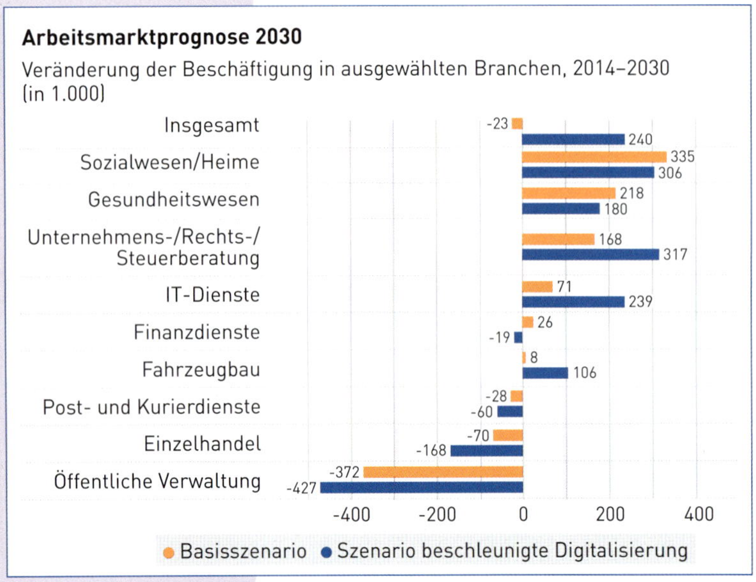

Bundesministerium für Arbeit und Soziales, Weißbuch Arbeiten 4.0, Berlin, Januar 2017, S. 52 (gekürzt)

sich womöglich sogar die Frage, inwieweit sich die Arbeitswelt gänzlich von dem tradierten Konzept der „Berufe" löst. [...] Für die berufliche Ausbildung würde dies implizieren, dass künftig spezifische Berufsabschlüsse durch Abschlüsse abgelöst werden könnten, die allgemeinere Bündel von Kompetenzen umfassen und auf diese Weise vermutlich erheblich besser für vielfältigere Tätigkeiten und lebenslanges Lernen vorbereiten.

Ulf Rinne, Klaus F. Zimmermann, Die digitale Arbeitswelt von heute und morgen, in: Aus Politik und Zeitgeschichte 18-19/2016, S. 6f.

Die Autoren sind Forschungs- bzw. Gründungsdirektor des Instituts zur Zukunft der Arbeit (IZA) Bonn.

M 12 ● Problemlösungskompetenz

„Am wenigsten gefährdet erscheinen [...] Tätigkeiten, die komplexe Wahrnehmung, Handhabung und Bearbeitung beinhalten oder auf kreativer oder sozialer Intelligenz beruhen. Problemlösungskompetenz auf diesem Gebiet erscheint aus heutiger Vorstellung nicht durch Digitalmaschinen oder IT-Systeme substituierbar."

Joachim Möller, Verheißung oder Bedrohung? Die Arbeitsmarktwirkungen einer vierten industriellen Revolution, IAB Discussion Paper, 18/2015, S. 13

Aufgaben

1. a) Analysieren Sie die Karikatur M 8.

   b) „Verdrängt die Digitalisierung menschliche Arbeit?" Entwickeln Sie anhand unterschiedlicher Berufe und Branchen Hypothesen zu dieser Fragestellung.

2. Arbeiten Sie die Strukturmerkmale und Antriebskräfte der entstehenden „Industrie 4.0" heraus (M 9, Infobox).

3. Fassen Sie Schwabs Einschätzungen zu den Auswirkungen der vierten industriellen Revolution (M 10) auf die Unternehmen, Konsumenten und Beschäftigten zusammen.

4. a) Analysieren Sie ausgehend vom Zitat (M 12) die (potentiellen) Auswirkungen der Digitalisierung auf den Arbeitsmarkt (M 11, M 10).

   b) Erörtern Sie ausgehend von M 10 und M 11 Chancen und Risiken der Digitalisierung der Arbeitswelt.

M zu Aufgabe 3
Nutzen Sie hierfür das Methodentraining „Texte strukturiert zusammenfassen".

- Ordnen Sie ausgewählte, für Sie in Frage kommende Berufe bzw. Berufsfelder in die Debatte um die Digitalisierung der Arbeitswelt („Industrie 4.0") ein.
- Reflektieren Sie mögliche Konsequenzen der Digitalisierung der Arbeitswelt für Ihre eigene Berufswahl. Gehen Sie dabei auch auf Ihre eigenen Neigungen und Fähigkeiten im Bereich digitaler Medien ein.

METHODE

Texte strukturiert zusammenfassen

Warum sollte ich Texte strukturiert zusammenfassen können?
Texte – vor allem journalistische Texte, die in Print- und Online-Medien veröffentlicht werden – sind auch in Zeiten von Internet und sozialen Netzwerken eine unverzichtbare Informationsquelle. Sie geben Hintergrundinformationen zu politischen und gesellschaftlichen Sachverhalten und präsentieren unterschiedliche Meinungen und Argumente – und sind insofern auch unverzichtbar für die persönliche Urteilsbildung. Um sich in der Vielzahl der Textangebote orientieren zu können, ist es erforderlich, auch beim schnellen Lesen die zentralen Informationen und Positionen eines Textes eindeutig identifizieren zu können. Auf diese Fähigkeit zielt das schulische Aufgabenformat der Textzusammenfassung, das Ihnen bereits aus dem Deutschunterricht der Sekundarstufe I geläufig ist. Es spielt auch im Politik-Wirtschaft-Unterricht der Gymnasialen Oberstufe eine wichtige Rolle, beginnt doch nahezu jede Klausur im schriftlichen Abitur unseres Faches mit einer Textzusammenfassung („fassen Sie zusammen", „geben Sie wieder").

Was muss ich bei einer Textzusammenfassung beachten?
In einer Textzusammenfassung sollen Sie unter Beweis stellen, dass Sie einen fachspezifischen Text hinsichtlich seiner zentralen Aussagen „verstehen", indem Sie dessen Kernaussagen in eigenen Worten bündeln. Aus dieser Zielsetzung ergeben sich drei zentrale Anforderungen:

- **inhaltliche Reduktion**: Dabei ist zu beachten, dass oft in den Aufgaben ein inhaltlicher Aspekt genannt wird, zu dem die Ausführungen zusammengefasst werden sollen. Alle Textaussagen abseits dieses Aspektes sind also zu vernachlässigen.
- **Strukturiertheit**: Häufig ist es sinnvoll, sich vom Aufbau des Ausgangstextes selbst zu lösen und eine eigene Struktur für die Zusammenfassung zu finden. Aufgaben, die auf mehrere inhaltliche Schwerpunkte abzielen, geben meist implizit Anregungen für diese aspektorientierte Gliederung.
- **sprachliche Distanzierung**: Verwenden Sie durchgängig eigene Formulierungen (Ausnahme: Fachbegriffe) und nutzen Sie sprachliche Mittel der Redewiedergabe (insbesondere Indirekte Rede mit Konjunktiv), um den Charakter der Meinungswiedergabe zu verdeutlichen (gilt nicht bei der Wiedergabe von allgemein bekannten bzw. anerkannten Fakten).

Wie bereite ich eine Textzusammenfassung vor?
Die schriftliche Ausarbeitung der Zusammenfassung setzt zunächst eine gründliche Arbeit am Text voraus. Insbesondere sind folgende Arbeitsschritte hilfreich:

Schritt	Beschreibung
(1) Text gliedern	Gliedern Sie den Text in Sinnabschnitte und formulieren Sie für jeden Abschnitt eine Überschrift, die zentrale Inhalte wiedergibt bzw. bündelt.
(2) Funktion bestimmen	Bestimmen Sie für jeden Abschnitt auch, welche Funktion dieser im Argumentationsgang wahrnimmt (z.B. Formulierung der Fragestellung, Argument, Einschränkung, Kritik, veranschaulichendes Beispiel, Fazit, Forderung, ...).
(3) Thema benennen	Benennen Sie nun das zentrale Thema/die Problemstellung des Textes.

METHODE

Wie baue ich eine Textzusammenfassung auf?

Lösungsvorschlag zu Klaus Schwab, Die vierte industrielle Revolution (vgl. Kap. 1.1.4, M 10)

Gliederungs-schritt	Lösungsbeispiel	Das ist zu beachten!
Einleitung	*In dem Artikel „Die Vierte industrielle Revolution", der am 20.1.2016 im „Handelsblatt" erschien, beschäftigt sich der Autor Klaus Schwab, Präsident des Weltwirtschaftsforums, mit den Folgen der fortschreitenden Digitalisierung für Arbeitnehmer und Unternehmen in den hierbei federführenden Gesellschaften.*	Der **Einleitungssatz** muss Autor, Titel, Textsorte, Quellenangaben und das Thema klar benennen.
Hauptteil	*Schwab konstatiert zunächst den Vorteil, dass neue Technologien „Produkte und Dienstleistungen" (Z. 44f.) hervorbrächten, die die Konsummöglichkeiten für Verbraucher deutlich verbesserten. Zugleich sänken für Unternehmen die Transport- und Kommunikationskosten, die im Zusammenhang von Produktion und Vertrieb anfallen. Im Ergebnis erhöhten sich die verfügbaren Einkommen und der Lebensstandard (vgl. Z. 38ff.).* *Diese Entwicklungstendenzen werden von Schwab dahingehend problematisiert, dass sie bislang nur denjenigen zu Gute kämen, die „an der digitalen Welt" teilhaben können (vgl. Z. 41ff.). Diese soziale Spaltung könne sich fortsetzen, wenn im Zuge der Digitalisierung durch Kapitaleinsatz, z.B. für Investitionen in Maschinen, mehr Gewinn erzielt werden kann als durch menschliche Arbeit und zudem Arbeitsplätze der Automatisierung zum Opfer fallen (vgl. Z. 67ff.).*	• eigene Sprache verwenden, ohne umgangssprachlich zu formulieren • **sachlich** formulieren • im **Präsens** (bei Vorzeitigkeit: Perfekt) formulieren • **Zeilenbelege** für jeden Kerngedanken • treffende Formulierungen verwenden, um den Text transparent zu **strukturieren** und **Zusammenhänge** zwischen den einzelnen Aussagen zu verdeutlichen (vgl. Wortwolke unten)

Formulierungshilfen

Indirekte Rede, z. B.: Der Autor stellt fest, dass immer mehr Menschen Zugang zu Wissen und Bildung haben (Indikativ) oder hätten (Konjunktiv).
Konjunktiv: Immer mehr Menschen hätten (Konjunktiv) Zugang zu Wissen und Bildung.

Der Autor
- wirft (im ersten Abschnitt die Frage) auf/ stellt die Frage,
- problematisiert …
- kritisiert …, behauptet, …
- verdeutlicht seine Behauptung …/ führt seine Kritik genauer aus …
- veranschaulicht seine Behauptung, indem …/ gibt Beispiele für …
- kommt zu dem Schluss …/
- appelliert/ fordert/
- vertritt die Position

(Vermeiden Sie die Formulierung: Der Autor sagt/ schreibt …)

Arbeit in der modernen Gesellschaft
Infobox, M 2

Arbeit gilt als ein zentraler **Integrationsmotor** in modernen Gesellschaften. Sie ist für sehr viele Menschen Teil ihrer **Identität** und weist – vermittelt über das erzielte Einkommen – Chancen der **gesellschaftlichen Teilhabe** zu; das bedeutet im Umkehrschluss jedoch auch, dass Arbeitslosigkeit oder eine Beschäftigung im Niedriglohnsektor vielfach von gesellschaftlicher Teilhabe ausschließt. Berufliche Arbeit lässt sich hinsichtlich der vorwiegenden Tätigkeiten zwischen **Industrie-** bzw. **Produktionsarbeit** einerseits und **Dienstleistungsarbeit** andererseits unterscheiden. In beiden Wirtschaftssektoren finden sich Berufe und Tätigkeiten mit sehr unterschiedlichen Anforderungen, die anhand der Begriffe der **Wissensarbeit**, der **Facharbeit** sowie der **Einfacharbeit** differenziert werden. In der gegenwärtigen Arbeitswelt gewinnt wissensbasierte Arbeit an der Schnittstelle von Produktion und Dienstleistung (Kundenbetreuung) immer mehr an Bedeutung, doch auch zahlreiche Einfacharbeiten werden von Unternehmen weiterhin nachgefragt.

Wirtschaftlicher Strukturwandel
M 4

Die Tendenz zur wissensbasierten Dienstleistungsbeschäftigung reflektiert den **wirtschaftlichen Strukturwandel**. Angetrieben durch technologische Innovationen entwickel(te)n sich – so die Annahme der **Drei-Sektoren-Hypothese** – aus den Agrargesellschaften zunächst Industrie- und später Dienstleistungsgesellschaften. Das jeweilige Gesellschaftsstadium wird durch den Wirtschaftssektor geprägt, in dem (a) die größte Wertschöpfung erfolgt und (b) die meisten Erwerbstätigen Arbeit finden.

Dienstleistungen = Beschäftigungsmotor?
M 5

Im Zuge des wirtschaftlichen Strukturwandels, dessen technischer Fortschritt zahlreiche Industriearbeitsplätze durch Automatisierung und Rationalisierung vernichtete, galt die Dienstleistungsbeschäftigung als Zukunftsbranche.
Tatsächlich lässt sich für Deutschland eine langfristige **Zunahme der Dienstleistungsbeschäftigung** beobachten. Wichtiger Motor dieser Entwicklung, die beispielsweise zu einer Ausweitung der Beschäftigung im Sozial- und Gesundheitswesen führte, ist der **demografische Wandel**. Zugleich ist aber auch festzuhalten, dass Dienstleistungsbeschäftigung in einigen Bereichen einfache Arbeiten bei schlechter Bezahlung und hohem Arbeitsdruck bedeutet.

Digitalisierung – Ende der Industriearbeit?
M 9, Infobox, M 11

Gegenwärtig erleben wir eine „**vierte industrielle Revolution**", in deren Zuge die fortschreitende **Digitalisierung** Güterproduktion und Konsum radikal verändert. Unter dem Marketingbegriff „Industrie 4.0" wird die zunehmende Vernetzung autonomer und lernender Endgeräte verstanden, die u.a. die kostengünstige Produktion von Einzelteilen und Produktwartung in Echtzeit ermöglichen. Umstritten ist, ob die fortschreitende Digitalisierung die (Industrie-)Arbeit endgültig verdrängt. Dafür spricht, dass lernende Roboter und leistungsfähige Computer immer mehr Aufgaben – neben der Produktion von Gütern auch komplexe Aufgaben im Dienstleistungssektor (z.B. Finanzdienstleistungen) – übernehmen können. Anderseits müssen Systeme künstlicher Intelligenz entwickelt, programmiert und gewartet werden, was die Nachfrage vor allem nach hochqualifizierten Beschäftigen verstetigen dürfte.

1.2 Wie werden wir arbeiten? Veränderungen am Arbeitsplatz

1.2.1 Vom Fordismus zum Postfordismus: Arbeitsorganisation im Wandel

M 1 ● Industrielle Arbeit gestern und heute

Die folgenden Grafiken zeigen unterschiedliche Formen der Arbeitsorganisation bei der Produktion im metallverarbeitenden Gewerbe:

a)

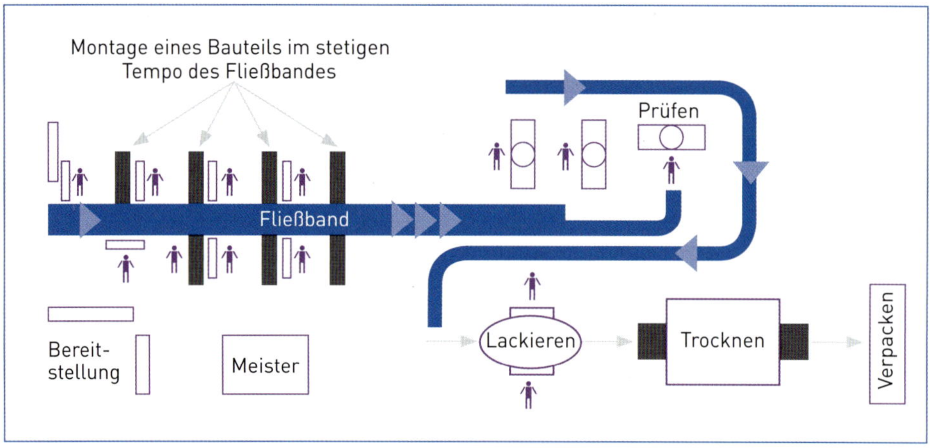

b)

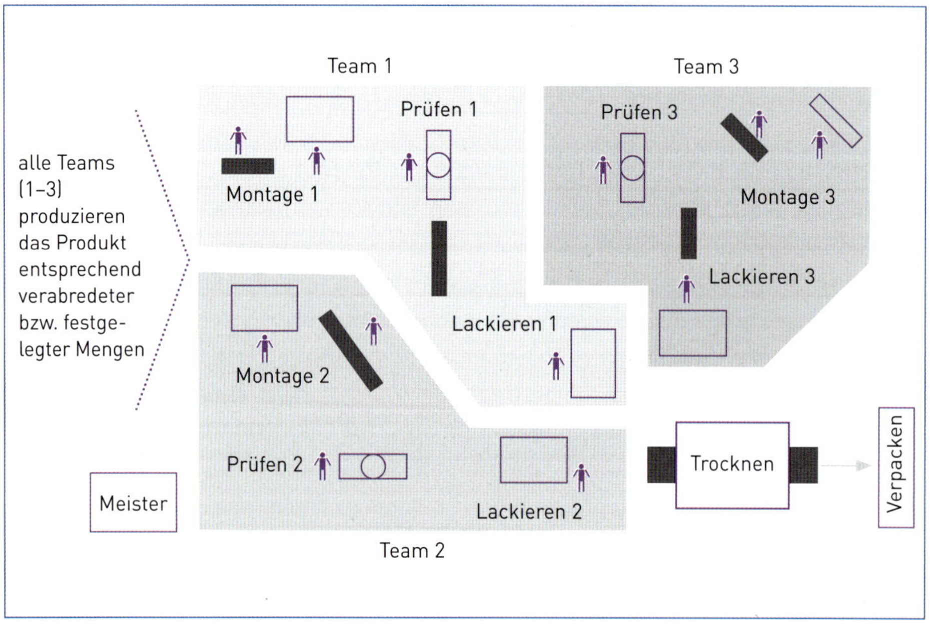

M 2 ● Vom Fordismus zum Postfordismus und darüber hinaus: Arbeitsorganisation im Wandel

Die 1970er- und frühen 1980er-Jahre waren durch einen tiefgreifenden Wandel der Produktions- und Arbeitsorganisation gekennzeichnet, mit dem krisenhafte Erscheinungen wie z.B. ein Anstieg der Arbeitslosigkeit [...] einhergingen. Dieser Umbruch wird als Übergang vom Fordismus zum Postfordismus bezeichnet. [...]

Der Fordismus war zwar das prägende industrielle Paradigma der Nachkriegszeit, reicht aber bis in die 1920er-Jahre zurück [...]. Namensgebend für diese wirtschaftlich-gesellschaftlichen Strukturen [...] ist der US-amerikanische Autoproduzent Henry Ford. Die von ihm entwickelte Produktionsorganisation zielte darauf ab, durch die Massenproduktion homogener [= gleichartiger], standardisierter Güter die Produktionskosten zu senken, indem Produktivitätssteigerungen sowie interne steigende Skalenerträge genutzt werden (internal economic of scale; Stück- oder Durchschnittskosten sinken mit der Zunahme des Outputs eines Betriebes). [...]

Kennzeichen der Produktion war eine tayloristische Arbeitsteilung, also die Zerlegung des Herstellungsprozesses in zahllose, standardisierte Arbeitsschritte sowie der Einsatz von halbautomatischen Fließbändern. Es bestand eine ausgeprägt hierarchische Arbeitsorganisation mit einem geringen individuellen Handlungsspielraum des einzelnen Beschäftigten. Die Produktionsorganisation der Unternehmen war sehr straff [...] organisiert, sämtliche Produktionsschritte wurden häufig von der Rohstoffbearbeitung bis zum Endprodukt de facto „unter einem Dach“ (große Fertigungstiefe bzw. ein sehr hoher Anteil an Eigenfertigung) ausgeführt. Damit waren Änderungen im Produktionsablauf sehr aufwendig, Abweichungen oder Produktvariationen nur in geringem Ausmaß möglich oder mit erheblichem Kostenaufwand (Umrüstungskosten) verbunden. Es mussten auch große Lagerbestände angelegt werden, da beim Ausfall eines Bauteils oder Rohstoffs der gesamte Produktionsablauf stillgestanden hätte [...].

Für das Funktionieren dieser Produktionsstrukturen waren zwei Aspekte ausschlaggebend: erstens die Durchsetzung von Lohnarbeit, zweitens ein Konsumverhalten demzufolge diese standardisierten, langlebigen Massenkonsumgüter (z.B. Autos, Haushaltsgeräte) auch nachgefragt wurden. [...]

In den 1970er-Jahren geriet der fordistische Entwicklungszusammenhang in eine Krise, die sich vor allem in einem stark abgeschwächten Wirtschaftswachstum und steigenden Arbeitslosenzahlen ausdrückte. In der Industrieproduktion war das Potenzial der Produktivitätssteigerung ausgeschöpft, wodurch Profite sanken. Zudem kam es zu einer Veränderung der Nachfragestruktur. Es traten Sättigungstendenzen bei maßgeblichen Konsumgütern ein, während sich individuelle und fragmentierte [sehr unterschiedlich zusammengesetzte] Konsummuster ausbreiteten. Zum anderen stieg durch die Öffnung der Märkte die Konkurrenz aus Billiglohnländern. Unter diesen geänderten Rahmenbedingungen wurden Löhne nicht mehr als Grundlage zukünftiger Kaufkraft, sondern als Kostenfaktor gesehen. Die Wettbewerbsfähigkeit für den Export wurde zum zentralen Unternehmensziel, da insbesondere in exportorientierten Volkswirtschaften die Bedeutung der Binnennachfrage für den Güterabsatz abnahm. [...]

Die Folge dieser Strukturkrise war die Entstehung eines neuen technologisch-ökonomischen Paradigmas, des Postfordismus.

Im Postfordismus hat sich ein neues industrielles Paradigma durchgesetzt, das unter dem Einsatz flexibler, computergesteuerter Produktionstechnologien sowie neuer Kommunikationstechnologien die für den Fordismus charakteristische starre Massenproduktion ablöste [...]. Um der Individualisierung des Konsums Rechnung zu tragen, orientierte sich die Produktion an kurzen Produktzyklen mit einer starken Pro-

Paradigma
eine in einem Sachgebiet über einen längeren Zeitraum dominierende Denkschule oder Lehrmeinung

Economic of scale/ Economic of scope
→ vgl. Kap. 2.1.3

Taylorismus
Auf den US-Amerikaner Frederick Winslow Taylor (1856-1915) zurückgehende Lehre industrieller Arbeitsorganisation, die unternehmerische Effizienz durch die optimale Zergliederung der Arbeitsschritte und deren genau definierte Ausführung durch den einzelnen Beschäftigten erreichen wollte.

Globale Wertschöpfungsketten
→ vgl. Kap. 2.1

Just in Time
englisch für pünktlich, termingerecht. Bezeichnet das Prinzip moderner Produktionsverfahren, wonach Vorprodukte von Zulieferern genau dann zur Verfügung gestellt (angeliefert) werden, wenn sie im Herstellungsprozess benötigt werden. Auf diese Weise wird die kostenintensive Lagerhaltung minimiert.

duktdifferenzierung. Die neuen Kommunikations- und Transporttechnologien ermöglichten es, arbeitsteilige Prozesse nicht mehr „unter einem Dach“, sondern über komplexe Zuliefererverflechtungen zu organisieren, die von regionalen Clustern bis zu globalen Wertschöpfungsketten reichen [...]. Die Fertigungstiefe verringerte sich, nur noch ein Teil der Produktionskette wird von einem einzigen Unternehmen hergestellt. Neue Kommunikations- und Logistikkonzepte erlauben es, die Lagerhaltung auf ein Minimum zu reduzieren: Rohstoffe oder Vorprodukte werden Just-in-time geliefert und aus dem Lkw direkt in die Fertigungsstraße integriert. [...] Für die Produktion notwendige Dienstleistungen werden nicht mehr in dem Unternehmen selbst erbracht, sondern an externe unternehmensorientierte Dienstleistungsunternehmen ausgelagert. Die Palette der ausgelagerten Dienste reicht von Reinigungs- und Sicherheitsdiensten bis zu Unternehmensberatung, Rechts- oder Finanzdiensten. Die Produktion wurde „schlanker“ (lean production) und auf das lukrative Kerngeschäft reduziert.

Gerhard Palme, Robert Musil, Wirtschaftsgeographie, Braunschweig 2012, S. 280f.

Info

Transformationsproblem der Arbeit

[Unternehmen haben] das Interesse an einer möglichst effizienten Produktion und einer möglichst hohen Leistung der Arbeitskräfte. Voraussetzung hierfür ist eine entsprechende Ausgestaltung der Beschäftigungsbeziehung zwischen dem Unternehmer und den Arbeitskräften bzw. des Verhältnisses zwischen Kapital und Arbeit. [...]
Angesprochen ist [mit dem Begriff also] der Austauschprozess zwischen dem Unternehmen und der Arbeitskraft. [Wie aber funktioniert dieser Tausch?] Ersterer erwirbt gegen Zahlung von Lohn von der Arbeitskraft eine zu erbringende Arbeitsleistung, festgelegt im Arbeitsvertrag zwischen beiden. Freilich kauft der Unternehmer die Katze im Sack, denn die konkrete Arbeitsleistung einer Arbeitskraft lässt sich im Voraus kaum bestimmen. Sie muss vielmehr im Arbeitsalltag ständig festgelegt und aktualisiert werden. [...]
Dieses Transformationsproblem lässt sich auch als Koordinationsproblem [...] begreifen: Das Handeln heterogener [unterschiedlicher] Akteure mit unterschiedlichen Interessen und Ressourcen muss aufeinander abgestimmt werden und entsprechend vorgegebener Unternehmensziele einem stabilen Muster folgen. Konkreter, während das Management eines Unternehmens mit seinen Entscheidungen auf Rentabilität und Effizienz zielt, sind die Arbeitskräfte an für sie akzeptable Arbeitsbedingungen in Hinblick auf das Verhältnis von Lohn und Leistung wie aber auch an der Stabilität ihres Arbeitsplatzes interessiert. [...]
Die Beschäftigungsbeziehung erhält [also] eine prekäre und labile Konstellation von teils gegensätzlichen, teils gemeinsamen Interessen. Das Management muss die Arbeitskräfte zu effizienten Leistungen motivieren und sie sollten dem „Sinn“ der Anweisungen entsprechend arbeiten, [um den wirtschaftlichen Erfolg des Unternehmens sicherzustellen].

Hartmut Hirsch-Kreinsen, Wirtschafts- und Industriesoziologie, Weinheim/München 2005, S. 60ff.

Aufgaben

1. a) Beschreiben Sie (arbeitsteilig) die beiden Grafiken (M 1).
   b) Vergleichen Sie die beiden dargestellten Produktionsweisen (M 1) hinsichtlich der Arbeitsorganisation sowie der Tätigkeiten und Rollen der Arbeitnehmer.
2. Charakterisieren Sie die dargestellten Produktionsweisen (M 1) als fordistisch bzw. postfordistisch (M 2).
3. Erläutern Sie, auf welche Weise in fordistischen bzw. postfordistischen Produktionssystemen das „Transformationsproblem der Arbeit“ (Infobox) gelöst wird bzw. werden soll.
4. Beurteilen Sie fordistische und postfordistische Produktionssysteme aus der Perspektive von Unternehmen und Arbeitskräften.

H zu Aufgabe 2
Stellen Sie hierfür zunächst die Merkmale fordistischer und postfordistischer Produktionssysteme tabellarisch gegenüber.

1.2.2 Crowdworking und Co: Flexible Arbeitsorganisation und ihre Folgen

M 3 ● Crowdworking – neue Arbeitsformen in der digitalen Ökonomie

Ramona Herrmann hat schon für Audi, Philips, Henkel und Coca-Cola gearbeitet, für Media Markt, Villeroy & Boch, Continental und Greenpeace, sie hat Kampagnen entworfen für Transparency International und das Kinderhilfswerk unicef. Und doch, in all diesen Großorganisationen ist sie so gut wie unbekannt. Denn Ramona Herrmann, 40 Jahre alt, 20 Jahre Berufserfahrung, ist Crowdworker. Sie ist also Teil einer kaum bekannten Masse, einer crowd, die für Firmen Aufgaben erledigt. [...]. Crowdworker schreiben [...] Texte, liefern Chemikalien, testen Handys, entwerfen Verpackungen, planen Häuser, betreiben Marktforschung, entwickeln Software, gestalten Werbekampagnen oder entwickeln neue Produkte – und sie tun dies eben auch im Auftrag großer Konzerne. [...] Crowdworker tun heute fast alles, was auch normale Angestellte tun. Nur sind sie das eben nicht – normal angestellt.

Mithilfe der Internetseite Jovoto kann Ramona Herrmann zeigen, was das bedeutet: [...] Jovoto ist eine Crowdworking-Plattform mit Sitz in Berlin, spezialisiert auf Werbung, Design, Architektur und Kommunikation. Herrmann hat dort eine Profilseite, auf der ihre 249 verschiedenen Entwürfe für Projekte, ihre *„ideas"*, aufgelistet sind. An einigen der damit verbundenen Bilder prangen rote oder blaue Schleifchen. Rotes Schleifchen bedeutet: Diese Idee befand die Gemeinschaft der Crowdworker für preiswürdig. Blaues Schleifchen heißt: Die Idee gefiel dem Auftraggeber besonders. In beiden Fällen gibt es Geld, das die jeweilige Firma bezahlt. [...] [Aber] an den meisten von Herrmanns Bildern ist gar kein Schleifchen zu sehen, was bedeutet: Für diese Arbeit gab es überhaupt nichts.

Jana Gioia Baurmann, Kolja Rudzio, Die neuen Heimwerker, www.zeit.de, 8.5.2016

M 4 ● Arbeitsverhältnisse im Crowdworking

Ein Kunde, mehrere Angebote, ein Gewinner – das ist nicht ungewöhnlich im Kreativbereich. Doch wo früher vier oder fünf Werbeagenturen in einem „Pitch" [Präsentationswettbewerb] ihre Entwürfe präsentierten und auf Geld hofften, kämpfen heute Hunderte oder Tausende Wettbewerber auf den Crowdworking-Plattformen um den Zuschlag. Dabei tragen meist keine großen Agenturen das unternehmerische Risiko, sondern einzelne Selbstständige. [...] Allein Jovoto hat nach eigenen Angaben 80.000 registrierte Teilnehmer. [...] Gemeinsam ist allen Angeboten aber, dass ihre Crowdworker aus der ganzen Welt kommen und miteinander konkurrieren. [...]

Mit der neuen Form des Outsourcings von Arbeit ändert sich die Machtbalance in der Arbeitswelt. Mindestlohn, Kündigungsschutz, Streikrecht, Urlaubsanspruch, Rente, Lohnfortzahlung im Krankheitsfall – für Crowdworker gilt all dies in der Regel nicht. Sie werden nicht wie Angestellte, sondern wie freie Dienstleister behandelt. Das wissen inzwischen auch Konzernmanager zu schätzen, die für fast jeden Zweck Leute auf spezialisierten Marktplätzen rekrutieren können. [...]

Der Wirtschaftsinformatiker Jan Marco Leimeister glaubt, dass der Trend überall Einzug halte: „So gut wie jedes Unternehmen, das ich kenne, hat schon mal auf einer Crowdsourcing-Plattform etwas ausgeschrieben. Fast alle experimentieren damit. [...]"

Info

Orte der Crowdworker

Die typischen Orte solo-selbstständiger „Freelancer", die Aufträge wechselnder Vertragspartner ausführen oder sich an Crowdworking-Prozessen (vgl. M 3) beteiligen sind

- das Home-Office, also ein Büro bzw. Arbeitsplatz in der eigenen Wohnung,
- Cafés und Restaurants sowie zunehmend
- Co-Working-Spaces, also Gebäudekomplexe, in denen kommerzielle Unternehmen oder private Initiativen Arbeitsplätze vorhalten, die von eingetragenen und zahlenden Mitgliedern (ggf. auch nur stunden- bzw. tageweise) genutzt werden können. Häufig werden in diesen Einrichtungen auch Gemeinschaftsflächen für Regeneration, gemeinschaftlichen Austausch, aber auch Kinderbetreuung vorgehalten. Außerdem werden vielfach Workshops zur Weiterbildung der Mitglieder bzw. Kunden angeboten. *Autorentext*

Für den Professor von der Universität St. Gallen ist der Vorteil gewaltig. Die Firmen könnten mithilfe einer Crowd viel schneller auf mehr oder weniger Aufträge reagieren, könnten Kunden in ihre Entwicklung einbeziehen und insgesamt aus einem größeren Talentpool schöpfen. Auch für die Arbeitnehmer habe es enorme Vorteile: „Ich kann selbst bestimmen, was ich arbeite, wann ich arbeite und wie. Das ist im Vergleich zu der herkömmlichen Situation eines Angestellten revolutionär." [...]

[Doch] [w]as haben die Mitarbeiter tatsächlich davon? Warum machen viele trotz unsicherer Bezahlung mit? [...] Ramona Herrmann betreibt eine kleine Werbeagentur ohne Angestellte [Solo-Selbstständige] [...]. Dort gestaltet sie Geschäftsberichte für eine Volksbank, Webseiten für Mittelständler oder auch mal Visitenkarten, Notizblöcke und Firmenflyer. „Über Jovoto komme ich an Aufträge, die mir diese großen Firmen sonst niemals geben würden", sagt sie. Sie schätzt auch den Austausch mit anderen. Ihren Entwurf für Greenpeace hat sie zum Beispiel zusammen mit einem Mexikaner entwickelt, der in Prag lebt. Als Sprungbrett hat sie Jovoto aber bislang nicht erlebt. „Oft hat man das Gefühl, man ist nur eine Nummer", sagt sie. Kaum ein Auftraggeber melde sich mal persönlich. Und dann gibt es da noch das Problem mit dem Geld: „Von dem, was man bei diesen Projekten verdient, kann man nicht leben", sagt Herrmann. Die vielen Wettbewerber drückten die Verdienstchancen.

Jana Gioia Baurmann, Kolja Rudzio, Die neuen Heimwerker, www.zeit.de, 8.5.2016

M 5 ● Abschied von der Stechuhr: Flexible Arbeit in Unternehmen

Entgrenzung der Arbeit

Mit Entgrenzung von Arbeit ist [...] das Aufbrechen zeitlicher und räumlicher Strukturen betrieblich organisierter Arbeit gemeint, die zu einer Auflösung der Grenzen zwischen Erwerbsarbeit und Privatleben führen [...]. Grenzen zwischen Arbeit und Privatleben werden diffus und es kommt zu einer Vermischung der beiden Bereiche.

Caroline Ruiner, Maximiliane Wilkesmann, Arbeits- und Industriesoziologie, Paderborn 2016, S. 116

In den meisten Behörden, aber auch in Industrie-, oder Dienstleistungskonzernen ist sie [noch] üblich: die Stempeluhr. Doch was zu Zeiten der Industrialisierung als reines Kontrollinstrument diente, hat sich mittlerweile auch zu einem Instrument im Sinne der Arbeitnehmer entwickelt. Erst die moderne elektronische Zeiterfassung ermöglicht Gleitzeit und hat in der immer flexibler werdenden Arbeitswelt zugleich eine Schutzfunktion, indem Arbeitszeiten dokumentiert werden. Trotzdem wird die Stempeluhr der modernen Arbeit vielfach nicht mehr gerecht: Denn zumindest geistig stempeln viele Beschäftigte heutzutage sowieso nicht mehr aus.

Der Abteilungsbericht, der noch durchgearbeitet werden muss, landet am Abend auf dem heimischen Küchentisch. Als Wochenend-Lektüre werden für den Job wichtige Texte gelesen – irgendwie interessieren die einen ja auch persönlich. Am Sonntagabend werden die Arbeits-Mails gelesen: Wer will schon unvorbereitet in die Woche starten? [...] Ach, und diese tolle Idee, die einem durch den Kopf schwirrt, wird von unterwegs schnell in die Firmen-Cloud gespeist. Bei der Gelegenheit kann man auch gleich gucken, was den Kollegen so eingefallen ist. Arbeits- und Privatleben verschwimmen – wobei die Erwerbsarbeit meist den Takt vorgibt. „Entgrenzung" nennt das der [Soziologe] Günter Voß [...]

Ein Grund für diese Entwicklung [...]: „An vielen Stellen wird umgestellt von einer sehr detaillierten, direktiven Steuerung auf projektförmige Arbeit oder zumindest Arbeit, die viel mit Selbstorganisation zu tun hat", sagt Voß. Firmen geben immer weniger vor, wie und wann genau etwas zu passieren hat. Ja, manchmal nicht einmal, was eigentlich genau passieren soll – nur irgendwann muss da ein Ergebnis stehen, das überzeugt und am besten auch noch überrascht. Das lässt Arbeitskräften viel Raum, etwas zu gestalten, setzt sie aber auch unter enormen Druck. [...]

Die[se] Entwicklung wirke sich [nicht nur auf die Arbeitnehmer in einfachen Tätigkeitssegmenten, sondern] auch auf diejenigen aus, die [...] in gesicherten Positionen arbeiteten [...]. Sie empfänden das mehr und mehr als ein Privileg und brächten eine enorme Bereitschaft zur Flexibilität mit. Auch Facharbeiter in der Industrie müssten heutzutage in unterschiedlichsten Positionen an wechselnden Orten arbeiten und ganz verschiedene Aufgaben erfüllen. [...]

Kaum jemand kann sich mehr vorstellen, wie sich Arbeiten in den [19]50er oder [19]60er Jahren angefühlt hat. Klar, es gab viele Dinge, die aus heutiger Sicht Privilegien sind: unbefristete Arbeitsverträge, feste Arbeitszeiten, festes Einkommen, klare Anforderungen. Doch es gab auch: starre hierarchische Strukturen, Anweisungen von oben, immer die gleichen Kollegen, eine fest vorgezeichnete berufliche Laufbahn. Über den Tellerrand schauen? Eigene Ideen? War nicht gefragt.

Der US-amerikanische Soziologe Richard Sennett [...] nannte es das „offensichtliche Übel der Routine" und konstatierte, es sei „extrem langweilig für die Arbeitskräfte" gewesen. „Die neue Arbeitswelt hat durchaus Vorteile", sagt Günter Voß. „Man ist nicht mehr so festgelegt, man kann öfter mal wechseln [...]." [...] Doch [es] zeigt sich, dass es von der Freiheit zum Zwang oft nur ein kleiner Schritt ist.

Barbara Galaktionow, Warum wir nie ausstempeln, www.sueddeutsche.de, 11.3.2015

Zielvereinbarungen
Vereinbarung zwischen Arbeitgeber und Arbeitnehmer, in der ein Ziel definiert wird, das der Arbeitnehmer in einem vorgegebenen Zeitraum erreichen muss; dies kann sich gleichermaßen auf ein unternehmensrelevantes Arbeitsergebnis als auch auf die persönliche Weiterentwicklung beziehen.

Info

Flexibilisierung der Arbeit

Durch die Flexibilisierung der Arbeitsorganisation und der Arbeitsverträge versuchen Unternehmen, ihre Betriebsabläufe vor allem unter Kostengesichtspunkten, aber auch hinsichtlich sich verändernder Markterfordernisse (schwankende Nachfrage nach Waren und Dienstleistungen) zu optimieren. Dabei lassen sich vor allem drei Flexibilisierungsstrategien unterscheiden:

- **zeitliche Flexibilisierung**, also kurzfristige Anpassungen der Arbeitszeit
- **räumliche Flexibilisierung**, also die Möglichkeit oder Vorgabe, Arbeiten auch außerhalb des Unternehmenssitzes auszuführen (z.B. Homeoffice)
- **vertragliche Flexibilisierung** hinsichtlich unterschiedlicher Beschäftigungsformen, die somit vor allem mit externen Flexibilisierungsstrategien korrespondiert

Man unterscheidet zwischen der internen Flexibilisierung, bei der Arbeitseinsatz und -organisation innerhalb des Unternehmens variiert (z.B. Arbeitszeitkonten) werden, und der externen Flexibilisierung, die auf Vertragsbeziehungen zu Akteuren außerhalb des Unternehmens fußt (Outsourcing durch z.B. Zeitarbeit, Crowdworking).

Autorentext

Aufgaben

1. Beschreiben Sie die Arbeitssituation der Crowdworkerin Ramona Herrmann (M 3).
2. Analysieren Sie die dargestellten Formen der Flexibilisierung von Arbeit (M 4, M 5, Infobox) hinsichtlich ihrer Vor- und Nachteile für Arbeitnehmer und Unternehmen.
3. Entwickeln Sie skizzenhaft politische bzw. gesetzliche Regelungen zur Ausgestaltung von Crowdworking (M 3, M 4).

- Erheben und dokumentieren Sie in Ihrem privaten Umfeld (Familie und Bekannte) das Ausmaß flexibilisierter und entgrenzter Arbeitsorganisation.
- Reflektieren Sie Chancen und Risiken flexibilisierter Arbeit für Ihren persönlichen beruflichen Werdegang.

M zu Aufgabe 2
Bearbeiten Sie die beiden Perspektiven arbeitsteilig und führen Sie Ihre Ergebnisse in einem Venn-Diagramm zusammen.

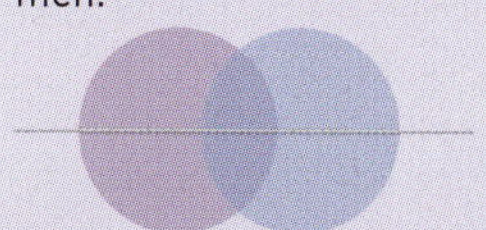

1.2.3 Abschied vom „Normalarbeitsverhältnis"? Flexibilisierung der Beschäftigungsverhältnisse in Deutschland

M 6 ● Flexibilisierte Arbeitsverträge in der Karikatur

Karikatur: Kostas Koufogiorgos, 2012

Zur **Struktur** und **politischen Regulierung von Leiharbeit** → vgl. Kap. 1.3.2

M 7 ● Die Entwicklung von Beschäftigungsformen in Deutschland

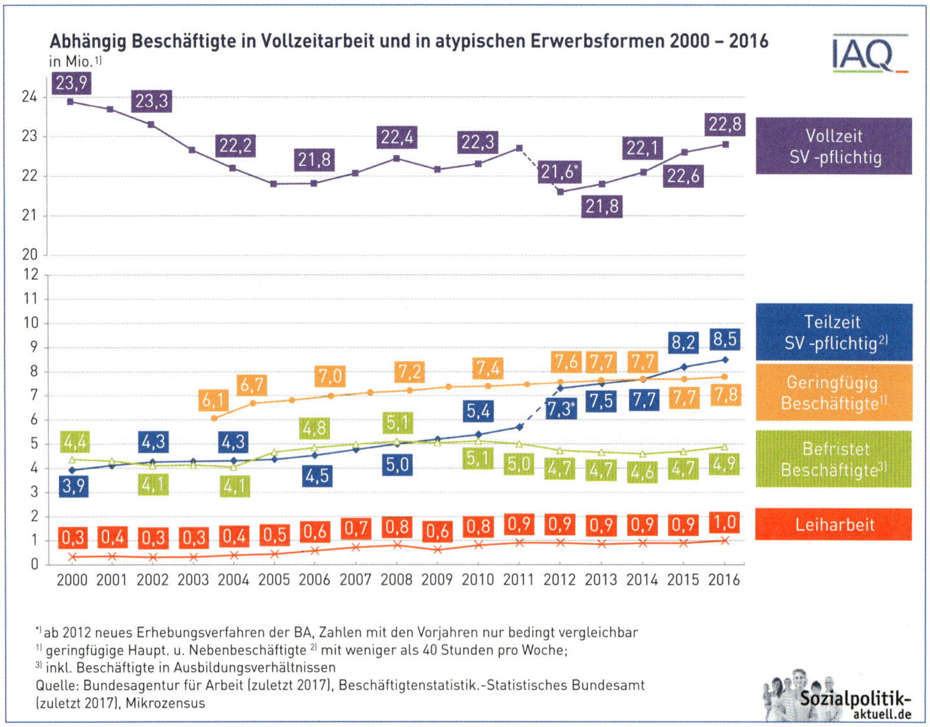

www.sozialpolitik-aktuell.de

Sozialversicherungspflicht

Zu den SV-pflichtig Beschäftigten zählen in erster Linie Arbeiter und Angestellte mit einem Verdienst von mindestens 450 € pro Monat (Ausnahmeregelungen in der „Gleitzone" bis 850 €). Diese Arbeitnehmer sowie ihre Arbeitgeber entrichten prozentual zum Bruttolohn festgelegte Beiträge zur Kranken-, Renten-, Arbeitslosen- und Pflegeversicherung sowie zur Unfallversicherung (nur Arbeitgeber). Somit erwerben diese Beschäftigten Ansprüche auf Leistungen dieser Sozialversicherungen.

Info

Atypische Beschäftigung vs. Normalarbeitsverhältnis

Als atypisch werden Beschäftigungsverhältnisse betrachtet, die nicht dem sog. Normalarbeitsverhältnis entsprechen. Unter [einem] Normalarbeitsverhältnis versteht man eine unbefristete Beschäftigung in Vollzeit, die typischerweise in der Erwartung eingegangen wird, dass das Beschäftigungsverhältnis nicht nur auf dem Papier, sondern auch tatsächlich längerfristig bestehen bleibt. Das Normalarbeitsverhältnis steht also gleichermaßen für ein (wenigstens) ausreichendes Einkommen wie für Beschäftigungssicherheit.

Wegen der starken Bindung von Sozialleistungen in Deutschland an ein sozialversicherungspflichtiges Beschäftigungsverhältnis – bestimmte Beschäftigungszeiten sind beispielsweise Voraussetzung dafür, überhaupt eine Rente oder Leistungen aus der Arbeitslosenversicherung beziehen zu können – gilt das Normalarbeitsverhältnis auch als wichtige Voraussetzung für die Einkommenssicherung über den gesamten Lebensverlauf.

Als atypische Beschäftigungsverhältnisse gelten daher vor allem folgende Erscheinungsformen:

- Teilzeitbeschäftigung,
- geringfügige (nicht sozialversicherungspflichtige) Beschäftigung (sog. Minijobs),
- befristete Beschäftigung sowie
- Leiharbeit (auch Zeitarbeit genannt).

Ebenso hinzurechnen kann man [unter bestimmten Umständen] Praktika oder auch die sog. Ein-Euro-Jobs (Arbeitsgelegenheiten) nach dem SGB II [Sozialgesetzbuch] [...]. Auch die sog. „freie Mitarbeit", die z.B. im Bereich der Medien relativ häufig ist, [...] [sowie] die sog. Scheinselbstständigkeit [Solo-Selbstständigkeit] [weisen Merkmale atypischer Beschäftigung auf].

Wolfgang Ludwig-Mayerhofer, Arbeitsmarkt. Für alle wichtig, für viele unsicher, in: Stefan Hradil (Hg.), Deutsche Verhältnisse. Eine Sozialkunde, Bonn 2012, S. 305f.

M 8 ● Atypische Beschäftigung – wer ist betroffen?

a) Teilzeitarbeit nach Alter und Geschlecht

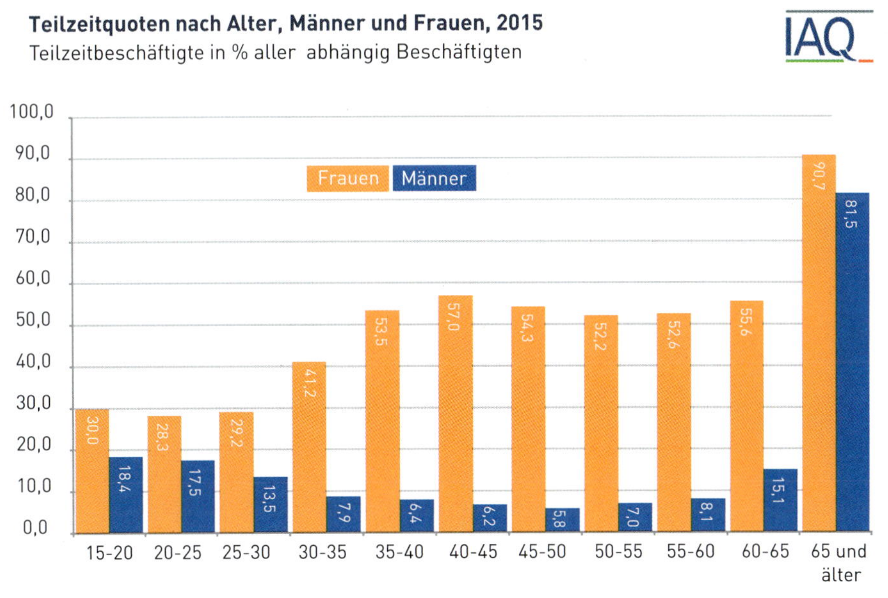

Quelle: Statistisches Bundesamt (zuletzt 2016): Fachserie 1, Reihe 4.1.1, Stand und Entwicklung der Erwerbstätigkeit in Deutschland

www.sozialpolitik-aktuell.de

Auch **befristete Arbeitsverhältnisse**, die vor allem seit 2000 zugenommen haben, werden von Frauen häufiger ausgeübt als von Männern.

b) Entwicklung befristeter Beschäftigung in unterschiedlichen Altersgruppen

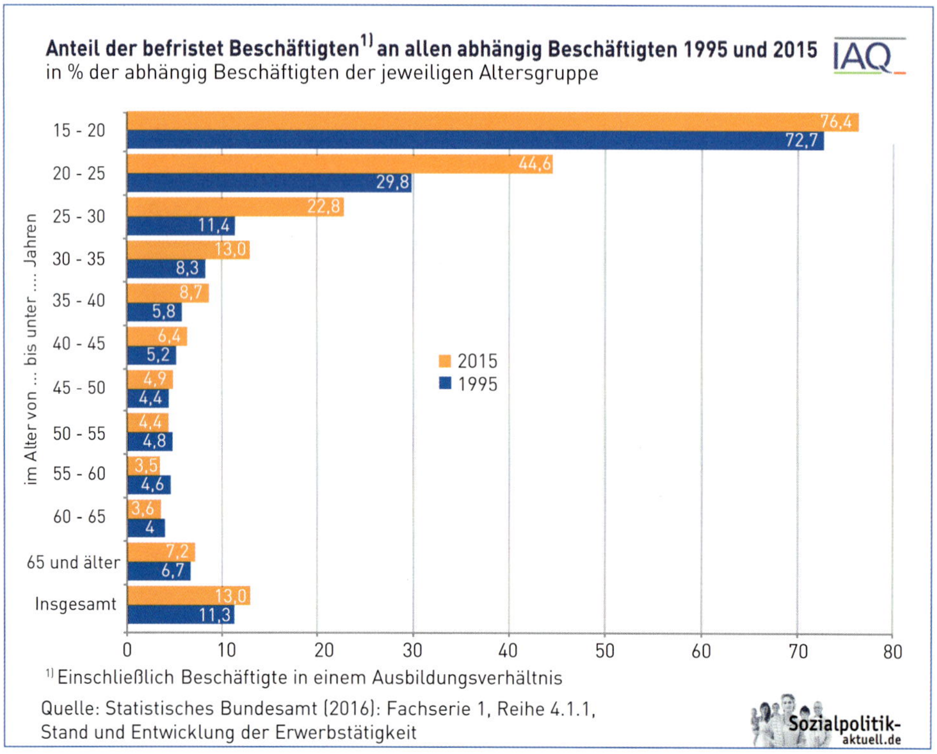

www.sozialpolitik-aktuell.de

c) Wer ist befristet beschäftigt?

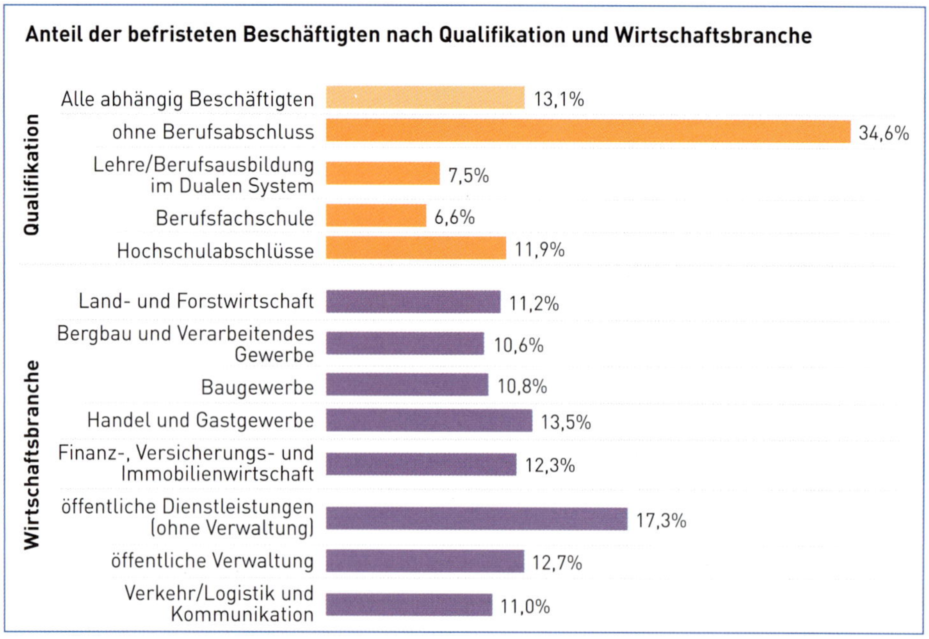

Zahlen: Statistisches Bundesamt, Bevölkerung und Erwerbsbeteiligung. Ergebnisse des Mikrozensus, Wiesbaden 2016, S. 78

M 9 Atypische Beschäftigung und soziale (Un-)Sicherheit

Beschäftigungsform	Teilzeit	Geringfügigkeit	Befristet	Leiharbeit
Einkommen	• formal anteilig, faktisch niedriger • Stundenvolumen • Stundenlöhne	• faktische Benachteiligung • Haupt- versus Nebentätigkeit	• abhängig von Anschluss • geringer als bei NAV	• geringer als bei NAV
Integration in die Rentenversicherung[1]	• anteilig	• minimal	• abhängig von Anschluss	• erfüllt
Beschäftigungsstabilität	• erfüllt	• gering	• ex definitione gering • Anschluss möglich	• niedriger als bei NAV
Beschäftigungsfähigkeit	• geringer als bei Normalarbeitsverhältnis (NAV)	• sehr gering	• geringer als bei NAV	• geringer als bei NAV

1) Die Rentenversicherung steht hier exemplarisch für Probleme der sozialen Sicherung.

Berndt Keller, Hartmut Seifert, Flexicurity (WISO-Diskurs), Bonn 2008

Info

Prekarisierung der Arbeit

In Anlehnung an den Thesaurus der International Labour Organisation (ILO) kann prekäre Beschäftigung als Erwerbsform gekennzeichnet werden, die den Beschäftigten nur geringe Arbeitsplatzsicherheit gewährt, ihnen wenig Einfluss auf die Ausgestaltung der Arbeitssituation ermöglicht, sie nur begrenzt arbeitsrechtlich absichert und die deren materielle Existenzsicherung durch Arbeit daraus folgend erschwert.

Autorentext

Aufgaben

1. Analysieren Sie die Karikatur M 6.
2. a) Analysieren Sie die Entwicklung unterschiedlicher Beschäftigungsformen in Deutschland (M 7, Infobox).
   b) Arbeiten Sie heraus, welche Personengruppen ein besonderes Risiko atypischer Beschäftigung aufweisen (M 8).
3. Erläutern Sie mögliche Interessen von Unternehmen und Arbeitnehmern, atypische Beschäftigungsverträge einzugehen.
4. Beschreiben Sie ausgehend von M 9 die Folgen atypischer Beschäftigungsverhältnisse für die betroffenen Individuen und die Gesamtgesellschaft.
5. a) Zahlreiche Kommentatoren behaupten für die vergangenen Jahre eine „Prekarisierung der Arbeit". Überprüfen Sie diese Behauptung (M 7, Infobox).
   b) Entwickeln Sie aus der Perspektive von (atypisch) Beschäftigten skizzenhaft Forderungen, die die staatliche Arbeitsmarktpolitik bei der Regulierung von Beschäftigungsverhältnissen berücksichtigen sollte.

H zu Aufgabe 4
Berücksichtigen Sie u.a. für das Individuum die Aspekte Lebensplanung, soziale Sicherheit und gesellschaftliche Teilhabe, für die Gesamtgesellschaft die Aspekte Steuereinnahmen, Sozialausgaben und gesellschaftlicher Zusammenhalt.

F zu Aufgabe 4
Politiker und Experten befürchten in den kommenden Jahren Altersarmut vor allem bei Frauen. Erläutern Sie diese Vermutung.

1.2.4 Schöne neue Arbeitswelt? Der „Arbeitskraftunternehmer" in der Diskussion

M 10 ● Arbeitskraftunternehmer – einem soziologischen Begriff auf der Spur

Autorengrafik

M 11 ● Paketzusteller im Dauereinsatz: Beispiel eines neuen Arbeitstypus

Zwei DHL-Mitarbeiter stehen vor einem Förderband mit Paketen (12.10.2016), in einem von zwei neuen Terminals am Luftfrachtdrehkreuz Leipzig. Kernstück der 230 Mio. teuren Erweiterung ist eine hochmoderne Sortieranlage.

[Stefan] Maier, 32 Jahre alt, arbeitet für DHL, aber er ist nicht dort angestellt, sondern bei einem Subunternehmer. Man erkennt das kaum, weil Maier ein gelbes T-Shirt mit rotem DHL-Schriftzug trägt und in einem gelben DHL-Laster Pakete ausfährt. Zuständig ist er für 4.000 Haushalte in elf Straßen einer typischen Berliner Wohngegend: Kopfsteinpflaster, die Häuser sind fünf Stockwerke hoch, Altbauten ohne Aufzug, mit Seitenflügeln und Hinterhäusern, einige unsaniert. [...]

Die Deutsche Post DHL ist der größte Logistikkonzern der Welt. In diesem Jahr rechnet sie mit einem Gewinn von bis zu drei Milliarden Euro. Der Chef heißt Frank Appel. Das Paketgeschäft nennt er den „wichtigsten Wachstumstreiber" seiner Firma, und Appel möchte, dass sie noch mehr Pakete ausliefert. [...]

Zur Wahrheit über den Paketboom gehört auch, dass diejenigen den Preis drücken, die die Pakete verschicken: Experten schätzen, dass Händler wie Zalando gerade mal zwei Euro pro Paket bezahlen. Das dürfte die Kosten der Zusteller kaum decken. Den Druck gibt die Post nach unten weiter, immer tiefer, bis er bei Stefan Maier ankommt.

Jeden Morgen trifft Maier die anderen DHL-Zusteller an den Ladeluken. Lastwagen haben die Pakete über Nacht in riesigen Containern in eine Halle gekarrt, Lagerarbeiter verteilen sie früh morgens auf Rutschen. Am unteren Ende einer solchen Rutsche wartet Maier darauf, was der Tag ihm bringt. Er sucht seine Pakete heraus, sortiert sie und belädt seinen Transporter. Zwei Stunden dauert das.

In diesen beiden Stunden verdient Maier kein Geld, auch am Abend, wenn er den Wagen mit den nicht zugestellten Paketen zurückbringt, verdient er nichts. Geld verdient Maier nur, wenn er ein Paket zustellt. Pro Paket bekommt er rund 50 Cent. Wenn niemand da ist, der sein Paket annimmt, bekommt er nichts.

Maiers Tage dauern von 7.30 Uhr bis 19.30

Uhr, und oft arbeitet er an sechs Tagen in der Woche. [...]
Wenn es gut läuft, bekommt Maier am Ende des Monats 1.500 Euro auf sein Konto überwiesen. Wenn es schlecht läuft, bekommt Maier am Ende des Monats 1.000 Euro auf sein Konto überwiesen. Ob es gut oder schlecht läuft, hängt nur davon ab, wie viele Pakete Maier zustellen kann.

Ihren eigenen Zustellern zahlt DHL, wenn sie drei Jahre lang dabei sind, ein Gehalt von rund 2.000 Euro brutto im Monat, unabhängig davon, wie viele Pakete sie zustellen. Fest angestellte DHL-Zusteller arbeiten 38,5 Stunden in der Woche, Schichtdienste und Überstunden werden extra bezahlt.

Anne Kunze, Fünf Tonnen am Tag, www.zeit.de, 8.12.2013

M 12 ● Der Arbeitskraftunternehmer – Begriffsbildung in den Sozialwissenschaften

Sowohl im Fertigungssektor wie auch im Dienstleistungssektor zeigen sich also veränderte Strategien der Nutzung von Arbeitskraft. Dies, so eine im letzten Jahrzehnt viel diskutierte These, verändert den Charakter von Arbeitskraft; sie wandelt sich vom verberuflichten Arbeitnehmer zum Arbeitskraftunternehmer [...], zum Unternehmer, der die eigene Arbeitskraft vermarktet. Der relativ gesicherte und standardisierte Status eines Arbeitnehmers mit relativ stetigen Arbeitsvorgaben und einem festen Arbeitsvertrag wird letztlich ersetzt durch einen Auftragnehmer mit temporären Auftragsbeziehungen; der Arbeitnehmer wird zum Auftragnehmer einer zu erbringenden Leistung. Da eine eng kontrollorientierte Strategie der Nutzung von Arbeitskraft für die betrieblichen Produktivitätsziele zunehmend weniger ausreicht, wird das Problem der Transformation von Arbeitskraft in Arbeit an den Arbeitskraftunternehmer gewissermaßen zurückgegeben; er hat sicherzustellen, dass die erwartete Leistung erbracht wird, wobei es ihm überlassen bleibt, wie er das erreicht. Insofern wird auf Kontrolle auch nicht verzichtet; die früher übliche Prozesskontrolle allerdings wird ersetzt durch eine Ergebniskontrolle und vor allem durch eine stärkere Selbst-Kontrolle des Arbeitenden, die sich insbesondere bezieht auf die Arbeitszeit, den Arbeitsort, die Regulierung der interpersonalen Beziehungen, die fachliche Flexibilität und die Fähigkeit zur Eigenmotivation.

Der Arbeitskraftunternehmer muss sich (vgl. Tabelle [...]) selbst organisieren und verhält sich in gewisser Weise zu sich selbst wie ein herrschaftsausübender Unternehmer. Seine Arbeit, ja sein Leben ist gekennzeichnet durch Selbst-Kontrolle, Selbst-Ökonomisierung und Selbst-Rationalisierung. Dieser Arbeitskrafttypus ist selbst verantwortlich für eine aktive Selbststeuerung und Selbstüberwachung seiner eigenen Arbeit bei zunehmend weniger betrieblichen Handlungsvorschriften; Selbst-Kontrolle wird systematisch erweitert bei abnehmender Fremdkontrolle. Im Zuge einer solchen Entwicklung ändert sich das Verhältnis zur eigenen Arbeitskraft als Ware; das Arbeitsvermögen muss hinsichtlich seiner wirtschaftlichen Nutzung entwickelt und aktiv vermarktet werden.

Diese Selbst-Ökonomisierung umfasst nicht nur eine aktive Entwicklung der individuellen Potenziale, sondern auch ein gezieltes Selbst-Marketing, um die Arbeitskraft potentiellen Arbeitgebern anzubieten. Selbst-Kontrolle und Selbst-Ökonomisierung haben schließlich Einfluss auf die gesamte Lebensorganisation, auf das Verhältnis von Arbeit und Leben. Erforderlich ist eine Selbst-Rationalisierung des gesamten Lebenszusammenhanges. Es muss systematisch durchgestaltet und auf Erwerb ausgerichtet werden; private Organisations- und Kommunikationsmittel wie Terminplaner, Handy und Laptop werden unentbehrlich,

VERTIEFUNG

Merkmale des Arbeitskraftunternehmers

Selbst-Kontrolle	Verstärkte selbstständige Planung, Steuerung und Überwachung der eigenen Tätigkeit
Selbst-Ökonomisierung	Zunehmende aktiv zweckgerichtete „Produktion" und „Vermarktung" der eigenen Fähigkeiten und Leistungen – auf dem Markt wie innerhalb von Betrieben
Selbst-Rationalisierung	Wachsende bewusste Durchorganisation von Alltag und Lebenswelt und Tendenz zur Verbetrieblichung der Lebensführung

die Grenzen zwischen Arbeit und Leben verschwimmen. „In der individualisierten Gesellschaft muss der Einzelne [...] bei Strafe seiner permanenten Benachteiligung lernen, sich selbst als Handlungszentrum, als Planungsbüro in Bezug auf seinen eigenen Lebenslauf, seine Fähigkeiten, Orientierungen, Partnerschaften usw. zu begreifen" – dies hatte [der Soziologe Ulrich] Beck [...] als Kennzeichen der modernen Gesellschaft herausgearbeitet. [...]
Zunächst hatten die Protagonisten [der Debatte] den Arbeitskraftunternehmer vor allem unter den Freiberuflern gesehen, insbesondere [...] in der Branche der stark projektförmig organisierten Kommunikations- und Informationstechnologien, aber auch in Medien- und Kulturberufen, im Weiterbildungssektor, in der Organisationsberatung und in den Unternehmen der IT-Industrie, in Bereichen also, die geprägt sind von prestigeträchtigen Tätigkeiten mit hohen Qualifikationsanforderungen, die besonders für junge Hochschulabsolventen attraktiv sind.
[Inzwischen lassen sich die Merkmale des Arbeitskraftunternehmers allerdings auch bei solchen abhängig Beschäftigten beobachten,] die [...] [vielfach] in spezifischen Arbeitsformen mit einem hohen Anteil von Möglichkeiten und Anforderungen der Selbstorganisation tätig sind, nämlich in Gruppenarbeit bzw. Projektgruppen [vgl. Kap. 1.2.1 und 1.2.2].

Heiner Minssen, Arbeit in der modernen Gesellschaft. Eine Einführung, Wiesbaden 2012, S. 109ff.

H zu Aufgabe 3
Mögliche Beispiele sind
- Callcenter-Agenten (Kap. 1.1.4)
- Crowdworker (Kap. 1.2.1)
- Paketzusteller (Kap. 1.2.5)

Wichtige Aspekte der Bearbeitung sollten sein:
- Formen der Flexibilisierung von Arbeit
- Entgrenzung von Arbeit
- Übertragung unternehmerischer Risiken auf Arbeitnehmer

M zu Aufgabe 3
Gestalten Sie Ihren Text als umfangreichen Beitrag für das Magazin „abi→→" der Bundesagentur für Arbeit, das Jugendlichen und jungen Erwachsenen Tendenzen der Arbeitswelt vorstellt.

Aufgaben

1. In der sozialwissenschaftlichen Debatte um die gegenwärtigen Veränderungen der Arbeitswelt hat sich in den letzten Jahren der Begriff des „Arbeitskraftunternehmers" etabliert. Erschließen Sie die mögliche Bedeutung dieses Begriffes, indem Sie ...
   a) seine beiden Wortbestandteile (vgl. M 10) einzeln definieren.
   b) eine vorläufige Definition des Begriffes entwickeln. Greifen Sie dabei auf Ihre Kenntnisse über die veränderte Arbeitswelt zurück.
2. Charakterisieren Sie die Arbeitsbedingungen von Stefan Maier (M 11) als diejenigen eines Arbeitskraftunternehmers.
3. Erläutern Sie anhand konkreter Beispiele aus der sich wandelnden Arbeitswelt den sozialwissenschaftlichen Begriff des Arbeitskraftunternehmers (M 12).
4. Reflektieren Sie, inwiefern Sie Ihr erstes Begriffsverständnis ausdifferenzieren konnten.

Vom Fordismus zum Postfordismus
M 2

Das verbreitete Bild industrieller Arbeit ist noch immer von einer **hochgradig arbeitsteiligen Fließbandarbeit** geprägt. Tatsächlich war diese Form der Arbeitsorganisation für den **Fordismus**, der die Produktionssysteme seit Entstehung der Massenproduktion beschreibt, prägend. Diese Arbeitsorganisation war funktional für Gesellschaften. In ihnen bestand Nachfrage nach standardisierten, eher langlebigen Konsumgütern. Durch einen Rückgang der Binnennachfrage (Nachfragesättigung) und die Zunahme internationalen (Kosten-)Wettbewerbs herausgefordert, stellten die Unternehmen in der Krise der 1970er und 1980er Jahre ihr Produktionsmodell um. Die Industrieproduktion des **Postfordismus** ist durch eine Verschlankung der Produktion – beispielsweise durch das Outsourcing von Unternehmensfunktionen – und die Vervielfältigung der Produktpalette gekennzeichnet. Dieser Veränderungsprozess ging auch mit einer erheblichen Veränderung der Beschäftigungsverhältnisse einher.

Flexibilisierung der Arbeitsorganisation
M 5, Infobox

So wurde die **Arbeitsorganisation** dahingehend **flexibilisiert**, dass Ort und Zeit der Arbeitsübung nicht mehr für alle Beschäftigten eines Unternehmens geregelt sind. Die Einführung von **Vertrauensarbeitszeit, Gleitzeit** oder von **Homeoffice**-Tagen sind Beispiele für eine Arbeitsorganisation, die den einzelnen Arbeitnehmer stärker in die Pflicht nimmt, ein gesetztes bzw. vertraglich vereinbartes Ziel (**Zielvereinbarungen**) zu erreichen. Dieser ist dann selbst dafür verantwortlich, die hierfür notwendige Zeit effizient einzusetzen.
Das (mobile) Internet erweitert die Möglichkeiten dieser Flexibilisierung zusätzlich. So werden heute immer mehr Arbeitsprozesse an **Crowdworker** vergeben, die somit in einem nahezu globalen Wettbewerb zueinander treten.
In allen Fällen verschwimmen die Grenzen zwischen Arbeit und privater Lebensführung zunehmend (**Entgrenzung der Arbeit**).

Flexibilisierung der Arbeitsverträge
M 7, Infobox

Parallel dazu konnten Unternehmen **flexiblere** und damit **unsichere Arbeitsverträge** durchsetzen, was ebenfalls eine Antwort auf den wahrgenommenen Kostendruck darstellte. Die zunehmende Verbreitung von **atypischen Beschäftigungsverhältnissen** (Befristung, Leiharbeit und unfreiwillige Teilzeit) gilt als Indiz des **Abschieds vom Normalarbeitsverhältnis**.
Da die genannten Arbeitsverhältnisse mit einem niedrigeren Einkommen und einer daraus resultierenden niedrigeren sozialen Sicherung einhergehen, ist die individuelle Lebensplanung für die Betroffenen von großer Unsicherheit geprägt (**Prekarität**).

Der Arbeitskraftunternehmer
M 12

Alle genannten Veränderungen der Arbeitsorganisation beeinflussen die (Macht-)Position des einzelnen Arbeitnehmers. Dieser muss immer stärker wie ein **Unternehmer seiner eigenen Arbeitskraft** agieren, wenn er beispielsweise als Crowdworker in Konkurrenz mit anderen um einen Auftrag wirbt. Das sozialwissenschaftliche Konstrukt des Arbeitskraftunternehmers bringt diesen Sachverhalt, dass Arbeitskräfte zunehmend die wirtschaftlichen Risiken ihrer Arbeit tragen, auf den Begriff.

1.3 „Gute Arbeit für alle" – aber wie? Herausforderungen der Beschäftigungspolitik in Deutschland

1.3.1 Mit betrieblichen Strategien dem Fachkräftemangel begegnen?

Nach Einschätzung der Bundesagentur für Arbeit ist u.a. in folgenden Berufsgruppen ein **bundesweiter Fachkräftemangel zu erkennen**:

- Fahrzeug-, Luft- und Raumfahrttechnik
- Mechatronik und Automatisierungstechnik
- Spezialisten im Hoch- und Tiefbau
- Experten für Softwareentwicklung und Programmierung
- Spezialisten im technischen Eisenbahnbetrieb, Fahrzeugführer Eisenbahnverkehr
- Gesundheits- und Krankenpflege, Altenpflege, Geburtshilfe und Rettungsdienst
- Humanmedizin, Apothekerinnen und Apotheker
- Orthopädie-, Rehatechnik und Hörgeräteakustik

Bundesagentur für Arbeit, Fachkräfteengpassanalyse, Nürnberg: BfA (Blickpunkt Arbeitsmarkt) Juni 2017, S. 6

M 1 ● „Arbeitslandschaft 2040" – eine Prognose

In Deutschland werden bis zum Jahr 2020 1,8 Millionen Arbeitskräfte fehlen, darunter 1,2 Millionen mit Berufsabschluss und gut 500.000 Hochschulabsolventen. Trotz des technologischen Fortschritts fallen aber keine Arbeitsplätze weg, sondern die Arbeitsinhalte verändern sich. Dies sind die zentralen Ergebnisse der Studie „Arbeitslandschaft 2040".

Die Studien beleuchten in regelmäßigen Abständen, welche Ungleichgewichte zwischen Arbeitsangebot und Arbeitsnachfrage in den kommenden Jahrzehnten entstehen, wenn die wirtschaftliche Entwicklung mit einem sinkenden Arbeitskräftepotenzial gestaltet werden soll. [...] Die zentrale Erkenntnis der Arbeitslandschaft 2040 ist, dass die Verschiebung der Arbeitsnachfrage hin zu wissensintensiven Tätigkeiten weiter fortschreitet.

Oliver Ehrentraut, Prognos AG, Arbeitslandschaft 2040, Einführung, www.prognos.com, 2015

Die Prognos AG ist ein in Basel ansässiges Institut der Wirtschaftsforschung und Politikberatung.

M 2 ● Welche Ursachen hat der (mögliche) Fachkräftemangel?

Die Fachkräftelücke wächst sich zum zunehmenden Problem für die Sicherung von Wohlstand und Wachstum in Deutschland aus. Die Bundesregierung sieht trotz Fortschritten bei der Mobilisierung von mehr Erwerbstätigen, etwa bei Frauen und älteren Menschen, großen Handlungsbedarf [...].

Die aktuelle Ausbildungsentwicklung belegt das wachsende Fachkräfteproblem. Nach Angaben des Statistischen Bundesamtes ging die Zahl der Auszubildenden im vergangenen Jahr zum wiederholten Male zurück. Nur noch knapp 510.000 Jugendliche schlossen Ausbildungsverträge ab, 1,3 Prozent weniger als 2015. Achim Dercks, der stellvertretende Hauptgeschäftsführer des Deutschen Industrie- und Handelskammertags (DIHK), sprach von 37 Prozent der Unternehmen, die mittlerweile Problemen bei der Besetzung von Lehrstellen hätten. [...]

Als Hauptgrund für den drohenden Mangel führt Prognos [vgl. M 1] die zunehmende Überalterung der deutschen Gesellschaft an: [...] Auch wenn man inzwischen nicht mehr mit einem so starken Schrumpfen der Bevölkerung rechne, die Zahl der Menschen im arbeitsfähigen Alter werde dennoch weiter kräftig sinken – um gut zehn Prozent bis zum Jahr 2040. Es komme hinzu, dass mit dem wachsenden internationalen Wettbewerb, anderem Konsumverhalten und der Digitalisierung in fast allen Wirtschaftsbereichen manche Berufe nach und nach an Bedeutung verlieren würden. Umgekehrt werde es an Menschen mit dem künftig dringend gefragten Fachwissen fehlen, so die Prognos-Wissenschaftler. [...]

Die Regierung sieht immerhin Fortschritte. [...] Es müsse aber mehr getan werden. So müssten die Erwerbstätigen unterstützt werden, mit den Veränderungen in der Arbeitswelt umzugehen. Dabei müssten alle, unabhängig vom Geldbeutel, die gleichen Chancen haben. Als eine zentrale Herausforderung für die Zukunft nannte das Ministerium noch größere Anstrengungen, um die Erwerbstätigkeit von Frauen zu erhöhen. Daneben müsse mehr in Bildung und in Weiterbildung investiert werden. Die Zuwanderung von Fachkräften sollte besser gesteuert werden.

rtr/dpa, Forscher warnen vor Fachkräftemangel, Frankfurter Rundschau, 31.8.2017

M 3 ● Ursachen des Fachkräftemangels unter der Lupe

a) Frauenerwerbstätigkeit

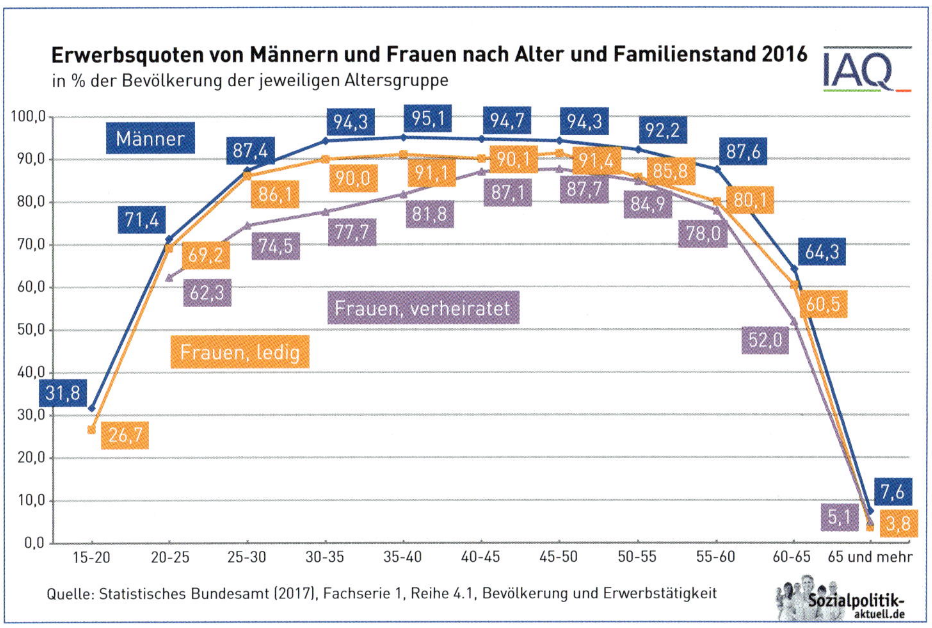

www.sozialpolitik-aktuell.de

b) Demografischer Wandel in MINT-Berufen

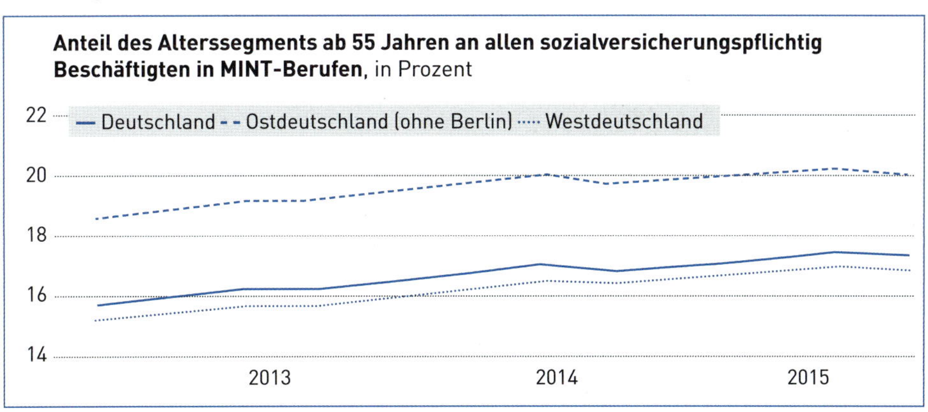

Zahlen: Institut der deutschen Wirtschaft Köln, MINT-Frühjahrsreport 2016. Herausforderungen der Digitalisierung, Köln: IdW 2016, S. 45

Der Begriff **MINT** (Akronym) bezeichnet Berufe und Studiengänge mit mathematisch, informationswissenschaftlicher, naturwissenschaftlicher oder technischer Ausrichtung.

M 4 Unternehmerische Strategien zur Bewältigung des Fachkräftemangels – das Beispiel Sartorius

Die Sartorius AG ist ein weltweit agierendes Unternehmen mit Hauptsitz in Göttingen. Das auf die Produktion von Verbrauchsgütern für Labore und pharmazeutische Produktionsprozesse spezialisierte Unternehmen beschäftigt weltweit knapp 7.000 Mitarbeiter, davon gut 2.000 am Standort Göttingen. Auf seiner Website stellt sich das Unternehmen als potentieller Arbeitgeber vor:

Benefits

Vielfältige Personalentwicklung

Als Zulieferer von Pharma- und Biotechunternehmen ist Sartorius weltweit führend in Wachstumsmärkten. Durch die Dynamik unserer Branchen, ergeben sich auch für unsere Mitarbeiter immer wieder neue Entwicklungswege. Wir investieren kontinuierlich in die Weiterentwicklung unseres Personals, denn wir brauchen kompetente und qualifizierte Mitarbeiter, die mit uns weiter wachsen wollen.

Personalentwicklung ist bei uns kein Standardprozess. Wir unterstützen unsere Mitarbeiter mit individuell zugeschnittenen Maßnahmen, damit sie ihre Karriereziele erreichen können.

Das Sartorius College bietet unseren Mitarbeitern zahlreiche Trainings, Seminare und Sprachkurse, die sie für nächste Schritte auf der Experten- oder Managementebene vorbereiten. Bei Interesse können sich unsere Mitarbeiter auch über ihren eigentlichen Tätigkeitsbereich hinaus weiterbilden und vielleicht sogar neue Talente an sich entdecken. Auch im Rahmen von Job Rotations, bei dem sie zu anderen, auch internationalen Konzernstandorten wechseln, können die Sartorianer ihren persönlichen und fachlichen Horizont erweitern. Darüber hinaus bieten wir individuelle Entwicklungs-Assessments an, in denen der einzelne Mitarbeiter seine Kompetenzen ausbauen und seine Stärken profilieren kann. Führungskräfte werden bei Sartorius bevorzugt aus den eigenen Reihen besetzt. [...]

Betriebssport & Vorsorgeprogramme

Wir unterstützen unsere Mitarbeiter durch medizinische Vorsorgeprogramme und betriebliche Sportangebote bei einer gesunden Lebensweise. An seinen deutschen Standorten bietet Sartorius Maßnahmen zur Gesundheitsförderung an, z.B. Nichtraucherprogramme, Suchtprävention oder die ergonomische Einrichtung des Büroarbeitsplatzes. In einer der zahlreichen „Sartofit" Betriebssportgruppen lernen sich Kollegen auch mal von der sportlichen Seite kennen und halten sich gemeinsam fit. Egal ob beim Fußball, Segeln oder in der Laufgruppe – der Spaß an der Bewegung steht im Vordergrund.

Flexibilität

Unsere familiäre Unternehmenskultur bedeutet für uns auch die Verpflichtung, unsere Mitarbeiter bei dem Balanceakt zwischen Karriere und Familie zu unterstützen – mit individuellen, lebenspraktischen Lösungen. Besonders wenn es um die Vereinbarkeit von Familie und Beruf geht, sind flexible Arbeitszeiten ein Kernthema. Aber auch Mitarbeitern, die sich beruflich fortbilden oder privat engagieren wollen, gibt unser Arbeitszeitmodell Sartoflex die Möglichkeit, ihre Arbeitszeiten flexibel zu gestalten. Gemeinsam erarbeiten wir ein individuelles Modell, das zu Ihnen und uns passt: Je nach persönlicher und betrieblicher Situation sind dabei Gleitzeit, Teilzeit oder Teleworking möglich.

Für seine Familienfreundlichkeit wurde Sartorius bereits mehrmals ausgezeichnet. Wie wichtig uns das Thema Familie ist, kann man auch ganz lebendig beim Sartorius Familientag erleben. Regelmäßig lädt Sartorius seine Mitarbeiter der deutschen Standorte mit ihren Familien zu einem unterhaltsamen und erlebnisreichen Sommerfest ein.

www.sartorius.de, Abruf am 19.9.2017

M 5 ● Die Bewältigung des Fachkräftemangels – eine politische Aufgabe

Die Autoren beleuchten die Zukunft der Arbeitswelt im Auftrag der gewerkschaftsnahen Hans-Böckler-Stiftung:

Handlungsfeld	Beispielhafte Maßnahmen
gute Bildung und bessere Qualifizierung	• eine „gute Schule für alle" mit individueller Förderung • Erhöhung der Attraktivität der betrieblichen Ausbildung für leistungsstärkere Schülerinnen und Schüler (z.B. verbesserte Durchlässigkeit zum Hochschulstudium) • assistierte Berufsausbildung zur Unterstützung und Integration von Jugendlichen mit Förderbedarf in der betrieblichen Ausbildung
gute Arbeit und mehr Aufstiegsmöglichkeiten	• ungenutzte Potenziale unter Geringqualifizierten und Älteren durch passgenaue Weiterbildungsangebote stärker erschließen • alters- und alternsgerechte Gestaltung der Arbeitsplätze, um ältere Beschäftigte länger zu halten
bessere Verzahnung von Beruf und Privatleben	• Erwerbsbeteiligung der häufig sehr gut qualifizierten Frauen über familiengerechte Arbeitszeitkonzepte und eine entsprechende Bereitstellung der Betreuungs- und Bildungsinfrastruktur erhöhen
gute Arbeitsbeziehungen	• Sozialpartnerschaft als Garant für gute und angemessene Rahmenbedingungen stärken

Zusammenstellung nach Wolfgang Schroder u.a., Fachkräftepolitik als Dreh- und Angelpunkt in Wirtschaft und Arbeitswelt, in: Wolfgang Schroder, Claudia Bogedan (Hg.), Gute Arbeit und soziale Gerechtigkeit im 21. Jahrhundert, Baden-Baden 2015, S. 135

Kinder spielen in der Kita (24.07.2013).
Das mittelständische Unternehmen Mecklenburger Landpute GmbH hat in den Ausbau einer Kita investiert und reservierte dafür im Gegenzug 20 Plätze für Kinder von Mitarbeitern.

Aufgaben

1. Beschreiben Sie das Phänomen des Fachkräftemangels in Deutschland (M 1, Randspalte).
2. Erläutern Sie die wesentlichen gesellschaftlichen Ursachen des drohenden Fachkräftemangels (M 2, M 3).
3. a) Analysieren Sie, wie sich die Sartorius AG im Wettbewerb um die besten Mitarbeiter präsentiert (M 4).
   b) Beurteilen Sie das Personalmanagement der Sartorius AG vor dem Hintergrund des drohenden Fachkräftemangels.
4. Entwickeln Sie ausgehend von M 5 konkrete Maßnahmen zur Bewältigung des (drohenden) Fachkräftemangels und ordnen Sie diesen Maßnahmen verantwortliche Akteure zu.

- Recherchieren Sie, ob in den Berufszweigen, die Sie bislang in die engere Wahl gezogen haben, ein Fachkräftemangel droht.
- Formulieren Sie Kriterien, die ein Unternehmen erfüllen sollte, bei dem Sie einen längerfristig gültigen Arbeitsvertrag unterzeichnen. Berücksichtigten Sie dabei zum Beispiel Ihre individuellen Lebensziele (vgl. Kap. 5.1).

F zu Aufgabe 2
Gehen Sie dabei auch auf die besonders „gefährdeten" Berufe und Branchen ein.

H zu Aufgabe 3b
Nutzen Sie hierfür die Methodenseite „Sachverhalte und Probleme mehrperspektivisch beurteilen (Urteilsbildung 1)".

F zu Aufgabe 4
Recherchieren Sie in Ihrer Gemeinde, welche Maßnahmen zur Bewältigung des Fachkräftemangels durch welche Akteure ergriffen werden. Präsentieren und diskutieren Sie diese Maßnahmen in der Klasse.

METHODE

Sachverhalte und Probleme multiperspektivisch beurteilen (Urteilskompetenz 1)

Sie werden später auch verschiedene Urteilskategorien und Grundwerte berücksichtigen. → Vgl. hierzu Urteilsbildung 2, Kap. 3.2

Warum soll ich multiperspektivisch urteilen können?

Tagtäglich begegnen uns in Alltagsgesprächen und in der Medienberichterstattung gesellschaftliche, wirtschaftliche und politische Themenkomplexe, die von einer großen Kontroversität gekennzeichnet sind. Dass diese Streitfragen von unterschiedlichen Personen unterschiedlich bewertet werden, hängt häufig mit ihrer Zugehörigkeit zu einer bestimmten Personengruppe zusammen, die mit ihrer eigenen Perspektive, den eigenen Interessen das Problem betrachtet und bewertet.

Für einen respektvollen demokratischen Diskurs ist es unerlässlich, die Vielfalt der (legitimen) Perspektiven auf ein Problem anzuerkennen und sich mit diesen unterschiedlichen Perspektiven auseinanderzusetzen. In den auf eine Beurteilung abzielenden Aufgabenstellungen (AFB III) des Politik-Wirtschaftsunterrichts wird in diesem Sinne von Ihnen erwartet, dass Sie sich dieser Multiperspektivität politischer Positionen bewusst sind und – zumindest probeweise – auch solche – demokratisch legitimen – Positionen einnehmen, die sich nicht mit Ihrer eigenen Haltung decken.

Was bedeutet es, multiperspektivisch zu urteilen?

In allen urteilsbildenden Aufgabenstellungen („Beurteilen Sie", „Erörtern Sie", „Nehmen Sie Stellung") soll daher Ihre Argumentation unterschiedliche, für die Problemstellung relevante gesellschaftliche Perspektiven berücksichtigen (Hauptteil), ehe Sie aus dieser (probeweisen) Perspektivübernahme Ihr individuelles Urteil (Schlussteil) entwickeln.

Häufig relevante gesellschaftliche Perspektiven mit ihren spezifischen Interessen und Haltungen

Arbeitnehmer

- (langfristige) Sicherung des eigenen Arbeitsplatzes
- Sicherung oder Erhöhung des Arbeitseinkommens
- Anregendes, abwechslungsreiches Arbeitsumfeld
- Vermeidung zu hoher Arbeitsanforderungen ...

Konsumenten

- Große Vielfalt verfügbarer Produkte
- mit hoher Qualität und
- zu günstigen Preisen
- Schutz vor gesundheitsschädlichen, technisch unsicheren Produkten o.ä.
- „ethisch" motivierte Konsumenten: gute Arbeitsbedingungen und umweltverträgliche Produktionsverfahren bei Herstellung des gewünschten Produktes ...

Politische Entscheider

- Anerkennung der politischen Entscheidungen
- Chancen der Wiederwahl
- Wahrung des Gemeinwohls ...

Staat/Gesellschaft

- Gewährleistung eines angenommenen Gemeinwohls, zum Beispiel Schutz der Umwelt oder nachhaltiger Umgang mit natürlichen Ressourcen
- Wahrung des friedlichen Zusammenlebens aller Bürgerinnen und Bürger
- Wahrung der Handlungsfähigkeit und Souveränität des Staates nach innen und außen ...

Unternehmen

- Gewinnmaximierung
- (fortgesetzter) Erfolg am Markt
- Existenzsicherung ...

Unterschiedliche Betroffenengruppen einer politischen Maßnahme – weitere Beispiele

- Eltern und kinderlose Paare in Fragen der Familienpolitik
- Arbeitnehmer und Arbeitslose in Fragen der Arbeitsmarkt-/Sozialpolitik
- Arbeitnehmer vs. Rentner in Fragen der Alterssicherung
- Staatsbürger und Migranten in Fragen der Einwanderungs- und Flüchtlingspolitik
- Sozial besser und sozial schlechter Gestellte in Fragen der Steuerpolitik ...

METHODE

Wie bereite ich die multiperspektivische Beurteilung eines Problems auf?

Im Folgenden wird eine Schrittfolge vorgestellt, die aber nicht rein schematisch „abgearbeitet" werden soll. Insbesondere die Schritte 2 und 3, aber auch 4 und 5 greifen stark ineinander.

Schritt	Was ist zu tun?
(1) Die Urteilsfrage verstehen	• Grenzen Sie die Problemstellung, um die es gehen soll, möglichst genau ein. • Formulieren Sie nach Möglichkeit zwei gegensätzliche Thesen, die die Extrempole einer Positionslinie abbilden. • Beispielsweise stehen häufig konkrete politische Forderungen, konkrete politische Regelungskonzepte oder Thesen zu einer Problemstellung im Zentrum der Aufgabenstellung.
(2) Perspektiven festlegen	• Für welche Personengruppen, kollektive Akteure und Institutionen ist die Problemstellung bzw. die Forderung von Bedeutung? • Welche Positionen nehmen diese (vermutlich) auf der Positionslinie (Schritt 1) ein?
(3) Argumente herausarbeiten und entwickeln	• Arbeiten Sie aus Materialien (meinungsbetonte Texte, aber ggf. auch statistisches Material) Argumente für beide Positionen zur Entscheidungsfrage heraus. • Ordnen Sie diese Argumente den für die Problemstellung relevanten gesellschaftlichen Perspektiven zu. • Entwickeln Sie – vor allem für die noch zu wenig berücksichtigten Perspektiven – weitere plausible Argumente. Nutzen Sie hierfür Ihr unterrichtliches Wissens. • Achten Sie darauf, Ihre Argumente nachvollziehbar zu begründen und mit Belegen zu stützen.
(4) Argumente ordnen	• Um die Ausarbeitung des Hauptteils zu strukturieren, ist es sinnvoll, die Pro- und Kontra-Argumente („Ping-Pong-Modell") aufeinander zu beziehen. Stellen Sie also diejenigen gegensätzlichen Argumente gegenüber, die sich auf den gleichen Teilaspekt des Problems beziehen. • Diese gleichen Aspekte können auch Urteilskategorien und Grundwerte darstellen (vgl. Urteilsbildung 2, Kapitel 3.2).
(5) Argumente gewichten	• Bereiten Sie Ihr individuelles Urteil vor (Schritt 6), indem Sie die wichtigsten Argumente identifizieren. • Dabei spielt Ihre persönliche Sicht selbstverständlich eine wichtige Rolle. Überprüfen Sie aber (selbst)kritisch, ob Ihre Auswahl allgemeingültigen Kriterien der Gewichtung Stand hält (z.B. Art und Schwere wahrscheinlicher Folgen für die Betroffenen, Handlungsmöglichkeiten/Selbstbestimmung von Akteuren und Betroffenen, Relevanz für gesellschaftliche Normen und Werte und den gesellschaftlichen Zusammenhalt, ...).
(6) Eigenes Urteil entwickeln	• Nun formulieren Sie Ihr persönliches Urteil möglichst prägnant. • Hierzu begründen Sie, welche der im Hauptteil angeführten Argumente und Perspektiven für Ihr Urteil maßgeblich sind (vgl. Schritt 5).
(7) Einordnung und Reflexion der eigenen Position	• Hier können Sie zusätzlich Ihre eigene Position in ein Theoriegebäude einordnen. • Zudem wäre es möglich, dass Sie der Herkunft Ihrer politischen Überzeugung nachspüren (Einfluss von Familie, Freunden, Vorbildern, soziales Herkunftsmilieu...).

Die schriftliche Ausarbeitung der Urteilsaufgabe orientiert sich an den Gliederungsprinzipien einer Erörterung (vgl. auch Schritt 4), die Ihnen aus dem Deutschunterricht der Sekundarstufe I geläufig sind.
→ vgl. hierzu auch Urteilsbildung 2, Kap. 3.2

1.3.2 Mit politischen Maßnahmen Arbeit sichern? Politische Regulierung von Leih- und Zeitarbeit in der Diskussion

M 6 Entwicklung der Zeit- bzw. Leiharbeit in Deutschland

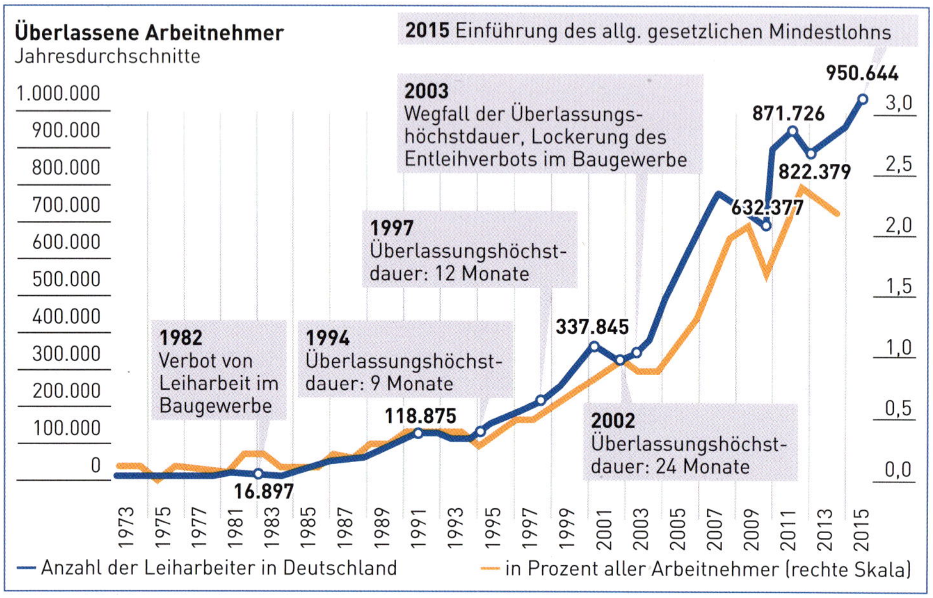

Nach: Holger Schäfer, Die Zukunft der Zeitarbeit zwischen Re-Regulierung und qualitativer Weiterentwicklung, Köln: Institut der deutschen Wirtschaft (IW-Trends) 2015, S. 4 und Das Parlament, 18.7.2017, S. 6

Info

Zeit- und Leiharbeit in Deutschland

Leiharbeit ist durch eine Dreieckbeziehung zwischen Leiharbeitsfirma (Verleiher), Leiharbeitnehmer und dem entleihenden Unternehmen gekennzeichnet. Wenn ein Arbeitgeber als Verleiher einem Dritten (Entleiher) Arbeitskräfte (Leiharbeitnehmer) zur Erbringung einer Arbeitsleistung zur Verfügung stellt, wird von Leiharbeit bzw. von Arbeitnehmerüberlassung oder Zeitarbeit gesprochen. Die nach dem Arbeitnehmerüberlassungsgesetz festgeschriebene Bezeichnung der Arbeitnehmerüberlassung lautet „Leiharbeit". Der Begriff der Leiharbeit wird auch von Seiten der Kritiker verwendet, während Befürworter eher den Begriff Zeitarbeit benutzen [...]. Die drei Begriffe werden synonym verwendet. [...]
[Im Rahmen der Hartz-Gesetzgebung wurde die Leiharbeit mit dem Ziel einer Flexibilisierung des Arbeitsmarktes] grundlegend überarbeitet. Mit Beginn des Jahres 2004 wurden das besondere Befristungsverbot (eine Beschäftigung kann nicht wiederholt befristet werden, ohne dass ein sachlicher Grund in der Person des Leiharbeiters liegt), das Wiedereinstellungsverbot (Leiharbeitsfirmen dürfen gekündigte Mitarbeiter innerhalb eines Zeitraums von drei Monaten nicht erneut einstellen), das Synchronisationsverbot (Mitarbeiter dürfen von einer Zeitarbeitsfirma nicht nur für die Zeit der Leihtätigkeit eingestellt sein) sowie die Beschränkung der Überlassungsdauer auf 24 Monate ersatzlos aufgehoben. Zudem sind Ausnahmen vom Verbot der Arbeitnehmerüberlassung in Betrieben des Baugewerbes durch Tarifverträge ermöglicht worden.

Frank Oschmiansky, Jürgen Kühl, Tim Obermeier, Leiharbeit – Zeitarbeit – Arbeitnehmerüberlassung, www.bpb.de, 12.8.2014

M 7 ● Arbeitsmarkt- und sozialpolitische Effekte von Leiharbeit

a) Wer übt Leiharbeit aus?

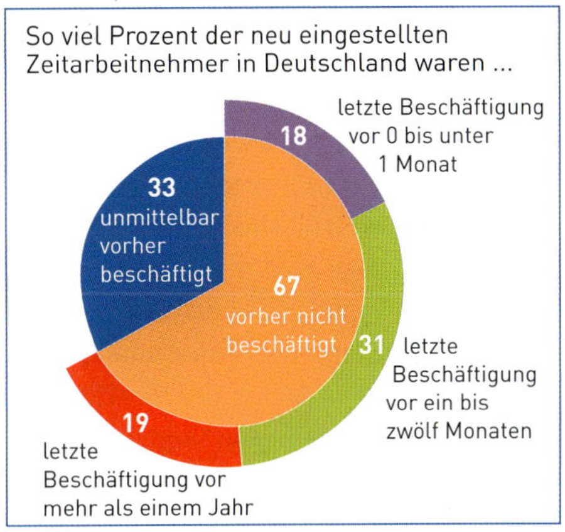

Bundesagentur für Arbeit 2017

b) Was „verdienen" Leiharbeiter?

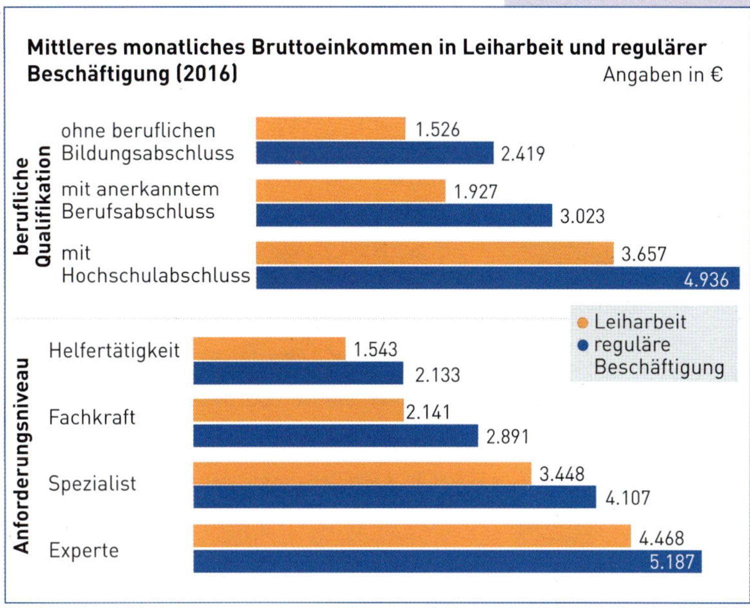

Zahlen: Bundesagentur für Arbeit, Leiharbeitnehmer und Verleihbetriebe, Nürnberg 2017

c) Was wird aus Leiharbeitern?

Mit den Deregulierungen der Zeitarbeit seit 2004 verbanden sich verschiedene Hoffnungen. [...] Zeitarbeit sollte vor allem Arbeitslosen wieder eine Chance geben, auf dem Arbeitsmarkt Fuß zu fassen (Integrationsfunktion). Zudem sollte die Zeitarbeit eine Brücke in reguläre Beschäftigung außerhalb der Zeitarbeitsbranche sein [Brückenfunktion]. Eine weitere Funktion der Leiharbeit sollte die Möglichkeit sein, dass Leiharbeiter nach ihrem Einsatz eine normale Beschäftigung im Entleihunternehmen aufnehmen (Klebeeffekt). [...]
Eine Studie im Auftrag der Bertelsmann Stiftung ermittelte einen Klebeeffekt für sieben Prozent der Zeitarbeitskräfte. [...] Die Wirkungsforschung zu den Folgen der Hartz-Gesetze, in dessen Rahmen die Leiharbeit dereguliert wurde, bilanzierte zum Klebeeffekt: „Die mit Leiharbeit ebenfalls erhofften Klebeeffekte sind relativ gering und spielen lediglich im Bereich qualifizierter Tätigkeiten eine nennenswerte Rolle."
Auf die Funktion der Zeitarbeit als Beschäftigungsperspektive und Integrationsinstrument für Arbeitslose deuten zunächst die Zahlen der Bundesagentur für Arbeit hin [vgl. Statistik a]. Die [Zeitarbeits-]Branche ist [demnach] zwar aufnahmefähig für Personen aus der Arbeitslosigkeit, gleichzeitig werden jedoch überdurchschnittlich viele Personen aus der Leiharbeit, häufig nach sehr kurzen Beschäftigungsdauern, direkt wieder in die Arbeitslosigkeit entlassen. Das Risiko als Leiharbeiter wieder arbeitslos zu werden liegt fünfmal so hoch wie im Schnitt der restlichen Branchen. [...]
Zur Beurteilung der Brückenfunktion der Leiharbeit müssen jedoch längere Erwerbsverläufe betrachtet werden. Eine Studie des Instituts für Arbeitsmarkt- und Berufsforschung [...] kommt zu dem Ergebnis, dass Leiharbeit im Gegensatz zu einer fortwährenden Arbeitslosigkeit für eine künftige Beschäftigung gerade für Langzeitarbeitslose von Vorteil ist [...]. [...] Die Autoren fassen ihre Ergebnisse deshalb wie folgt zusammen: „Somit zeigen die [Daten], dass für ehemals Arbeitslose mittels Leiharbeit keine breite Brücke, sondern wohl eher ein schmaler Steg aus Arbeitslosigkeit in Beschäftigung außerhalb der Branche führt."

Frank Oschmiansky, Jürgen Kühl, Tim Obermeier, Leiharbeit – Zeitarbeit – Arbeitnehmerüberlassung, www.bpb.de, 12.8.2014

M 8 ● Muss Leiharbeit (re-)reguliert werden? Ein Gesetzesentwurf der Bundesregierung

Die damalige Bundesarbeitsministerin Andrea Nahles (SPD) steht anlässlich einer Pressekonferenz zum Gesetzentwurf zur Bekämpfung des Missbrauchs von Leiharbeit und Werkverträgen vor einem Plakat ihres Ministeriums mit der Aufschrift „Faire Bezahlung für gute Arbeit" (1.6.2016).

Auf Initiative der Bundesregierung hat der Deutsche Bundestag Änderungen in der Leiharbeit beschlossen, die ab 1. April 2017 in Kraft treten:

Eine Million Beschäftigte gibt es in Deutschland in der Leiharbeit. [...] Für sie ändert sich im Arbeitnehmerüberlassung-Gesetz – so der offizielle Titel – Vieles zum Vorteil. [...]

Mit dem Gesetz wird eine Höchstdauer für die Überlassung an andere Betriebe von 18 Monaten eingeführt. Danach müssen Leiharbeitnehmer übernommen werden, wenn sie weiterhin dort arbeiten sollen. Andernfalls muss der Verleiher sie abziehen. Tarifpartner können sich durch Tarifvertrag auf eine längere Überlassung einigen. „Wer mehr Flexibilität will, muss mehr Sicherheit bieten, damit stärken wir auch die Sozialpartnerschaft", sagte [die zuständige Bundesarbeitsministerin der SPD, Andrea] Nahles. [...]

Mit den gesetzlichen Änderungen gilt [außerdem] „Equal Pay": Das heißt, Leiharbeitnehmer müssen spätestens nach neun Monaten das gleiche Arbeitsentgelt bekommen wie vergleichbare Stammbeschäftigte. „Viele machen in der Pflege oder in der Fabrik die gleiche Arbeit, aber zu niedrigeren Löhnen. Dem wollen wir einen Riegel vorschieben", so Nahles. Abweichen können Entleihfirmen nur über Branchen-Zusatztarifverträge. Leiharbeitnehmer müssen dann stufenweise, spätestens jedoch nach 15 Monaten das gleiche Arbeitsentgelt bekommen. Verbesserungen seien bereits nach sechs Wochen durch Zuschläge zu erreichen, erklärte die Arbeitsministerin.

www.bundesregierung.de, 21.10.2016

M 9 ● Lückenhafter Schutz für Leiharbeiter? Das Gesetz in der Kritik

Der Fall der Kölner Motorbaufirma ist bezeichnend für die Bedingungen in der Zeitarbeit – und dafür, warum das [...] neue Gesetz [...] zur Beschränkung der Zeitarbeit nicht greifen kann [vgl. M 8]. In dem Motorbaubetrieb ackerten neben der Stammbelegschaft 100 Zeitarbeiter. Sie fertigten Dieselmotoren, und das schon seit fast 24 Monaten [...]. Nach zwei Jahren musste sich die entleihende Firma von den Leuten eigentlich trennen, denn länger als zwei Jahre darf ein Leiharbeitnehmer nicht am Stück im selben Unternehmen tätig sein. Danach muss ihm ein Übernahmeangebot als Festangestellter gemacht werden. So sieht es der Tarifvertrag für Zeitarbeiter in der Metallbranche vor.

Aber: Die Motorbaufirma erwartet aufgrund einer Änderung der Emissionsvorschriften eine Auftragsspitze nur noch bis Oktober dieses Jahres. Eine unbefristete Festanstellung der Leiharbeiter kam nicht in Frage. Sie hätte die Leute rauswerfen und für die Zeit bis Oktober eine neue Truppe an Zeitarbeitern einstellen müssen. Niemand wollte das, weder die Geschäftsleitung noch die betroffenen Zeitarbeitnehmer.

[...] Durch [eine] Vereinbarung [zwischen

Betriebsrat und] Geschäftsleitung wurde die Höchstüberlassungsdauer für die Zeitarbeitnehmer verlängert – sie konnten bis Oktober weitermachen. Die Vereinbarung war zulässig, denn der Tarifvertrag hat eine Öffnungsklausel. Die Arbeitnehmer waren zufrieden. „So konnten sie noch ein halbes Jahr länger gut Geld verdienen", berichtet Roßmann [erster Bevollmächtigter der IG Metall Köln-Leverkusen].

Betrieblich vereinbarte, lange Entleihdauern [sind] auch mit dem [reformierten] Arbeitnehmerüberlassungsgesetz [...] möglich [...]. Das Gesetz fordert, dass die Höchstüberlassungsdauer in Tarifverträgen zeitlich definiert wird. Die IG Metall entwickelte daraufhin einen neuen Tarifvertrag zu den Einsatzbedingungen der Leiharbeit in der Metall- und Elektroindustrie, in dem sie eine Höchstüberlassungsdauer von 48 Monaten vorgibt. Aus dem Blick gerät dabei, dass eine solche lange Überlassungsdauer in Betriebsvereinbarungen auch vor Nahles' Gesetz schon möglich war. „Es wird lediglich eine Wirklichkeit sichtbar, die es schon länger gibt", sagt Roßmann.

Dabei sollte das Gesetz von Nahles die Zeitarbeit eigentlich einschränken und die Arbeitgeber dazu zwingen, die Leiharbeiter nach einer bestimmten Zeit fest einzustellen. Im Gesetz gilt eine Höchstüberlassungsdauer von 18 Monaten „am Stück" – es sei denn, es gibt anders lautende Betriebsvereinbarungen. Nach 18 Monaten muss der Zeitarbeitnehmer abgemeldet oder eben fest angestellt werden. Das passiert jedoch nur selten. Das arbeitgebernahe Institut der deutschen Wirtschaft in Köln (IW) kam in einer branchenübergreifenden Erhebung auf 14 Prozent der Zeitarbeiter, die in die Stammbelegschaft übernommen werden.

Durch die Befristungen per Gesetz oder eben wie in der Metallbranche laut Tarifvertrag hat sich in der Branche ein „Drehtüreffekt" eingestellt. [...] Dabei wird der Zeitarbeitnehmer abgemeldet und durch einen anderen Zeitarbeiter ersetzt. Der abgemeldete Leiharbeiter kann dann nach einer Pause vom alten Unternehmen wieder beschäftigt werden.

Ein Problem sind dabei die Branchenzuschläge, die entsprechend der Entleihdauer steigen. Nach neun Monaten im selben Unternehmen gibt es in der Metallindustrie einen Entgeltzuschlag von 50 Prozent für die Zeitarbeiter. Wer das Unternehmen dann nach dieser Zeit verlassen muss, fängt im nächsten Unternehmen „wieder bei Null an", sagt Roßmann. Auch deswegen haben die Zeitarbeiter ein großes Interesse, so lange wie möglich beim selben Unternehmen zu bleiben. [...]

In der Gewerkschaft selbst gibt es Streit wegen des Festschreibens der Höchstüberlassungsdauer. „Der Konflikt besteht darin, dass man mit einer Öffnungsklausel ja durchaus dem individuellen Leiharbeiter nutzt, der im Unternehmen bleiben will. Gleichzeitig aber stabilisiert man damit das System der Leiharbeit als solches", sagt ein Metaller, der nicht namentlich zitiert werden will.

Barbara Dribbusch, Vier Jahre ackern auf Probe, www.taz.de, 21.4.2017

M zu Aufgabe 2b

Bearbeiten Sie die Materialien arbeitsteilig in einem Placemat und führen Sie Ihre Analyseergebnisse in einer Gesamteinschätzung in der Mitte des Placemats zusammen.

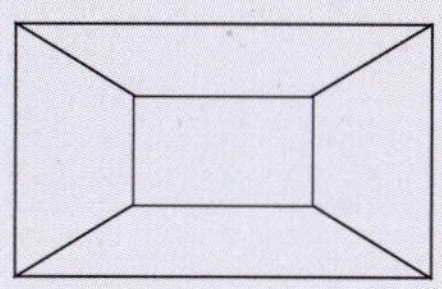

Aufgaben

1. Analysieren Sie die Entwicklung der Leiharbeit in Deutschland (M 6).
2. a) Erläutern Sie die anvisierten Ziele einer ausgeweiteten Leiharbeit und die damit verbundenen Annahmen über ihre Funktionsweise (Infobox).
   b) Überprüfen Sie die Erreichung der arbeitsmarktpolitischen Zielsetzungen (M 7).
3. Nehmen Sie zum Gesetz zur Re-Regulierung der Leiharbeit in Deutschland (M 8, M 9) Stellung.

H zu Aufgabe 3

Nutzen Sie dafür die Methodenseite „Ein politisches Urteil mehrperspektivisch fällen" (vgl. Kap. 1.3.1).

ORIENTIERUNGSWISSEN

Herausforderungen der Arbeitsmarkt- und Beschäftigungspolitik

Die positiven Berichte über das „**Jobwunder**" am deutschen Arbeitsmarkt und die kontinuierlich sinkende Arbeitslosenquote brechen nicht ab. Gleichwohl sprechen zahlreiche (wissenschaftliche) Beobachter von einer zunehmenden **Spaltung des** deutschen **Arbeitsmarktes**, mit der zwei zentrale beschäftigungspolitische Herausforderungen verbunden sind.

Strategien gegen Fachkräftemangel
M 2, M 3, M 4

Ausdruck einer boomenden Wirtschaft ist auch das stetig steigende Ausmaß **offener Stellen**, die von Unternehmen auch nach längerer Suche nicht besetzt werden können. Dies betrifft vor allem Branchen, in denen besonders qualifizierte und spezialisierte Beschäftigte gesucht werden, aber auch „Wachstumsbranchen" wie der Pflegesektor leiden unter einem erkennbaren **Fachkräftemangel**, der durch den **demografischen Wandel** zusätzlich verstärkt wird.

Als **politische** bzw. gesamtgesellschaftliche **Antworten** auf das Phänomen werden u.a. eine bessere Bildungs- und Weiterbildungspolitik oder eine gesteuerte Einwanderung diskutiert.

Unternehmen orientieren sich stärker an den Bedürfnissen ihrer (potenziellen) Mitarbeiterinnen und Mitarbeiter und versuchen diese durch flexible Arbeitszeitmodelle, betriebsnahe Kinderbetreuungsangebote, konkrete Karriereplanung und vieles mehr langfristig an das Unternehmen zu binden. Wichtiger Baustein dieser unternehmerischen Aktivitäten ist auch das verstärkte Bemühen, Jugendliche für Ausbildung und Duales Studium in den Betrieben zu begeistern (vgl. auch Kap. 5).

„Gute Arbeit" für alle!?
M 6, Infobox, M 7–M 9

Auf der anderen Seite des Arbeitsmarktes ist eine **Ausweitung** atypischer bzw. **prekärer Beschäftigung** (vgl. auch Kap. 1.2.3) zu verzeichnen: niedrige Bezahlung und hohe Beschäftigungsunsicherheit schränken die soziale Sicherheit der Betroffenen auch langfristig stark ein.

Wirtschaftsliberale Politiker (im Parteienspektrum vor allem durch die FDP vertreten) sehen in der **Flexibilisierung des Arbeitsmarktes** eine effiziente Strategie, Arbeitsplätze zu schaffen; flexible Verträge schränkten demnach die Unternehmen nicht unnötig ein, die deshalb in Boomzeiten eher geneigt seien, neue Arbeitskräfte einzustellen. Demgegenüber werden diese Arbeitsverhältnisse von „linker" Seite (Die Linke, Bündnis `90/Die Grünen und Teile der SPD) kritisiert, da sie die sozioökonomische Ungleichheit verschärften und ökonomischen Profit auf Kosten von Personengruppen mit geringer Gegenmacht ermöglichten.

Das Beispiel der Debatte um die **Leiharbeit** (Zeitarbeit) zeigt exemplarisch diesen wirtschaftspolitischen Konflikt, der sich auch in anderen Teilbereichen der Arbeitsmarktpolitik (Befristung, Kündigungsschutz, Mindestlohn) wiederfinden lässt.

Mit dem „Chancenkonto“ den Wandel bewältigen?

Ein Konto mit einem virtuellen Guthaben [von 5.000 bis 20.000 Euro], öffentlich finanziert, für jede Bürgerin und jeden Bürger bei Eintritt ins Berufsleben, das man bei Bedarf für Weiterbildung, Qualifizierung oder für eine Gründung einlöst: Das ist das Chancenkonto. Damit kann jede und jeder Einzelne ein geringeres oder ausbleibendes Einkommen in Weiterbildungs- und Qualifizierungszeiten überbrücken und zusätzliche Kosten abdecken. [...]

Unsere Arbeitswelt verändert sich. Berufe, die es heute noch gibt, können verschwinden, neue Berufe werden entstehen. Die Unternehmen können nicht mehr darauf vertrauen, dass Arbeitskräfte mit frischen Qualifikationen einfach nachwachsen. Dafür ist der digitale Wandel zu rasant. Außerdem treten durch den demografischen Wandel weniger Jüngere in den Arbeitsmarkt ein. [...]

Das Chancenkonto ist die richtige Antwort auf diese Veränderungen der Arbeitswelt: Es schafft eine Grundlage für Weiterbildung im gesamten Lebensverlauf, öffnet Räume für Innovation und Gründung und sichert damit die Fachkräfte für unseren wirtschaftlichen Erfolg.

Was der Einzelne an Weiterbildung und Qualifizierung erhält, entscheidet heute häufig die Chefin oder der Chef. Weiterbildung im Unternehmen ist und bleibt wichtig [...]. Beim Chancenkonto entscheidet dagegen jeder Einzelne selbstbestimmt, in welche Richtung seine Weiterbildung gehen soll.

Das Chancenkonto macht Mut, Neues zu wagen. Es bietet finanzielle Freiheit und Sicherheit, sich auszuprobieren, weiterzuentwickeln, zu verändern und – am besten – einen beruflichen Aufstieg zu schaffen. Man bekommt die Chance, das zu tun, was man bisher aus finanziellen Gründen vielleicht nicht tun konnte. Zum Beispiel kann die Erzieherin die staatliche Förderung für ihr Studium zur Grundschullehrerin nutzen. Oder der Fliesenleger kann mit 50 Jahren aufgrund hoher körperlicher Belastung eine Ausbildung zum Arbeitserzieher mitfinanzieren. Das Chancenkonto unterstützt zum Beispiel auch die Studentin, die nach dem Studium ein Start-up gründen will und keine finanzielle Unterstützung von ihren Eltern bekommen kann. Damit gleicht das Chancenkonto unterschiedliche Startbedingungen aus. Menschen aus ärmeren und bildungsferneren Haushalten haben schlechtere Startbedingungen und häufig im gesamten Lebensverlauf weniger finanziellen Bewegungsspielraum für Weiterbildung, Weiterentwicklung und berufliche Veränderung – gerade, wenn sie in Jobs mit niedrigeren Löhnen sind. [...] Das Chancenkonto ist quasi ein „Sozialerbe“, besonders wertvoll gerade für diejenigen, deren tatsächliches Erbe nicht so üppig ausfällt. Wir schaffen damit mehr Chancengleichheit und mehr Gerechtigkeit.

Andrea Nahles, Schaffen damit mehr Gerechtigkeit, in: Wirtschaftswoche, 19.8.2017

Andrea Nahles war von 2013 – 2017 (Große Koalition) Bundesministerin für Arbeit und Soziales und ist seit September 2017 SPD-Fraktionsvorsitzende im Deutschen Bundestag. Die Idee des „Chancenkontos“ war Teil des „Zukunftsplanes“, mit dem die SPD in den Bundestagswahlkampf 2017 gegangen ist.

Aufgaben

1. Fassen Sie die Ziele und die angestrebte Funktionsweise des „Chancenkontos“ als Teil einer „präventiven Arbeitsversicherung“ zusammen.
2. Erläutern Sie die Herausforderungen der sich wandelnden Arbeitswelt, auf die das Konzept des „Chancenkontos“ reagiert.
3. Nehmen Sie zum Konzept des „Chancenkontos“ unter Berücksichtigung unterschiedlicher gesellschaftlicher Perspektiven Stellung.

TEU-Container mit deutscher Flagge

Chemikalienintensive Lederproduktion in Bangladesch

„Waschzettel" der Christlichen Initiative Romero

An der Außenfassade des Continentalwerks in Hannover Stöcken hängt ein Protestplakat gegen die geplante Schließung der LKW-Reifen-Produktion an diesem Standort (23.3.2009).

„Made in Germany 2.0" – Chancen und Risiken durch Internationalisierung von Unternehmen

2

In Deutschland produzierte Waren genießen auf den Weltmärkten einen guten Ruf, doch wie viel „Made in Germany" steckt überhaupt noch in diesen Produkten? In diesem Kapitel beschäftigen Sie sich mit Internationalisierungsprozessen auf unternehmerischer und staatlicher Ebene sowie deren Auswirkungen auf Arbeitnehmer, die Umwelt und Beschäftigungs- und Produktionsstrukturen.

In Kapitel 2.1 erhalten Sie Einblicke in unternehmerische Zielsetzungen und Perspektiven der Internationalisierung eines niedersächsischen Global Players, der Continental AG, sowie in Motive und Risiken der Internationalisierungsprozesse.

Im Folgenden erhalten Sie einen Überblick über den Stand und die Entwicklung der Internationalisierung der deutschen Unternehmenslandschaft mit besonderem Fokus auf kleine und mittelständische Unternehmen.

In Kapitel 2.2 wechseln Sie den Blickwinkel von der betriebs- auf die volkswirtschaftliche Ebene. Dazu wird, ausgehend von den Anforderungen, die Unternehmen an die Bedingungen im In- und Ausland formulieren, die Gestaltung der Standortfaktoren einer Volkswirtschaft als wirtschaftspolitische Aufgabe dargestellt. Abschließend wird der Standort Deutschland im Hinblick auf seine Attraktivität für international aufgestellte Unternehmen geprüft.

Kapitel 2.3 nimmt die Auswirkungen der Internationalisierungsprozesse in den Blick. Dabei werden die Chancen und Risiken für Arbeitnehmerinnen und Arbeitnehmer im In- und Ausland behandelt sowie die Frage nach den Auswirkungen auf Menschenrechte und Umwelt. Abschließend werden die Folgen für Beschäftigungs- und Produktionsstrukturen in Deutschland bilanziert.

Was wissen und können Sie schon?

1. Erschließen Sie die Bilder (arbeitsteilig) und stellen Sie mögliche Bezüge zu Auslandsaktivitäten (deutscher) Wirtschaftsunternehmen her.
2. Benennen Sie hypothesenartig Gewinner und Verlierer der Internationalisierung von Unternehmen.

KOMPETENZEN

Am Ende dieses Kapitels sollten Sie Folgendes wissen und können:

- ... Formen und Motive von Internationalisierungsprozessen für Wirtschaftsunternehmen beschreiben.
- ... Standortfaktoren aus der Perspektive von Unternehmen beurteilen.
- ... die volkswirtschaftliche Bedeutung der Auslandsaktivitäten deutscher Unternehmen analysieren.
- ... die Attraktivität des Wirtschaftsstandortes Deutschland beurteilen.
- ... Auswirkungen der Internationalisierung auf Arbeitnehmerinnen und Arbeitnehmer, Menschenrechte und Umwelt erläutern.

2.1. Motive und Strategien der Internationalisierung von Wirtschaftsunternehmen

Kleine Produktionsgeschichte der Continental AG

1871 – Gründung als Firma (AG) u.a. für Vollgummireifen für Kutschen
1892 – erster Fahrradluftreifen-Produzent in Deutschland
1898 – Produktionsbeginn für Automobil-Luftreifen
1904 – Entwicklung des weltweit ersten Auto-Profilreifens
1952 – Entwicklung des ersten Winterreifens
1964 – Eröffnung eines ersten Reifenwerks im Ausland (Frankreich)
1987 – Expansion der Reifenproduktion in die USA
1995 – Aufbau der Sparte Automotive Systems
1997 – preisgekrönte Entwicklung einer Grundlagentechnologie für Hybridantriebe
1998/99 – Aufbau von Werken in Lateinamerika und Südafrika sowie Osteuropa
2001 – Expansion nach China und Japan (und **2003** Malaysia)
2008 – Aufnahme der Batterie-Produktion für Pkw mit Hybridantrieb
2011 – Fertigung erster Elektromotoren für Autos
2012 – Start von Testfahrten voll automatisiert fahrender Autos in den USA

2.1.1 „Conti-national“ oder „Conti-international“? Ein niedersächsisches Unternehmen im internationalen Wettbewerb

M 1 ● Die weltweiten Standorte der Continental AG

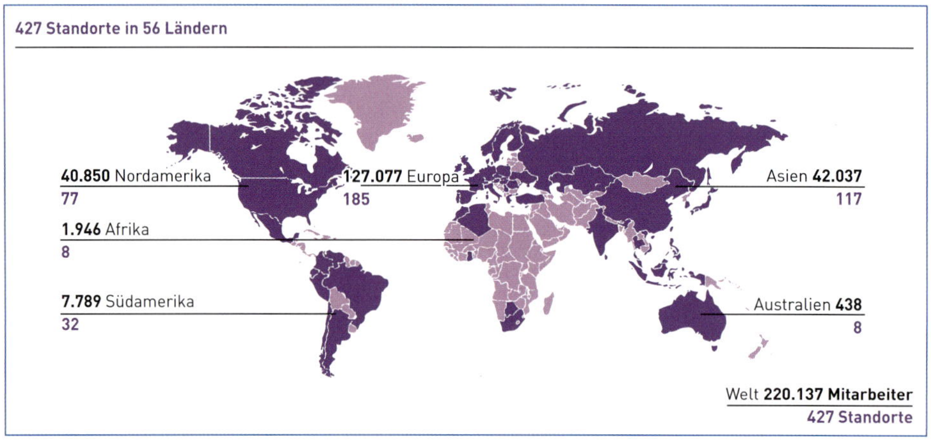

Continental AG, Mobilität neu definiert. Geschäftsbericht 2016, Hannover o. J., S. 37

M 2 ● Continental AG – Global Player aus Niedersachsen

Im Jahr 2017 beschäftigte die Continental AG über 200.000 Mitarbeiter. Sie erreichte durch die Arbeit dieser Beschäftigten in den über 200 Werken im Jahr 2016 einen Umsatz von ca. 40,5 Mrd. Euro und erzielte damit einen Gewinn von ca. 4,33 Mrd. Euro. Das Unternehmen mit seinem Hauptsitz in Hannover ist in zwei große Geschäftsbereiche unterteilt, die *Continental Rubber Group* und die *Continental Automotive Group*, die wiederum in zusammen fünf Sparten mit insg. 16 Marken untergliedert sind. Ca. 60% des Jahresumsatzes entfallen auf die Automotive Group, etwa 40% auf die Rubber Group. Damit ist die Rubber Group der viertgrößte Reifenhersteller der Welt.

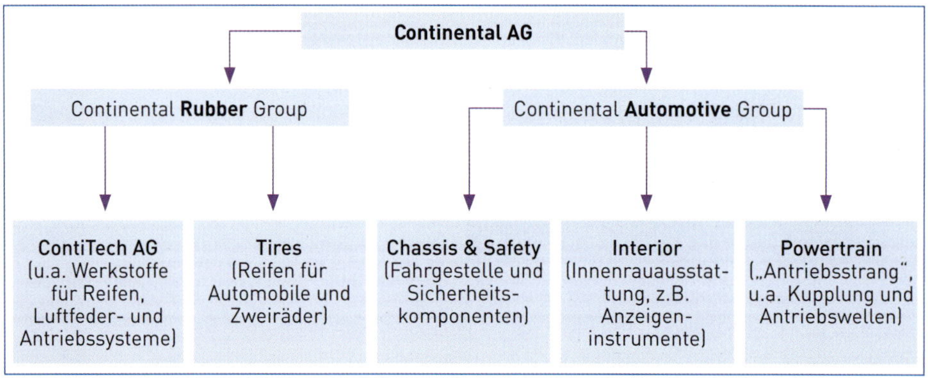

Autorentext und -grafik

M 3 Wie internationalisiert sich die Continental AG?

Continental verfolgt je nach Sparte unterschiedliche Internationalisierungsstrategien: (1) Im Bereich Reifen (Rubber Group – Tires), bei dem weltweit vergleichbare Standards bestehen, bündelt das Unternehmen sowohl die Herstellung als auch die Forschung und Entwicklung (F&E) an vergleichsweise wenigen großen Standorten. Insbesondere bei der Massenproduktion von Reifen werden dadurch niedrige Einkaufspreise von Rohstoffen bzw. Vorprodukten ermöglicht (Skaleneffekte). Die Standorte (in den USA, Europa und China) sind nach der Größe der Automobilmärkte und – soweit möglich – nach geringen Arbeitskosten ausgewählt. Vertrieben werden die Reifen über ein weltweites Händlernetz (bzw. andere niedergelassene Händler).
(2) In den anderen Geschäftsbereichen (Automotive Group; ContiTech AG) wird an 146 Standorten weltweit F&E betrieben. Ziel ist es hier im Unterschied zur Reifenproduktion, flexibel auf individuelle Kundenwünsche eingehen und auf sich ändernde regionale Marktbedingungen reagieren zu können.

Nach: Continental AG, Mobilität neu definiert. Geschäftsbericht 2016. Hannover o. J., S. 38f.

Info

Internationalisierung

Unter Internationalisierung wird im Allgemeinen die **Verlagerung von Produktions- und Betriebsstätten** (**Produktion**) in das Ausland verstanden. Tatsächlich ist dies jedoch nur ein Element der Auslandsorientierung von Unternehmen. Auch solche Unternehmensteile, die mit dem Import von Rohstoffen oder Produktionskomponenten (**Beschaffung**), der Produktentwicklung (Forschung und Entwicklung) oder mit dem Export (**Absatz**) von Waren und Dienstleistungen befasst sind, können ins Ausland verlagert werden, oder mit ausländischen Partnern kooperieren. Auch das finanzielle Engagement an ausländischen Unternehmen in Form von **Direktinvestitionen** zum Zwecke von Unternehmensbeteiligungen oder deren Übernahme werden unter diesem Begriff gefasst.

Autorentext

M 4 Beschaffung, Produktion, Vertrieb – die vereinfachte Wertschöpfungskette

Ein Analyseinstrument zur Effizienzsteigerung in Unternehmen stellt die Wertschöpfungskette (Supply Chain) nach Michael Porter dar. Er begann Mitte der 1980er Jahre damit, unternehmerische Aktivitäten zur Bereitstellung eines Produktes aufzuschlüsseln: von der Beschaffung der Rohstoffe über die Produktion bis hin zum Verkauf. Damit wurde Kunden demonstriert, woraus sich der Wert eines Produktes oder einer Dienstleistung zusammensetzt. Inzwischen wird diese Aufschlüsselung der unternehmerischen Aktivität dazu genutzt, um Effizienzdefizite aufzudecken und durch gezielte Veränderungen in den jeweiligen Bereichen die Profitabilität eines Unternehmens zu erhöhen.

Autorentext

zu **Skaleneffekte**
→ vgl. Kap. 1.1.2

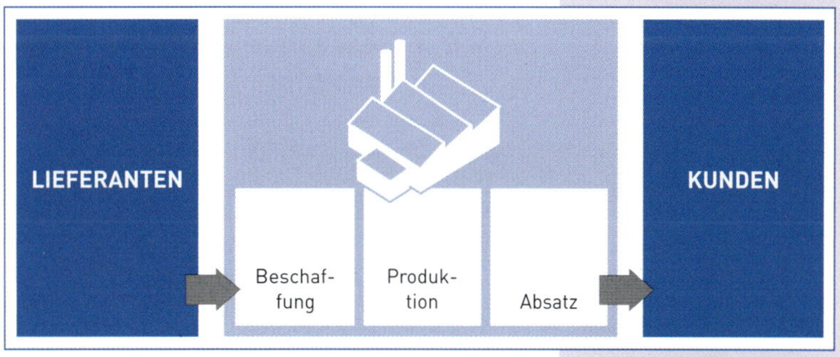

Aufgaben

1. Beschreiben Sie die Karte der Continental-Standorte (M 1).
2. Charakterisieren Sie die Verteilung der Standorte der Continental AG (M 1).
3. Erklären Sie hypothesenartig die Vorteile der Internationalisierung für die Continental AG (M 1 - M 3). Orientieren Sie sich dabei an den drei Elementen der vereinfachten Wertschöpfungskette (Beschaffung, Produktion, Vertrieb, M 4).

M zu Aufgabe 2
Erstellen Sie dazu ein geeignetes Diagramm (z.B. Kreisdiagramm) der Unternehmensstandorte je Kontinent und beschreiben Sie deren Verteilung.

2.1.2 Beschaffung, Produktion und Vertrieb weltweit – wie soll sich die Continental AG weiter internationalisieren?

Konjunkturelles Risiko
für Firmen meint, dass die Abhängigkeit vom Absatz in einer einzigen Region in Zeiten wirtschaftlichen Abschwungs gefährlich werden kann, da die Umsätze einbrächen.

Strukturelles Risiko
bedeutet hier, dass die Abhängigkeit von einem oder wenigen Produkten bei einem Nachfragerückgang oder erhöhter Konkurrenz zu (plötzlichen) Umsatzeinbußen führen würde.

M 5 ● Strategische Handlungsfelder der Continental AG für die Zukunft

Die Continental AG definiert für sich sieben „strategische Handlungsfelder“, von denen zwei auch die (weitere) Internationalisierung des Konzerns betreffen:

Regionale Umsatzbalance […]
Wir wollen eine weltweit ausgewogene regionale Umsatzverteilung erreichen. So werden wir unabhängiger von einzelnen regionalen Absatzmärkten sowie von Markt- und Konjunkturschwankungen. Um das zu erreichen, nutzen wir die Chancen, die sich auf den wachsenden Märkten in Asien und Nordamerika bieten, während wir unsere starke Marktposition in Europa festigen. Den Konzernumsatzanteil in den asiatischen Märkten wollen wir sukzessive [von 21% im Jahr 2016] auf 30% steigern. In China wollen wir in den nächsten Jahren überproportional wachsen, in Nord- und Südamerika soll der Umsatzanteil von insgesamt mindestens 25% gehalten werden. […]

Im Markt für den Markt […]
Mindestens acht von zehn Applikationsentwicklungen sollen vor Ort entstehen, ebenso hoch soll der lokale Produktionsanteil sein. So kommen wir am besten den Bedürfnissen und Anforderungen unserer Kunden nach. Durch unsere weltweit arbeitende Entwicklung und Fertigung können wir Lösungen und Produkte für hochwertige Fahrzeuge ebenso wie für erschwingliche Autos […] anbieten.
Derzeit verfügen wir in 34 von 56 Ländern, in denen wir vertreten sind, über Produktionsstätten. Gleichzeitig kaufen wir, soweit dies möglich und wirtschaftlich ist, lokal ein und vermarkten lokal. In den kommenden fünf Jahren werden wir weiter hart daran arbeiten, auch einen asiatischen Hersteller zu unseren fünf größten Automobilkunden zählen zu können.

Continental AG, Mobilität neu definiert. Geschäftsbericht 2016, Hannover o. J., S. 40f.

M 6 ● Beschaffung: Welche Bedeutung hat Kautschuk für die Produktion von Autoreifen?

Arbeiterin auf einer Kautschuk-Plantage

Autoreifen […] sollen das Fahrzeug exakt nach den Lenkbefehlen führen und mit kurzen Bremswegen zum Stehen bringen – egal in welchem Zustand sich die Straße befindet, ob bei Hitze oder Schneeregen. Dazu müssen sie die Motor-, Brems- und Seitenkräfte optimal übertragen. Wer Gummi geben will, braucht belastbare Reifen. Für Elastizität und den richtigen Rollwiderstand sorgt der Kautschukanteil von etwa 40%. Reifenhersteller feilen daher beständig an ihren Rezepturen, um Rollwiderstand, Haftung und Abrieb perfekt aufeinander abzustimmen. Für die Gummimischung verwenden Reifenhersteller synthetischen Kautschuk und Naturkautschuk, der aus Gummibäumen gewonnen wird. Letzterer ist für die Reifenindustrie immer noch ein Muss, weil er elastischer ist als die künstliche Alternative. Außerdem verteuern die steigenden Rohölpreise die Produktion von synthetischem

Kautschuk. Pkw-Autoreifen bestehen zu 10 bis 30 Gewichtsprozent aus Naturkautschuk. Bei Lkw-Reifen, die besonders große Belastungen aushalten müssen, sind es sogar 40%. [...] Besonders in der Reifenindustrie ist der Hunger nach dem Gummirohstoff groß. Die Weltproduktion von Naturkautschuk [belief sich im Jahr 2015 auf 12,31] Mio. Tonnen, von denen etwa 70% in die Reifenproduktion fließen. [...] Hauptproduktionsländer von Naturkautschuk sind heute [...] Thailand, Indonesien und Malaysia sowie die südliche Region Chinas.

Redaktion Pflanzenforschung.de, www.pflanzenforschung.de, 9.12.2013

M 7 ● Produktion: Wo stellt Continental her und wie sind die Kosten?

a) Arbeitskosten an den weltweiten Standorten der Continental Rubber Group

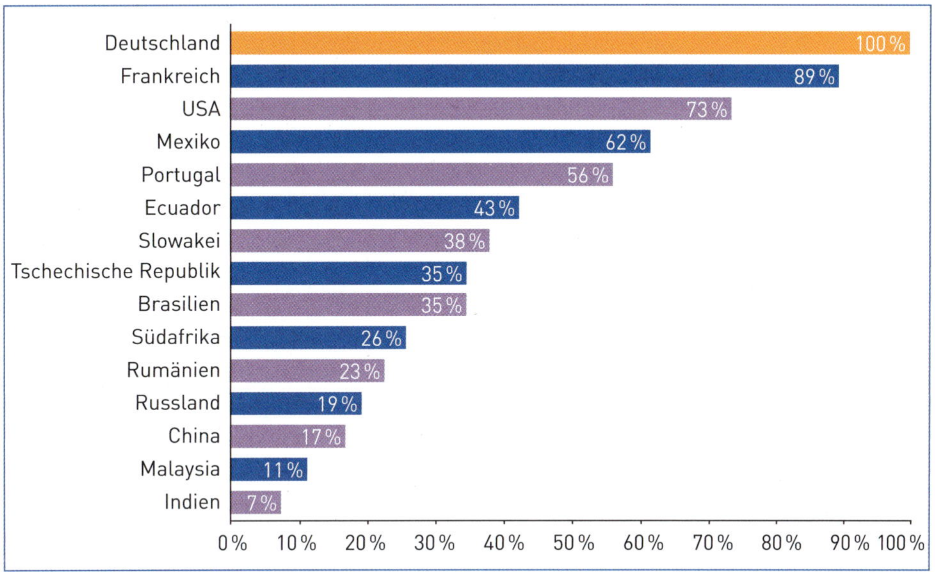

Zahlen: Continental Fact Book 2016, Hannover o. J., S. 82

b) Arbeitskosten im Verarbeitenden Gewerbe

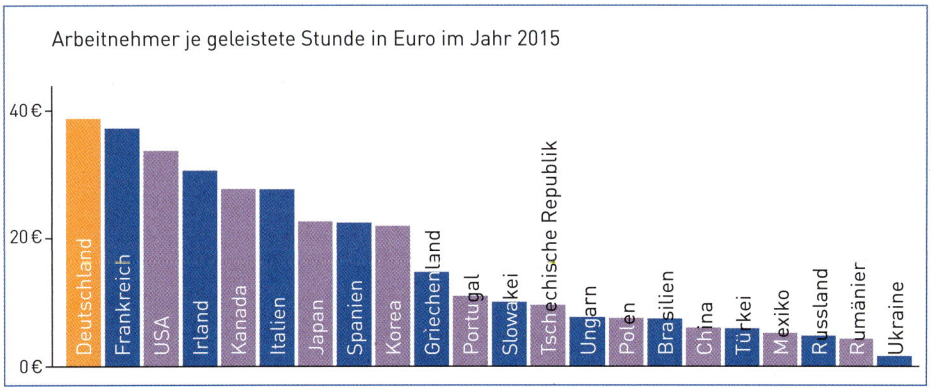

Zahlen: Deutsche Bundesbank; Eurostat; ILO; nationale Quellen; U.S. Department of Labor

Nach: Christoph Schröder, Industrielle Arbeitskosten im internationalen Vergleich, Institut der deutschen Wirtschaft Köln, IW-Trends Nr. 3, 20.9.2016 (Auswahl)

Produktionskosten

setzen sich zusammen aus den Kosten für den Einsatz der Produktionsfaktoren Arbeit, Boden und Kapital. **Arbeitskosten** sind also nur ein Teil der Produktionskosten. Arbeitskosten können z.B. durch Produktionsverlagerung in ein Land mit niedrigeren Lohn- und Lohnnebenkosten reduziert und damit die Produktion verbilligt werden.

M 8 Absatzmärkte der Automobilindustrie

a) Wo sind die aktuellen Absatzmärkte der Continental AG?

Ranking und Marktanteile der zehn größten Automobilmärkte 2015		
Volkswirtschaft	**Ranking**	**Marktanteil**
China	1	27,0 %
USA	2	13,3 %
Japan	3	10,2 %
Deutschland	4	6,7 %
Südkorea	5	5,0 %
Indien	6	4,5 %
Mexiko	7	3,9 %
Spanien	8	3,0 %
Brasilien	9	2,7 %
Kanada	10	2,5 %

Zahlen: OICA – Organisation internationale des Constructeurs d'Automobiles, Paris 2016, www.quest-trend-magazine.com, Abruf am 11.9.2017

b) Wo sind die zukünftigen Absatzmärkte der Continental AG?

Entwicklung der Top 10-Pkw-Märkte (in 1.000 Fahrzeugen)					
		Veränderung des Bruttosozialprodukt gegenüber 2016	**Pkw-Markt 2016**	**Pkw-Markt 2017**	**Diff. 2016/17 in %**
1	China	6,4 %	22.934	24.149	5,3 %
2	USA	2,3 %	17.541	17.891	2,0 %
3	Japan	1,0 %	4.089	4.110	0,5 %
4	Brasilien	0,0 %	2.034	2.054	1,0 %
5	Deutschland	1,7 %	3.366	3.346	-0,6 %
6	Russland	0,8 %	1.441	1.499	4,0 %
7	Indien	7,6 %	2.980	3.144	5,5 %
8	England	1,2 %	2.650	2.624	-1,0 %
9	Frankreich	1,3 %	2.013	2.063	2,5 %
10	Kanada	2,1 %	1.952	1.991	2,0 %

Zahlen: OECD, November 2016, www. absatzwirtschaft.de, Abruf am 18.12.2017

Bruttosozialprodukt/Bruttonationaleinkommen

Summe aller Güter und Dienstleistungen in der jeweiligen Landeswährung, die in einer Volkswirtschaft innerhalb eines Jahres hergestellt bzw. bereitgestellt werden

www.bpb.de, Abruf am 3.1.18

Aufgaben

1. Erläutern Sie, wie die Continental AG die strategischen Handlungsfelder „weltweit ausgewogene Umsatzverteilung“ und „hoher Lokalisierungsgrad“ durch Internationalisierungsmaßnahmen erreichen will (M 5).
2. Entwickeln Sie eine unternehmerisch begründete Prognose über die Entwicklung der Auslandsaktivitäten der Continental Rubber Group in den kommenden Jahren (M 3–M 8).

H zu Aufgabe 2
Berücksichtigen Sie dabei Fragen der Lohnkosten, der Absatzmärkte sowie der Rohstoffbeschaffung.

Statistiken analysieren

Warum sollte ich eine Statistik analysieren und prüfen können?

Statistiken sind systematische Sammlungen von Informationen in Form von Zahlen, die als Tabellen, Schaubilder oder Diagramme visuell aufbereitet werden und so einen raschen Zugriff auf zum Teil sehr komplexe Sachverhalte ermöglichen. Beim Umgang mit Statistiken ist jedoch Vorsicht geboten! Scheinbar objektive Zahlen können Sachverhalte auch verfälscht darstellen und damit bestimmten Interessen dienen. Schon deswegen stellt die methodisch sorgfältige Analyse von Statistiken besonders im Fach Politik-Wirtschaft eine Schlüsselkompetenz dar.

mögliche Zahlenarten: absolute/relative Zahlen, Indexzahlen (Relation zu einem als 100 definierten Bezugswert), exakte vs. gerundete Werte, statistische Ermittlung vergangener Sachverhalte, vorläufige Werte, Prognosen, geschätzte Werte

Darstellungsformen

Kreisdiagramm

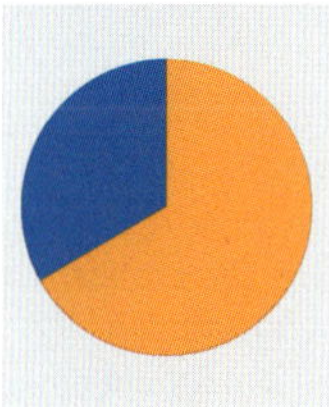

eignet sich besonders gut, um Anteile an Gesamtmengen darzustellen

Balkendiagramm

stellt Zahlenwerte in ihrer Reihenfolge dar

Säulendiagramm

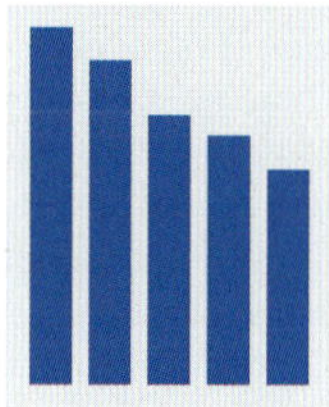

verdeutlicht besonders gut Zeitreihen-Vergleiche

Kurvendiagramm

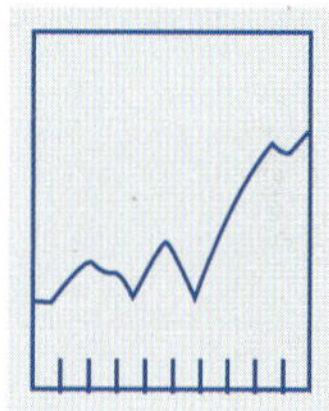

kann Entwicklungslinien bzw. Trendkurven im zeitlichen Verlauf verdeutlichen

Wie analysiert und prüft man eine Statistik systematisch?

(1) Einordnen und Beschreiben	• Wer hat in wessen Auftrag die Statistik erstellt? • Wie wurden die Werte ermittelt? • Ist die Erhebung repräsentativ? • Welches Thema wird behandelt (Diagrammüber- oder -unterschrift)? • Was wird in Beziehung zueinander gesetzt? • Müssen Begriffe geklärt werden? • Welche Kriterien des Vergleichs werden verwendet? • Welche Hinweise erhalten Sie aus der Form der Darstellung (Kreis-, Säulendiagramm etc.)? • Welche Zahlenarten werden verwendet (absolut/relativ, Prozent- oder Indexzahlen)? • Wie genau sind die Zahlenwerte (gerundet, geschätzt, vorläufig, „k.A.“ = „keine Angabe“, d. h. Zahlen sind nicht verfügbar)? • Auf welchen Zeitraum bezieht sich die Statistik? (Achten Sie hier nicht nur auf die dargestellten Zeiträume, sondern auch auf den Zeitpunkt der Diagrammerstellung!) • Wie sind die Achsen eingeteilt (Zeitsprünge, Maßeinheiten, Verzerrungen durch ungeeignete Gruppenbildung u. a.)?
(2) Deuten	• Benennen Sie Minimal- und Maximalwerte. • Beschreiben Sie Häufigkeitsverteilungen und zeitliche Entwicklungen (gleichmäßig, sprunghaft). • Werden Verlaufsphasen deutlich (Zu- und Abnahme, Stagnation)? • Prüfen Sie, ob sich die dargestelllten Zahlen vergleichen lassen. • Zeigen Sie Zusammenhänge auf. • Leiten Sie Entwicklungstendenzen und Arbeitshypothesen ab.
(3) Bewerten	• Ist eine Vergleichbarkeit mit anderen Materialien möglich? • Entspricht das statistische Material dem unterstellten Aussagewert? • Ist die gewählte grafische Darstellung geeignet? • Wurden bei relativen Zahlenangaben die Bezugswerte genannt?

METHODE

Aufbau einer Statistikanalyse

Für die **Bearbeitung** einer Aufgabe, die eine Statistikanalyse beinhaltet, hat sich folgendes Vorgehen bewährt:

		Lösung am Beispiel von M7b „Arbeitskosten im internationalen Vergleich“
Einleitung	Beginnen Sie die Analyse mit einem Einleitungssatz, in dem Sie das Material thematisch und formal exakt (Quelle) vorstellen und mit eigenen Worten formulieren, was Sie im Folgenden tun werden.	*Die vorliegende Statistik des Instituts der deutschen Wirtschaft Köln stellt für verschiedene Nationen die Arbeitskosten eines Arbeitnehmers je geleisteter Arbeitsstunde in Euro dar und ordnet diese entsprechend ihrer Werte hierarchisch an. Die Statistik ermöglicht eine Aussage über die absolute Höhe der Personalkosten im verarbeitenden Gewerbe.*
Hauptteil	Arbeiten Sie im Hauptteil Ihre Analyse detailliert aus. Gehen Sie dabei nach dem Prinzip „von außen nach innen“ bzw. „vom Allgemeinen zum Besonderen“ vor, indem Sie zunächst die Statistik allgemein (Aufbau, Datengrundlage) vorstellen, ehe Sie die thematisch relevanten Teilaussagen beispielhaft herausstellen. Belegen Sie dabei Ihre Aussagen am Material. Gehen Sie in diesem Hauptteil aspektorientiert vor und verdeutlichen Sie diese gedankliche Strukturierung durch Absätze.	*Zur Darstellung wird ein Säulendiagramm verwendet, dessen Daten u.a. von der Deutschen Bank, der europäischen Statistikbehörde Eurostat, dem US Department of Labor und verschiedenen nationalen Quellen stammen.* *Die Länge einer Säule hängt von der Höhe der jeweiligen Arbeitskosten je Arbeitnehmer und Stunde in Euro ab. Die absolute Zahl der Arbeitskosten steht ergänzend an jeder Säule. Die proportionale Säulenlänge, die mit der Veränderung der absoluten Zahlen korrespondiert, ermöglicht einen raschen Überblick über das Ranking der Nationen im Hinblick auf die Arbeitskosten und einen direkten Vergleich.* *Die Nation mit den höchsten Arbeitskosten steht im Säulendiagramm ganz links (Deutschland), die mit den niedrigsten Arbeitskosten (Ukraine) ganz rechts. Ein signifikanter Sprung bei den Arbeitskosten verläuft in der Länderauswahl der vorliegenden Statistik zwischen Griechenland und Korea.* *In der linken Hälfte des Diagramms finden sich zahlreiche westeuropäische und nordamerikanische Staaten, sowie Japan und Korea, während in der rechten Hälfte – also im Bereich der niedrigeren Arbeitskosten – überwiegend ost- und südeuropäische sowie lateinamerikanische und asiatische Staaten (u.a. China) zu finden sind.*
Fazit / Schluss	Formulieren Sie am Ende Ihrer Ausführungen ein Fazit, in dem Sie wesentliche Erkenntnisse Ihrer Analyse pointiert zusammenfassen und ggf. in den unterrichtlichen Zusammenhang einordnen.	*Die Statistik macht deutlich, dass es weltweit ein großes Gefälle bei den Arbeitskosten je Arbeitnehmer und Stunde gibt. Deutschland weist dabei ein besonders hohes Arbeitskostenniveau auf. Insgesamt kann man von einem höheren Arbeitskostenniveau in Nordamerika und Nordeuropa sprechen.* *Dabei ist die Aussagekraft der Statistik begrenzt: Sie enthält keine Informationen zur Produktivität, also wie viele Einheiten in einer Stunde produziert werden. Die Statistik verleitet zudem zu der Interpretation, dass die Arbeitskosten in Deutschland weltweit am höchsten und die in der Ukraine am niedrigsten seien. Da in der Statistik jedoch nicht alle Staaten der Welt aufgeführt sind, wäre eine solche Annahme falsch: Es kann durchaus Staaten mit höheren oder niedrigeren Arbeitskosten geben.*

2.1.3 Internationalisierung von Unternehmen – wie und warum?

M 9 ● Wie weit sind deutsche Unternehmen „internationalisiert“?

Immer mehr Unternehmen weiten ihre ökonomischen Aktivitäten auf ausländische Märkte aus, um neue Absatzmärkte zu erschließen oder internationaler Konkurrenz zu begegnen. [...] Unzählige Unternehmen sind darauf angewiesen, dass weltweiter Handel und grenzüberschreitende Investitionen möglich sind und Zugang zu ausländischen Märkten vorhanden ist. Jeder dritte Euro wird im Ausland verdient und fast jeder vierte Arbeitsplatz in Deutschland hängt davon ab, dass deutsche Produkte und Leistungen sich auf den Weltmärkten durchsetzen. [...]

Für kleine und mittlere Unternehmen [...] ist [dabei] die Herausforderung, sich international aufzustellen, ungleich größer [als für Großunternehmen]. Gleichwohl ist zu erkennen, dass zunehmend auch KMU den Schritt über die Grenze wagen. [...] Kleine und mittlere Unternehmen sind stärker auf Auslandsmärkten aktiv als bislang angenommen. Bereits ein Drittel der Kleinstunternehmen mit einem maximalen Jahresumsatz von zwei Millionen Euro sind mittlerweile im Ausland präsent. In der nächsten Größenklasse, den Kleinunternehmen, sind sogar zwei von drei Unternehmen grenzüberschreitend wirtschaftlich engagiert. Die für den deutschen Mittelstand mit Abstand wichtigste Region für Handel und Investitionen ist die Europäische Union, während zum Beispiel die wachstumsstarken Märkte in den Schwellenländern noch vergleichsweise selten im Fokus sind.

Rosemarie Kay, Michael Holz, Peter Kranzusch, Mittelstand im globalen Wettbewerb. Internationalisierung als unternehmerische und wirtschaftspolitische Herausforderung, Friedrich-Ebert-Stiftung (Hg.), WISO-Diskurs, März 2014, S. 5

M 10 ● Warum internationalisieren sich Unternehmen allgemein?

a) Skaleneffekte (Größeneffekte): Hierbei handelt es sich um Wirkungen, die sich aus der Zunahme von Unternehmensgröße und Produktionsmengen ergeben und sich vor allem auf die Nutzung von Kostensenkungs- und Rationalisierungspotenzialen beziehen, aber auch die Wirkungen steigender Marktmacht mit einschließen. Insbesondere sind dies niedrigere Kosten [z.B. durch den Einkauf größerer Mengen von Rohstoffen oder Vorprodukten] und günstigere logistische Bedingungen [z.B. kürzere Wege aufgrund einer größeren Zahl von Produktionsstätten]. Hinzu kommen die Vorteile größerer Marktanteile, wie größere Marktmacht, bessere Nutzung von globalen Lieferanten, von Vertriebs- und Kundennetzen, woraus sich auch Schutzwirkungen gegen potenzielle Übernahmen ableiten können.

b) Scopeeffekte (Angebotseffekte): Durch die Erweiterung des Produkt- und Leistungsangebots verbessert sich die globale Wettbewerbsposition, sodass sich konjunkturelle und strukturelle Risiken [vgl. Kap. 2.1.2] verringern sowie neue Absatzmärkte mit neuen Kundengruppen und Marktpotenzialen erschließen. Damit können Gefahren von speziellen Außenhandelsrisiken, wie Wechselkursänderungen oder protektionistische Behinderungen tendenziell reduziert und gleichzeitig spezifische Vorteile, wie etwa durch das Ausland bereitgestellte Subventionen [= staatliche Förderung] wahrgenommen werden.

Kleinstunternehmen, kleine und mittlere Unternehmen (KMU)

Unternehmen mit nicht mehr als 249 Beschäftigten und einem Jahresumsatz von höchstens 50 Mio. Euro oder einer Bilanzsumme von maximal 43 Mio. Euro

Definition nach Empfehlung der EU-Kommission, 6.5.2003 (2003/361)

Der deutsche Mittelstand (KMU) in Zahlen

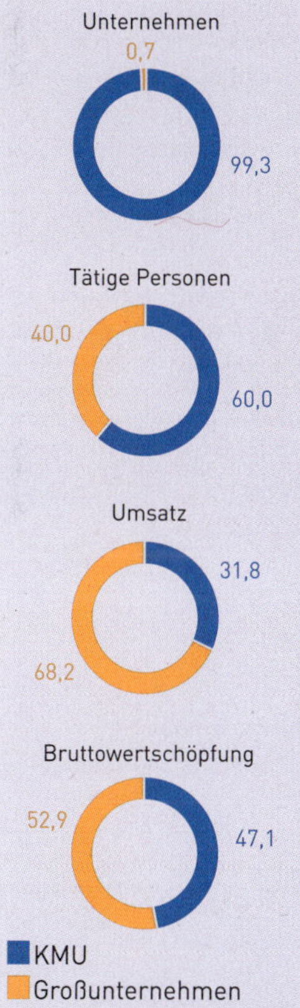

René Söllner, Der deutsche Mittelstand im Zeitalter der Globalisierung, in: WISTA – Wirtschaft und Statistik, Statistisches Bundesamt, 2/2016, S. 110

Bruttowertschöpfung
→ vgl. Kap. 1.1.2

Organisation für wirtschaftliche Zusammenarbeit und Entwicklung (OECD)

34 Mitgliedstaaten [2016, zu denen auch die meisten Staaten der EU zählen]; Sitz: Paris. Ziele: Erreichung eines angemessenen Wirtschaftswachstums, eines hohen Beschäftigungsstandes und eines steigenden Lebensstandards bei Geldwert- und Preisstabilität in den Mitgliedsländern; Förderung des wirtschaftlichen Wachstums auch in Nichtmitgliedsländern, besonders in den Entwicklungsländern; Ausweitung und Liberalisierung des Welthandels.

Duden Wirtschaft von A bis Z: Grundlagenwissen für Schule und Studium, Beruf und Alltag, Mannheim 2016, Lizenzausgabe Bonn: Bundeszentrale für politische Bildung 2016

c) Skilleffekte (Lerneffekte): Der Zuwachs an personell-fachlichem, marktbezogenem, regionalem und/oder kulturellem Know-how verschafft Wettbewerbsvorteile, dies gilt insbesondere dann, wenn auch der Zugang zu F&E-Ressourcen [= Möglichkeiten zur Forschung und Entwicklung] und deren Ergebnissen, zu Patenten und sonstigen Schutzrechten erschlossen wird. Hinzu kommt das spezifische Wissen, das mit der Beschäftigung der ausländischen Mitarbeiter für das Unternehmen verfügbar wird. In jedem Fall erhöhen neue Marktkenntnisse das Wissen über neue Kundengruppen, Produkte, Vorgehensweisen und Verfahren das Wissensspektrum und die Innovationsfähigkeit des Unternehmens und seiner Mitarbeiter.

Eckart Koch, Globalisierung: Politik und Wirtschaft. Chancen – Risiken – Antworten, Wiesbaden 2017, S. 63f.

M 11 ● Was sind die Risiken einer Unternehmensinternationalisierung?

Die jeweils fünf bedeutendsten Marktrisiken in Deutschland, den EU-/OECD- sowie den Schwellenländern aus Sicht auslandsaktiver und -interessierter Unternehmen (in %)

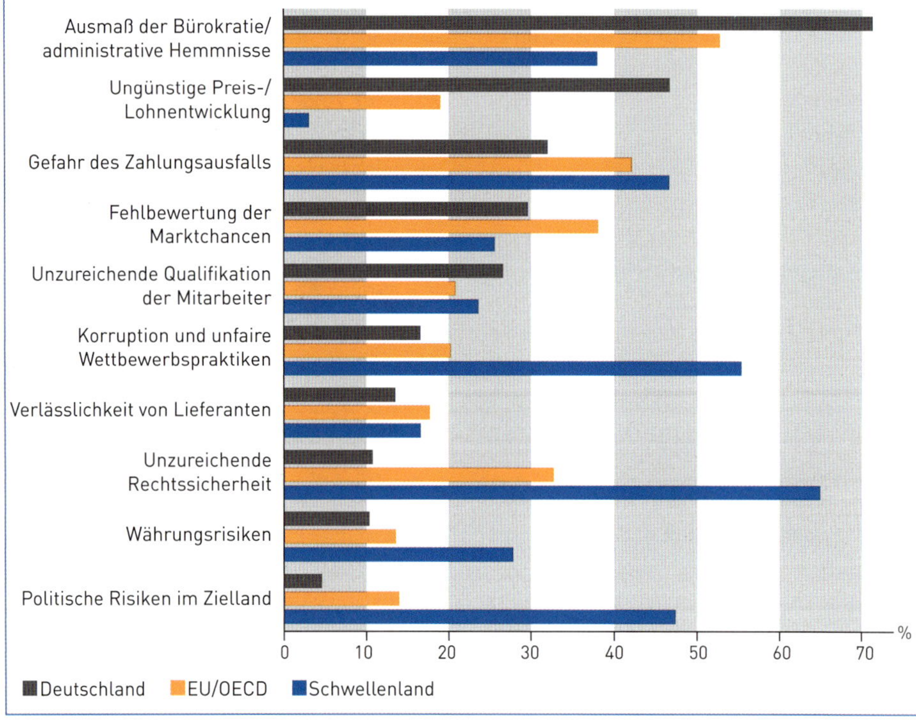

Zahlen: Peter Kranzusch, Michael Holz, Internationalisierungsgrad von KMU. Ergebnisse einer Unternehmensbefragung, IfM-Materialien Nr. 22, Oktober 2013, S. 75

Aufgaben

1. Erläutern Sie die Internationalisierung der Continental AG mithilfe der von Koch dargestellten betriebswirtschaftlichen Effekte (M 5, M 10).
2. Erläutern Sie Ursachen für einen geringeren Internationalisierungsgrad bei KMU als bei Großunternehmen (M 9–M 11).
3. Entwickeln Sie einen Forderungskatalog an die politischen Entscheidungsträger zur Erleichterung der Internationalisierung der Unternehmen (M 9–M 11).

- Analysieren Sie den Internationalisierungsgrad von Unternehmen Ihrer Umgebung. Nutzen Sie beispielsweise die Internetauftritte oder führen Sie Expertenbefragungen durch.

M zu Aufgabe 1
Gehen Sie arbeitsteilig vor, indem Sie zunächst jeweils einen der Internationalisierungseffekte erschließen.

F Arbeiten Sie hypothesenartig die Auswirkungen der zunehmenden Internationalisierung deutscher KMU für die wirtschaftliche Gesamtrechnung (BIP) Deutschlands und den Arbeitsmarkt heraus.

Motive und Strategien zur Internationalisierung von Unternehmen
M 4

Deutsche Unternehmen sind im Zuge der Globalisierung längst nicht mehr nur in Deutschland aktiv, sondern erweitern ihre Aktivitäten weltweit. Dabei verfolgen sie unterschiedliche Strategien auf allen Ebenen der vereinfachten **Wertschöpfungskette** (Beschaffung, Produktion und Absatz). Im Bereich der **Beschaffung** fängt die Internationalisierung bereits beim Import von Rohstoffen an und setzt sich im Einkauf von **Produktion**skomponenten im Ausland fort. Den Gesetzen des Marktes folgend bemühen sich Unternehmen um Marktanteile durch Senkung der Produktionskosten. Dazu werden beispielsweise Produktionsstätten ins Ausland verlagert, um von niedrigeren Lohnkosten, geringerer Steuer- und Abgabenlast oder auch niedrigeren Umweltschutzauflagen zu profitieren. Als Nebeneffekt entsteht durch derartige Maßnahmen eine Verkürzung der Lieferketten und damit eine größere Kundennähe und Flexibilität, die sich förderlich auf den **Absatz** auswirken.

Continental AG international
M 5

Die Continental AG aus Hannover ist ein international aufgestelltes Unternehmen, an dem sich Internationalisierungsstrategien exemplarisch zeigen lassen.
Die Continental AG verfolgt die Ziele, durch niedrige Produktionskosten bei hoher Innovationsfähigkeit wettbewerbsfähig zu sein, Kundennähe und kurze Lieferwege zu erreichen und ihre Marktanteile insbesondere auf den Wachstumsmärkten zu vergrößern.

Chancen und Risiken der Internationalisierung von Unternehmen
M 10, M 11

Die Internationalisierung eines Unternehmens bietet Chancen, aber auch Risiken. Kleinstunternehmen, kleine und mittlere Betriebe (KMU), die die deutsche Wirtschaft prägen, sind in einem deutlich geringeren Maße auf den internationalen Märkten aktiv als Großunternehmen. Dies ist das Resultat einer Risikoabwägung: Auf der einen Seite erhofft man sich positive **Skaleneffekte** (durch die Zunahme von Unternehmensgröße und Produktionsmengen), **Scopeeffekte** (durch die Erweiterung des Produkt- und Leistungsangebots verbesserte globale Wettbewerbsposition) und **Skilleffekte** (durch Zuwachs an Know-how erreichter Wettbewerbsvorteil).
Auf der anderen Seite stehen Risiken in den Zielländern (z.B. politische Unsicherheit, Währungsrisiken, fehlende Rechtssicherheit, Korruption...). Das Risiko des Scheiterns eines Internationalisierungsvorhabens für ein KMU ist dabei existenzgefährdender als für ein Großunternehmen. Neben fehlenden Managementkapazitäten und Know-how ist dies eine Ursache für den genannten geringeren Internationalisierungsgrad bei kleinen und mittleren Betrieben.

2.2 Welcher Standort ist der beste? Volkswirtschaften im internationalen Wettbewerb um Unternehmensansiedlungen

2.2.1 Was macht einen guten Standort aus?

M 1 ● Produktions- und Entwicklungsstandorte von Sennheiser electronic

Produktionsstandorte

Wennebostel bei Hannover: v.a. (drahtlose) Mikrofone (Konzerte, Konferenzsysteme), Head-Sets
Tullamore (Irland): v.a. Kopfhörer
Albuquerque (USA, Bundesstaat New Mexico): v.a. drahtlose Mikrofone

Zuliefererbetriebe

Shenzhen (China, Provinz Guangdong): mechanische und einfache Bauteile, einfache Kopfhörer

Forschungslabore

Waldshut-Tiengen (Deutschland), Zürich (Schweiz), San Francisco (USA), Singapur

Autorengrafik

M 2 ● Unternehmensdaten von Sennheiser electronic

Unternehmensname	Sennheiser electronic GmbH & Co. KG	
Unternehmenssitz	Wedemark-Wennebostel bei Hannover	
Produkte	u.a. professionelle Mikrofon- und Lautprecheranlagen für Konzerte, Konferenzsysteme, Hi-Fi- und In-Ear-Kopfhörer	
Mitarbeiter (2016)	2.716	davon in Deutschland: 1.382
		davon im Ausland: 1.334
Umsatz (2016)	658,4 Mio. €	davon in Deutschland: ca. 15,7%
		davon im Ausland: ca. 84,3%
		davon professionelle Systeme: 48%
		davon Elektronik für Einzelverbraucher: 52%
Gewinn (2016)	ca. 26,7 Mio. €	

Sennheiser electronic GmbH & Co. KG (Hg.), Geschäftsbericht 2016, Wedemark 2017, S. 31, 33f., 39

M 3 Standortfaktoren bezogen auf die Wertschöpfungskette

Beschaffung	Produktion	Absatz
• Preise für und Verfügbarkeit von Grund und Boden • Nähe zu Rohstoffmärkten • Anlieferungswege • Verfügbarkeit von Arbeitskräften • Zugang zum Kapitalmarkt • Nähe zu Forschung und Bildungseinrichtungen • Lebensqualität • ...	• Klima & Geologie • Wertvorstellungen, Bildungsstand • technologische Infrastruktur • benötigte Dienstleister • Abfallentsorgung/ Umweltschutz • Lohnkosten • Produktionsanlagen • Infrastruktur • Energiekosten • Kündigungsschutz • Lohnstückkosten • ...	• Kundennähe • Kaufkraft • Absatzwege • Konkurrenzsituation • Markttransparenz • Marktgröße • ...
Rechtssicherheit, staatliche Subventionen, Steuerlast, gesellschaftliche Verhältnisse (Gesundheits- und Bildungssystem, soziale Sicherung...), Gesetzgebung (insbesondere Arbeits- und Vertragsrecht), politische Situation, Aufwand im Umgang mit der öffentlichen Verwaltung...		

Nach: Dietmar Vahs, Jan Schäfer-Kunz, Einführung in die Betriebswirtschaftslehre, München 2015, S. 113 (ergänzt)

M 4 Wo steht Deutschland im Wettbewerb der Volkswirtschaften?

Volkswirtschaft	Ergebnis
1 Schweiz	5,81
2 Singapur	5,72
3 USA	5,70
4 Niederlande	5,57
5 Deutschland	5,57
6 Schweden	5,53
7 Großbritannien	5,49
8 Japan	5,48
9 Hong Kong	5,48
10 Finnland	5,44
...	...
26 Südkorea	5,03
27 Island	4,96
28 China	4,95
29 Saudi Arabien	4,84
30 Estland	4,78
31 Tschechien	4,72
...	...
62 Rumänien	4,30
...	...
81 Brasilien	4,06

Der **Global Competitiveness Index** wird gebildet, indem für insgesamt 105 Faktoren (in 12 Säulen, vgl. M 5) eine Bepunktung zwischen eins und sieben vorgenommen wird. Die Größen werden ja nach wirtschaftlicher Entwicklung des Staates unterschiedlich gewichtet.

- Europa
- Ostasien und Pazifik
- Mittlerer Osten und Nordafrika
- Nordamerika
- Lateinamerika und Karibik

Klaus Schwab, The World Economic Forum (Hg.), The Global Competitiveness Report 2016-2017, Genf 2016, S. xiii

Standortfaktoren

Standortfaktoren sind die variablen standortspezifischen Bedingungen, Kräfte, Einflüsse etc., die sich positiv oder negativ auf die Anlage und Entwicklung eines Betriebs auswirken; sie sind als wirtschaftliche Vor- und Nachteile zu begreifen, die aus dem Niederlassen eines Unternehmens an einem bestimmten Standort resultieren.

Hans-Dieter Haas, Simon-Martin Neumair, Kai-Ingo Voigt, www.wirtschaftslexikon.gabler.de (Abruf am: 5.12.2017)

Kapitalmarkt

Finanzmarkt, der Unternehmen, Haushalten und dem Staat kurz und mittelfristig die finanziellen Mittel für Investitionen zur Verfügung stellt

M 5 ● Der Global Competitiveness Index – 12 Säulen der Wettbewerbsfähigkeit

Das Weltwirtschaftsforum – eine 1972 gegründete Stiftung, für die Wirtschaftswissenschaftler und -politiker sowie Journalisten arbeiten – veranstaltet einmal jährlich in Davos den sogenannten Weltwirtschaftsgipfel. Darüber hinaus gibt die Stiftung Forschungsberichte heraus, wie den alle zwei Jahre erscheinenden „Global Competitiveness Report“, in dem die Wettbewerbsfähigkeit von Volkswirtschaften und damit auch tendenziell deren Standortqualität für Unternehmen anhand von 105 Faktoren in 12 Kategorien („Säulen“) verglichen wird. Wettbewerbsfähigkeit ist dabei definiert als Set von Institutionen, Politikfeldern und wirtschaftlichen Standortfaktoren; sie bestimmt den Grad der Produktivität eines Staates. Die Messgröße „Global Competitiveness Index“ (GCI) wird gebildet, indem für jeden der 105 Faktoren eine Bepunktung zwischen eins und sieben vorgenommen wird. Der Vergleichbarkeit halber werden die Größen je nach wirtschaftlicher Entwicklung des Staates unterschiedlich gewichtet.

12 Säulen des Global Competitiveness Index

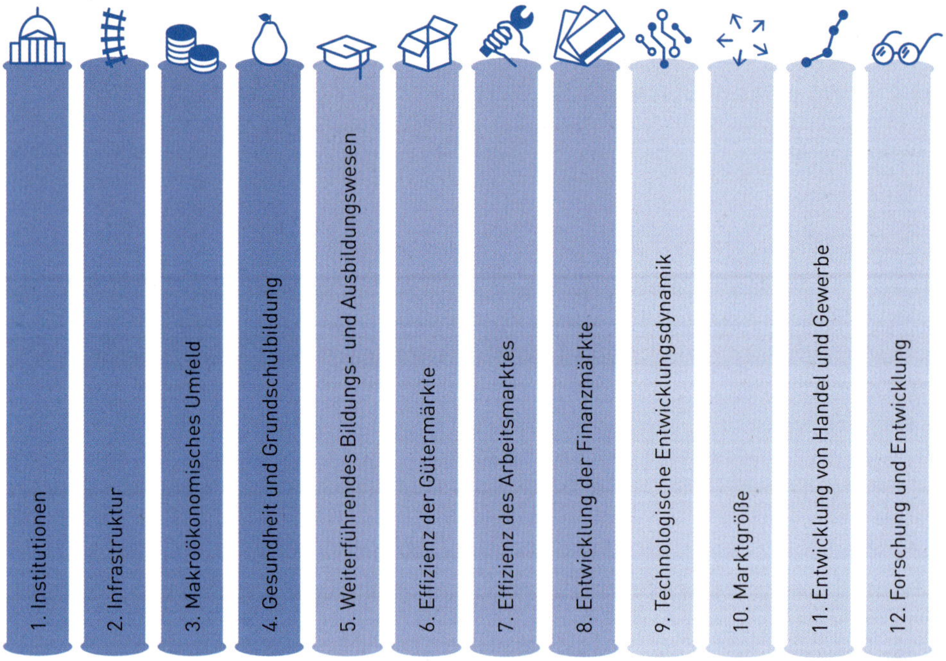

Autorentext/-grafik

Aufgaben

1. Beschreiben Sie das Unternehmen Sennheiser electronic (M 1, M 2).
2. Benennen Sie für die drei Unternehmensbereiche (Beschaffung, Produktion, Absatz) die drei mutmaßlich wichtigsten Standortfaktoren für die Sennheiser AG.
3. Setzen Sie die 12 Säulen des Global Competitiveness Index in Beziehung zu den Standortfaktoren (M 3–M 5).
4. Beurteilen Sie den Nutzen des Global Competitiveness Index' für die weitere Internationalisierung der Continental AG bzw. von Sennheiser electronic (M 4, M 5, Kap. 2.1).

„Obwohl wir die Ergebnisse der 12 Säulen der Wettbewerbsfähigkeit separat darstellen, ist es wichtig im Auge zu behalten, dass sie nicht unabhängig voneinander sind: Sie neigen dazu, sich gegenseitig zu verstärken, und eine Schwäche in einem Gebiet hat oft einen negativen Einfluss in anderen.“

Klaus Schwab, a.a.O., S. 37

Wechselbeziehungen
gegenseitige Beeinflussung zweier Faktoren; Beispiel: Staat und Gesellschaft. Folgende Wechselbeziehungen können auftreten:
- *Intensivierung* – Faktoren verstärken sich gegenseitig
- *Interferenz* – Faktoren stören sich gegenseitig
- *Konkurrenz* – Faktoren schließen sich gegenseitig aus
- *Neutralität* – Faktoren beeinflussen sich nicht

H zu Aufgabe 2
Treffen Sie dazu vorab eine Auswahl der Standortfaktoren, die für das Unternehmen überhaupt besonders relevant sein dürften.

F zu Aufgabe 3
Arbeiten Sie an ausgewählten Beispielen Wechselbeziehungen der 12 Säulen des Global Competitiveness Index heraus (M 5).

2.2.2 Wie attraktiv ist der Standort Deutschland für Unternehmen?

M 6 ● Der Standort Deutschland in der Presse

„Der Fachkräftemangel lähmt die boomende Wirtschaft“

„Studie sieht Deutschland bei der Steuerlast weit vorne“

„Kein Wohlstand mit Umweltschutz?“

„Bürokratie kostet Arbeitsplätze“

„Ausbildungsplätze bleiben unbesetzt“

„Deutsche Wirtschaft klagt über **hohe Energiekosten** und schleppenden Breitbandausbau“

„Deutschlands Infrastruktur bröckelt“

Autorentext

M 7 ● Wie steht der Standort Deutschland im internationalen Vergleich da?

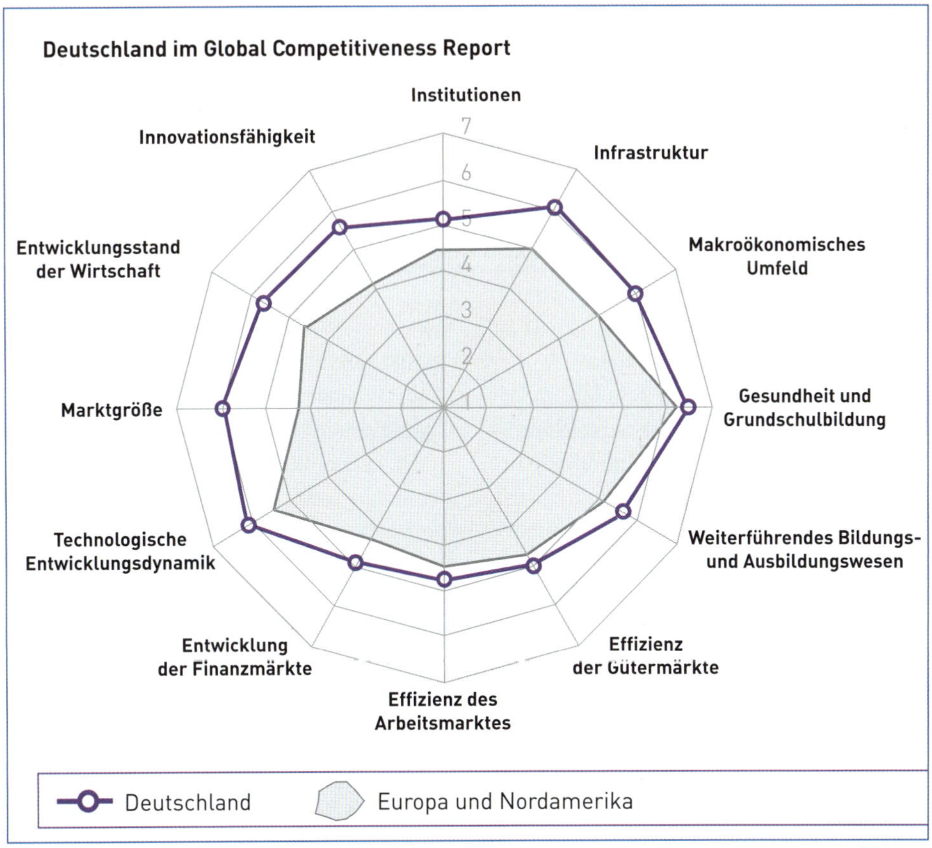

The World Economic Forum (Hg.), The Global Competitiveness Report 2016-2017, Genf 2016, S. 186 (eigene Übersetzung)

M 8 Worin liegen Schwächen des Standortes Deutschland?

Faktoren, die wirtschaftliche Aktivität in Deutschland beeinträchtigen

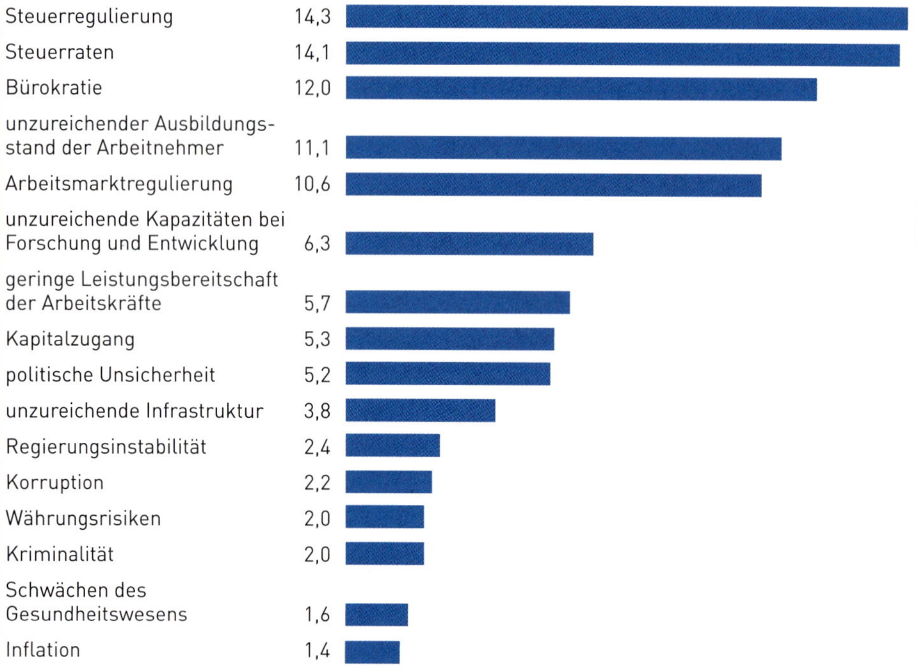

Anmerkung: Das Diagramm fasst die Faktoren zusammen, die in den Augen von Wirtschaftsakteuren als am problematischsten für ihr wirtschaftliches Handeln in einem bestimmten Land angesehen werden. Die Daten stammen aus einer Erhebung des World Economic Forum.

Zahlen: The World Economic Forum (Hg.), The Global Competitiveness Report 2016-2017, Genf 2016, S. 186

M 9 Gegen den Trend? Das Phänomen der Rückverlagerer

Wolfgang Reichelt marschiert durch seine riesigen Produktionshallen. Überall brummt und rattert es. Der 75-Jährige bleibt vor einer Maschine stehen, einer Kunststoffspritzmaschine. Weit und breit ist kein Mitarbeiter zu sehen. „In dieser Halle produzieren wir 24 Stunden. Und wenn hier das Granulat in der Maschine alle ist, dann tutet das, und dann kommt ein Mitarbeiter her, füllt das eben auf, und dann kann er weiterspritzen. Manchmal laufen diese Maschinen zwei oder drei Tage für ein Produkt – ohne dass sich jemand darum kümmern muss." [...]

Rationalisierung, Automatisierung, Industrie 4.0 – das sind Reichelts Lieblingsworte. Seit 45 Jahren leitet er das Familienunternehmen Block Transformatoren in Verden bei Bremen. [...] Fast alle Produkte werden in den [...] Werken in Verden produziert. Vor mehr als zehn Jahren hatte Reichelt einen großen Teil der Fertigung nach China verlagert. Inzwischen hat er [vieles] nach Deutschland zurückgeholt – „Reshoring" nennt man diese Rückverlagerung. „Ich kann jetzt in die Fertigung gehen, und morgen kann ich das Teil fertig haben. Wenn ich das in China mache, dann dauert das zwei Monate, bevor ich das hier habe, oder ich muss es sehr teuer per Luftfracht hierher bringen. Deswegen: In China oder im Ausland produzieren wir mehr oder weniger Massenprodukte, die wir in großen Stückzahlen brauchen und hier entsprechend disponieren können [...]." [Auch die Anstrengungen in der Fertigung in Richtung Industrie 4.0 bedeuten, dass die Lohnanteile zurückgehen und Preisvorteile der Niedriglöhne in anderen Ländern keine entscheidende Rolle mehr spielen.] [...]

Der Produktionsstandort Deutschland liegt im Trend – das sagt Steffen Kinkel. Er ist Professor an der Hochschule Karlsruhe im Fachbereich Wirtschaftsinformatik. Zusammen mit dem Fraunhofer-Institut für System- und Innovationsforschung beobachtet er seit Mitte der 1990er Jahre, wo Unternehmen produzieren. [...] Auf jedes vierte Unternehmen, das Produktion ins Ausland verlagert, komme ein Rückkehrer, sagt Steffen Kinkel. [...] Nach seinen Studien ziehen sich deutsche Unternehmen vor allem aus Osteuropa zurück. Das liegt aber auch daran, dass nach Osteuropa besonders viel ausgelagert wurde. Am zweithäufigsten wird Produktion aus Asien zurückgeholt, vor allem aus China. [...] Viele Unternehmen überschätzten von vornherein die Einsparmöglichkeiten im Ausland, sagt Steffen Kinkel. 75 Prozent der deutschen Unternehmen geben an, dass sie mit der Verlagerung ins Ausland Personalkosten reduzieren wollen. Die machen aber im Schnitt nur rund elf Prozent der Gesamtkosten eines Produkts aus. Wenn dann wie in China die Löhne stark steigen, lohnt die Produktion im Ausland immer weniger. [...] Firmen, die ihre Produktion aus dem Ausland abziehen, geben auch Qualitätsmängel und eine geringere Flexibilität als Gründe für ihre Entscheidung an. [...]
Nicht nur die Automobilindustrie, auch immer mehr Hersteller von Konsumgütern wollen in der Nähe der Kunden produzieren – zum Beispiel die Modebranche. Klaus Günter Deutsch vom BDI: „Heutzutage haben Sie oft in den großen Massenmärkten sehr schnelle Modetrends. Und viele der Textil- und Modeunternehmen sind davon abgegangen, weltweite Lieferströme organisieren zu müssen, wo die Ware zum Teil wochenlang auf den Weltmeeren herumgeistert und von der Herstellung in der Fabrik bis zum Endkunden vielleicht zwei bis drei Monate unterwegs war. Während Sie heute vielleicht innerhalb von drei Tagen liefern möchten [...]." Fakt ist [aber]: Bekleidung wird hauptsächlich in Asien produziert – die Massenware ist dort immer noch sehr viel billiger herzustellen. Fast 40 Prozent der globalen Bekleidungsexporte mit einem Gesamtwert von 177 Mrd. US-Dollar stammen zurzeit aus China. Viele Markenfirmen lassen auch in Bangladesch, Vietnam, Myanmar oder der Türkei produzieren. „Gleichwohl ist völlig klar, in dem Maße, in dem Digitalisierungsprodukte steigen, steigen auch die Möglichkeiten, Produktion in Deutschland und Europa wieder stärker zu verankern. Denn wenn das Teure die Maschine ist, dann ist es eigentlich egal, wo sie steht."

Ines Burckhardt, Hersteller produzieren wieder in Deutschland, www.deutschlandfunk.de, 23.11.2016 (aktualisiert)

Produktionsstandort Verden des Unternehmens BLOCK Transformatoren-Elektronik GmbH, Werk 1

Aufgaben

1. Gliedern Sie die Standortfaktoren Deutschlands (M 6–M 9) in einer Stärken/Schwächen-Tabelle.
2. Arbeiten Sie zentrale Entwicklungstendenzen des Wirtschaftsstandortes Deutschland heraus (M 6–M 9).
3. Erläutern Sie am Beispiel des Rückverlagerers Block Transformatoren (M 9) die Stärken des Wirtschaftsstandortes Deutschland.

2.2.3 Ein Unternehmen vor der Standortwahl

M 10 ● Die Schmidt Aluminium GmbH will expandieren

Das Unternehmen Schmidt Aluminium GmbH ist eines der zehn weltweit führenden Unternehmen im Bereich der Fertigung von Spritzgussteilen aus Aluminium. Seine Produkte werden weltweit bei der Produktion von Fahrzeugen, im Maschinenbau und in der Anlagentechnik eingesetzt. Die Produktion in Salzgitter stößt angesichts des Expansionskurses und der Steigerung der weltweiten Marktanteile inzwischen an ihre Grenzen, sodass die Gefahr besteht, wegen zu geringer Stückzahlen Aufträge zu verlieren. Eine Ausweitung der Produktion ist daher unumgänglich. Der Rohstoff für die Aluminiumproduktion, das Aluminiumerz Bauxit, muss aus Australien, China oder Brasilien importiert werden, da es in Deutschland keine entsprechenden Rohstoffvorkommen gibt. Die Produktion ist sehr energieintensiv. Abgesehen von der Entwicklung und der Auftragsabwicklung, die geschultes Fachpersonal mit ausgezeichneten IT- und Sprachkenntnissen sowie Maschinenbauingenieure erfordert, ist die Produktion selbst weitgehend automatisiert und computergesteuert. Die Lieferkette der Endprodukte erfolgt üblicherweise per Bahn oder Lkw nach Hamburg, von wo sie per Schiff in alle Welt verschifft werden. Ein Transport nach Peking dauert durchschnittlich drei Wochen, von wo aus die gefertigten Teile ebenfalls per Bahn oder Lkw an ihren Bestimmungsort verbracht werden. Die aluminiumverarbeitende Industrie ist emissionsintensiv im Hinblick auf Abgase und Abwässer und von daher starken Umweltschutzauflagen und Abgaben unterworfen. Insbesondere die Kunden aus der Automobilindustrie erwarten hohe Flexibilität, intensive Betreuung bei der Produktentwicklung sowie Lieferungen in hohen Stückzahlen „just in time“. Dabei ist es den Kunden bei Wechseln in der Produktpalette jederzeit möglich, den Hersteller zu wechseln, was den Wettbewerbsdruck auf die Firma massiv erhöht.

Autorentext

„Just in Time“
→ vgl. Kap. 1.2.1

M 11 ● Standortbedingungen an ausgewählten Standorten

USA

Ein Standort in den USA scheint für die Schmidt Aluminium GmbH durchaus attraktiv zu sein. Ein nicht unerheblicher Teil der Kunden hat ihren Sitz in den USA. Das Lohnniveau ist dort höher als in Deutschland. Das Hauptzahlungsmittel ist der US-Dollar, der gleichzeitig als Leitwährung gilt, was Wechselkursschwankungen minimiert. Ein Produktionsstandort in den USA brächte wegen seiner Nähe zu den asiatischen Märkten eine Verkürzung der Transportwege mit sich. Die aktuelle US-Regierung favorisiert eine Politik der Abschottung, und ob ein Freihandelsabkommen zwischen den USA und der EU zustande kommt, ist unklar. Beide Faktoren machen es attraktiv, einen eigenen Firmen-Standort in den USA zu betreiben, da drohende Zölle keine Auswirkungen auf den Handel mit den nordamerikanischen Kunden hätten. Allerdings drohten gleichzeitig entsprechende Handelsbarrieren für den Export in andere Regionen der Welt. Die Wettbewerbssituation in den USA stellt sich ebenso schwierig dar wie die Steuerbelastung, die Bürokratie und Arbeitsmarktregulierungen.

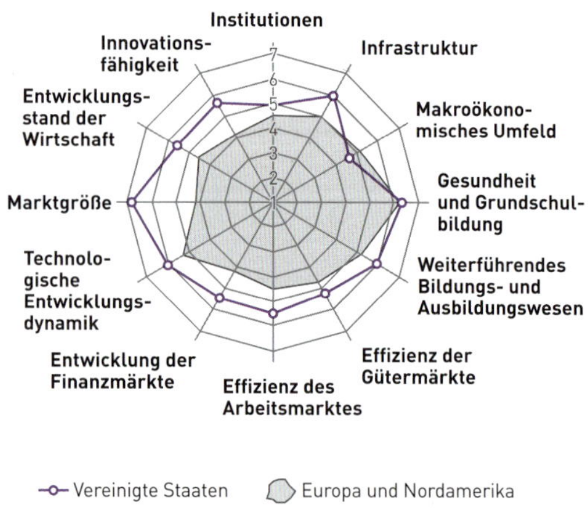

China

China stellt für die Schmidt Aluminium GmbH den mit Abstand größten Absatzmarkt dar. Die chinesische Regierung fördert die eigene Wirtschaft mit allen Mitteln. Ein Instrument stellen niedrige Umweltschutzauflagen dar. Davon könnte auch die Schmidt Aluminium GmbH profitieren. Allerdings zeichnet sich angesichts gravierender Umweltprobleme ein Umdenken in diesem Bereich ab, sodass zukünftig stärkere Regulierungen im Hinblick des Umweltschutzes denkbar sind. Die Lohnkosten in China sind niedrig, allerdings lassen die Qualifizierung der Arbeitnehmer und die Infrastruktur außerhalb der Metropolen noch stark zu wünschen übrig. Korruption, Zugang zu Kapital, mangelnde Rechtssicherheit sowie Wechselkursschwankungen und Inflation stellen unternehmerische Risiken dar.

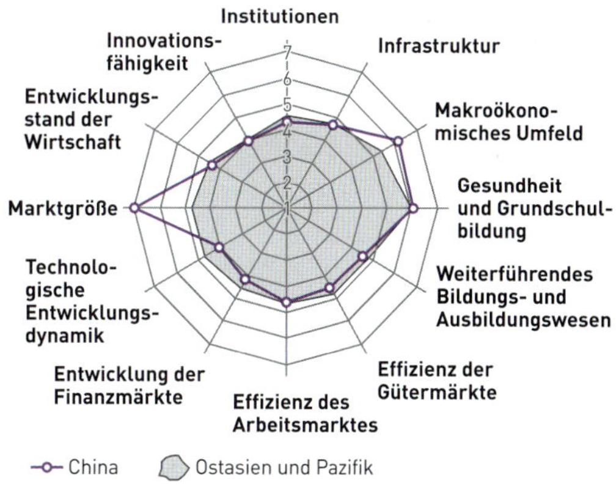

Rumänien

Rumänien ist Mitglied der EU und somit Teil des europäischen Binnenmarktes, gehört jedoch nicht zur Eurozone. Damit ist es Teil des europäischen Binnenmarktes, birgt jedoch die Gefahr von Währungsschwankungen. Hochqualifizierte Arbeitnehmer sind in Rumänien insbesondere in den ländlichen Regionen kaum zu finden. Das Lohniveau ist niedrig. Bürokratie, politische Unsicherheiten und die weit verbreitete Korruption sind für eine Unternehmensniederlassung in Rumänien relevante Faktoren. Umweltschutzauflagen in Rumänien sind in weiten Teilen von der EU vorgegeben. Die Infrastruktur in Rumänien ist unterentwickelt.

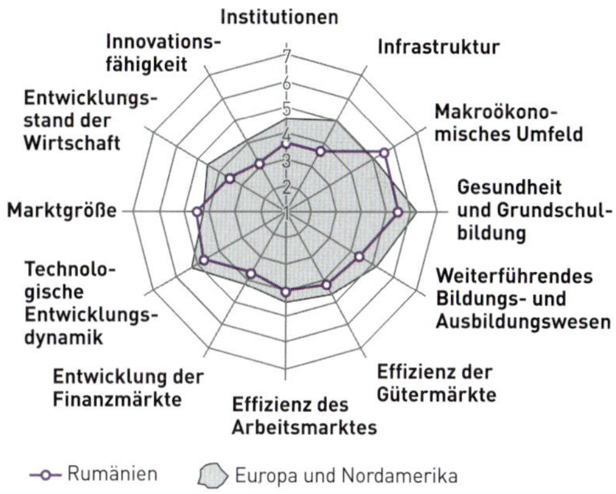

Brasilien

Brasilien ist die größte Volkswirtschaft Lateinamerikas. Die politischen Verhältnisse in Brasilien sind schwierig und gekennzeichnet von sozialen Unruhen und Regierungskrisen. Korruption ist in allen Bereichen der Verwaltung und den Sicherheitsbehörden weit verbreitet. Der Rohstoff für Aluminium wird im Land gewonnen, die Umweltschutzauflagen sind gering und das Lohnniveau niedrig. Brasilien ist ein Schwellenland, das in vielen Wirtschaftsbereichen gegenüber den großen Volkswirtschaften der Welt seinen Rückstand aufholt und somit einen möglicherweise interessanten Zukunftsmarkt darstellt. Allerdings befindet sich die brasilianische Wirtschaft seit geraumer Zeit in einer Rezession. Bislang ist der brasilianische Markt für die Schmidt Aluminium GmbH jedoch von geringer Bedeutung.

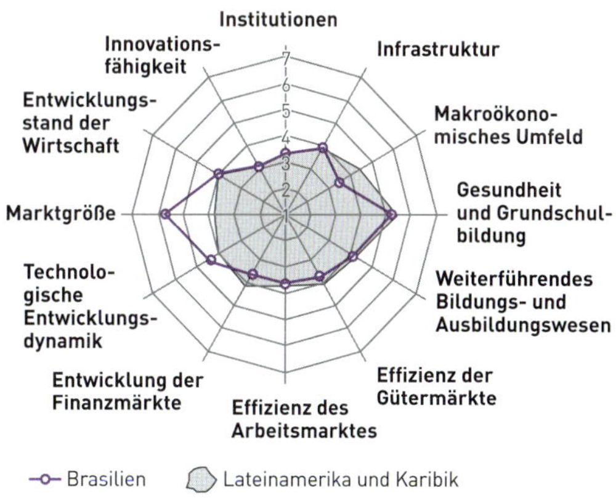

Autorentexte; Abbildungen: The Global Competitiveness Report 2016, S. 126, 146, 304, 356 (eigene Übersetzung)

Aufgaben

1. Charakterisieren Sie die dargestellten Volkswirtschaften nach dem Global Competitiveness Report (M 4, M 5, M 11).
2. Entwickeln Sie eine Standortempfehlung für die fiktive Schmidt Aluminium GmbH (M 10), indem Sie eine Nutzwertanalyse (vgl. Methode) durchführen.

H zu Aufgabe 1
Arbeiten Sie Vorzüge und Schwächen der Volkswirtschaften heraus.

METHODE

Nutzwertanalyse

Die Entscheidung für oder gegen einen (neuen) Produktionstandort eines Unternehmens sollte nicht ausschließlich von monetären Überlegungen (Kosten, Gewinne, Rentabilitäten etc.) bestimmt sein. Auch qualitative Überlegungen (Lebensqualität, Gesundheitsversorgung, etc.) sollten bei der Standortwahl Berücksichtigung finden. Die Nutzwertanalyse ist ein geeignetes Instrument, um qualitative und quantitative Standortfaktoren bei der Standortwahl zu berücksichtigen. Dafür legt ein Unternehmen Kriterien fest, gewichtet diese und bewertet die zur Verfügung stehenden Alternativen anschließend anhand der gewichteten Kriterien. Dabei umfasst die Durchführung einer Nutzwertanalyse mehrere Schritte, die in einer Bewertungsmatrix zusammengeführt werden.

Arbeitsschritt	Was ist zu tun?
(1) Festlegung und Gewichtung (G) der Kriterien	Ein Unternehmen legt fest, welche und wie viele Kriterien (in der Regel 4 - 6) bei einer Standortwahl besonders relevant sind und auf jeden Fall berücksichtigt werden sollen. Kriterien können z.B. Lohnstückkosten, Steuerlast oder Marktgröße sein. Anschließend gewichtet das Unternehmen die Kriterien, indem es den einzelnen Kriterien eine Prozentzahl zuordnet, die in der Summe 100% ergeben müssen (je höher die jeweilige Prozentzahl, desto wichtiger ist die Erfüllung des entsprechenden Kriteriums).
(2) Standortanalyse	In diesem Schritt werden die Standorte im Hinblick auf die festgelegten Kriterien analysiert. • Welche Informationen liegen hinsichtlich der festgelegten Kriterien über den jeweiligen Standort vor? • Wo sind entsprechende Informationen zu finden?
(3) Bewertung (B) der Standortalternativen	Nun werden die infrage kommenden Standorte im Hinblick auf die Erfüllung der jeweiligen Kriterien bewertet. Dies kann beispielsweise durch Schulnoten (1-6) erfolgen.
(4) Standort-entscheidung	Im letzten Schritt wird die Gewichtung (**G**) in % mit der Bewertung (**B**) eines jeden Kriteriums multipliziert. Anschließend werden die Einzelergebnisse addiert und so der Nutzwert ermittelt. Der Standort mit dem insgesamt höchsten Nutzwert steht an Platz 1, der mit der zweithöchsten Zahl an Platz 2 und so weiter.

Bewertungsmatrix (Beispiel):

Kriterien (ausgewählte Standortfaktoren)	**G**	**Standort A**		**Standort B**		**Standort C**	
		B	Ergebnis (GxB)	B	Ergebnis (GxB)	B	Ergebnis (GxB)
1							
2							
3							
...							
Nutzwert							

Einschränkend ist zu sagen, dass die Nutzwertanalyse zwar die Standortentscheidung eines Unternehmens maßgeblich beeinflussen kann, es aber durchaus Einflussfaktoren gibt, wie z.B. politische Gründe, die in einer Nutzwertanalyse keine Berücksichtigung finden.

2.2.4 Wie haben sich Produktion und Beschäftigung in Deutschland im Zuge der Globalisierung verändert?

M 12 ● Globalisierung = das Ende der Industriearbeit in Deutschland?

Entwicklung der Beschäftigtenzahlen nach Sektoren
Sozialversicherungspflichtig Beschäftigte

Wolfgang Dauth u.a., Arbeitnehmer in Deutschland profitieren vom Außenhandel – aber nicht alle, IAB-Kurzbericht 15/2017, S. 2

M 13 ● Globalisierung = das Ende der Industrieproduktion in Deutschland?

Der Handel mit China und Osteuropa ist für die Untersuchung von Globalisierungseffekten besonders aufschlussreich, da dieser erst ab 1990 an Bedeutung gewann, wohingegen Deutschland zu diesem Zeitpunkt bereits mit anderen Volkswirtschaften (v.a. USA, Japan und den westeuropäischen) intensiv Handel betrieb.

Außenhandel Deutschlands mit China und Osteuropa – die Top-10-Branchen
Außenhandelsvolumina 1990, 2000 und 2010 in Mrd. Euro in Preisen vom 2010

Rang	Branche	1990	2000	2010
Importe				
1.	Büromaschinen, Computer u.Ä.	0,05	3,71	13,61
2.	Kraftfahrzeuge und Motoren	0,21	7,62	8,89
3.	Kfz-Teile und Zubehör	0,04	2,80	8,64
4.	Elekronische Bauelemente	0,02	0,82	8,25
5.	Bekleidung	2,57	6,52	7,86
6.	Rundfunk und Fernsehgeräte	0,53	2,12	7,04
7.	Bearbeitung von Nicht-Eisen-Metallen	1,03	3,40	5,57
8.	Möbel	0,53	3,09	5,29
9.	Schiffbau	0,01	0,27	5,14
10.	Sonstige elektrische Ausrüstung	0,11	2,75	4,87

Rang	Branche	1990	2000	2010
Exporte				
1.	Kraftfahrzeuge und Motoren	0,58	4,99	18,49
2.	Kfz-Teile und Zubehör	0,37	4,51	13,22
3.	Maschinen für sonst. Wirtschaftszweige	2,29	4,68	10,00
4.	Kugellager, Pumpen	0,54	2,61	8,96
5.	Chemische Grundstoffe	1,10	2,76	7,19
6.	Elektrizitätsverteilungsgeräte	0,22	2,54	6,80
7.	Sonstige Maschinen	0,82	2,38	6,25
8.	Kunststoffwaren	0,21	2,85	5,70
9.	Werkzeugmaschinen	1,36	2,09	5,61
10.	Pharmazeutische Erzeugnisse	0,33	1,41	5,16

Wolfgang Dauth u.a., Arbeitnehmer in Deutschland profitieren vom Außenhandel – aber nicht alle, IAB-Kurzbericht 15/ 2017, S. 5

M 14 ● Globalisierung als wirtschaftlicher Strukturwandel

Küste von Benidorm, Costa Blanca, Spanien: Schwerpunkt Tourismus

Globalisierung und Wettbewerb zwingen die Akteure [...] dazu, sich stärker auf ihre (Kern-)Kompetenzen zu spezialisieren – also diese auch zu erweitern und zu verbessern – [...], um die Chancen und Wahrscheinlichkeit der Durchsetzung von Interessen in dem globalisierten Feld der Wettbewerber zu erhöhen. [...]
[Solche] Spezialisierungs[...]tendenzen sind ebenfalls bei Staaten zu beobachten. Der Markt überprüft hier die (Teil-)Systeme und Strukturen in Bezug auf Ergebnisse und Kosten. Die Bereiche, die nicht mehr in der Lage sind, im internationalen Wettbewerb zu bestehen, schrumpfen oder verschwinden vom Markt, auch wenn die Staaten regelmäßig aus unterschiedlichen Gründen versuchen, diesen Prozess durch Subventionen aufzuhalten oder zu verlangsamen. In Deutschland konnten insbesondere in der ersten Phase der Globalisierung [1970er Jahre] diese Prozesse u.a. im Agrarbereich, bei der Stahlindustrie, der Textilindustrie, der einfachen Konsumgüterindustrie oder dem Schiffsbausektor deutlich beobachtet werden. Demnach lässt sich auch bei Staaten ein Trend in Richtung auf eine immer größere Marktanpassung durch Spezialisierung feststellen, der mit einem permanenten Strukturwandel einhergeht.
Zwar spezialisieren sich die meisten Länder nicht vollständig, viele positionieren sich jedoch deutlich. Diese Entwicklung zeigte sich zunächst, bedingt durch kolonialhistorische Vorgaben, im primären Sektor, also durch Spezialisierung und Konzentration auf den agrarischen und mineralischen Rohstoffbereich. Die Globalisierung verstärkte diese Tendenz zusätzlich durch Spezialisierungen im tertiären Sektor, vor allem mit den Schwerpunkten Tourismus, wie z.B. auf den Malediven oder europäischen Mittelmeeranrainern, und Finanzindustrie (Offshore-Finanzzentren), wie in den [...] Steueroasen [...]. Auch hier werden jedoch, wie zuvor schon bei den agrarischen Monokulturen, die Gefahren und Risiken von Abhängigkeiten und Fehlentwicklungen deutlich.

Eckart Koch, Globalisierung: Wirtschaft und Politik. Chancen – Risiken – Antworten, Wiesbaden 2017, S. 113ff.

M zu Aufgabe 1
Analysieren Sie die Statistiken zunächst arbeitsteilig und führen Sie Ihre Ergebnisse anschließend zusammen (Partnerpuzzle).

H zu Aufgabe 1
Klären Sie zuvor den Begriff der „Globalisierung" (vgl. Einstiegskapitel).

F zu Aufgabe 2
Berücksichtigen Sie dabei auch die Branchen- und Unternehmensporträts (Kap. 2.1) dieses Buches.

Aufgaben

1. Analysieren Sie die Statistiken (M 12, M 13) hinsichtlich der globalisierungsbedingten Veränderungen von Produktion und Beschäftigung in Deutschland.
2. „Zwar spezialisieren sich die meisten Länder nicht vollständig, viele positionieren sich jedoch deutlich" (vgl. M 14, Zeile 31ff.).
   a) Charakterisieren Sie – ausgehend von Ihren Ergebnissen in Aufgabe 1 – die Spezialisierung bzw. Positionierung, die sich für die deutsche Volkswirtschaft im Zuge der Globalisierung herausgebildet hat.
   b) Begründen Sie diese Spezialisierung mithilfe Ihrer Kenntnisse über Gründe und Strategien der Internationalisierung von Unternehmen (vgl. Kap. 2.1).

Standortwettbewerb von Volkswirtschaften
M 3

Unternehmen sind vermehrt in Ländern jenseits der eigenen Herkunft tätig. Aus der Sicht einer Volkswirtschaft ist die Ansiedlung eines Unternehmens interessant bzw. wichtig, weil dies in der Regel **Arbeitsplätze** und **Steuereinnahmen** mit sich bringt. Volkswirtschaften befinden sich also in einer Konkurrenz um Unternehmensansiedlungen.
Dabei haben die Unternehmen ganz konkrete Vorstellungen davon, welche Kriterien an einem Standort erfüllt sein müssen, um eine Unternehmensverlagerung oder -ausweitung durchzuführen. Ein möglicher Standort im Ausland wird durch die Unternehmen folglich immer daraufhin überprüft, ob er die notwendigen **Standortfaktoren** aufweist. Die Bewertung eines Standortes kann z.B. durch eine Nutzwertanalyse erfolgen.

Global Competitiveness Index
M 5

Das Weltwirtschaftsforum untersucht jährlich viele Volkswirtschaften der Welt im Hinblick auf zwölf **Standortfaktoren** und erstellt aus den Untersuchungsergebnissen eine Rangliste der **wettbewerbsfähigsten Volkswirtschaften**. Dabei stehen die 12 Säulen des Global Competitiveness Index in Wechselbeziehungen zueinander, sodass es für eine Volkswirtschaft nahezu unmöglich ist, in allen Bereichen eine optimale Bewertung zu erzielen. Beispielsweise kostet eine gute Infrastruktur (Verkehrswege, Breitbandanbindung, etc) viel Geld, das in der Regel über Steuern und Abgaben akquiriert wird.

Standort Deutschland
M 7, M 8

Deutschland steht mit anderen Volkswirtschaften der Welt im Wettbewerb um Unternehmen. Laut Global Competitiveness Index ist der Standort Deutschland besonders attraktiv durch seine Fähigkeit zur Innovation, die hohe Qualifikation und Leistungsbereitschaft der Arbeitnehmer, die Marktgröße und die Infrastruktur. Als Investitionshemmnis für in- und ausländische Unternehmen gelten Bürokratie sowie die hohe Steuern- und Abgabenlast. Technologische Entwicklungen aber auch negative Erfahrungen, die Unternehmen im Ausland gemacht haben, führen in jüngster Zeit dazu, dass weniger deutsche Unternehmen Internationalisierungsvorhaben umsetzen bzw. den Schwerpunkt ihrer unternehmerischen Tätigkeit zurück nach Deutschland verlagern. Dies betrifft insbesondere die Wirtschaftszweige, die durch Automatisierung wenige aber hochqualifizierte Arbeitskräfte benötigen.

Auswirkungen der Globalisierung auf Produktion und Beschäftigung in Deutschland
M 14

Die Globalisierung führt – anders als von vielen Kritiker in den 1990er Jahren befürchtet – nicht zu einer Deindustrialisierung Deutschlands. Vielmehr sind einige Branchen (Fahrzeugbau, Maschinenbau, Chemische Industrie) mit ihren spezialisierten und qualitativ hochwertigen Produkten auf dem Weltmarkt sehr erfolgreich. In der Folge besteht auch in diesen Branchen weiterhin Nachfrage nach (qualifiziertem) Personal, wohingegen Produktion und Beschäftigung in einigen Branchen mit starker internationaler (Import-)Konkurrenz (z.B. Büromaschinen, Unterhaltungselektronik) rückläufig sind.

2.3 Herausforderungen für Arbeitnehmer und die globale Gesellschaft

2.3.1 Risiken und Chancen für Arbeitnehmer in Deutschland

M 1 ● Rollenverteilung in der Globalisierung?

Karikatur: Arnd Hawlina, 2009

M 2 ● Risiken der Globalisierung für Arbeitnehmer

Eigentlich ist Deutschland ein Profiteur der Globalisierung der Märkte, nicht umsonst ist das Land Exportweltmeister. [...]

Dennoch gibt es – trotz der niedrigen Arbeitslosenquote in Deutschland – immer mehr Verlierer dieser Globalisierung [...]. Dies zeigen etwa Berichte über steigende Wahrscheinlichkeiten, einem Armutsrisiko ausgesetzt zu sein, es liegt derzeit bei 15,7 Prozent. [...]

Neue Ansätze für diese Zielgruppe sollten daher zur weiteren Säule zukünftiger Politik werden. Denn eines sollte allen klar sein: Die Abschottung Deutschlands von globalen Märkten als Alternative für Deutschland würde zu drastischen Wohlstandseinbußen führen. Für alle. [...] Drei wesentliche Schritte stehen an:

Erstens: Diese Zielgruppe braucht mehr Entwicklungsperspektiven. Das geht am ehesten über eine bessere Bildung. Menschen, die nur über niedrige Bildungsabschlüsse verfügen, benötigen Zugang zu neuen Formen und Formaten der Weiterbildung, die auf ihren Bedarf zugeschnitten sind und die ihnen bei erfolgreichem Abschluss auch neue Jobperspektiven eröffnen. Zweitens: Seit Jahren mahnt die OECD an, der Anteil der Menschen ohne abgeschlossene Berufsausbildung sei in Deutschland zu hoch und die Durchlässigkeit der Schulen für Kinder von schlecht ausgebildeten Eltern zu niedrig. Möchte man in Zukunft der nachwachsenden Generation schlecht ausgebildeter Eltern eine bessere Perspektive bieten, müssen endlich Schulformen eingerichtet werden, die diese Durchlässigkeit erhöhen und den Anteil der

Schulabbrecher und schlecht Ausgebildeter absenken. [...] Drittens: Unternehmen sollten über neue Formen der Gewinnbeteiligung nachdenken, auch und gerade für Angestellte, deren meist fixe Stundenlöhne im unteren Bereich der Einkommensverteilung liegen. Auch mit solchen Schritten wird es eher möglich, diese Menschen an positiver wirtschaftlicher Entwicklung partizipieren zu lassen.

Alexander Kritikos, Drei-Punkte-Plan zur Entzauberung der AfD, in: Handelsblatt online, 19.9.2016

M 3 ● Verlangsamt Globalisierung Beschäftigungsrückgang?

Der Niedergang des verarbeitenden Gewerbes in den USA hat den dortigen Präsidentschaftswahlkampf [2016] geprägt und birgt auch in anderen Industrienationen sozialen Sprengstoff. Als Ursache wird – neben zunehmender Automatisierung und Digitalisierung – häufig die Konkurrenz durch Billigimporte aus China gesehen. Aber gilt dieser Erklärungsansatz für alle westlichen Marktwirtschaften [...]? [...]

Auf gesamtwirtschaftlicher Ebene zeigt sich zunächst auch für Deutschland das typische Muster des strukturellen Wandels: Dienstleistungsjobs befinden sich langfristig im Aufwärtstrend, während die Beschäftigung im verarbeitenden Gewerbe tendenziell abgenommen hat, insbesondere vor der Jahrtausendwende.

Gleichzeitig gab es jedoch auch wichtige Veränderungen innerhalb des Industriesektors. Teilbereiche mit starkem Anstieg der Nettoimporte aus China und Osteuropa schrumpften deutlich schneller als exportorientierte Branchen. Dort ist die Zahl der Arbeitsplätze seit 1997 annähernd stabil, während in Branchen mit starker Importkonkurrenz selbst in der Phase des deutschen „Beschäftigungswunders" nach dem Jahr 2005 Arbeitsplatzverluste andauerten. [...]

Anders als in den USA hat die Globalisierung in Deutschland [...] nicht etwa insgesamt zum Rückgang der Industriejobs beigetragen, sondern im Gegenteil den Strukturwandel sogar verlangsamt. Steigende Exporte in die neu erschlossenen Märkte haben Arbeitsplätze hierzulande eher gesichert. Ohne die Intensivierung des Handels mit China und Osteuropa hätte das deutsche verarbeitende Gewerbe im Jahr 2014 bis zu 259.000 Vollzeitarbeitsplätze weniger umfasst.

Allerdings zeigt die Analyse von individuellen Erwerbsbiografien, dass ein reibungsloser Wechsel von Industriebeschäftigten in den Dienstleistungssektor bisher noch die Ausnahme ist. Das Beschäftigungswachstum im Dienstleistungssektor speist sich gegenwärtig fast ausschließlich aus jungen Berufsanfängern und Arbeitslosen, die mangels beruflicher Perspektive die Branche wechseln.

Institut zur Zukunft der Arbeit, IZA Press, IZA Newsroom, 23.1.2017

Zur **Entwicklung der Beschäftigten** und der **Außenhandelsstruktur**
→ vgl. Kap. 2.2.4

Nettoimporte
betrachtet man den Handelssaldo, bedeutet Nettoimport, dass von einem Gut mehr importiert als exportiert wird

Aufgaben

1. Analysieren Sie die Karikatur, indem Sie u.a. den abgebildeten Personen die Rollen Arbeitgeber und Arbeitnehmer zuweisen (M 1).
2. Erläutern Sie die Maßnahmen, die Alexander Kritikos für die Globalisierungsverlierer empfiehlt (M 2).
3. Analysieren Sie die Veränderung der Beschäftigung nach Tätigkeitsbereichen (M 3).

- Begründen Sie, inwieweit Sie die zunehmend globalisierte Wirtschaft eher als Chance oder eher als Risiko für Ihre berufliche Zukunft sehen.

F zu Aufgabe 3
Stellen Sie dabei einen Bezug zu fortschreitender Globalisierung der Wirtschaft her.

2.3.2 Risiken und Chancen für Arbeitnehmer international

M 4 ● Arbeitsbedingungen in der Textilindustrie – zwei Jahre nach Gebäudeeinsturz in Bangladesch

Nach dem Einsturz des neunstöckigen Gebäudes Rana Plaza bemühen sich Helfer um die Rettung der Opfer, Dhaka, 25.4.2013. Es handelt sich um das bis heute größte Unglück in der Geschichte der Textilindustrie.

Zwei Jahre nach dem Einsturz des Fabrikgebäudes Rana Plaza ist die Arbeit in den Textilfabriken Bangladeschs nach wie vor hochgefährlich – Gewerkschaften beklagen mangelnde Sicherheitsstandards. Es sei „inakzeptable Realität", dass nicht eine einzige Textilfabrik zu hundert Prozent sicher für die Arbeiter sei, teilt die Arbeitsschutzorganisation IndustriALL mit Sitz in der Schweiz [...] mit. Die nach dem Unglück vereinbarten Nachbesserungen in den Fabriken verzögerten sich erheblich. [...]

Beim Einsturz des Rana-Plaza-Komplexes am 24.4.2013 waren 1.138 Textilarbeiter ums Leben gekommen [und rund 2.500 verletzt worden]. Ermittlungen zufolge stürzte das Gebäude unter dem Gewicht illegal errichteter Stockwerke und schwerer Maschinen ein. Zahlreiche westliche Firmen hatten dort Kleider nähen lassen. Sie versprachen nach dem Unglück, nicht nur die Entlohnung, sondern auch die Arbeitsbedingungen zu verbessern.

[...] Die Menschenrechtsorganisation Human Rights Watch hatte diese Woche beklagt, viele Textilarbeiter in dem Land litten unter Angriffen, sexuellen Beschimpfungen, erzwungenen Überstunden und verspäteten oder unvollständigen Lohnzahlungen.

nck/AFP/dpa, Die lebensgefährliche Schufterei der Textilarbeiter, 23.4.2015

M 5 ● Arbeitsbedingungen und Motivation von Wanderarbeiterinnen

a) Arbeit in der Garnfabrik

Jiang Lan arbeitet acht Stunden am Tag, sechs Tage die Woche in der Garnfabrik Nummer 36 in Schanghai. [...] Sie sitzt auf einem harten, auf Schienen befestigten Metallstuhl vor einer Reihe von Spindeln. Wenn sie mit ihrem Fuß ein Pedal betätigt, gleitet der Stuhl auf den Schienen nach links oder rechts, dorthin, wo sie das Blinken einer roten Lampe erblickt, das Signal für gerissenes Garn. Geschickt führt sie eine komplizierte Fingerbewegung aus und repariert das Garn, dann gleitet sie nach rechts oder links, zum nächsten blinkenden Licht. Das macht Lan den ganzen Tag, eingehüllt in Dampf, Baumwollfusseln und das unablässige Dröhnen des metallenen Lärms. Am Ende ihres Arbeitstags tritt Lan hinaus in die verblüffende Stille und geht über eine Schotterstraße zum Firmenschlafraum. Am Ende des Monats erhält sie einen Scheck über etwa 100 Dollar. Sie spart so ziemlich alles davon. Ja, sagt sie. Sie mag ihren Job. Jiang Lan ist Chinas komparativer Vorteil.

Pietra Rivoli, Reisebericht eines T-Shirts, Berlin 2006, S. 137

FAIR WEAR FOUNDATION

Fair Wear Foundation

Vereinigung verschiedener Akteure zur Verbesserung der Arbeitsbedingungen in der Kleidungs- und Textilindustrie, die prüft, ob die beigetretenen Firmen die Richtlinien der FWF in ihrer Produktion umsetzen

b) Immer noch besser als auf dem Land

[H]eute entscheiden sich buchstäblich Millionen junger chinesischer Frauen für die Fabrik und gegen die Landarbeit, ziehen offensichtlich sogar den zermürbendsten Sweatshop dem Leben in der Landwirtschaft vor. [...]

Chi-Ying, eine junge alleinstehende Frau aus Hubei, wurde von [der Soziologin] Lee interviewt. Obwohl Chi-Ying in der Fabrik das Sieben- bis Achtfache ihres Vaters zu Hause verdient, steht Geld auf ihrer Liste der Gründe, das Dorf zu verlassen, nicht an erster Stelle. Chi-Ying hatte ihre Hochzeit vor sich hergeschoben und sich schließlich gegen den Mann entschieden, den die Eltern für sie ausgesucht hatten. Mit ihrem Lohn zahlte sie dem jungen Mann die Geschenke zurück, die er ihren Eltern gegeben hatte. In der Stadt fühlt sie sich modern, frei und jung. Sie liebt es, mit ihrem eigenen Geld ein paar billige Ohrringe zu kaufen, einen Film zu sehen oder ein Einkaufszentrum zu besuchen. Chi-Ying vergleicht sich mit ihrer Mutter und ihrer Großmutter, und der größte Unterschied scheint ihr nicht das Einkommen zu sein, sondern der Horizont. Mama und Oma hatten nie ihren eigenen Beruf oder ihr eigenes Geld. Sie haben nie das Dorf verlassen und einen Wolkenkratzer gesehen. Genauer gesagt, sie haben noch nie eine gepflasterte Straße gesehen. [...]

Lee stellte fest, dass die jungen Wanderarbeiterinnen auch versuchten, ihren beruflichen Horizont zu erweitern. Viele belegten Abendkurse in Wirtschaft, Schreibmaschine, Computer oder Englisch und einige hatten sogar unternehmerische Ambitionen.

Pietra Rivoli, Reisebericht eines T-Shirts, Berlin 2006, S. 144 ff. (Übersetzung Christoph Bausum)

Sweatshop
auch: „Ausbeutungsbetrieb"; abwertende Bezeichnung für Fabriken bzw. Manufakturen, üblicherweise in einem Entwicklungsland, in denen Menschen zu Niedriglöhnen arbeiten

„Wenn Sie heute die Apple-Hotline anrufen, geraten Sie wahrscheinlich an jemanden in Bangalore oder Kalkutta. Bei meinen Studien dort interviewte ich manchmal eine Woche lang nur Frauen [...], die keinerlei Bildung hatten. Vor dem Fenster sah ich ihre Töchter zur Schule gehen. Das ist der große Ausbruch, von dem ich spreche."

Wirtschaftsnobelpreisträger Angus Deaton; Interview: Alexander Hagelüken, Jan Willmroth; Süddeutsche Zeitung, 9.1.2017

Info

Die Rolle der Textilindustrie zur Industrialisierung

Die Textilindustrie steht klassischerweise am Anfang der industriellen Entwicklung eines Landes. [...] Mit den Einkommen [...] könnten erste simple Infrastrukturen geschaffen und Grundbedürfnisse befriedigt werden, die das Erklimmen der nächsten Stufen ermöglichen könnten [...]. In vielen Metropolen der Welt ist die Entwicklung genauso verlaufen. Große Teile des [heutigen] Weltfinanzzentrums New York waren vor hundert Jahren Hochburgen der Bekleidungsindustrie [...].

Das Rezept, die arbeitsintensive Bekleidungsherstellung als Sprungbrett für die Industrialisierung zu nutzen, funktioniert immer noch. Gegenwärtig stehen Länder wie Kambodscha oder Vietnam an der Schwelle zum Aufbau einer großen Bekleidungsindustrie, während China – wie nach dem Lehrbuch – dabei ist, sich aus der einseitigen Abhängigkeit von der Branche zu lösen und höher entwickelte Wirtschaftszweige mit größerer Wertschöpfung aufzubauen – von der Autoindustrie bis zur Solarpaneele-Herstellung.

Michael Gassmann, Bangladesch ist zur Näherin der Welt geworden, www.welt.de, 11.3.2014

M 6 ● Deutsche Kleidungskäufer als Ausbeuter?

FAZ: Ich kann mir in jeder deutschen Stadt ein Drei-Euro-T-Shirt aus Bangladesch kaufen, muss aber damit rechnen, dass die Näherin längst tot ist, begraben im Schutt ihrer maroden Billigfabrik. Bestenfalls schuftet sie immer noch sechzehn Stunden am Tag und atmet giftige Chemie ein. Was hat sie davon?

Erich Weede: Diese Fabriken bieten nach westlichen Vorstellungen menschenunwürdige Arbeitsbedingungen. Aber die Menschen gehen dorthin, weil ihre Alternativen noch schlechter sind. Letztlich nützt es ihnen, wenn ihr Land ein exportorientiertes Wachstumsmodell hat. So war es bei allen erfolgreichen asiatischen Ländern: zuerst Südko-

Arbeiterinnen in einer Textilfabrik in Huaibei, China, August 2013

rea, Taiwan, Hongkong und Singapur, später China, inzwischen auch Vietnam oder die Philippinen. Diese Chancen des aufholenden Wachstums sind wichtig für alle Bewohner der armen Länder. Arme Länder können schneller wachsen als die reichen. Das ist ein externer Effekt unserer wirtschaftlichen Freiheit und unseres Wohlstandes. [...]

Es wird [...] noch ziemlich lange dauern, bis die Armen merken, dass ihnen unser Reichtum nützt.

Das kommt auf das Land an. In China ist es in den vergangenen Jahrzehnten rasant vorangegangen. [...] Wenn man in armen Provinzen nach zehn Jahren wieder in denselben Ort kommt, sieht man, dass es den Menschen dort massiv bessergeht - wirklich massiv. [...]

Trotzdem: Wenn Fabrikarbeiter in Guangdong für eine Handvoll Cent unsere iPhones zusammenschrauben, nützt das doch vor allem Apple, uns westlichen Kunden und vielleicht noch dem Fabrikdirektor in China.

Nein, das ist eindeutig auch zum Vorteil der Bevölkerung. Denn man muss doch überlegen: Was ist die Alternative für die Leute? Das ist ja nicht der Hartz-IV-Bezug nach deutschem Recht, sondern, sich auf erbärmlich kleinen Landstücken von Subsistenzlandwirtschaft zu ernähren.

Eine Alternative wäre, dass die Fabrikarbeiter besser bezahlt werden, unsere iPhones mehr kosten und eben nicht jeder deutsche Jungproll jedes Jahr eins kriegt.

Wenn die iPhones bei uns wesentlich teurer wären, würde die Nachfrage wesentlich geringer. Dann gäbe es weniger Arbeitsplätze in China. [...] [F]ür die Menschen in der Dritten Welt, die unter schlechten Arbeitsbedingungen solche Geräte herstellen, [ist] diese Arbeit eine Chance [...], allerbitterster Armut zu entkommen.

Nach dieser Logik kann man aber auch sagen: Kinderarbeit in Teppichfabriken ist gut. Leute, kauft Teppiche aus Kinderarbeit!

Dass Kinderarbeit gut ist, sage ich nicht. Die Einschränkung der Kinderarbeit ist aber durchaus nicht unproblematisch. Auch hier stellt sich die Frage nach den Alternativen. Um sie zu beantworten, braucht man ziemlich genaue Kenntnisse der Lebensbedingungen vor Ort.

Interview: Friederike Haupt, Es ist gut für die Armen, dass die Reichen reich sind, FAZ, 22.6.2014, S. 2

*Erich Weede (*1942) ist Soziologe und Politikwissenschaftler und seit 2004 emeritierter Lehrstuhlinhaber für Soziologie der Universität Bonn.*

Ⓜ **zu Aufgabe 2**
Führen Sie, ausgehend vom Weede-Interview, ein Streitgespräch. Beziehen Sie sich dabei auch auf Ihnen bekannte Menschenrechte.

Ⓕ Erläutern Sie, was mit dem Satz, Jiang Lan sei Chinas Vorteil (M 5a) gemeint ist.

Aufgaben

1. a) Beschreiben Sie die Motive für Arbeiterinnen wie Chi-Ying oder Näherinnen in Bangladesch, trotz sehr schlechter Bedingungen in der Bekleidungsindustrie zu arbeiten (M 4, M 5).

   b) Formulieren Sie einen kurzen Dialog der Eltern der Näherin, nachdem sie vom Umzug ihrer Tochter in die Stadt gehört hatten (M 5b).

2. Wir kaufen Billig-T-Shirts aus Bangladesch und machen Urlaub neben Slums. Beuten wir die Arbeitnehmer der armen Länder aus? Diskutieren Sie diese Frage (M 5, M 6).

2.3.3 Internationale Arbeitnehmersolidarität? Möglichkeiten und Grenzen der Arbeitnehmervertretung in der globalisierten Wirtschaft

M 7 ● „Arbeiter, aller Länder vereinigt euch“?! Beispiele globaler Arbeitnehmervertretung

a) Gewerkschaftsproteste in Bangladesch

Solidarität mit deutschen H&M-Beschäftigten!

„H&M versucht, unliebsame, gewerkschaftlich aktive Beschäftigte in deutschen Filialen mit konstruierten Vorwürfen loszuwerden. Dagegen protestieren ihre Kolleg_innen, u.a in Bangladesch.
Gemeinsam mit ihnen fordern wir von H&M die Rücknahme aller Kündigungsbegehren!“

b) Gewerkschaftsproteste in Deutschland

ZARA-Beschäftigte sind solidarisch und fordern: Union Busting bei Zulieferern stoppen!

„Im türkischen Bursa sind letzte Woche acht bei der Gewerkschaft Disk Tekstil organisierte Arbeiter_innen gekündigt worden. Ihre Fabrik Slam Tekstil produziert Kleidung u.a. für Zara/Inditex. Die entlassenen Gewerkschafter_innen haben versucht, eine Betriebsgewerkschaft aufzubauen. [...]
Die Mitarbeiter_innen von Zara Deutschland stehen solidarisch an der Seite ihrer türkischen Kolleg_innen und fordern Inditex und speziell Zara Deutschland auf, die Verantwortung für die Arbeitsbedingungen bei ihren Zulieferern zu übernehmen und dafür zu sorgen, dass die Gewerkschaftsrechte dort respektiert werden.
Zara-Betriebsräte informieren die Kolleg_innen in Deutschland über den Fall und stehen solidarisch mit ihren Gewerkschaftskolleg_innen in der Türkei in engem Kontakt.
Sie sagen: Wenn es Inditex/Zara ernst ist mit der Achtung der Beschäftigtenrechte, müssen sie ihren Einfluss auf ihren Zulieferer geltend machen! Die acht Gekündigten müssen ihre Jobs zurück bekommen!“

Exchains, Nachrichten, 7-2017, 11-2016

M 8 ● Globale Arbeitnehmersolidarität? Möglichkeiten und Grenzen am Beispiel von ExChains

In einer Studie im Auftrag der Rosa-Luxemburg-Stiftung, die der Partei „Die Linke“ nahesteht, untersucht der Politologe Jörg Nowak Möglichkeiten und Grenzen internationaler Solidarität von Arbeiter/innen.

ExChains ist ein Netzwerk von BetriebsrätInnen des Einzelhandels (insbesondere von H&M und Zara) in Deutschland und ArbeiterInnen sowie GewerkschafterInnen aus der Bekleidungsproduktion in Asien (mit

ExChains

internationales Netzwerk zum Recht auf Organisierung entlang der Textil-, Bekleidungs- und Einzelhandelskette

Erfolge von ExChains

- Drei in einem Textilwerk bei Bangalore entlassene Gewerkschafterinnen wurden auf Druck internationaler Gewerkschaftskooperation wieder eingestellt.
- Arbeitnehmerinnen erhielten Entschädigungszahlungen, nachdem ihr Textilwerk in Bangladesch geschlossen wurde.

einem Schwerpunkt in Südasien: Sri Lanka, Bangladesch und Indien). [...] Die Kooperation findet [unterstützt durch eine Koordinationsstelle in Indien] zwischen BetriebsrätInnen bei H&M und Zara in Deutschland und den gewerkschaftlich Aktiven in Indien, Sri Lanka und Bangladesch im Betrieb statt. [...] Über die Koordinationsstelle wird auch daran gearbeitet, gemeinsame Forderungen gegenüber den Abnehmern (H&M, Esprit oder Zara) zu stellen und über die drei südasiatischen Länder hinaus gemeinsame Organisierungsstrategien zu entwickeln. Zu diesem Zweck kamen 2015 „Health Mappings“ als Organisierungsinstrument bei mehreren Zulieferern zum Einsatz. Diese gehen von der Frage aus: „Was an der Arbeit macht uns krank?“ Anhand der Antworten werden Probleme und Konflikte am Arbeitsplatz identifiziert, Strategien entworfen und Forderungen formuliert, sodass Wege aufgezeigt werden können, die von einer krankmachenden Arbeit wegführen. Ziel dieser Organisierung ist, als ArbeiterInnen nicht nur auf Maßnahmen des Unternehmens zu reagieren, sondern eine eigene Strategie zur Veränderung zu entwickeln. Dadurch soll eine lokale Verhandlungsmacht und -praxis aufgebaut oder gestärkt werden, die es ermöglicht, zugleich lokal, regional [...] und international zu agieren.

Dass die Gewerkschaften vor Ort bestimmte Zulieferer organisieren beziehungsweise eine lokale Verhandlungsstrategie entwickeln, birgt selbstverständlich die Gefahr, dass die Konzerne ihre Lieferbeziehungen verlagern – zum Beispiel in die Philippinen, wo H&M bereits präsent ist und GewerkschafterInnen regelmäßig von Todesschwadronen bedroht werden. [...] Im Netzwerk gilt deshalb das Prinzip, dass Forderungen und Strategien nicht im Norden, sondern im Süden durch die Beschäftigten und Gewerkschaften selbst definiert und vorangetrieben werden. Das „Risiko“ einer gewerkschaftlichen Organisierungsarbeit und Verhandlungstätigkeit wird so immer vor Ort bewertet. [...]

Auf den gemeinsamen Treffen wurde lange darüber diskutiert, ob man von den Abnehmern einen Zuschlag auf den Einkaufpreis verlangen solle, um die Löhne anzuheben. Diese Überlegung wurde fallengelassen, da dies die Belegschaften spalten könnte – etwa wenn nur H&M und nicht Esprit den Zuschlag zahlen würde oder wenn Zulieferer sowohl nach Indien wie nach Europa liefern. Zwei andere Forderungen werden jedoch über die Betriebsräte in Deutschland weiter verfolgt: die Offenlegung der Einkaufspreise und der Zuliefererstrukturen. Damit verbunden ist die Vermutung, dass die Abnehmerkonzerne viel niedrigere Preise zahlen, als sie behaupten. [...] Es geht vor allem darum, die Geschäftsführung unter Druck zu setzen und die Auseinandersetzung zu politisieren. Da die Produktion aus Indien nicht direkt von Zara gekauft, sondern über die Konzernmutter Inditex bezogen wird, gibt es weitere Möglichkeiten für den Abnehmerkonzern, die Einkaufpreise zu verschleiern. Der Lieferant für H&M in Deutschland ist H&M in Schweden, was es ebenfalls erschwert, die Kosten transparent zu machen. [...]

Die Gemeinsamkeit der ArbeiterInnen in Deutschland und in Asien besteht darin, dass sie Forderungen an dieselben Einzelhandelskonzerne stellen. Die TextilarbeiterInnen in Südasien sind aber jeweils noch mit dem Management der Textilfabriken konfrontiert, und häufig sind noch Zwischenhändler eingeschaltet, von denen die Einzelhandelskonzerne die Produkte kaufen. Anders als bei Coca-Cola oder in der Chemieindustrie stehen die beteiligten ArbeiterInnen in den verschiedenen Kontinenten nicht in direkter Konkurrenz zueinander, da die ArbeiterInnen in Südasien die Waren herstellen oder bearbeiten, während die ArbeiterInnen in Deutschland sie verkaufen. Aber Konkurrenz existiert natürlich zwischen den TextilarbeiterInnen der verschiedenen Fabriken sowie den Beschäftigten im Einzelhandel der verschiedenen Ketten wie H&M, Zara und Esprit.

Jörg Nowak, Grenzüberschreitende Solidarität unter Arbeiterinnen, Berlin 2016, S. 16ff.

Todesschwadronen
(semi-)private Gewaltakteure, die im Auftrag des Staates oder mindestens mit dessen Billigung politische Gegner oder soziale Minderheiten verfolgen, entführen und/oder ermorden

M 9 ● Internationale Arbeitnehmersolidarität vs. Standortwettbewerb

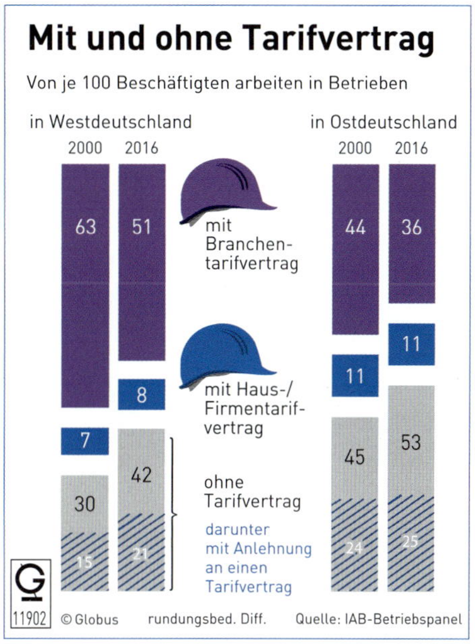

[I]m Rahmen globaler Wertschöpfungsketten [werden] verschiedene Branchen und Betriebsgrößen ebenso miteinander verbunden wie die Organisationsbereiche unterschiedlicher Gewerkschaften, national wie international. In der Folge ist die Interessenvertretung der Beschäftigten einer globalen Wertschöpfungskette, sofern es sie überhaupt gibt, organisatorisch und räumlich zersplittert. Sie liegt in den Händen einer Vielzahl von Akteurinnen, die sich häufig nicht kennen und in vielen Fällen noch nicht einmal dieselbe Sprache sprechen. Umso schwerer fällt der Austausch über unterschiedliche Erfahrungen, Bedingungen und Potenziale; und damit die gemeinsame Strategieentwicklung. Das hat die praktische Handlungsfähigkeit von Gewerkschaften vielerorts beschnitten und sie strategisch in die Defensive gebracht. Manchmal geraten sie sogar in Konflikt miteinander. [...]

Dass die Ausbreitung globaler Wertschöpfungsketten zudem mit der fortschreitenden Auslagerung von Produktionsprozessen (Outsourcing), der Verlegung von Standorten ins Ausland (Offshoring) [und] der vermehrten Einbindung von Subunternehmen [...] einhergeht, erschwert die Situation zusätzlich. Denn in der Folge werden die Beschäftigten zunehmend in Konkurrenz zueinander gesetzt und Belegschaften und Standorte gegeneinander ausgespielt. Die Basis für eine erfolgreiche Gewerkschaftsarbeit und die daraus resultierende Verhandlungsmacht erodiert [= schwindet].

Carsten Hübner, Globale Wertschöpfungsketten organisieren, in: Friedrich-Ebert-Stiftung (Hg.), Internationale Politikanalyse, Bonn August 2015, S. 6

Aufgaben

1. Beschreiben Sie die Protestaktionen (M 7) hinsichtlich ihrer Anlässe, Akteure und ihrer intendierten Wirkung.
2. a) Das Management eines transnationalen Konzerns sieht sich gezwungen, eine seiner vier Produktionsstätten in Deutschland, Rumänien, Brasilien und der Türkei aus Kostengründen nach Südostasien zu verlagern. Erklären Sie hypothesenartig das wahrscheinliche Verhalten der Gewerkschaften, in denen die Arbeitskräfte der Produktionsstandorte organisiert sind.

   b) Arbeiten Sie Möglichkeiten und Grenzen internationaler Arbeitnehmersolidarität heraus (M 8, M 9).
3. Erörtern Sie am Beispiel der Initiative ExChains Möglichkeiten der transnationalen Arbeitnehmervertretung im Kontext der globalisierten Wirtschaft (M 7–M 9).

M zu Aufgabe 1
Gehen Sie dabei arbeitsteilig vor und führen Sie Ihre Ergebnisse anschließend zusammen (Partnerpuzzle).

M zu Aufgabe 2
Stellen Sie die Möglichkeiten und Grenzen tabellarisch gegenüber.

VERTIEFUNG

2.3.4 Welche Folgen für Umwelt und Menschen hat „unsere“ Globalisierung?

M 10 Sojaanbaugebiete in Argentinien – Impressionen

Traktor bei der Ausbringung von Pflanzenschutzmitteln, Argentinien (Oktober 2013). Häufig wird der Mindestabstand zu bewohnten Gebieten nicht eingehalten.

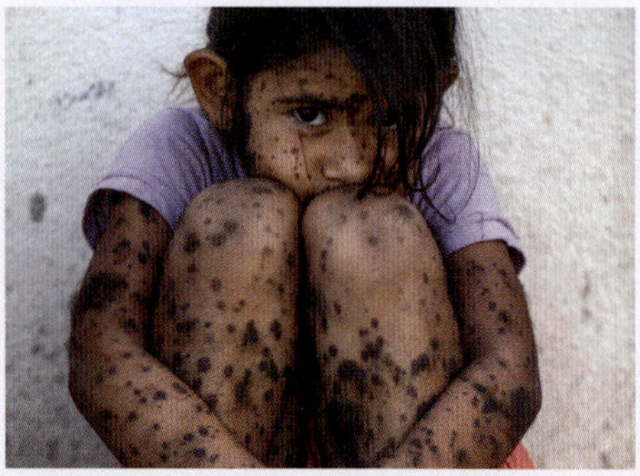

Aixa, 5, hat am ganzen Körper Muttermale; sie wohnt in einem Sojaanbaugebiet in Aviá Teraí, Argentinien (1.4.2013).

Sojabohne

Hülsenfrucht, die sich aufgrund des hohen Öl- (ca. 20%) und vor allem Eiweißgehalts (ca. 37%) hervorragend als Grundlage für Nahrungs-, besonders aber für Futtermittel für Nutztiere eignet.

M 11 Welche Folgen hat der Sojaanbau in Argentinien?

Niemand kann sagen, warum die kleine Aixa [...] am ganzen Körper schwarze Flecken hat und am Rücken Geschwüre. [...] Wieso Gonzalo mit Hirnschäden geboren wurde und später genauso starb wie kurz nach ihrer Geburt Sofias Tochter. Da sind all die merkwürdigen Tode, Behinderungen und Krebsfälle in argentinischen Orten wie Aviá Terai und Ituzaingó, umringt von grünen und braunen Feldern. Aber Patienten, Angehörige und Aktivisten ahnen, dass diese Plantagen vor ihrer Haustür der Grund sein könnten. Soja. Und el veneno, das Gift.

Die Pflanzen kommen aus dem Labor, und sie werden auf riesigen Flächen angebaut. Sie werden gesät, geerntet und in ferne Länder abtransportiert. Zwischendurch werden sie aus Flugzeugen und Fahrzeugen besprüht. Die Flüssigkeiten kommen von Unternehmen mit Namen wie Monsanto, Bayer, DuPont, BASF, Dow oder Syngenta, es waren oder sind Substanzen wie Glyphosat, 2,4-D, Endosulfat, Acetochlor, Picloram, Atrazin. Sie sollen Unkraut und Schädlinge töten – und den Ertrag steigern. [...] Das Gewächs [...] ist an sich harmlos. Glycine max, Sojabohne. Langstielige Stauden mit weißen Blüten. Keine Laktose, kein Gluten, kein Cholesterin. Die Hülsenfrüchte enthalten viel Eiweiß, sie werden zu Tofu und Sprossen, zu Margarine und Lecithin, zu Sojaöl, Sojamilch oder Sojaburgern. In Hunderten Esswaren ist Soja vertreten. In Keksen, Eis, Schokolade, Toastbrot, Pudding. Gensoja aus Südamerika landet in den Mägen von Menschen und Tieren von Peking bis Paderborn. Selbst dem Biosprit wird Destillat aus Gensoja beigemischt. [...] 1996 ließ der damalige Präsident Carlos Menem genmanipuliertes Saatgut für Soja und Mais genehmigen. [...] Die Aussaat genveränderter Sojapflanzen ist in vielen EU-Ländern verboten, der Import genveränderter Bohnen dagegen nicht. [In Argentinien] sind mehr als zwanzig Millionen Hektar [...] mit Soja bepflanzt, überwiegend mit Gensoja. Die Sträucher bedecken cirka sechzig Prozent der Anbaufläche in Argentinien, halb Deutschland würde hineinpassen. 57 Millionen Tonnen Soja kommen während der Erntesaison 2014 zusammen, das bringt trotz gefallener Preise mindestens 25 Milliarden Dollar in die Kassen. [...] Die Monokulturen verdrängen den Urwald und die Ureinwohner. Mancherorts werden

Verwendung von Soja

www.wwf.de; Zahlen: FAO 2007

VERTIEFUNG

vor allem indigene Einheimische regelrecht gejagt. Die Böden werden ausgelaugt. Und weil der Sojaanbau immer weitergeht und sich Unkraut und Insekten an die chemischen Mittel gewöhnen, wird immer mehr und in immer neuen Kombinationen verspritzt. 1990 waren es 34 Millionen Liter Herbizide, Pestizide und Fungizide in Argentinien, im vergangenen Jahr 317 Millionen Liter. [...]
Sofia Gatica, eine Hausfrau, und Mitstreiterinnen organisierten sich [...] und untersuchten mit Spezialisten das Viertel. Sie stellten fest, dass die Krebsrate in Ituzaingó um ein Vielfaches über dem Durchschnitt liegt, ebenso die Zahl der Fehlgeburten, neurologischen Defekte und Atemwegsinfektionen. [...] In einem Präzedenzfall stützte ein Gericht 2011 ihre These, dass die Herbizide [= Insektenbekämpfungsmittel] für das Gensoja viel zu nah vor den Häusern von Ituzaingó verwendet wurden. Die Kläger hatten die Blutwerte von 114 Kindern mit Spuren von Agrochemikalien präsentiert.

Peter Burghardt, Der Tod kommt mit dem Wind, in: Süddeutsche Zeitung Magazin, 21.11.2014

Soja als Tierfutter

Tierart	Menge	davon gentechnisch unverändert
Schweine	2,6 Mio. t	<1%
Geflügel	1,5 Mio. t	50-60%
Milchrinder	0,4 Mio. t	30%

www.ohnegentechnik.org; Zahlen für Deutschland (Stand: 2014/15)

M 12 ● Unser Lebensstil auf Kosten anderer?!

fluter.de: Herr Lessenich, Sie schreiben: Wir leben nicht über unsere Verhältnisse, sondern über die Verhältnisse der anderen. Wer sind wir, wer sind die anderen?

Stephan Lessenich: Das ist natürlich arg pauschal ausgedrückt. In dieser Formulierung sind „wir“ die reichen kapitalistischen Gesellschaften des globalen Nordens, die „anderen“ sind große Bevölkerungsmehrheiten in den armen Ländern des globalen Südens. Die Idee dahinter ist, dass sich in unserer Gesellschaft Arbeits-, Produktions- und Lebensweisen etabliert haben, die darauf beruhen, dass in anderen Welten Vor- und Zuarbeiten bzw. entsprechende Vorleistungen dafür erbracht werden müssen.

In Ihrem Buch beschreiben Sie, wie wir unseren Wohlstand vergrößern, indem wir ihn anderen vorenthalten. Dafür verwenden Sie den Begriff der Externalisierungsgesellschaft.

[...] Man kann sagen, seit es den Kapitalismus ansatzweise in Form des globalen Weltsystems gibt, so etwa seit 500 Jahren, operiert er im Modus der Auslagerung von Kosten, der Aneignung von Gewinnen und der Ausbeutung Dritter. Ich würde aber sagen, dass diese Struktur der Externalisierung sich in den letzten Jahrzehnten noch einmal stark verändert hat: Der frühe Kapitalismus hat diese Auslagerungspraktiken noch stark über Gewalt organisiert, spätestens nach dem Zweiten Weltkrieg sind diese Auslagerungsstrukturen verrechtlicht worden.

Wie muss man sich das vorstellen?

Dieses Auslagerungshandeln hat verschiedene Dimensionen. Beispielsweise wird „schlechte“ Arbeit ausgelagert. Wir kennen das aus der Textilproduktion. Aber auch viele Formen der Landwirtschaft oder Rohstoffförderung sind verbunden mit sehr, sehr schlechten Arbeitsbedingungen. Verbunden damit ist wiederum die Auslagerung von ökologischen und anderen Schäden, von Verwüstungen der Natur bis zu starken Gesundheitsschädigungen. [...] Ausgelagert wird kurz gesagt all das, was wir in keiner Weise bei uns zu akzeptieren bereit wären.

Wie kommt es, dass wir trotzdem gut schlafen können?

Weil wir die Folgekosten unserer Produktions- und Lebensweise nicht wahrnehmen müssen. Wir können sie ausblenden, müssen sie nicht an uns heranlassen. [...] [Außerdem befinden] wir uns in Strukturen [...], die uns das ermöglichen und es uns teilweise auch nahelegen oder sogar erzwingen, man kann nämlich nicht einfach so konsumieren, wie man will, und nicht jeder kann

Hauptexporteure von Sojabohnen

Land	Weltexportanteil
Brasilien	43,9%
USA	35,4%
Argentinien	9,1%

de.statista.com Zahlen: USDA Foreign Agricultural Service (Stand 2015/16)

VERTIEFUNG

Stephan Lessenich (*1965) Professor für Soziologie an der Ludwig-Maximilians-Universität München, 2013-2017 Vorsitzender der Deutschen Gesellschaft für Soziologie

sich frei entscheiden, ethischen Konsum zu betreiben.

Vermutlich hätten Sie größere Teile des Buches auch vor Jahren schon schreiben können. Ihre These ist jedoch, dass sich die Lage zuletzt zugespitzt hat und die Externalisierung zu uns nach Hause kommt. Was meinen Sie damit genau?

[...] Gerade die Migrationsgeschehnisse der letzten anderthalb Jahre [2015/16] sind meines Erachtens ein greifbares Zeichen dafür, dass die Verwerfungen, die von hier aus anderswo produziert werden, zunehmend auch auf uns zurückschlagen. Die Zeiten ändern sich, und die Möglichkeit, die Konsequenzen irgendwo anders geschehen zu lassen und hier nichts damit zu tun zu haben, die sind langsam vorbei, glaube ich. Und leider führt das dazu, dass wir zunehmend gewaltsam versuchen, dieses Zurückschlagen zu verhindern. Und da stellt sich in einer einstweilen noch demokratisch verfassten Gesellschaft tatsächlich die Frage, wie hoch da die Schmerzgrenze ist. Wie viele tausend Menschen im Mittelmeer ertrinken können, bis sich hierzulande Widerstand regt.

Was sollen wir konkret machen, um die Externalisierungen einzudämmen?

Wir müssen für eine Politisierung der alltäglichen Lebensverhältnisse sorgen. Weil es so ist, dass wir in unserem Alltagshandeln diese Externalisierungen mitproduzieren und auch davon profitieren, kann eine Veränderung nur darüber laufen, dass breite gesellschaftliche Mehrheiten ihr Verhalten verändern, und zwar nicht nur im Sinne von ethischem Konsum, weniger Reisen und weniger Fleisch essen, sondern in dem Sinne, dass sich Mehrheiten dafür einsetzen, dass die Strukturen, die diese Konstellation tragen, verändert werden.

Jetzt könnte man einwenden, dass es sozial Schwache auch in den westlichen Industrienationen gibt und sich in den neuen Teilnehmerländern im großen Weltmarktspiel eine neue Mittelklasse bildet.

[...] Wir haben gerade, völlig zu Recht, eine [politische] Debatte über [...] die sich öffnende Schere zwischen Arm und Reich. Diese Debatte verkompliziert sich aber, wenn man die weltgesellschaftlichen Ungleichheiten miteinbezieht. Dann wird man nämlich sehen, dass gerade die Menschen, die in unserer Gesellschaft schlechter gestellt sind, in einer doppeldeutigen Position sind, denn weltgesellschaftlich gesehen leben sie auf einem Standard, der den weiter Teile der Gesellschaft erheblich überschreitet. Und gleichzeitig sind sie „gefangen“ in Strukturen, die sie von den Ausbeutungsverhältnissen in der Welt profitieren lassen. [...] [W]ir müssen sehen, dass unser Lebensstandard damit zusammenhängt, dass andere dieses Niveau gar nicht erreichen können.

Interview: Michael Saager, Dein T-Shirt ist politisch, www.fluter.de, 16.1.2017

Aufgaben

1. Setzen Sie die Bilder miteinander in Beziehung (M 10).
2. Arbeiten Sie die Interessen europäischer Konsumenten von Produkten heraus, die auf der Grundlage von Soja hergestellt werden.
3. Erläutern Sie Lessenichs These der „Extenalisierungsgesellschaft“ am Beispiel des Sojaanbaus in Lateinamerika (M 11, M 12).
4. Beurteilen Sie (am Beispiel des Sojaanbaus), inwieweit das Externalisierungsproblem auf der Ebene der Endverbraucher oder auf (inter)nationaler politischer Ebene bekämpft werden muss (M 11, M 12).

F zu Aufgabe 2
Erstellen Sie eine Liste mit allen Nahrungsmitteln, die Sie regelmäßig konsumieren und die (wahrscheinlich) mithilfe von Soja hergestellt worden sind.

Risiken und Chancen für Arbeitnehmer in Deutschland
M 2, M 3

Deutschland gehört zweifellos zu den Gewinnern des Globalisierungsprozesses. Betrachtet man die Arbeitnehmerschaft, wird man allerdings feststellen, dass sich diese **Gewinne nicht gleichmäßig verteilen:** Je geringer die Qualifikation, desto eher ist der Arbeitsplatz dieses Arbeitnehmers der globalen Niedriglohnkonkurrenz ausgesetzt. Mit anderen Worten: Gerade im Niedriglohnsektor stellt die Globalisierung ein Risiko für die Arbeitnehmer dar. Entsprechend werden als Gegenmaßnahmen vor allem Qualifizierungsmaßnahmen in Aus- und Weiterbildung empfohlen. Die Profiteure der Globalisierung sind vor allem in den exportorientierten Branchen zu finden.

Risiken und Chancen für Arbeitnehmer international
M 5, M 6

Blickt man auf die Arbeitnehmer weltweit, dann lässt sich beobachten, dass die **Integration in die Weltwirtschaft** Arbeitnehmern die **Befreiung aus bitterster Armut** ermöglicht hat. Vor allem für Frauen bedeutet dieser Schritt der ökonomischen Befreiung zugleich einen Schritt zu mehr Autonomie, Kinder profitieren unmittelbar in Form einer besseren Ernährung und Ausbildung. Insgesamt sind die Durchschnittslöhne in den Entwicklungsländern als Prozentsatz der Löhne amerikanischer Fabrikarbeiter in den letzten Jahrzehnten kontinuierlich gestiegen, obgleich das amerikanische Lohnniveau ebenfalls gestiegen ist.
Dennoch ist festzustellen, dass die Arbeitsbedingungen und Löhne in asiatischen Fabriken, die im westlichen Auftrag produzieren, häufig **Mindestbedingungen** nicht entsprechen. Ob Staaten wie Bangladesch oder Kambodscha – analog zu Teilen Chinas – die Schwelle hin zur Industrialisierung mit komplexeren Anforderungen an besser ausgebildete und bezahlte Arbeitnehmer überschreiten werden, ist noch nicht absehbar.

Arbeitnehmervertretung in der globalisierten Wirtschaft
M 8, M 9

Von der globalen Arbeitnehmerkonkurrenz scheint auch die Vertretung der Arbeitnehmerinteressen durch Gewerkschaften geprägt zu sein. So zeigen Beispiele transnationaler Unternehmen, dass die national organisierten Gewerkschaften bei drohender Standortverlagerung versuchen, diese durch neu ausgehandelte Tarifverträge zu verhindern **(Dumpingwettbewerb)**. Dort, wo Arbeitskräfte jedoch nicht in globaler Konkurrenz stehen, sondern innerhalb der Wertschöpfungskette unterschiedliche Funktionen wahrnehmen, entwickeln sich Formen **globaler Arbeitnehmersolidarität**. Durch dieses gewerkschaftliche Engagement gelingt es zum Teil, Arbeitnehmerrechte und Arbeitsschutzstandards an den Produktionsstandorten des „globalen Südens" zu stärken.

Folgen für Umwelt und Menschen
M 12

Wirtschaftliche Globalisierungsprozesse - also (möglichst weltumspannende/r) internationale Arbeitsteilung und internationaler Handel - sind zurzeit so ausgestaltet, dass Menschen in Schwellen- und vor allem in Entwicklungsländern die humanitäre und ökologische Last globalisierter Wirtschaft zu tragen haben. So gelten in Staaten, in denen Konzerne Produkte für die Konsumenten in Industrienationen fertigen lassen, sehr häufig viel niedrigere Arbeits(sicherheits)- und Umweltstandards. Während die dadurch verursachten Probleme (Krankheiten, Umweltverschmutzung, Verödung, Artensterben...) aber in den betroffenen Ländern verbleiben, profitieren die westlichen Unternehmen und Verbraucher der nördlichen Hemisphäre. Der Soziologie Stephan Lessenich spricht hier von einer **„Externalisierunsgesellschaft"**, die die negativen Folgen ihres Lebensstils in die genannten Staaten auslagert (externalisiert).

Die adidas AG – international aufgestellt

M 1 ● Standorte, Zulieferer und Mitarbeiter international

a) Hauptsitze der adidas AG

Die adidas AG ist eines der weltweit führenden Unternehmen der Sportartikelbranche mit einem umfassenden Produktsortiment, das Sportschuhe, Bekleidung und Zubehör umfasst.

www.adidas-group.com

b) Verteilung der Standorte der adidas-Zulieferer (2016)

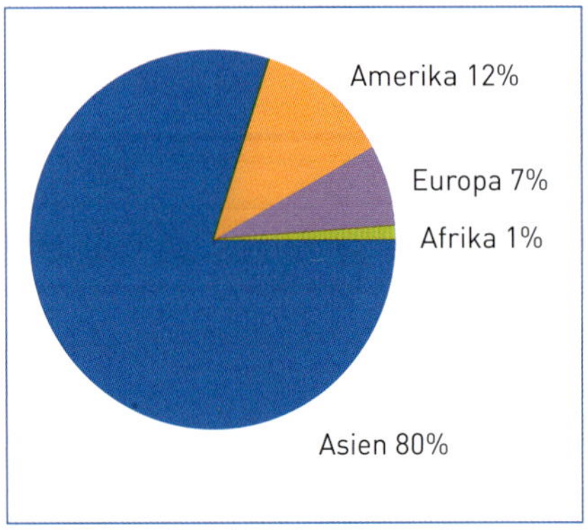

www.statista.de, 2017, Zahlen: adidas

c) adidas-Mitarbeiter nach Regionen

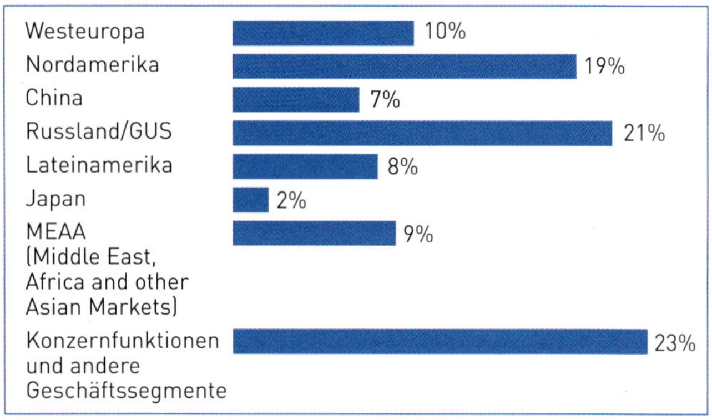

Zahlen: Geschäftsbericht Adidas Group 2016, S. 77

M 2 ● Produktion in der Speedfactory – neue Unabhängigkeit von Standortfaktoren?

Wie eine Turnschuhfabrik sieht die Halle im mittelfränkischen Ansbach nicht aus, sondern eher wie eine Produktionsanlage für Computerchips: Die Wände sind schneeweiß, es gibt keine ratternden Nähmaschinen, nur eine Handvoll Mitarbeiter arbeitet an den Apparaten, ein Roboterwagen fährt zwischen zwei Maschinen hin und her und transportiert zugeschnittene Stoffe. Doch in nur etwa fünf Stunden entsteht hier aus Garn, vier verschiedenen Kunststoffkügelchen und einem Paar Schnürsenkel ein Adidas-Laufschuh. [Die Vision ist es, die Durchlaufzeiten von Monaten auf Wochen zu reduzieren – und in Zukunft noch weiter auf Tage oder sogar Stunden. Aktueller Industriestandard ist ein Zeitraum von 18 Monaten von der Idee bis zum Regal – einschließlich Design und Produktentwicklung, Verkauf an Handelspartner, Produktion und Versand.] Die Halle auf dem Gelände des fränkischen Industrieunternehmens Oechsler ist die erste sogenannte Speedfactory von Adidas. [...] Adidas will damit sein komplettes Geschäftsmodell auf den Kopf stellen. [Neben der Produktion] in Fernost [...] soll künftig wieder vor Ort beim Kunden, also auch in Deutschland gefertigt werden. Und zwar nach Bedarf und auf die Wünsche des Kunden zugeschnitten. [...] [2016 hat adidas 360 Millionen Paar Schuhe produziert. In den beiden Speedfactorys sollen zusammen mittelfristig eine Million Paar Schuhe pro Jahr produziert werden.]

Tatsächlich war die Herstellung von Sportartikeln bislang kaum automatisiert. Vor allem in China, Vietnam und Indonesien wird derzeit noch von Hand gearbeitet. [...] Schon 2017 will Adidas eine zweite Speedfactory in den USA eröffnen, weitere Länder sollen folgen. [...] „Wir glauben, dass wir hier bessere Qualität produzieren können als in Fernost“, sagt der Vorstandschef.

Ganz auf menschliche Mitarbeiter kann Adidas auch in der Speedfactory nicht verzichten. Etwa 160 Angestellte soll es in der Fabrik in Ansbach geben, die jährlich eine halbe Million Schuhe produziert. Allerdings ändern sich die Qualifikationen, die die Mitarbeiter mitbringen müssen. Statt einfacher Tätigkeiten wie dem Verkleben von Schuhen werden in den neuen Fabriken vor allem Techniker benötigt, die die Maschinen bedienen und warten können. [...] Die möglichen Auswirkungen der neuen Produktionsmethode sind gewaltig. Sie soll

Werbeaufnahmen des Unternehmens Adidas zur Speedfactory

Lager für Turnschuhe überflüssig machen, weil vor Ort genau die Menge an Sneakern hergestellt werden kann, die auch tatsächlich verkauft werden. [Adidas] träumt schon davon, dass die Kassen der großen Händlerketten tages- oder sogar stundengenau übermitteln, wie viele Exemplare eines Modells verkauft wurden und entsprechend beliefert werden. Auch Produktionsanlagen direkt angeschlossen an den Laden seien denkbar. Durch die kurzen Wege sind auch personalisierte Modelle möglich, auf die man bislang wochen- oder monatelang hätte warten müssen: Schuhe können an den eigenen Fuß angepasst, in den Wunschfarben oder mit eigenen Fotos bedruckt werden – alles innerhalb weniger Stunden oder maximal Tage.

Philipp Vetter, Adidas plant eine Revolution in der ersten „Speedfactory“, www.welt.de, 25.5.2016 (erweitert)

Aufgaben

1. Beschreiben Sie den Internationalisierungsgrad der adidas AG.
2. Erläutern Sie, welche Effekte sich die adidas AG von der Produktion in einer Speedfactory verspricht.
3. Erörtern Sie Chancen und Risiken der neuen Produktionsphilosophie der adidas AG für den Standort Deutschland.

Mobiltelefon – Design und Technik: Südkorea;
Herstellung: Vietnam; Callcenter-Support: Indien
Fitness-armband – Design und Technik: Schweiz, USA;
Herstellung: China
Sonnenbrille – Design und Herstellung: Italien
Kleid – Design: Schweden;
Herstellung: Bangladesch
Vespa – Design und Technik: Italien;
Herstellung Vietnam

Mobiltelefon – Design und Technik: USA;
Herstellung: China;
Callcenter-Support: Indien
Freizeit-Lederschuhe – Design: Spanien;
Herstellung: Portugal
T-Shirt – Design: USA;
Herstellung: Kambodscha
Jeans – Design: Niederlande;
Herstellung: Tunesien
Fahrrad – Design: Deutschland;
Herstellung: Vietnam

Welthandel heute – Ursachen und Entwicklungstendenzen, Gestaltungsvorschläge und Konflikte

3

Stets konsumieren Sie Produkte und Dienstleistungen, die nicht oder zumindest nicht überwiegend in Deutschland hergestellt worden sind. Dass es sie hier überhaupt und zu den ausgezeichneten Preisen zu kaufen gibt, ist ein Ergebnis wirtschaftlicher Internationalisierungsprozesse, sozusagen der ökonomischen Seite der Globalisierung.

In einem ersten Zugriff erhalten Sie die Möglichkeit, die Entwicklung des Welthandels mit Waren und Dienstleistungen bis zu seiner heutigen Größenordnung zu erschließen (Kap. 3.1.1). Im Anschluss nähern Sie sich der Antwort auf die Frage, welche technischen, ökonomischen und politischen Voraussetzungen diese Welthandelsentwicklung überhaupt erst ermöglicht haben (Kap. 3.1.2). Wie sich die Ausweitung internationaler Arbeitsteilung und internationalen Handels theoretisch erklären lässt, können Sie am Beispiel der Produktlebenszyklustheorie erschließen.

Vollkommen freier internationaler Handel ist oft zum Vorteil sehr vieler, führt allerdings nicht selten zu Konflikten und kann auch Nachteile für nicht wenige haben. Zunächst erhalten Sie die Gelegenheit, anhand des Handelsstreits zwischen China und der Europäischen Union um die Einfuhr von Solarzellen einen internationalen ökonomischen Konflikt zu analysieren (Kap. 3.2.1). Zum Abschluss differenzieren Sie zwischen absoluten Gewinnern und möglichen Verlierern internationalen Freihandels und beurteilen das Ziel der Handelsliberalisierung (Kap. 3.2.2).

Was wissen und können Sie schon?

1. Beschreiben Sie, aus welchen Weltregionen die Besitztümer der beiden Personen stammen.
2. Stellen Sie sich vor, dass ein ähnliches Bild um 1965 herum aufgenommen worden wäre. Vermuten Sie in der Klasse, woher die Gegenstände (falls überhaupt schon entwickelt) damals gestammt hätten.
3. Stellen Sie Vermutungen zu den Gründen für die Veränderungen der Produktionsregionen an.

KOMPETENZEN

Am Ende dieses Kapitels sollten Sie Folgendes wissen und können:

... die Dimension und die Verteilung des globalen Handels mit Waren und Dienstleistungen beschreiben.

... in Grundzügen erklären, aufgrund welcher technischer, wirtschaftlicher und politischer Entwicklungen das heutige Volumen und die aktuellen Strukturen des Welthandels zustande gekommen sind.

... die Interessenlage wichtiger Akteure sowie die zentralen Konfliktlinien in einem internationalen Handelsstreit analysieren.

... Chancen und Risiken bzw. Gefahren des freien internationalen Handels multiperspektivisch beurteilen.

3.1 Warum Welthandel? Tendenzen und Erklärungen

3.1.1 Wie hat sich der Welthandel entwickelt?

China Internet Information Center (CIIC)
Von der chinesischen Verwaltung genehmigtes und kontrolliertes Webportal unter *china.org.cn*, dessen Inhalte im Wesentlichen von der staatlichen chinesischen Nachrichtenagentur Xinhua eingepflegt werden.

M 1 ● World made in China?!

Güter „made in China“ findet man heute an jeder Ecke der Welt – egal, ob es sich um eines der ärmsten Dörfer Afrikas handelt oder um eine reiche Stadt in den USA. In Afrika beispielsweise sind alle Flipflops, welche die Dorfbewohner an ihren Füssen tragen, aus China importiert worden. [...] [Made in China] zeigte sich auch bei den Olympischen Spielen in London [2012]: Das Feuerwerk, der Kunstrasen, die Computer, die Souvenirs, die Maskottchen und selbst die Uniformen des US-Olympia-Teams stammten aus China. „Wenn es keine Produkte aus China gäbe, dann hätte es auch die Olympischen Spiele nicht geben können“, ist John Duggan, ein [...] amerikanischer Rechtsanwalt, überzeugt. „Ein Leben ohne chinesische Waren ist schwer vorstellbar“, so Duggan.

http://german.china.org.cn, 23.10.2012

Analysehilfen
- Zwischen 1989 und 1991 kam es zum Zerfall des Warschauer Pakts (bestehend aus der Sowjetunion und sechs weiteren (mittel-)osteuropäischen Staaten sowie u.a. der Sowjetunion als Staat.
- Eine große Banken- und Finanzkrise 2008 in den USA und in der Folge in Europa zog eine große Wirtschaftskrise 2009 nach sich, die sich volkswirtschaftlich u. a. in einem Einbruch der Produktion und des Handels zeigte.

M 2 ● Wie entwickelt(e) sich der Welthandel?

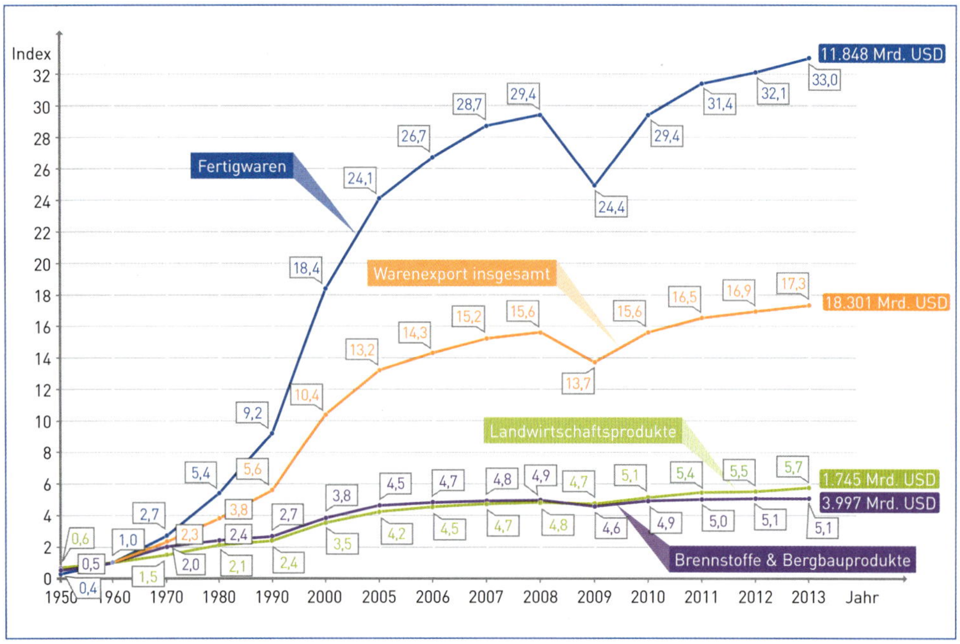

Zahlen: www.bpb.de, Abruf am 18.4.2017

M 3 Wie entwickelt sich der Handel mit Dienstleistungen?

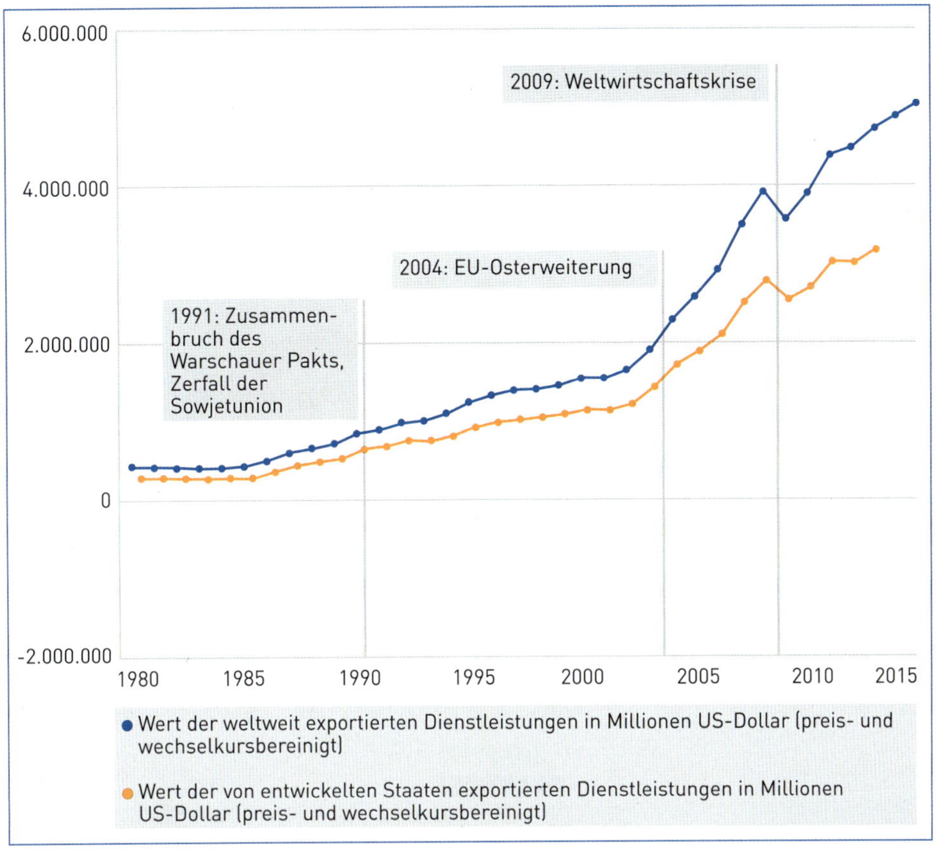

Zahlen: http://unctadstat.unctad.org, Abruf am 21.4.2017

Chinas Außenhandelsvolumen (2015)

Export:
2.274,95 Mrd. US-Dollar
Import:
1.681,95 Mrd. US-Dollar

Zahlen: www.destatis.de, Abruf am 5.1.2018

Info

Internationalisierung von Dienstleistungen

Die meisten Menschen denken bei Dienstleistungen (DL) an lokal oder regional erbrachte wie etwa haushaltsnahe (z.B. Handwerkertätigkeiten, Wohnungsreinigung, Gartenpflege) oder unternehmensnahe Dienstleistungen (z.B. Wachdienste). Es gibt aber auch viele Dienstleistungen, die nicht vor Ort, sondern international erbracht werden können. Vier Arten solcher „internationalisierter" Dienstleistungen lassen sich grundsätzlich unterscheiden:

	Unternehmensnahe DL	Privat genutzte DL
Im Inland konsumiert	z.B. ins Ausland vergebene Gestaltung einer Werbekampagne oder von Verpackungsdesign	z.B. fernmündliche Beratung durch ein Callcenter im Ausland
Im Ausland konsumiert	z.B. von ausländischen Tochtergesellschaften vor Ort genutzte DL	z.B. Dienstleistungen für Touristen im Ausland

Autorentext

Anteile von Staatengruppen am Weltaußenhandel

	TOP 10 Länder	TOP 25 Länder	TOP 40 Länder
Güterexporte	49%	76%	88%
Güterimporte	52%	78%	88%
Dienstleistungsexporte	51%	78%	89%
Dienstleistungsimporte	48%	75%	86%

(Stand: 2014); Insgesamt existieren 194 Staaten sowie 12 Länder, deren völkerrechtlicher Status umstritten ist.

Nach: Eckart Koch, Globalisierung: Politik und Wirtschaft. Chancen – Risiken – Antworten. Wiesbaden 2017, S. 10

H zu Aufgabe 1 b)
Denken Sie z.B. an Kleidung, Taschen, Schreibwaren, Computer/Mobiltelefone und andere Elektrogräte sowie Fahrzeuge.

M zu Aufgabe 2
Gehen Sie arbeitsteilig vor (Partnerarbeit → 4er-Gruppen) und halten Sie die Kernaussagen schriftlich in Merksatzform fest.

H zu Aufgabe 3
Beachten Sie die wahrscheinlichen Folgen der Verteilung der Handelsströme auf der nördlichen und südlichen Welthalbkugel.

M 4 ● Wie sind die Welthandelsströme verteilt?

Aufgaben

1. a) Arbeiten Sie die Aussage der chinesischen Selbstdarstellung bezogen auf den Welthandel heraus (M 1).
   b) Prüfen Sie die chinesische Selbstdarstellung vorläufig, indem Sie die Herkunft der am häufigsten von Ihnen konsumierten Waren (im Klassenverband) zusammentragen.
2. Analysieren Sie die Entwicklung und die Verteilung des weltweiten Waren- und Dienstleistungshandels (M 2–M 4, Infobox).
3. Die „Triade“ aus USA, China (bzw. Ostasien) und der Europäischen Union wird oftmals das „Goldenes Dreieck des Welthandels“ genannt. Beurteilen Sie diese Bezeichnung (M 4).

3.1.2 Wodurch wird gesteigerter Welthandel ermöglicht?

M 5 Wie viel passt auf einen Riesenfrachter?

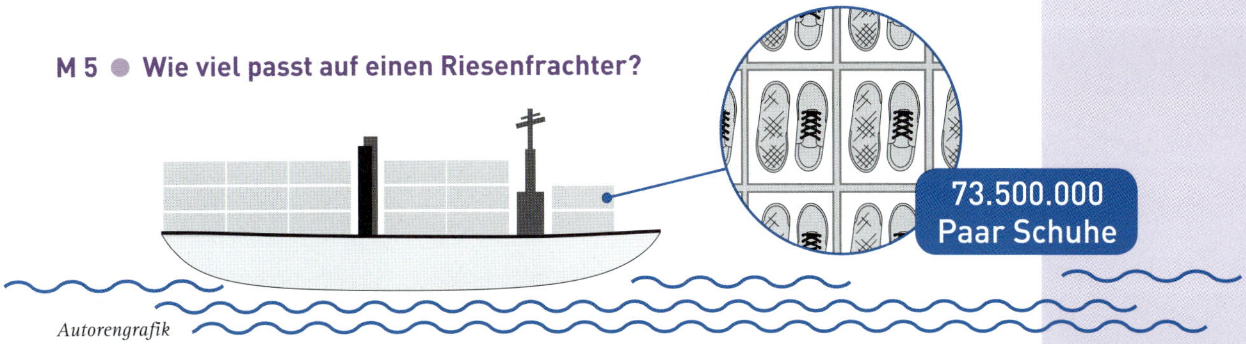

Autorengrafik

M 6 Welche Dimensionen erreichen Frachtschiffe heute?

Eine lange, eisblaue Wand liegt gut vertäut vor Anker. 50.000 Tonnen Stahl reichen aus, um sich klein und unbedeutend zu fühlen. „Maersk Line", der Name der dänischen Großreederei, prangt in schwarzen Lettern auf dem Rumpf. Der Riese gehört zu einer neuen Klasse von Containerschiffen, die alle bisherigen überragt:

> 400 Meter lang, 60 Meter breit und so hoch wie ein zwanziggeschossiges Haus. 18.000 Container passen auf ein Schiff der „Triple-E-Klasse". Das ist doppelt so viel wie noch [2006].[1]

[...] Gleich 20 solcher Ozeanriesen haben die Dänen [2014] beim koreanischen Schiffbauer Daewoo bestellt. [...] Jedes kostet rund 190 Millionen Dollar. [...] „Ökonomisch gesehen sind die Riesen sinnvoll. Denn je mehr Waren ein Schiff transportieren kann, desto geringer sind die Kosten", sagt Marcus Ihms vom Germanischen Lloyd. Etwa 2.000 Euro kostet derzeit der Transport eines Containers von Asien nach Europa. Auf einem Triple-E-Schiff ist der Preis laut Maersk Line ein Viertel geringer. Vor allem der Treibstoff macht die Fahrten teuer. Ein Containerschiff verbraucht am Tag ungefähr 100 Tonnen. Die werden aber immer besser genutzt, sagt Horst Harndorf von der Universität Rostock. „Moderne Motoren erreichen einen Wirkungsgrad von knapp 50 Prozent." Bei den Triple-E-Schiffen kommt hinzu, dass sie nicht einen, sondern zwei Motoren haben, die zusammen

Die Mærsk Mc-Kinney Møller beim Erstanlauf in Bremerhaven

80.700 PS leisten. Das soll das Manövrieren erleichtern und bis zu 40 Prozent Kraftstoff sparen. [...]
Die Routen der Triple-E-Klasse sind bereits auf Europa und Asien beschränkt. Die Schiffe sind für die meisten anderen Häfen einfach zu riesig. Der Panamakanal ist zu eng und zu flach für eine Breite von 60 Metern und einen Tiefgang von 16,5 Metern. In Deutschland können sie lediglich Wilhelmshaven und Bremerhaven anlaufen. Nur asiatische Großhäfen sind für die großen Pötte kaum ein Problem. Auf diesen Markt setzt die kriselnde Branche ohnehin ihre Hoffnungen. Schon heute exportiert China 80 Prozent seiner Waren auf dem Seeweg, Tendenz steigend.

Birk Grüling, Blaue Ozeanriesen, www.tagesspiegel.de, 19.4.2017

1 Das weltweit größte Containerschiff (ebenfalls Maersk Line) ist die OOCL Hong Kong mit bis zu 21.400 Standardcontainern Kapazität (Stand: Juli 2017).

Transportkapazitäten im Vergleich

1 Containerschiff
mit 20.000 TEU

200 Züge
mit jeweils 100 TEU

10.000 LKW
mit jeweils 2 TEU

TEU

Frachteinheit, die in der Schifffahrt gebraucht wird: Twenty-foot Equivalent unit = 20 Fuß Container

M 7 Transportkosten eines Turnschuhs

In einen 20-Fuß-Standardcontainer (TEU) passen ca. 3.500 Schuhkartons mit jeweils einem Paar Schuhe.

Info

Transportgüter und -preise auf See

Nicht die Containerfracht (von Vorprodukten und Fertigwaren) stellt die Hauptmasse der auf dem Seeweg transportierten Waren dar. Im Jahr 2015 wurden z.B. ca. 2,95 Milliarden Tonnen Öl und Gas und etwa ebenso viele „Hauptrohstoffe" (wie Kohle, Eisenerz, Bauxit und Aluminium, Getreide) sowie ungefähr 2,46 Milliarden Tonnen anderer Trockengüter (wie Holz) per Hochseeschiff befördert. In **Containern** verladen wurden insgesamt etwa 1,69 Milliarden Tonnen Güter verschifft.
Allerdings nahm die Bedeutung des (erstmals 1956 eingesetzten) Containers vor allem seit den 1980er Jahren weiter zu. Im Jahr 1980 wurden 102 Millionen Tonnen Fracht in Containern transportiert, 1990 234 Millionen Tonnen, 2000 598 Millionen Tonnen und 2010 bereits 1,28 Milliarden Tonnen.
In den letzten Jahren schwankte der durchschnittliche Transportpreis für einen 20-Fuß-Standardcontainer vom Hafen Shanghai zu einem nordeuropäischen Hafen zwischen 1.789 US-Dollar (2010) und 629 US-Dollar (2015).

Autorentext

M 8 Entwicklung der internationalen Telekommunikation

a) Wie haben sich die Telekommunikationskosten entwickelt?

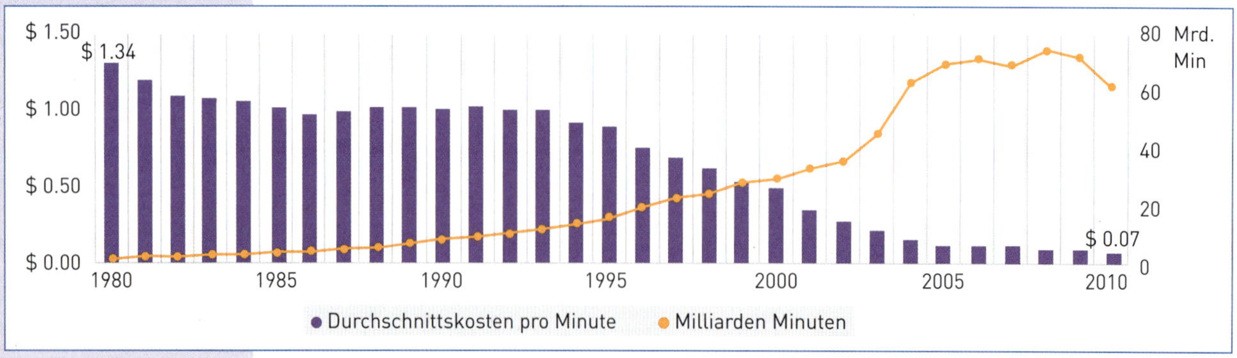

Zahl der telefonierten Minuten und des durchschnittlichen Minutenpreises für ein internationales Telefonat aus den USA

Zahlen nach: Federal Communications Commission, Trends in International Telecommunications Industry: Summary trough 2010, Washington, D.C. 2012, S. 3 (eigene Übersetzung)

b) Wie haben sich die Datenübertragungskapazitäten entwickelt?

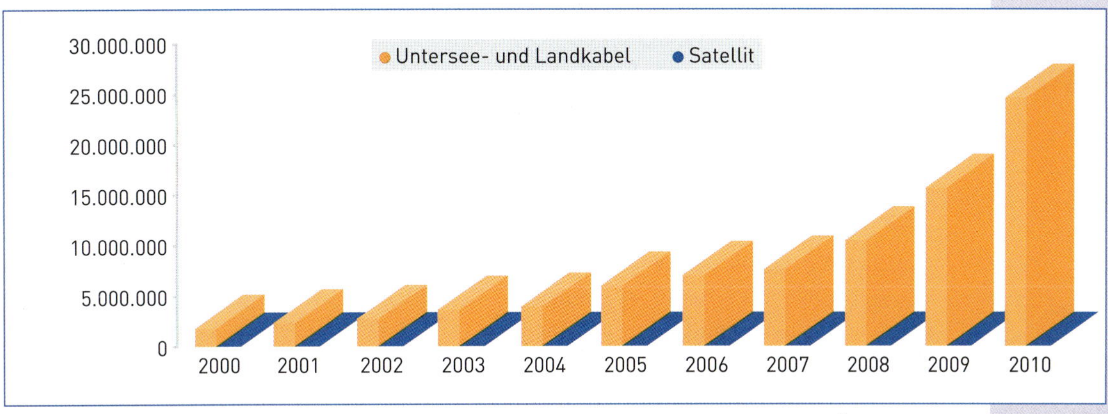

Kapazitäten der internationalen Kommunikationsverbindungen nach Verbindungsarten in 64 KbpS-Äquivalent

Zahlen nach: Federal Communications Commission, Trends in International Telecommunications Industry: Summary trough 2010, Washington, D.C. 2012, S. 5 (eigene Übersetzung)

Kbps = Kilobyte pro Sekunde

M 9 ● Welcher politische Rahmen ermöglicht(e) weltweiten Handel?

Ab Mitte der 1980er-Jahre [...] [versuchten immer] mehr Staaten [...] das neue „Markt-Paradigma" mit den Schlagworten: Liberalisierung, Deregulierung, Privatisierung, „mehr Markt weniger Staat", freier Handel und mehr Wettbewerb politisch umzusetzen. Vor allem die Versuche vieler Staaten, durch die liberalere Gestaltung des grenzüberschreitenden Handels- und Finanzverkehrs und den Abbau von restriktiven [= einschränkenden] bürokratischen Regulierungen ihre Wettbewerbsfähigkeit zu steigern, verringerte die wirtschaftliche Bedeutung nationaler Grenzen, förderte so die weltweite Mobilität und begünstigte die zunehmende Verflechtung der Volkswirtschaften.

Deregulierung ist ein Prozess, in dem die bestehenden nationalen Gesetze, Vorschriften und Regelungen einer eingehenden Revision [= Überprüfung] unterzogen werden, mit dem generellen Ziel als überflüssig erachtete Bestimmungen (Überregulierung) abzubauen, um Hindernisse für die Marktkräfte zu beseitigen und damit als Standort attraktiver zu werden. Hierbei geht es vor allem um den Abbau von Bürokratie auf allen relevanten Märkten, wie den Arbeits-, Finanz- und Gütermärkten. Es geht um die Verschlankung und Vereinfachung von staatlichen Genehmigungsverfahren und -prozeduren, von zu restriktiven Vorschriften, allzu komplizierten steuerrechtlichen Regelungen, wie auch um die Erleichterung des Umgangs mit staatlichen Organen, etwa durch die Bündelung von Informationen und Kompetenzen bei zentralen Ansprechpartnern in der Staatsbürokratie. Deregulierung [...] entlastet die Unternehmen durch geringere Kosten und Zeitaufwand [...].

In den letzten Jahren zeigte sich allerdings, dass die Lockerung und vor allem die nicht entsprechende Weiterentwicklung staatlicher Aufsichtsregelungen dem Markt eine unangemessen weit reichende und damit zunehmend gefährlicher werdende Gestaltungsfreiheit überlassen hat. Den staatlichen Instanzen fehlen nun immer häufiger die passenden Instrumente für eine wirksame Steuerung und Kontrolle der mächtiger gewordenen Marktteilnehmer. [...]

Liberalisierung lässt sich als Prozess der weltweiten Realisierung der vier zentralen wirtschaftlichen „Freiheiten" beschreiben: der Freiheit des *Waren-* und *Dienstleis-*

internationale Marktteilnehmer

Zu den mächtigsten Marktteilnehmern gehören vor allem transnationale Großunternehmen (z.B. Apple, div. Ölkonzerne...) sowie große (Investment-) Banken und andere Finanzinstitute wie Hedgefonds. Demgegenüber besitzen Marktteilnehmer, wie z.B. Arbeitnehmer, nur geringe internationale Verhandlungsmacht.

Protektionismus

alle staatlichen Maßnahmen, die geeignet sind, ausländische Anbieter gegenüber inländischen auf dem heimischen Markt zu benachteiligen (→ vgl. Kap. 3.2.1) *tungsverkehrs*, des freien *Kapitalverkehrs*, der *Freizügigkeit von Personen* und der *Niederlassungsfreiheit* für Unternehmer und Freiberufler. Diese Strategie wurde Anfang der 1990er-Jahre bei der Einrichtung des *Europäischen Binnenmarktes*, dann zunehmend aber auch auf globaler Ebene in immer mehr Ländern umgesetzt. Durch den Abbau von Handelsbeschränkungen, wie Zöllen und anderen behindernden Regulierungen des Außenhandels, wurde der grenzüberschreitende Handel mit Gütern und Dienstleistungen stimuliert [= angeregt]. [...] Trotz der nach wie vor bestehenden natürlichen Interaktionshindernisse, zu denen auch Sprachbarrieren und Kulturunterschiede zählen, stellte der Abbau der protektionistischen Beschränkungen eine der wichtigsten Globalisierungsvoraussetzungen dar. In einer liberalisierten Welt haben Unternehmen leichteren Zugang zu den Ressourcen, die sie benötigen, also zu Arbeitskräften, Technologien, Kapital, Lieferanten oder Kunden.

Eckart Koch, Globalisierung: Politik und Wirtschaft. Chancen – Risiken – Antworten, Wiesbaden 2017, S. 15-17

M 10 ● Das Internet der Dinge – die Zukunft der Warenlogistik

Jeder Behälter, jede Palette und jedes Paket wird mit einem digitalen Speicher ausgestattet. Über diesen erhalten die Objekte Zielinformationen und Prioritäten – und schon können sie einfache Entscheidungen vor Ort selbstständig treffen und die Dinge finden ihren Weg zum Ziel. Diese Form des Internets der Dinge ist eine Antwort auf die steigende Komplexität und die Forderung nach mehr Flexibilität. Die Anforderungen der Kunden haben sich durch das Internet drastisch geändert. Per Mausklick ordern sie individuelle Sendungen. Und die wollen sie sofort – oder zumindest innerhalb der nächsten 24 Stunden. Um das zu bewältigen, nutzen wir momentan eine Infrastruktur wie vor 20 Jahren. Es besteht also dringender Handlungsbedarf. In der intelligenten Selbststeuerung von Dingen liegt die Lösung. Und die Intelligenz geht dabei weit über die schlichte Navigation hinaus. Mittels RFID-Tags sammeln Pakete Umweltinformationen wie Temperatur, Luftfeuchtigkeit oder Erschütterungen. Sie lösen selbstständig Alarm aus, bilden lokale Netzwerke mit anderen Paketen oder Boten und können Transporte zu einem bestimmten Ziel vollautonom bestellen. Am Ende werden alle Geräte, Pakete und Waren automatisch von der Bestellung bis zur Lieferung wie Zahnräder ineinandergreifen – und die Vision vom Internet der Dinge in der Logistik Wirklichkeit.

Bettina von Janczewski, Fraunhofer-Institut für Materialfluss und Logistik, Internet der Dinge, Abruf am 5.1.2015

Aufgaben

1. Beschreiben Sie die Entwicklung von Kosten und Kapazitäten des weltweiten Gütertransports und der internationalen Telekommunikation (M 5–M 8, Info).
2. Arbeiten Sie die Bedeutung der Kosten- und Kapazitätsentwicklung von Gütertransport und Telekommunikation für die Entwicklung des internationalen Waren- und Dienstleistungshandels heraus (M 2, M 3, M 5–M8).
3. Erläutern Sie die Bedeutung von Liberalisierung und Deregulierung für den internationalen Handel am Beispiel eines im Ausland hergestellten Produkts aus Ihrem Alltag (M 9).
4. Entwickeln Sie eine konkrete Vorstellung des internationalen Handels im Jahr 2030 (M 10). Verfassen Sie darüber einen fiktiven Bericht.

Erklärfilm Globalisierung

Mediencode: 72051-04

RFID

Radio Frequency Identification; Funktechnologie zum berührungslosen Auffinden, Identifizieren, Lesen und Beschreiben elektronischer Etiketten („Tags"), wodurch ein Informationsaustausch ohne Menschen als Zwischenstation möglich wird; RFID-Transponder können bereits reiskornklein und sehr kostengünstig produziert werden.

F zu Aufgabe 1
Berechnen Sie den ungefähren Transportkostenanteil am hiesigen Verkaufspreis von Schuhen, die in Ostasien hergestellt wurden.

M zu Aufgaben 1 und 2
Gehen Sie arbeitsteilig vor (M 5, M 6 und M 7, M 8) und führen Sie Ihr Ergebnis anschließend zu einer Gesamtaussage zusammen.

H zu Aufgabe 3
Beziehen Sie sich dabei u. U. auf Ihre Kenntnisse des EU-Binnenmarkts.

VERTIEFUNG

3.1.3 Warum überhaupt internationale Arbeitsteilung und Welthandel?

M 11 Wer im- und exportiert was und wie viel?

Deutschland

Import	Export
949 Mrd. US-$	**1.196 Mrd. US-$**
11% Datenverarbeitungsgeräte, elektrische und optische Erzeugnisse, 10% Kfz und Teile, 9% sonstige Waren, 8% chem. Erzeugnisse, 6% Erdöl und Erdgas, 6% Metalle	19% Kfz und Teile, 14% Maschinen, 9% chem. Erzeugnisse, 8% Datenverarbeitungsgeräte, elektrische und optische Erzeugnisse

China

Import	Export
1.682 Mrd. US-$	**2.275 Mrd. US-$**
23% Elektronik, 13% Rohstoffe, 10% chem. Erzeugnisse, 8% Erdöl, 7% Maschinen	26% Elektronik, 17% Halbwaren, 13% Textilien und Bekleidung

Bangladesch

Import	Export
40,4 Mrd. US-$	**29,2 Mrd. US-$**
19% Baumwolle, Garne, Stoffe, 14% Nahrungsmittel, 11% Erdöl und -produkte, 9% Maschinen	71% Textilien und Bekleidung, 3% Leder und -produkte, 3% Jute und -waren

USA

Import	Export
2.307 Mrd. US-$	**1.504 Mrd. US-$**
14% Elektronik, 12% Kfz und Teile, 10% Maschinen, 10% chem. Erzeugnisse, 8% Erdöl	13% chem. Erzeugnisse, 11% Maschinen, 10% Elektronik, 8% Kfz und Teile

Brasilien

Import	Export
171,4 Mrd. US-$	**191,1 Mrd. US-$**
22% chem. Erzeugnisse, 13% Maschinen, 10% Erdöl, 9% Elektronik, 8% Kfz und Teile	26% Rohstoffe, 24% Nahrungsmittel, 7% Erdöl, 7% Maschinen

Kenia

Import	Export
16,2 Mrd. US-$	**6,2 Mrd. US-$**
23% Erdöl, 14% chem. Erzeugnisse, 11% Maschinen, 7% Kfz und Teile	38% Nahrungsmittel, 13% Rohstoffe, 9% chem. Erzeugnisse, 6% Textilien und Bekleidung

Im- und Exportvolumina sowie größte Im- und Exportbranchen (2015)

Zahlen nach: Der neue Fischer Weltalmanach 2017. Zahlen, Daten, Fakten. Frankfurt a. M. 2016, S. 54, 69, 86, 101, 253, 491

Info

Typen von Volkswirtschaften

Das Weltwirtschaftsforum unterscheidet drei Typen von Volkswirtschaften: **Die faktorgetriebenen Volkswirtschaften** betreiben Wertschöpfung vor allem durch den Einsatz eines Produktionsfaktors (i.d.R. menschliche Arbeit oder Rohstoffe), der in hohem Maße vorhanden und daher vergleichsweise günstig ist. Hier finden sich überwiegend arbeitsintensive Tätigkeiten. **Effizienzgetriebene** Volkswirtschaften zeichnen sich vornehmlich darin aus, Beschaffung, Vertrieb und vor allem Produktion so weit zu optimieren, dass mit gegebenem Mitteleinsatz ein Höchstmaß an Output erzielt wird (Minimalprinzip). Die **innovationsgetriebenen Volkswirtschaften** sind dadurch charakterisiert, dass neue Entwicklungen den Wettbewerbsvorsprung in bestimmten Branchen bedingen. Hier finden sich überproportional viele kapitalintensive Wirtschaftszweige.

Autorentext

Weltwirtschaftsforum

eine in der Schweiz angesiedelte, von 1.000 Mitgliedsunternehmen finanzierte Stiftung, die u.a. den jährlichen Weltwirtschaftsgipfel in Davos organisiert, bei dem auf Einladung hochrangige Politiker, Wirtschaftsvertreter, Nichtregierungsorganisationen, Wissenschaftler u.a. zu wirtschafts- und auch umweltpolitischen Fragen tagen

→ vgl. Kap. 2.2.1

VERTIEFUNG

M 12 ● Die Produktlebenszyklus-Theorie – eine Erklärung internationaler Arbeitsteilung

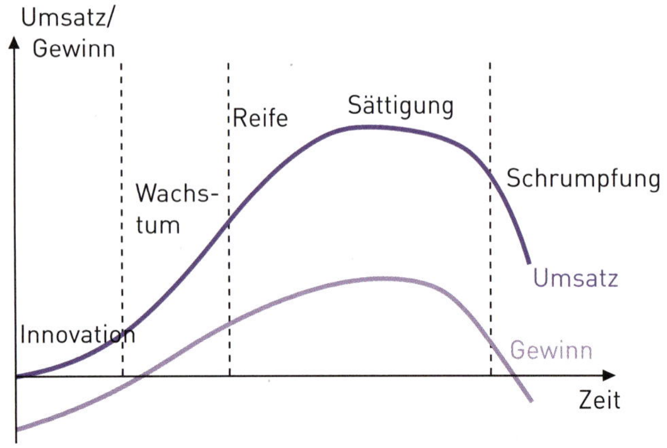

Produktlebenszyklus

Veränderung in der Art der Herstellung		
Produktion:	humankapitalintensiv	→ sachlich-/arbeitsintensiv
Produktions-menge:	kleine Losgrößen	→ Massenproduktion
Innovationen:	Produktinnovationen	→ Prozessinnovationen
Investitionen:	F&E-Investitionen	→ Rationalisierungsinvestitionen

Veränderung der Standortanforderungen

	Innovation	Wachstum	Reife/Sättigung	Schrumpfung
qualifizierte Arbeitskräfte	++	+	o	o
hochwertige Infrastruktur	++	+	o	o
Agglomerations-vorteile (Zulieferer, Dienste)	+	++	o	o
Marktnähe	+	++	+	o
billige Arbeitskräfte	o	o	++	++
niedrige Standort-kosten (Betriebsgelände, Angaben)	o	o	++	++

Nach: Elmar Kulke, Wirtschaftsgeografie. 6., aktualisierte Auflage, Paderborn 2017, S. 104

Die auf Raymond Vernon (1966) zurückgehende Produktlebenszyklus-Theorie erklärt Standortverlagerungen aufgrund der sich im Zeitablauf wandelnden Produktionsanforderungen. Demnach durchlaufen Produkte verschiedene Phasen, die von unterschiedlichen Standortanforderungen (charakteristische Merkmale hinsichtlich Faktorstruktur, Marktnähe, Wettbewerb etc.) geprägt sind. Grob eingeteilt, folgt nach einer Innovations- eine Wachstums- [sowie eine Reife- und Sättigungsphase] und schließlich eine Schrumpfungsphase, die den Produktlebenszyklus abschließt. Durch Produktanpassungen (z.B. Variation des Produktdesigns oder Substitutionen) lassen sich die einzelnen Phasen verlängern. Während des Produktlebenszyklus kommt es gemäß den sich wandelnden Produktionsanforderungen zu Standortverlagerungen, welche sich an den Wettbewerbsvorteilen unterschiedlicher Regionen orientieren. Bezogen auf eine internationale Arbeitsteilung haben Industrieländer bei der Entwicklung und Herstellung neuer Produkte (Innovations- und Wachstumsphase) komparative Vorteile. Diese liegen in der Verfügbarkeit qualifizierter Arbeitskräfte, der guten Ausstattung an wissenschaftlichen Einrichtungen, organisatorischen Erfahrungen sowie der Nähe zum Kunden. [Schwellen- und] Entwicklungsländer weisen dagegen Vorzüge bei standardisierten Produkten auf, die ein hoher Anteil unqualifizierter Arbeitskraft auszeichnet und die sich daher in der Wachstums- bzw. Schrumpfungsphase befinden.

Hans-Dieter Haas, Simon-Martin Neumair, Dieter Matthew Schlesinger, Geographie der internationalen Wirtschaft, Darmstadt 2009, S. 49

F zu Aufgabe 1
Charakterisieren Sie die Volkswirtschaften soweit möglich als eher faktor-, effizienz- oder innovationsgetrieben (M 11, Info). Gehen Sie dabei arbeitsteilig vor und präsentieren Sie Ihre Ergebnisse anschließend in der Klasse.

Aufgaben

1. Vergleichen Sie die volkswirtschaftlichen Daten der angegebenen Staaten miteinander (M 11).
2. Erklären Sie die internationale Arbeitsteilung anhand angegebener Volkswirtschaften mithilfe der Produktlebenszyklus-Theorie (M 11, M 12).

Entwicklung und Verteilung des Welthandels
M 2 – M 4

Seit Ende der 1980er Jahre, spätestens jedoch seit dem Zusammenbruch des Warschauer Paktes und dem Auseinanderfallen der Sowjetunion war ein gravierender **Anstieg des Welthandelsvolumens** zu verzeichnen. Zuerst stieg der Handel mit Fertigwaren exponentiell, seit Anfang des 21. Jahrhunderts auch der Handel mit Dienstleistungen. Seit 1990 stieg der weltweite Güterhandel um mehr als den Faktor 3,5, seit 2005 der internationale Dienstleistungshandel um etwa den Faktor 2,5 (jeweils mit Ausnahme eines temporären Einbruchs aufgrund der großen Wirtschaftskrise 2009). Gerade im Bereich des Güterhandels hat sich das Wachstum aber in den vergangenen Jahren etwas verlangsamt. Das Welthandelsvolumen ist höchst ungleich verteilt: Während die sogenannte **Triade** (Nordamerika, Europa und Ostasien) insgesamt ca. 75% des Welthandels auf sich vereint, sind Südamerika und vor allem Afrika davon quantitativ weitgehend abgekoppelt.

Ursachen und Bedingungen für die Entwicklung des Welthandels
M 6, M 8, M 10

Es lassen sich technische Bedingungen und politische Ursachen voneinander unterscheiden: **Technisch** ist erstens die massive Ausweitung der Frachtkapazitäten auf dem Seeweg zu nennen, die zu einer extremen Senkung der Transportkosten pro Stück geführt hat. So fallen z.B. für den Transport eines Paars Schuhe aus China nach Europa weniger als 50 Cent netto Kosten an. Zweitens sind auch die internationalen Telekommunikations- und Datenübertragungswege massiv ausgebaut und dadurch die Übertragungskosten im gleichen Maße gesenkt worden, was nicht nur zu einer viel flexibleren Koordination des Warenhandels führt, sondern auch zu der Möglichkeit, internet- und telefongestützte Dienstleistungen weit entfernt erledigen zu lassen.
Politisch gesehen haben Maßnahmen zur Deregulierung und zur Liberalisierung die Ausweitung des Handelsvolumens in dieser Größenordnung ermöglicht. **Deregulierung** meint dabei den Abbau handelshinderlicher (nationaler) Regelungen und Verwaltung. **Liberalisierung** bezeichnet das Fallenlassen oder Reduzieren von Handelshindernissen, also **tarifären** (z.B. Zölle) und **nicht-tarifären Handelshindernissen** (z.B. nationale Produktnormen). Auch die Personenfreizügigkeit innerhalb der EU ist ein weitgehender Liberalisierungsschritt. Kritiker einer starken Deregulierung befürchten, dass dadurch staatlichen Instanzen die Möglichkeiten fehlen, die Macht sehr großer Marktteilnehmer (z.B. Apple, Google, Facebook, Walmart, VW...) im Bedarfsfall zu begrenzen.

Gründe für internationale Arbeitsteilung und Welthandel
M 12

In der Geschichte der ökonomischen Theorie wurde die internationale Arbeitsteilung (also die Spezialisierungstendenz von Volkswirtschaften auf unterschiedliche Produktionsprozesse) mit **Kostenvorteilen** (KV) erklärt. Absolute KV herrschen dann, wenn in einem Staat ein Produkt absolut gesehen günstiger produziert werden kann, in einem anderen ein anderes. Spezialisierung fände statt, internationaler Handel käme in Gang. Komparative KV meint, dass ein Staat zwar die absoluten KV in allen Bereichen besitzt. Neuere Theorien wie Porters Wettbewerbsmodell basieren darauf.

3.2 Konflikte um den international freien Handel

3.2.1 Wer darf Licht in Strom umwandeln? Der Handelskonflikt um Solarzellen zwischen der EU und China

Dumping
Verkauf einer Ware unter den eigenen Herstellungs- bzw. Beschaffungskosten; meist mit dem Ziel, Konkurrenten aus dem Markt zu drängen, um danach höhere Preise erzielen zu können. Die Welthandelsorganisation (WTO) – zu deren Mitgliedern auch die EU und China gehören – verbietet Dumping. Eine Ausnahme stellen die EU-Subventionen für den Agrarbereich dar.

Subventionen
meist staatliche Förderung von Privatunternehmen durch Zuschüsse, Steuererleichterungen o.Ä.

M 1 ● EU-Entscheidung zu internationalem Handel

EU verhängt Strafzölle auf chinesische Solarmodule

Um die heimische Konkurrenz vor Dumping-Importen zu schützen, hat die EU [2013] langfristige Strafzölle auf Solarmodule aus China beschlossen. [Es wurde ein (für alle Produzenten gültiger) Mindestpreis von 56 Cent pro Watt Stromerzeugungsleistung festgelegt, was faktisch einem Einfuhrzoll von durchschnittlich knapp 48% entsprach.] [...] Mit den Schutzzöllen geht Europa gegen Unternehmen vor, die ihre Produkte aus EU-Sicht zu unzulässig niedrigen Preisen anbieten oder von staatlichen Subventionen profitieren. Die EU will aber Exporteure, die mit ihr kooperieren, von den Zöllen ausnehmen, teilte die [EU-]Kommission weiter mit.
[Im Jahr 2012 hatten chinesische Firmen Photovoltaikmodule und dazugehörige Bauteile im Wert von 21 Milliarden Euro in Ländern der Europäischen Union verkauft.]

Solarmodule werden auf dem Dach eines Privathauses montiert.

Bereits im Juni [2013] hatte die EU-Kommission vorläufige Schutzzölle beschlossen. Im August einigten sich Brüssel und Peking auf Preisgrenzen und Importmengen, die straffrei bleiben sollten.

vks/dpa/AFP, www.spiegel.de, 2.12.2013

Info

Photovoltaische Zelle („Solarzelle")

Bei einer Solarzelle handelt es sich um ein Gerät, das Sonnenlicht direkt in elektrische Energie umwandelt. In Deutschland finden sich Solarzellen häufig auf den nach Süden ausgerichteten Dächern von Privathäusern. Dies liegt am Erneuerbare Energien Gesetz (EEG), das privaten Betreibern zwischen den Jahren 2000 und 2016 feste Vergütungen je Kilowattstunde Solarstrom zusicherte, den sie ins allgemeine Netz einspeisten. So überstiegen die Einnahmen sehr schnell die Kosten für die Solarzellen. Seit der EEG-Novelle 2016 werden über ein Ausschreibungsverfahren tendenziell Großproduzenten von Solarstrom gefördert.
Autorentext

M 2 ● Wo werden Solarzellen produziert?

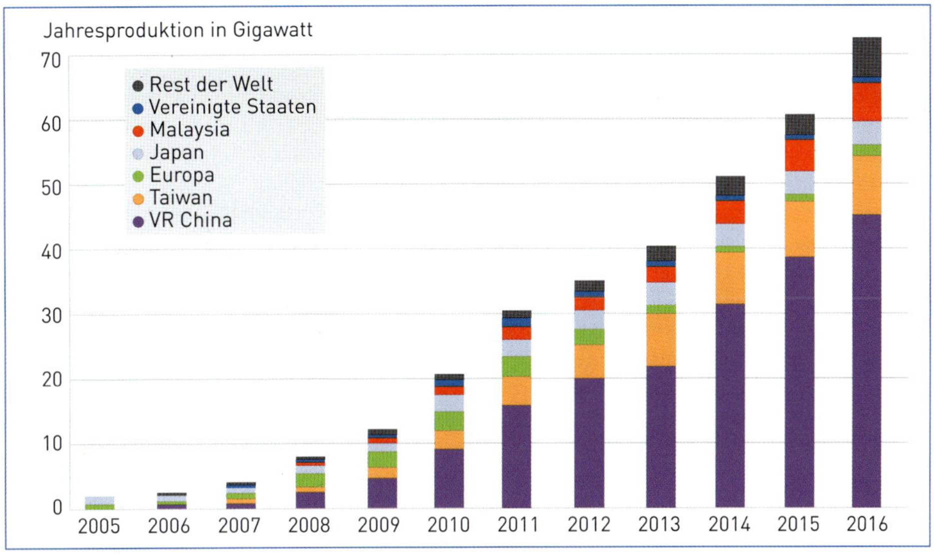

Entwicklung der weltweiten Produktionsanteile von Photovoltaik-Zellen bzw. -modulen von 2005-2016

Zahlen: European Comission (Hg.), PV Status Report 2016, Luxembourg 2016, S. 11

M 3 ● Wie reagiert China auf die Schutzzölle der EU?

a) Wein gegen Solarzellen

Die Antwort der chinesischen Regierung auf die Strafzölle gegen Solar-Module aus China folgt schnell. Das chinesische Handelsministerium plant die Einführung von Sonderzöllen auf europäische Weine. Frankreich träfe dies am stärksten. [...]

Die EU subventioniert den Weinanbau mit etwa einer Milliarde Euro im Jahr. Frankreich ist das größte einzelne Land, das Wein nach China liefert. 2012 wurden 140 Millionen Liter französischer Wein im Wert 788 Millionen Dollar nach China geliefert [...]. Als Exportland für deutschen Wein ist China bisher nicht so wichtig gewesen. Die USA ist der wichtigste Abnehmer deutscher Weine, gefolgt von Großbritannien, den Niederlanden und Russland, so der Verband Deutscher Weinexporteure. Etwa vier Prozent der Exporte im Wert von rund 13 Millionen Euro gehen nach China. Dennoch wird China von vielen deutschen Winzern als Zukunftsmarkt angesehen [...].

https://deutsche-wirtschafts-nachrichten.de, 5.6.2013

b) Chemikalien gegen Solarzellen

China hat im Handelsstreit mit der EU eine neue Runde eingeläutet. Die Volksrepublik will ab [28. Juni 2013] Strafzölle in Höhe von bis zu 37 Prozent auf eine aus der Europäischen Union importierte Chemikalie erheben. Das kündigte das chinesische Handelsministerium an. Dabei handelt es sich um die Substanz Toluidine, die in der Agrarchemie, in der Pharmaproduktion, in der Reifenherstellung und bei der Produktion von Pigmenten zum Einsatz kommt.

Zu den betroffen Unternehmen zählt der [deutsche] Chemie-Konzern Lanxess, der die Substanz in Leverkusen produziert. Für das Unternehmen soll eine Zollabgabe von 19,6 Prozent auf Toluidine-Exporte nach China erhoben werden. In Reaktion auf die Ankündigung erklärte Lanxess, dass die Substanz derzeit außerhalb Chinas in Amerika und in Europa stark nachgefragt werde. [...] Der Chemiekonzern BASF ist nach eigenen Angaben nicht betroffen.

www.tagesschau.de, 27.6.2013

Handelskrieg

Metapher für Auseinandersetzung zwischen mindestens zwei Staaten, die ihren eigenen Unternehmen durch tarifäre und nicht-tarifäre Handelshemmnisse Marktvorteile verschaffen wollen; dabei steigern sich Maßnahmen und Gegenmaßnahmen zumeist spiralförmig immer weiter.

Info

Typen von Handelshemmnissen

Um die eigene Wirtschaft (oder zumindest einzelne Branchen) vor internationalen Wettbewerbern zu schützen oder ihr einen Vorteil auf internationalen Märkten zu verschaffen, setzen manche Staaten Handelshemmnisse ein. Diese erschweren den freien Warenaustausch oder verhindern ihn sogar. Handelshemmnisse kann man unterteilen in tarifäre und nicht-tarifäre: Bei **tarifären Handelshemmnissen** handelt es sich um Zölle oder zollähnliche Maßnahmen (tariff (engl.) = Zoll), die finanziell unmittelbar die Ein- bzw. Ausfuhr betreffen. Dabei handelt es sich z.B. um Einfuhrzölle oder Exportsubventionen.

Nicht-tarifäre Handelshemmnisse umfassen alle anderen staatlichen Maßnahmen wie z. B. Importsteuern, Einfuhrverbote, Importquoten, Qualitätsstandards/-normen oder Ansiedlungssubventionen für inländische Unternehmen.

Autorentext

Solarteure
Fachkräfte bzw. -betriebe für Solartechnik, die Anlagen zur Warmwasserbereitung (Solarthermie) oder Elektrizitätsgewinnung (Photovoltaik) aus Sonnenlicht planen und installieren, aber nicht selbst herstellen

M 4 ● Sind EU-Schutzzölle für Solarzellen überhaupt sinnvoll?

Federführend bei der Forderung nach Einführung und auch Beibehaltung von Strafzöllen auf chinesische Module war der [inzwischen insolvente] Hersteller Solarworld. Milan Nitzschke, Präsident der Lobbygruppe EU ProSun und auch Pressesprecher von Solarworld, rechtfertigt die Initiative mit dem Schutz von Arbeitsplätzen in Deutschland.

Kritikern zufolge ist jedoch die Solarzellen und -modulfertigung in Deutschland nur in Spezialsegmenten konkurrenzfähig, sodass auch ein Solarstrafzoll die fundamentalen Wettbewerbsunterschiede zwischen der deutschen und chinesischen Volkswirtschaft nicht ausgleichen kann. Zudem mussten die vielen tausend Solarteure in Deutschland höhere Modulpreise an ihre Kunden weitergeben und verbuchten bei einer sowieso darbenden Solarbranche in den letzten Jahren zusätzliche Umsatzeinbußen.

Die Folge der chinesischen Strafzölle waren weitere Firmenpleiten kleiner und mittelständischer Solarunternehmen in Deutschland. Ob sich die Strafzölle allein durch die vermeintlich geretteten Arbeitsplätze auf Herstellerebene rechtfertigen lassen, ist mehr als fraglich.

Dr. Holger Krawinkel, Sprecher der Solar Alliance for Europe (SAFE), bezeichnete das Urteil [des EuG vom 28.2.2017] als „reine Vergangenheitsbewältigung“, denn die meisten der klagenden Unternehmen seien bereits aus dem Mindestpreisabkommen ausgeschieden und beliefern Europa ganz regulär aus ihren nicht-chinesischen Fabriken. [...] Krawinkel bilanziert, dass die Schutzzölle ihre Wirkung verfehlt haben. Sie seien im Gegenteil sogar [durch die Verteuerung der Preise für Solarzellen] für den Marktniedergang in Europa mit verantwortlich und haben die Preise für die Stromverbraucher hierzulande künstlich verteuert.

Christian Märtel, EuG bestätigt Strafzölle auf chinesische Solarmodule, www.energie-experten.org, 28.2.2017

M zu Aufgabe 1
Visualisieren Sie den Konfliktverlauf in Form eines Flussdiagramms.

H zu Aufgabe 2
Arbeiten Sie dazu auch die ökonomischen Interessen der EU (bzw. Deutschlands als wirtschaftsstärkstes Mitglied) und Chinas bezogen auf die Solarzellenproduktion um das Jahr 2013 heraus (M 2).

H zu Aufgabe 3
Beachten Sie insbesondere die Wirksamkeit der Maßnahme und mögliche (unerwünschte) Nebenfolgen.

Aufgaben

1. Fassen Sie den Verlauf der Handelsauseinandersetzung um Importe von Solarzellen aus China in die Europäische Union zusammen (M 1, M 3).
2. Analysieren Sie den Handelskonflikt (M 1–M 3).
3. Beurteilen Sie die EU-Schutzzölle auf Solarzellen aus China (M 2, M 4).

METHODE

Sachverhalte, Thesen und Problemstellungen kategorien- und kriteriengeleitet beurteilen (Urteilskompetenz 2)

Warum sollte ich kriteriengeleitet politisch urteilen können?

Im Alltag stößt jeder Bürger immer wieder auf politische Fragen, die entschieden werden müssen. Sollen die Mittel der Gemeinde vordringlich in die Ausstattung der Schulen fließen oder soll das kommunale Schwimmbad ausgebaut werden? Soll die Leiharbeit eingeschränkt werden? Soll sich die Bundeswehr an militärischen Auslandseinsätzen beteiligen? Für politische Probleme gibt es – anders als z.B. bei technischen – nicht eine richtige Lösung. Die jeweilige Antwort auf die Frage bzw. bevorzugte Problemlösung hängt nämlich von der eigenen politischen Überzeugung ab und kann nur besser oder weniger gut begründet werden. Um sich ein Urteil zu bilden und dieses – auch jemandem mit anderer Meinung gegenüber – möglichst schlüssig zu begründen, stehen bei politischen und ökonomischen Entscheidungsfragen Kategorien bzw. Kriterien als Hilfsmittel zur Urteilsbildung zur Verfügung. Vielleicht gelingt es sogar, damit jemanden von der eigenen Position zu überzeugen...

Was sind Urteilskategorien?

Kategorien sind Oberbegriffe. Neben der Ebene der gesellschaftlichen Grundwerte sind die beiden zentralen Kategorien der politischen Urteilsbildung die der Legitimität (also die Anerkennungswürdigkeit einer politischen Position oder Entscheidung) und die der Effizienz (also die Wirtschaftlichkeit im weiteren Sinne einer politischen Entscheidung oder eines politischen Vorschlags). Kategorien bzw. die unter ihnen versammelten politischen Urteilskriterien können zu zweierlei dienen: Erstens haben sie die Funktion, bisher ungenannte Argumente aufzuspüren. Zweitens können damit Pro- und Kontra-Argumente besser aufeinander bezogen werden (z.B. in einer Pro-Kontra-Debatte oder einer schriftlichen Erörterung); sie helfen also bei der Strukturierung von Gesprächen und Texten.

Kriterien politischer Urteile

Im Folgenden werden mögliche Kriterien – geordnet nach Kategorien – zur Orientierung dargestellt. Bei keiner Urteilsfrage sollen alle Kriterien schematisch „abgearbeitet“ werden, sondern Sie sollten jeweils zuerst prüfen, welche Kriterien bei der speziellen Urteilsfrage überhaupt hilfreich sind.

vom Sachurteil zum Werturteil →

Effizienz	Legitimität	Grundwerte
Politische Durchsetzbarkeit (Handlungsmöglichkeiten/-beschränkungen politischer Entscheider) Effektivität, Wirksamkeit Kosten (Minimalprinzip) Nutzen (Maximalprinzip) Schnelligkeit Genauigkeit (un)erwünschte Nebenfolgen	Legalität (Rechtmäßitkeit) Grund- und Menschenrechte, Verfassungsmäßigkeit Gemeinwohlorientierung Responsivität (politische Umsetzung der Wählerwünsche) Repräsentativität Partizipation (Mitbestimmung) Transparenz (Nachvollziehbarkeit) Kontrollierbarkeit Autonomie (Selbstbestimmung) Verhältnismäßigkeit der Mittel Subsidiarität	Freiheit Gerechtigkeit (Leistungs-, Egalitäts-, Bedarfsprinzip) Sicherheit Solidarität ökologische Nachhaltigkeit

Beim Umgang mit Wert-Argumenten ist besonders zu beachten, dass Werte (sogar gleichzeitig) in Bedingungs- und Spannungsverhältnissen zueinander stehen können. So ist ein Mindestmaß an Sicherheit notwendig (Rechtssystem, staatliches Gewaltmonopol), um Handlungsfreiheit verwirklichen zu können (Bedingungsverhältnis). Aber es besteht tendenziell die Gefahr (insb. bei innenpolitischen Maßnahmen, die der Kriminalitätsprävention dienen sollen), dass die Freiheit der Bürger durch die staatlichen Behörden aus (angeblichen) Sicherheitserwägungen heraus über das notwendige Maß hinaus eingeschränkt wird (Spannungsverhältnis). Genauso kann die (absolute) Freiheit wirtschaftlicher Betätigung aufgrund umweltschädlicher Folgen des Wirtschaftens die ökologische Nachhaltigkeit gefährden.

Mögliche Schrittfolge zur kriteriengeleiteten Urteilsbildung

Auch wenn im Folgenden eine Schrittfolge zur Urteilsbildung beschrieben wird, sollten Sie sie nicht rein schematisch verstehen. So sind häufig die Schritte 2, 3 und ggf. 4 miteinander verzahnt und auch die Schritte 4, 5 und 6.

Schritt	Beschreibung
(1) Urteilsfrage verstehen	Grenzen Sie genau den Bereich ein, zu dem ein Urteil gefällt werden soll. Manchmal wird auch „nur" ein Sachurteil von Ihnen gefordert („beurteilen"), manchmal ein integriertes Sach- und Werturteil („Stellung nehmen", „bewerten").
(2) Kriterien sichten	Überlegen Sie, welche der Ihnen bekannten Urteilskriterien auf die Entscheidungsfrage angewendet werden können und welche eher nicht.
(3) Argumente herausarbeiten und/oder (multiperspektivisch) entwickeln	Arbeiten Sie aus Materialien (meinungsbetonte Texte, aber ggf. auch statistisches Material) Argumente für beide Positionen zur Entscheidungsfrage heraus. Entwickeln Sie (zusätzlich) plausible Argumente. Dabei hilft es, unterschiedliche Perspektiven auf die Urteilsfrage einzunehmen (vgl. Urteilsbildung 1, Kap. 1.3.1). Denken Sie unbedingt daran, Ihre Argumente nachvollziehbar zu belegen bzw. plausibel und logisch herzuleiten.
(4) Argumente ordnen	Um in Diskussionen ein Argument erwidern zu können oder eine Erörterung zu strukturieren, ist es sinnvoll, die Pro- und Kontra-Argumente aufeinander zu beziehen. Dazu können die Kriterien dienen, wenn sich Argumente den gleichen bzw. ähnlichen Kriterien zuordnen lassen.
(5) Hauptargument/e identifizieren	Sie sollten begründet ein oder zwei übergeordnete Argumente identifizieren. Dabei geht es nicht um eine willkürliche Auswahl, sondern wiederum um eine kriteriengeleitete Entscheidung. Die Kriterien der Auswahl ergeben sich aus der Urteilsfrage (z.B. Art und Schwere der Folgen für Betroffene, Zahl der Betroffenen, eigene Handlungsmöglichkeiten von Akteuren und Betroffenen...).
(6) eigenes abschließendes Urteil bilden	Hier formulieren Sie Ihre eigene Position möglichst prägnant. In der Bearbeitung einer solchen Klausuraufgabe nutzen Sie die Ergebnisse der Schritte 3 bis 6 (s.u.).
(7) einordnen und reflektieren eigener Position	Hier können Sie zusätzlich Ihre eigene Position in ein Theoriegebäude einordnen (z.B. Vorstellung sozialer Gerechtigkeit zwischen Leistungsgerechtigkeit und Egalitätsprinzip; angebots- oder nachfragetheoretische Wirtschaftspolitik...). Zudem wäre es möglich, dass Sie der Herkunft Ihrer politischen Überzeugung nachspüren (Einfluss von Familie, Freunden, Vorbildern; soziales Herkunftsmilieu...).

Aufbau einer kriteriengeleiteten Erörterung

Politische Urteile können mithilfe verschiedener Textsorten hergeleitet und geäußert werden. Bei einer Erörterung werden Pro- und Kontra-Argumente gegeneinander abgewogen und am Ende kommt der Verfasser dadurch zu einem begründeten eigenen Urteil.

<table>
<tr><th>Gliederungsaspekt der Aufgabenbearbeitung</th><th colspan="2">inhaltliche Anforderungen (inkl. Beispielen)</th></tr>
<tr><td rowspan="5">Einleitung</td><td colspan="2">→ Nennung (und ggf. Einordnung) des Themas („These/Problemstellung“) und der folgenden Operation („Bewertung“)
„Im Jahr 2013 hat die Europäischen Union Einfuhrzölle auf Solarmodule chinesischer Hersteller beschlossen, wenn diese sich nicht an Mindestverkaufspreise innerhalb der EU halten. Im Folgenden werde ich diese Maßnahme erörtern.“
→ Bereits hier kann die eigene Position genannt/angedeutet werden.
→ Überleitung zum Argumentationsteil:
„Befürworter der von der EU beschlossenen Mindestverkaufspreise für Solarzellen (pro KWh) plädieren für diese Maßnahme, da diese...“</td></tr>
</table>

<table>
<tr><td rowspan="5">Argumentationsteil</td><td colspan="2">→ Der Aufbau folgt den bekannten Anforderungen an einen Erörterungsaufsatz entweder im Sanduhrmodell (Pro- und Kontra-Argumente jeweils in zusammenhängenden Blöcken) oder als dialektische Erörterung (jeweils aufeinander bezogene Pro- und Kontra-Argumente abwechselnd). In einer dialektischen Erörterung können die Argumente entweder nach Perspektiven oder nach Urteilskriterien geordnet werden.
→ Der Argumentationsteil sollte mit dem überzeugendsten Argument enden.
→ Zudem sollten die Argumente <u>sprachlich miteinander verbunden</u> werden. Dabei sollte das Hauptargument sprachlich hervorgehoben werden.</td></tr>
<tr><td>Überleitung zwischen zwei Pro- bzw. zwei Kontra-Argumenten</td><td>Dazu kommt noch... / Von noch größerer Bedeutung ist... / Noch wichtiger scheint... / Ergänzend kann gesagt werden... / Hinzuzufügen ist... / In die gleiche Richtung geht der Gesichtspunkt, dass... / Ähnlich Argumentieren lässt sich aus der Perspektive von ..., indem...</td></tr>
<tr><td>Überleitung von einem Pro- zu einem Kontra-Argument bzw. umgekehrt</td><td>Demgegenüber argumentieren/behaupten/führen aus/ ziehen in Zweifel die Gegner/Befürworter einer solchen Maßnahme... / Einwenden lässt sich gegen dieses Argument... / Entkräftet/relativiert wird diese Begründung durch... /</td></tr>
<tr><td>Sprachliche Markierung des Hauptarguments für die eigene Position</td><td>„Meines Erachtens/meiner Ansicht nach ist, trotz der offensichtlichen Staatshilfen der chinesischen Regierung, das Argument von zentraler/überragender Bedeutung, dass – als unerwünschte, aber gravierende Nebenfolge – aufgrund steigender Preise die Installation von Solarzellen in der EU generell gebremst wurde. Darunter litten auch und vor allem Installationsbetriebe.“</td></tr>
<tr><td colspan="2">→ Die <u>Kategorien/Kriterien</u>, in die sich die Argumente einordnen lassen, sollten <u>sprachlich kenntlich gemacht</u> werden.
→ Die Argumentation sollte durchgehend sachlich formuliert sein und keine Befindlichkeitsäußerungen enthalten („Ich finde/fühle/glaube...“, „leider/ zum Glück...“)</td></tr>
<tr><td>Fazit</td><td colspan="2">→ Hier findet sich Ihre klare Positionierung, die sich eindeutig aus dem vorher Gesagten ergibt.
„Daher komme ich zu dem Schluss/gelange ich zu der Überzeugung, dass die EU-Strafzölle für staatlich subventionierte, chinesische Solarmodule...“
→ Es kann auch eine eigene Idee entwickelt werden, die sich aus der geforderten Position zur These/Problemstellung ergibt.</td></tr>
</table>

3.2.2 Weltweiter Freihandel – immer sinnvoll für alle?

M 5 Welche Handelshemmnisse existieren?

a) Nicht-tarifäre Handelshemmnisse weltweit

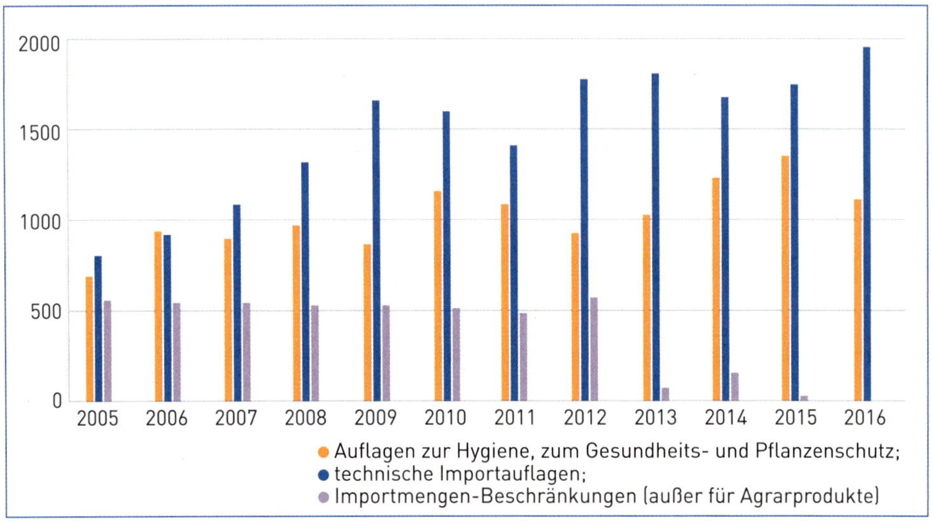

Zahl ausgewählter geplanter und in Kraft gesetzter nicht-tarifärer Handelshemmnisse der WTO-Mitglieder

Zahlen: http://i-tip.wto.org, Abruf am 27.4.2017

b) Handelshemmnisse für deutsche Unternehmen weltweit

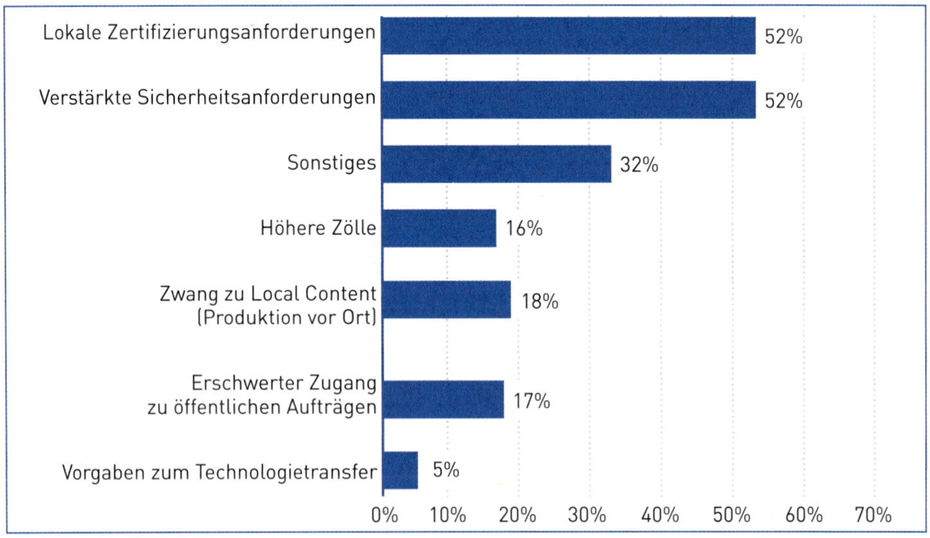

Ergebnisse einer Umfrage unter 2.000 auslandsaktiven Unternehmen aus Deutschland

Zahlen: Deutscher Industrie- und Handelskammertag (Hg): Going International. Erfahrungen und Perspektiven der deutschen Wirtschaft im Auslandsgeschäft, Berlin 2016, S. 10

Info

Welthandelsorganisation (WTO)

Die World Trade Organization ist ein seit 1995 bestehender Zusammenschluss aus zurzeit 164 Mitgliedstaaten, die über 90% des Welthandelsvolumens auf sich vereinen (Stand: Dezember 2017), zur vertraglichen Regelung und Überwachung ihrer Handelsbeziehungen (von Waren, Dienstleistungen und geistigem Eigentum). Das Kernziel der WTO ist dabei möglichst ungehinderter Handel (Handelsliberalisierung), wozu ein Abbau aller Handelshemmnisse angestrebt wird. Kommt es zu einem Handelskonflikt zwischen zwei Mitgliedstaaten, kann eine der Parteien die andere vor einem WTO-Schiedsgericht anklagen. Dieses nimmt die Vorschläge eines Überprüfungsgremiums („Panel") entweder an oder muss sie einstimmig ablehnen. Die unterlegene Partei ist verpflichtet, die Entscheidung zu akzeptieren.

Die WTO orientiert sich bei ihren Entscheidungen am **Nichtdiskriminierungsgrundsatz**. Dieses Grundprinzip, nach dem alle gleichen Güter unabhängig von ihrer Herkunft gleich behandelt werden müssen, konkretisiert sich in zwei Ausprägungen: Nach dem Grundsatz der **Inländergleichbehandlung** müssen Güter aus dem Ausland genauso behandelt werden wie vergleichbare inländische. Nach dem Grundsatz der **Meistbegünstigung** stehen alle Handelsvorteile, die einem Handelspartner gewährt werden, auch allen anderen zu.

Trotz der Inländergleichbehandlung dürfen auf ausländische Güter Einfuhrzölle erhoben werden, die in internationalen Verhandlungsrunden festgelegt und deren gebundene Höhe bei der WTO gemeldet werden muss. In diesen Verhandlungen sind seit Bestehen der WTO bzw. deren Vorgängern die Zölle weltweit drastisch gesenkt worden.

Autorentext

M 6 ● Wer profitiert (nicht) von vollständigem Freihandel?

a) Laura Shi
Managerin einer Bekleidungsfirma im Osten Chinas (Provinz Jiangxi)

In der südostchinesischen Provinz Jianxi hat das Unternehmen von Laura Shi seinen Sitz. Mit über 800 Mitarbeitern betreibt es eine der größeren Textilfabriken der Provinz, die für ihre Bekleidungsindustrie bekannt ist. Shis Firma stellt für große europäische und US-amerikanische Bekleidungsketten vor allem Baby- und Kinderkleidung her, die an den Zielorten massenhaft günstig verkauft wird.

Bei Auftragsspitzen fällt es Laura Shi nicht schwer, unter den vielen armen Wanderarbeitern neue, gering entlohnte Näherinnen zu finden. Die Stoffe bezieht Shis Unternehmen von chinesischen Zulieferern, die v.a. Baumwolle aus China, Pakistan und afrikanischen Ländern weben und färben.

b) Didier Traoré
Besitzer einer jungen Textilfabrik in Burkina Faso

Das westafrikanische Land Burkina Faso hat eine lange Tradition im Bauwollanbau und in der Textilherstellung. Baumwolle als Rohstoff wird dort immer noch produziert – ca. 10% des weltweiten Bedarfs stammen aus Afrika. Die – häufig farbenfrohe – Kleidung, die in Burkina Faso und den umliegenden Staaten getragen wird, kommt aber zum größten Teil aus chinesischen Fabriken. Seit den 1990er Jahren vergeben große Bekleidungsfirmen ihre Aufträge vorwiegend nach Ostasien. Traorés Fabrik arbeitet nur etwa halb so schnell wie eine durchschnittliche Fabrik in China. Der Unternehmer würde gerne in schnellere und zuverlässige Maschinen investieren, um international konkurrenzfähig zu sein. Aber dazu müsste er zunächst mehr Kleidung verkaufen und damit seine Einnahmen erhöhen...

c) Werner Angermüller
Manager bei einem deutschen Automobilkonzern der Oberklasse

Angermüller ist Manager für Beschaffung bei einem vor allem in Europa, Nordamerika und China operierenden Autokonzern aus Deutschland, der überwiegend Oberklassewagen, aber auch Nutzfahrzeuge produziert. Die Wagen werden teils in Deutschland hergestellt, teils in der Nähe der Märkte, in denen sie auch verkauft werden; sie werden in über 100 Staaten der Erde exportiert. Auch Angermüllers Kerngeschäft, der Einkauf von Komponenten, ist interessant. Zum Teil werden die Bauteile sehr schnell in Deutschland hergestellt, allerdings werden auch kleine und mittelgroße Standardbauteile massenhaft aus Staaten mit geringe(re)n Lohnkosten importiert. Ebenso eingeführt wird Stahl, der in Zulieferbetrieben in Deutschland weiterverarbeitet wird.

d) Sebastian Wolter
von Arbeitslosigkeit bedrohter Drucker

Wolter, 49 Jahre alt, ist gelernter Drucker und arbeitete seit Beginn seiner Lehre vor 31 Jahren in einem mittelständischen Druckereibetrieb mit ca. 250 Beschäftigten. In dieser Zeit hatte sich sein Arbeitsplatz sehr gewandelt, was vor allem auf die Digitalisierung der Branche zurückzuführen ist. Aufgrund der zurückgehenden Aufträge aus der Zeitungsbranche (immer weniger Zeitungen, kleinere Druckauflagen auch wegen E-Papers) und dem Buchdruck (Vergabe der Druckaufträge ins kostengünstigere Ausland, z.B. nach Lettland) musste die Druckerei Insolvenz anmelden. Die Mitarbeiter über 60 gingen in Frührente, die jüngeren Drucker sind für ein Jahr in einer Transfergesellschaft beschäftigt. Von dort heraus sollen sie neue Beschäftigung finden. Allerdings gehören das Druckhandwerk und verwandte Berufe zu den wenigen Branchen, in denen die Arbeitslosigkeit in Deutschland steigt.

Autorentexte

M 7 ● Freihandel und Protektionismus – außenhandelspolitische Leitbilder

Freihandel und Protektionismus bilden zwei gegensätzliche Pole, zwischen denen die Außenhandelspolitik von Staaten bzw. Staatengruppen ausgestaltet werden kann:

	Freihandel	Protektionismus
Grundannahme	Ein ungeregelter Handel („Weltmarkt") führe zur optimalen Allokation (Verteilung bzw. Zuweisung von Ressourcen) aller auf der Welt verfügbaren Güter (Tausch, Arbeitsteilung) und somit zum Wohlstand für alle Beteiligten.	Die einheimische Produktion von Gütern und deren Handel bei gleichzeitig möglichst geringen Importquoten führe zu einer florierenden Wirtschaft, in der die Bevölkerung Arbeit finde und der Staat angemessene Steuereinnahmen generiere, mit denen die Wirtschaft weiter belebt werden könne.
Konkrete Maßnahmen	• Vollständiger Abbau/ Vermeidung tarifärer und nicht-tarifärer Handelsbeschränkungen • Instrumente zur Kontrolle und Durchsetzung des Freihandels • Etablierung von Freihandelszonen und integrierten Wirtschaftsräumen	**Tarifäre Handelsbeschränkungen:** • Zölle als indirekte Steuer auf Import- bzw. Exportgüter **Nicht-tarifäre Handelsbeschränkungen:** • Mengenbeschränkungen (Kontingente) • Beschränkungen anhand von Produkteigenschaften (z. B. technische Normen, Verbraucherschutz) • Subventionen an einheimische Produzenten • Öffentliche Auftragsvergabe an inländische Firmen
Gründe für wirtschaftspolitische Umsetzung	• Erschließung neuer Märkte unter... • Ausschöpfung absoluter oder komparativer Kostenvorteile • Versorgung mit Gütern, über die das Land nicht selbst verfügt	• Schutz von im globalen Wettbewerb unterlegenen Industriezweigen, auch... • bei staatlich angeregtem Aufbau neuer Industriezweige („nachholende Entwicklung") • Sicherung von Arbeitsplätzen

Zusammenstellung des Autors

Aufgaben

1. Analysieren Sie die weltweite Entwicklung nicht-tarifärer Handelshemmnisse sowie die Handelsschranken, die für deutsche Unternehmer aus Ihrer Sicht problematisch sind (M 5).
2. Erläutern Sie die Folgen der wesentlichen Handelshemmnisse für auslandsaktive Firmen (M 5).
3. Arbeiten Sie mögliche Positionen der dargestellten Personen zu vollständigem Freihandel heraus (M 6, M 7).
4. Die WTO sollte weiterhin am Kernziel des möglichst ungehinderten Handels festhalten. Nehmen Sie Stellung zu dieser Forderung (Kap. 3.1.2, Kap. 3.2.1, Kap. 3.2.2, M 7).

Erklärfilm Protektionismus

Mediencode: 72051-05

M zu Aufgabe 3
Gruppenpuzzle: Arbeiten Sie zunächst in 4er-Gruppen die vermutliche Position einer der Personen heraus (Expertengruppe). Stellen Sie anschließend in einer neuen 4er-Gruppe den anderen Ihre Ergebnisse vor (Stammgruppe) und halten Sie das Gesamtbild fest, indem Sie die jeweilige Person begründet auf einer Zielscheibe näher am oder weiter weg vom Mittelpunkt „vollkommener Freihandel" platzieren.

ORIENTIERUNGSWISSEN

Handelskonflikt zwischen China und der EU
M 1–M 3

2013 entbrannte zwischen der EU und China ein Handelsstreit über Solarmodule. Die EU warf dem chinesischen Staat vor, einheimische Firmen zu subventionieren, wodurch die chinesischen Anbieter ihre Module unter dem eigentlichen Herstellungspreis anbieten könnten (**Dumping**) und damit europäische Anbieter aus dem Markt verdrängen würden. Die EU reagierte mit der Festsetzung eines Mindestpreises (berechnet pro produzierbarer Kilowattstunde Strom). Die chinesischen Firmen, die diesen Preis nicht akzeptierten, wurden mit empfindlichen **Einfuhrzöllen** belegt. Die chinesische Regierung reagierte auf die aus ihrer Sicht nicht gerechtfertigten Handelshemmnisse mit Einfuhrzöllen, von denen auch deutsche Firmen betroffen waren. Allerdings entwickelte sich kein **Handelskrieg**, da keine Spirale aus Gegenmaßnahmen in Gang kam. Dennoch schadeten die Maßnahmen der EU dem heimischen Solarmarkt u.U. mehr, als dass sie nützten. Denn der Weltmarktanteil europäischer Solarmodule sank seit 2013 immer weiter, während der chinesische deutlich anstieg. Durch den faktischen Preisanstieg bzw. die Preisgarantien/Festpreise für Solarmodule in Europa könnte die Nachfrage danach zurückgegangen sein, worunter auch entsprechende Installationsbetriebe gelitten hätten.

Internationale Regelung des Handels

Nahezu der weltweite Handel wird seit 1994 von der **Welthandelsorganisation (WTO)** geregelt. Ihre 164 Mitglieder koordinieren den Handel nach dem **Nichtdiskriminierungsgrundsatz**, wonach jedes Gut gleich welcher Herkunft gleich behandelt werden muss. Daraus ergeben sich die **Inländerbehandlung** (gleiches Recht für gleichartige in- und ausländische Waren) sowie die **Meistbegünstigung** (jeder Handelspartner muss bei gleichartigen Waren die gleichen Bedingungen wie der Begünstigtste eingeräumt bekommen). Die WTO strebt zwar vollkommenen Freihandel an, verbietet aber nicht grundsätzlich tarifäre und nicht-tarifäre Handelshemmnisse. Seit etwa dem Jahr 2008 sind die Liberalisierungsanstrengungen der WTO ins Stocken geraten. Die WTO schlichtet auch zwischen ihren Mitgliedern Handelsstreitigkeiten bzw. kann ein Mitglied ermächtigen, mit denselben Handelsschranken auf -barrieren eines anderen zu reagieren (**Streitschlichtungsverfahren**).

Vorteile und Grenzen vollständigen Freihandels
M 6, M 7, Kap. 3.1.1, Kap 3.2.1

Für **international operierende Unternehmen** bestehen Vorteile in den niedrigeren Beschaffungskosten für Rohstoffe und Vorprodukte sowie einem prinzipiell breiteren Käuferpotenzial. Nachteile ergeben sich aus dem internationalen Konkurrenzdruck. **Für sich etablierende Firmen** gerade in Entwicklungsländern („infant industries“) verringert sich die Erfolgschance, da nicht einmal ein zeitweiser Schutz vor der effizienteren und damit günstigeren Weltmarktkonkurrenz besteht. **Arbeitnehmern** bieten sich, wenn sie gut ausgebildet und flexibel sind, gute Arbeitsmarktchancen. Geringer Qualifizierte oder solche in Branchen, bei denen die arbeitsintensiven Tätigkeiten an Niedriglohnstandorte verlagert werden, droht Arbeitslosigkeit bzw. hoher Aufwand der Weiterqualifikation. **Konsumenten** profitieren in aller Regel vom Freihandel aufgrund einer großen Produktauswahl und aufgrund des Wettbewerbs niedrigen Preisen. Allerdings könnten sie Nachteile erleiden, wenn Produktstandards (verstanden als nicht-tarifäre Handelshemmnisse) gesenkt werden.

Wie ein Handelsstreit um Hähnchen Autos trifft

Rückblick: Ab ungefähr dem Jahr 1960 dringt günstiges Hühnerfleisch aus Amerika auf die europäischen Märkte. Bis dahin war das Geflügel eher eine teure Delikatesse, nun lassen umfangreiche Einfuhren aus Amerika die Preise sinken. Landwirte auch in Deutschland fürchten um ihre Existenz. Um die heimische Branche zu schützen, reagieren Frankreich und die Bundesrepublik mit hohen Einfuhrzöllen. Doch [...] die Vereinigten Staaten schlagen zurück, indem sie ihrerseits die Handelsbarrieren für landwirtschaftliche Produkte hochziehen.

Doch damit nicht genug. Um [...] die Handelsgegner dort zu treffen, wo es schmerzt – etwa beim VW-Bus, dem damaligen Exportschlager Deutschlands – erhebt der amerikanische Präsident Lyndon B. Johnson die 25-prozentige „Hühnchen-Steuer“ kurzerhand auch für leichte Nutzfahrzeuge aus dem Ausland. So wurde der Markt für die unter Amerikanern beliebten Pritschenwagen und Kleinlaster zu einer „Made in America“-Domäne. Während die Vereinigten Staaten auf importierte Pick-up-Trucks ein Viertel ihres Warenwerts als Zoll aufschlägt, gilt für Personenwagen nur ein Einfuhrzoll von 2,5 Prozent.

Die Konsequenzen für amerikanische Käufer: Weniger Auswahl wegen des geringeren Wettbewerbs. So bietet etwa Volkswagen seinen Pick-up Amarok gar nicht in den Vereinigten Staaten an. Experten bemängeln, dass die amerikanischen Hersteller weniger Anreize zu Innovationen haben in diesem abgeschotteten Segment.

Die Autohersteller versuchten, die „Chicken Tax“ irgendwie zu umgehen. Zum Beispiel führten sie teils die betroffenen Fahrzeuge grob in Komponenten zerlegt ein und bauten sie dann in den Vereinigten Staaten wieder zusammen. So kamen etwa Fahrgestell und Ladefläche separat über die Grenze, erst in Amerika wurden daraus wieder Pick-ups.

Im Jahr 1980 schob die amerikanische Regierung dem jedoch einen Riegel vor [...]. Die Hersteller erdachten [aber] neue Wege: Das Unternehmen Subaru verpasste beispielsweise seinem Pritschenwagen „BRAT“ zwei nach hinten gerichtete Plastiksitze mit Panoramablick auf der Ladefläche, um ihn so als Personenwagen einführen zu können.

[...] Der deutsche Anbieter Daimler hat ebenfalls einen eigenen Weg ersonnen, um auf die Steuer zu reagieren. Die Stuttgarter verkaufen in den Vereinigten Staaten ihren europäischen Verkaufsschlager Mercedes-Benz Sprinter. Die Transporter werden im Düsseldorfer Werk fertig gebaut – dann aber in größere Teile zerlegt, verschifft und in einem Werk im amerikanischen Bundesstaat North Carolina wieder zusammenmontiert. Das einzige Teil aus amerikanischer Produktion ist die Batterie. Auf diese Weise werden nur Einfuhrzölle von 2,5 Prozent fällig. Doch dieses, im Fachjargon „Semi-Knocked-Down“ genannte Verfahren, gilt als aufwendig. Wirtschaftlicher wäre es für Daimler, vor Ort zu fertigen. Und genau das soll nun auch passieren. In North Charleston im Bundesstaat South Carolina baut Daimler derzeit für rund 500 Millionen Dollar ein neues Sprinter-Werk, der erste fertige Transporter dort soll bis zum Ende des Jahrzehnts die Fabrik verlassen.

FAZ/dpa, Frankfurter Allgemeine Zeitung, 11.4.2017

Aufgaben

1. Fassen Sie die Interessen im Handelsstreit um Hähnchenfleisch in den 1960er Jahren und seine wirtschaftlichen Auswirkungen damals und heute zusammen.
2. Arbeiten Sie die Interessen der Bevölkerung an der/gegen die „Chicken Tax“ heraus.
3. Beurteilen Sie die „Chicken Tax“.

WeltRisikoIndex (Mittelwert 2012 - 2016)

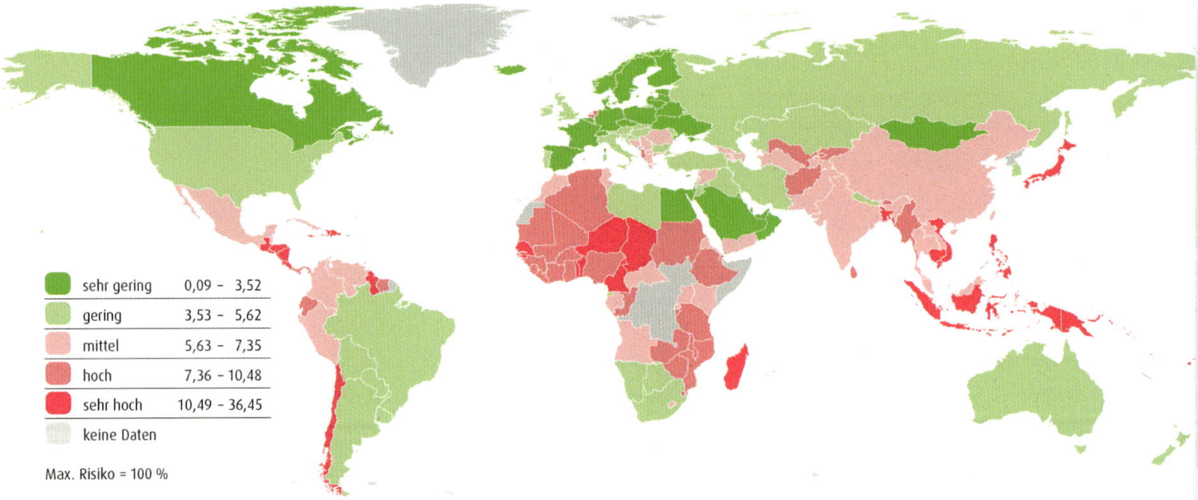

Weltrisikoindex = Gefährdung x (Anfälligkeit + Anpassung + Bewältigung)
Gefährdung = Ausgesetztsein gegenüber Naturgefahren
Anfälligkeit = Wahrscheinlichkeit, im Ereignisfall Schaden zu erleiden
Anpassung = Möglichkeiten zu langfristigem Wandel
Bewältigung = Kapazitäten zur Verringerung negativer Auswirkungen im Ereignisfall

Bündnis Entwicklung Hilft, 2017

Bericht aus dem weltgrößten Flüchtlingslager

Die Reporter des Nachrichtenkanals CNN David McKenzie und Brent Swails berichten aus den Flüchtlingslagern im kenianischen Dadaab, in dem hunderttausende somalische Bürgerkriegsflüchtlinge leben:

In einem der größten Krankenhäuser in Dadaab helfen Ärzte, täglich 300 Babys auf die Welt zu bringen. Alle diese Babys betreten die Welt als Flüchtlinge, viele ihrer Eltern wurden auch schon im Lager geboren. Dr. John Kiogora untersucht [die zwanzigjährige] Rahmo Abdi, die gerade ihre neun Monate alte Tochter Munira in den Armen wiegt. Munira ist nur ungefähr halb so schwer wie ein gesundes Baby ihres Alters. Sie hat Atemprobleme und der Arzt glaubt, dass sie wahrscheinlich Herzprobleme aufweist.

www.cnn.com, Abruf am 12.4.2017 (eigene Übersetzung)

UNO – wirkungsvolle Organisation für humanitäre Hilfe und Entwicklung weltweit?

4

In der Regel brauchen Flüchtlinge, die alles zurückgelassen haben, Hilfe, wenn sie innerhalb des Kriegsgebiets oder in Nachbarstaaten zu überleben versuchen. Nicht selten sind die staatlichen Institutionen zu schwach und zu wenig präsent, um wirkungsvolle Nothilfe bei Naturkatastrophen oder Seuchen zu leisten. Insofern ist es geboten, dass die internationale Gemeinschaft die (Koordination der) Versorgung mit den lebensnotwendigsten Gütern in die Wege leitet, koordiniert und auch finanziert.
Am Beispiel der Hilfe für somalische Bürgerkriegsflüchtlinge, die in den Lagern im kenianischen Dadaab leben, lernen Sie die Arbeit der Organisationen der Vereinten Nationen, die u.a. für humanitäre Hilfe zuständig sind, und deren Bedeutung kennen. In diesem Zusammenhang erschließen Sie sich auch die UNO inklusive ihrer Organisationsstruktur als wichtig(st)e Vereinigung für internationale Kooperation in Menschenrechts- und Sicherheitsfragen. Beurteilen können Sie die Frage der Finanzierung humanitärer Hilfe (Kap. 4.1).
Im Anschluss erweitern Sie Ihren Blick auf die UNO über die humanitäre Hilfe hinaus in Richtung der allgemeinen Entwicklungsmaßnahmen der Vereinten Nationen weltweit. Dabei stehen zwei Fragenkomplexe im Vordergrund: Hat die UNO ihre bisherigen Entwicklungsziele, die sie bis 2015 umsetzen wollte, erreicht? Und: Sind die humanitären und ökologischen Ziele für weltweit nachhaltige Entwicklung, die die UNO bis 2030 ansteuert, überhaupt erreichbar (Kap. 4.2)?

Was wissen und können Sie schon?

1. Schildern Sie an Beispielen in Ihrer Klasse Ihnen bekannte humanitäre Krisen.
2. Leiten Sie aus den Schilderungen gemeinsam eine Definition von „humanitärer Krise" ab.
3. Setzen Sie die Informationen aus der Karte und den Bericht aus dem Flüchtlingslager mit Ihrer Definition humanitärer Krise in Beziehung.

KOMPETENZEN

Am Ende dieses Kapitels sollten Sie Folgendes wissen und können:

- ... die Zusammensetzung, Funktionen, Befugnisse und die Macht(grenzen) zentraler Institutionen der UNO beschreiben.
- ... die Möglichkeiten und Grenzen (der Finanzierung) humanitärer Hilfe der UNO in Krisengebieten erläutern.
- ... die entwicklungspolitischen Zielsetzungen der UNO (Agenda 2030) charakterisieren.
- ... Hilfsmöglichkeiten der UNO bei internationalen humanitären Krisen und die Entwicklungsziele der Vereinten Nationen erörtern.

4.1 UNO – funktionierende überstaatliche Organisation für humanitäre Hilfe?

4.1.1 Welche Hilfe benötigen somalische Flüchtlinge in Kenia?

M 1 Eindrücke aus dem weltgrößten Flüchtlingslager

Das größte Flüchtlingslager der Welt in Dadaab, Kenia

Zahlen zu Dadaab

Jahr	Einwohner der Flüchtlingslager
1997	124.600
1999	124.600
2001	134.000
2003	134.720
2005	127.410
2007	171.870
2009	256.121
2011	454.492
2013	408.283
2015	339.050
2017	253.590

Zahlen: http://data.unhcr.org, Abruf am 11.4.2017

Der eigentliche Ort Dadaab liegt knapp oberhalb des Äquators. Zähes Dornengestrüpp erstreckt sich über hunderte Kilometer in alle Richtungen. [...] Im örtlichen Dialekt heißt Dadaab „harter, steiniger Ort", denn fünf Zentimeter unter dem roten Sand liegen diamantharte Gesteinsschichten. Die ersten Siedler hatten keine Ahnung, wie treffend dieser Name einmal sein würde. [...] Die meisten Besucher aus dem Ausland kommen mit dem Flugzeug hierher, und aus der Luft kann man die Dimensionen des ganzen Lagerkomplexes auch am besten erfassen. Über eine Fläche von fast siebenundsiebzig Quadratkilometern verteilt, sehen die [insgesamt eigentlich drei] Lager aus wie große silberschwarze, von einem Geflecht aus roten Adern durchzogene Monde, silbern die in der unbarmherzigen Sonne schimmernden Blechdächer [...].

Somalische Flüchtlinge vor Zelten im Flüchtlingslager Dadaab

Ben Rawlence, Stadt der Verlorenen. Leben im größten Flüchtlingslager der Welt, München 2016, S. 48f. (Übersetzung: Bettina Münch, Kathrin Razum)

	Dadaab	Hannover
Durchschnitts-temperaturen	zwischen 26,7 °C (Juli) und 30,7 °C (März)	zwischen 0,3 °C (Januar) und 17,1 °C (Juli)
Niederschläge	Insg. 338 mm/Jahr; zwischen 5 mm (Februar, August) und 90 mm (April)	Insg. 666mm/Jahr; zwischen 39 mm (Februar) und 73 mm (Juni)

Zahlen nach: https://de.climate-data.org, Abruf am 11.4.2017

M 2 ● Wie leben Flüchtlinge in Dadaab?

Der Menschenrechtebeobachter Ben Rawlence schildert das Leben in den Flüchtlingslagern Dadaabs u.a. am Beispiel des jungen Somaliers Guled, der von der islamistischen Bürgerkriegsmiliz Al-Shabaab aus dem Schulunterricht heraus entführt und zum Kriegsdienst gezwungen wurde, bis ihm schließlich die Flucht nach Kenia gelang.

Dadaab fühlte sich völlig anders an als Somalia. In Mogadischu war Guled shahad gewöhnt gewesen: Wenn man nichts hatte, appellierte man an den Glauben, und die Leute mussten mit einem teilen. Trotz oder vielleicht wegen des Krieges hatte es ein Gemeinschaftsgefühl gegeben. Hier [...] [hatten die] Menschen selbst nur das Nötigste, und das kam vom UNHCR, nicht von anderen. Sie beobachteten Guled nervös. Er war von einem Ort des Kriegs und der Angst gekommen, und in ihren Augen war er zu allem fähig. [...]

Guled erfuhr, dass es ihnen verboten war, in Kenia regulär zu arbeiten. Wie die meisten anderen Länder wollte auch Kenia nicht, dass Asylsuchende den Einheimischen die Arbeit wegnahmen, und so blieben alle offiziellen Arbeitsstellen mit anständiger Bezahlung, bei der UNO wie bei Hilfsorganisationen, Kenianern vorbehalten. Die Wirtschaft in den Lagern ist jedoch vorwiegend informell [= nicht offiziell geregelt], und in diesem Sektor war es durchaus möglich, Arbeit zu bekommen – auf dem Markt, als Fahrer, als Schlachter oder als Lehrer an einer der Privatschulen. Die

Bürgerkrieg in Somalia

Seit dem Sturz des Diktators Siad Barre im Jahr 1991 gibt es in Somalia keine wirksame Zentralregierung mit Gewaltmonopol mehr. Verschiedene Clans und die islamistische Miliz al-Shabaab kämpfen gegeneinander und gegen die föderale Regierung, die seit 2012 im Amt ist, um die Vormacht. Im Jahr 2006 eroberte die „Union islamischer Gerichte", aus der al-Shabaab später hervorging, sogar für ca. ein halbes Jahr die Hauptstadt Mogadischu. Al-Shabaab bedient sich u.a. Terroranschlägen zur Durchsetzung ihrer politischen Ziele und bekennt sich zur Terrororganisation al-Qaida. Bekämpft wird al-Shabaab auch von der UN-mandatierten Friedensmission der Afrikanischen Union in Somalia (AMISOM). Sie besteht aus ca. 17.000 Soldaten aus Kenia, Äthiopien, Uganda und Burundi.

UNHCR
The UN Refugee Agency

Hohes Kommissariat der Vereinten Nationen für Flüchtlinge (UNHCR)

Der Hohe Kommissar für Menschenrechte (seit 1993) ist direkt dem UN-Generalsekretär unterstellt. Aufgabe: Einsatz für die Flüchtlinge und Durchsetzung der Menschenrechte weltweit, Finanzierung der Programme aus freiwilligen Beiträgen von Regierungen und anderen Organisationen, Spenden und dem UN-Nothilfefonds CERF; Verwaltungskosten direkt von UNO getragen

andere Möglichkeit, an Bargeld zu kommen, bestand darin, die Lebensmittelrationen zu verkaufen, die alle zwei Wochen vom UNHCR ausgegeben wurden. […]
Mehrere Reihen Stacheldraht umgaben das Verteilungszentrum […]. Hunderte Frauen und Männer hockten in langen Schlangen auf dem Boden und warteten in der heißen Morgensonne darauf, aufgerufen zu werden, damit sie ihre Lebensmittel abholen konnten. Bei den Ärmeren lag die letzte anständige Mahlzeit wahrscheinlich schon einige Tage zurück. Dadaabs Wirtschaft basiert auf der Tatsache, dass die Lebensmittelrationen das einzige Einkommen darstellen, was bedeutet, dass man für alles, was man im Lager erwirbt, mit Hunger bezahlt. […]
Ein Polizist mit Schlagstock und Sturmgewehr marschierte auf und ab und sorgte dafür, dass die „Klienten“, wie sie genannt wurden, sitzen blieben, bis sie dem System zugeführt und „bearbeitet“ wurden wie Schafe, die geschoren werden. Es war eine rituelle Erniedrigung. Nach einer Stunde in der Sonne gab ihnen der Polizist das Zeichen aufzustehen.
Die Männer drängten sich durch das blaue Tor ins Lagerhaus, das mit Gittern in zwei parallele Käfige unterteilt war, einen für Männer und einen für Frauen. In beiden befanden sich rund tausend Menschen. […] Der Mob drängte von allen Seiten. Guled stürzte sich ins Getümmel. Als seine [Lebensmittel-]Karte geknipst war, machte er sich auf den Weg zur Lebensmittelausgabe. […] Guled betrat die dunkle Lagerhalle mit seinen Plastiktüten und zeigte an der Tür zwei schwarz verschleierten jungen Frauen seine Karte, worauf sie etwas in ein Rechnungsbuch eintrugen. In einem abgeschlossenen Käfig aus rotem Stahl, neben dem sich weiße Lebensmittelsäcke mit internationalen Logos stapelten, schöpfte eine Frau im Hidschab Reis aus einem Sack und füllte ihn durch eine Gitteröffnung in Guleds Plastiktüte. An der zweiten Ausgabe schöpfte ein von Kopf bis Fuß weißbestäubter drahtiger Mann mit einem Messbecher Mehl aus einem Behälter. An der dritten erhielt Guled von einer Frau eine Portion Salz. An den letzten beiden Ausgabefenstern bekam er Bohnen und Öl, das ihm eine finster blickende Frau in seinen Kanister goss, schnalzend, als etwas danebenging. Zum Schluss erfolgte, außerhalb des großen Käfigs, die Kontrolle. Ein verhärmter Mann mit schütterem Haar, Spitzbart und Sonnenbrille, ebenfalls mehlbestäubt, stellte die Behälter der Flüchtlinge einen nach dem anderen auf eine elektronische Waage. Die offiziell festgelegten Mengen waren mit grünem Stift auf einem riesigen Whiteboard aufgelistet, und der Mann glich die Abweichungen bei Mehl, Reis, Bohnen und Salz mittels schneller, stechender Bewegungen mit einem Esslöffel aus. Alle Augen waren auf die Ziffern der Anzeige gerichtet, die hin- und hersprangen und dann stehenblieben. Er war schnell. Einmal im falschen Moment geblinzelt, und schon war man betrogen. […] Die Füße des Kontrolleurs standen auf einem Betonrand, der den Sockel der Waage umgab – das hatte die Flüchtlingsgemeinschaft erwirkt: Die Füße der Kontrolleure mussten ausreichend weit von der Waage entfernt sein, damit weniger Gelegenheit bestand, die Flüchtlinge zu betrügen. Während Guleds Lebensmittel gewogen wurden, sah er, wie

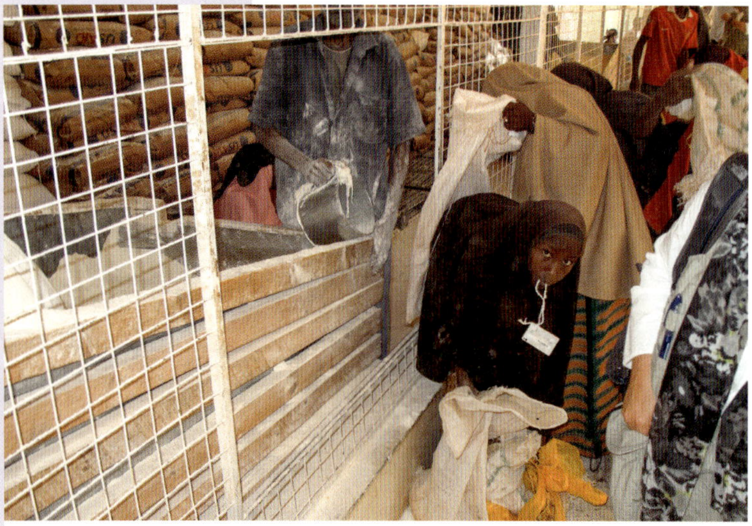

Nahrungsmittelausgabe im somalischen Flüchtlingslager Dadaab sich die Zehen des Mannes in den Plastiksandalen bewegten, aber sie berührten die Waage nicht. Auch zwei Aufseher beobachteten das Ganze, gut gekleidet mit sauberem Hemd, Schal, schönen Schuhen und Sonnenbrille. Sie lächelten. Hier wurde ein Spiel gespielt, wie man merken konnte, wenn man genau hinsah.

[...] Die WFP-Standardration beträgt pro Person exakt abgemessene und kalkulierte 565 Gramm pro Tag, die 2.241 Kalorien liefern. Für Guled bedeutete das drei Kilo Weizenmehl, zwei Kilo Reis, ein Kilo Bohnen, ein halber Liter Speiseöl und 240 Gramm Salz. [...] Kaum hatte er das Verteilungszentrum verlassen, verkaufte er einen Teil seiner Lebensmittel. Die Straße war von Händlern gesäumt, die für wenig Geld Rationen aufkauften. Zwei Kilo Reis brachten 100 Schilling (1,20 Dollar). Zehn Tage nach seiner Ankunft im Lager konnte Guled endlich in den Telefonladen auf dem Markt gehen und die drei Nummern anrufen, die er ständig im Kopf hatte: die seiner Frau, seiner Schwiegermutter und seiner Schwester.

Ben Rawlence, Stadt der Verlorenen. Leben im größten Flüchtlingslager der Welt, München 2016, S. 53-59 (Übersetzung: Bettina Münch, Kathrin Razum)

Info

Humanitäre Hilfe

Humanitäre Nothilfe besteht darin, Menschengruppen in Notsituationen systematisch Hilfe zukommen zu lassen. Bei diesen Notlagen kann es sich um Naturkatastrophen oder medizinische Notlagen wie Pandemien handeln. Häufig sind sie aber durch drastische Versorgungsengpässe (z.B. aufgrund anhaltender Dürren) oder (Bürger-) Kriege bedingt (Flucht...). **Humanitäre Hilfe** im weiteren Sinn umfasst auch das ermöglichen von Zukunftsperspektiven der Hilfebedürftigen (z.B. Schulbildung für Kinder und Jugendliche, Aus- und Weiterbildungsmöglichkeiten für Erwachsene). Die (Not-) Hilfe wird geleistet von Staaten, vor allem aber von international tätigen Nichtregierungsorganisationen (Non Gouvernmental Organisations, NGOs) und Neben- oder Sonderorganisationen der UNO (vgl. Kap. 4.1.2). Nicht zu verwechseln ist humanitäre Hilfe mit militärischen „**humanitären Interventionen**". Humanitäre Hilfe bedarf lediglich der Zustimmung des Staates, in dem sie stattfinden soll. Interventionen (z.B. zur Friedenserzwingung) sind nur dann legitim, wenn der Sicherheitsrat der Vereinten Nationen eine entsprechende Resolution verabschiedet hat. *Autorentext*

Aufgaben

1. Beschreiben Sie die Dimension der Flüchtlingslager um den kenianischen Ort Dadaab (M 1, Rand).
2. Arbeiten Sie die Gefühle und vordringlichen Bedürfnisse des somalischen Flüchtlings Guleds nach seiner Ankunft in Dadaab heraus (M 2).
3. Erklären Sie die Bedeutung der genannten Organisationen der Vereinten Nationen (UNHCR, WFP) für Bedürftige wie Guled am Beispiel Dadaabs (M 1, M 2).
4. Erläutern Sie Schwierigkeiten der UN-Organisationen bei der humanitären Versorgung (von Flüchtlingen) (M 1, M 2).

WFP World Food Programme
wfp.org/de

Welternährungsprogramm (WFP)
1961 gegründetes Nebenorgan der Generalversammlung der UNO (vgl. Kap. 4.1.2) sowie der UN-Landwirtschaftsorganisation (FAO) mit dem Ziel, auf globaler Ebene den Hunger zu bekämpfen. Zumeist aktiv bei der Nahrungsmittelversorgung von Menschen in Notsituationen (z.B. dürrebedingte Hungerkatastrophen, Flucht vor Krieg)

„Zaatari: Ein Tag im Leben" - mehrteilige Dokumentation des UNHCR über die Arbeit von Helfern im Flüchtlingslager Zaatari (Lager für syrische Bürgerkriegsflüchtlinge in Jordanien)

Mediencode: 72051-06

M zu Aufgabe 1
Vergleichen Sie die Zahlen der Flüchtlinge mit Ihnen bekannten Einwohnerzahlen niedersächsischer Städte.

H zu Aufgabe 3
Unterscheiden Sie dabei zwischen der Bedeutung für die unmittelbar Betroffenen, für die Staaten Somalia und Kenia sowie für die Staatengemeinschaft als Ganzes.

Resolution
offizieller Beschluss in schriftlicher Form

Multilateralismus
Prinzip der gleichberechtigten, kooperativen Zusammenarbeit zwischen mehreren Staaten zur Lösung politischer Probleme; abzugrenzen von Bilateralismus (Kooperation von nur zwei Staaten im wechselseitigen Interesse) und Unilateralismus (Handeln eines Staates ohne Berücksichtigung der Interessen anderer)

4.1.2 „Wir, die Völker" – die UNO als Organ supranationaler Kooperation!?

M 3 ● Aus einer Resolution der Generalversammlung der Vereinten Nationen

Fünfzigster Jahrestag des Amtes des Hohen Flüchtlingskommissars der Vereinten Nationen und Weltflüchtlingstag

Die Generalversammlung

1. *würdigt* das Amt des Hohen Flüchtlingskommissars der Vereinten Nationen für seine Leitung und Koordinierung der internationalen Maßnahmen zu Gunsten von Flüchtlingen und spricht ihm ihre Anerkennung für die unermüdlichen Anstrengungen aus, die es in den letzten fünfzig Jahren unternommen hat, um Flüchtlingen und anderen unter seiner Obhut stehenden Personen internationalen Rechtsschutz und Hilfe zu gewähren und dauerhafte Lösungen für ihre Probleme zu finden;
2. *bekundet ihre Hochachtung* für die Einsatzbereitschaft der humanitären Helfer der Vereinten Nationen und des beigeordneten Personals sowie der Mitarbeiter des Amtes des Hohen Kommissars im Feld, einschließlich der Ortskräfte, die bei der Erfüllung ihrer Aufgaben ihr Leben riskieren; [...]
4. *stellt fest*, dass der partnerschaftlichen Zusammenarbeit mit den Regierungen und den internationalen, regionalen und nichtstaatlichen Organisationen sowie der Mitsprache der Flüchtlinge bei den Entscheidungen, die ihr Leben berühren, eine ausschlaggebende Rolle zukommt; [...]
8. *beschließt*, dass der 20. Juni ab dem Jahr 2001 als Weltflüchtlingstag begangen wird.

UN-Generalversammlung, Resolution 55/76. Verabschiedet auf der 81. Plenarsitzung am 4. Dezember 2000, www.un.org

Info

UN-Generalversammlung

Generalversammlung der Vereinten Nationen, New York

UN-Generalversammlung ist die Vollversammlung aller Mitgliedstaaten der Vereinten Nationen, in der jeder Staat über eine Stimme verfügt. Im Unterschied zu Parlamenten besitzt aber die Generalversammlung kein Recht, bindende Beschlüsse zu fassen. In Form von nicht bindenden Resolutionen (also Empfehlungen), die mit Zweidrittel-Mehrheit beschlossen werden müssen, kann sie Staaten zu einem Frieden oder internationale Sicherheit stabilisierenden Verhalten aufrufen. Zudem entscheidet die Generalversammlung über Aufnahme neuer oder Ausschluss bisheriger Mitgliedstaaten, prüft und genehmigt den Haushaltsplan und sie wählt die 10 nicht ständigen Mitglieder des UN-Sicherheitsrats und alle fünf Jahre – auf Vorschlag des Sicherheitsrats – den Generalsekretär.

Autorentext

Info

UN-Generalsekretär

Der UN-Generalsekretär hat vor allem administrative und repräsentative Aufgaben: Als oberster Verwaltungsbeamter der UNO stellt er einen Haushaltsplan auf und legt Bericht über die Verwendung der Mittel ab. Außerdem koordiniert er die Arbeit der UNO (und v.a. ihrer Hauptorgane, ausgenommen dem Internationalen Gerichtshof). Er repräsentiert die UNO gegenüber ihren Mitgliedstaaten und weist (scharf) auf Gefährdungen von Frieden und Sicherheit sowie auf Menschenrechtsverletzungen hin. Die von ihm eingesetzten Sonderbeauftragten betätigen sich bei der konkreten Konfliktbearbeitung in Krisengebieten. In der Regel wird nach zwei Amtszeiten ein neuer Generalsekretär gewählt, wobei zumeist der Herkunftskontinent rotiert wird. *Autorentext*

António Guterres
Seit dem 1.1.2017 Generalsekretär der Vereinen Nationen; zuvor Premierminister Portugals (1995-2002) und Hoher Flüchtlingskommissar der Vereinen Nationen (2005-2015)

M 4 ● Aus der Charta der Vereinten Nationen

Art. 1
Die Vereinten Nationen setzen sich folgende Ziele:

1. den Weltfrieden und die internationale Sicherheit zu wahren und zu diesem Zweck wirksame Kollektivmaßnahmen zu treffen, um Bedrohungen des Friedens zu verhüten und zu beseitigen, Angriffshandlungen und andere Friedensbrüche zu unterdrücken und internationale Streitigkeiten oder Situationen, die zu einem Friedensbruch führen könnten, durch friedliche Mittel nach den Grundsätzen der Gerechtigkeit und des Völkerrechts zu bereinigen oder beizulegen; [...]
3. eine internationale Zusammenarbeit herbeizuführen, um internationale Probleme wirtschaftlicher, sozialer, kultureller und humanitärer Art zu lösen und die Achtung vor den Menschenrechten und Grundfreiheiten für alle ohne Unterschied der Rasse, des Geschlechts, der Sprache oder der Religion zu fördern und zu festigen;

Art. 55
[...] Um jenen Zustand der Stabilität und Wohlfahrt herbeizuführen, der erforderlich ist, damit zwischen den Nationen friedliche und freundschaftliche, auf der Achtung vor dem Grundsatz der Gleichberechtigung und Selbstbestimmung der Völker beruhende Beziehungen herrschen, fördern die Vereinten Nationen [...] die Lösung internationaler Probleme wirtschaftlicher, sozialer, gesundheitlicher und verwandter Art [...].

Charta der Vereinten Nationen

Satzung (oder „Verfassung") der UNO, die im Jahr 1945 die 50 Gründungsmitglieder unterzeichnet haben und die heute für alle 193 Mitglieder gilt. Sie umfasst die Ziele der UNO und Mittel, diese Ziele zu erreichen, sowie die Institutionenstruktur der UNO.

Info

Sicherheitsrat der UNO

Der UN-Sicherheitsrat (auch „Weltsicherheitsrat") hat die Aufgabe, den Frieden und die internationale Sicherheit weltweit durchzusetzen. Als Mittel stehen ihm dabei sogenannte **Resolutionen**, also schriftliche Beschlüsse, zur Verfügung, die für die UNO-Mitglieder verbindlich sind. Der Sicherheitsrat besteht aus den **fünf ständigen Mitgliedern** (sogenannte P5) USA, Volksrepublik China, Russland, Großbritannien, Frankreich und **zehn nicht ständigen Mitgliedern**. Die nicht ständigen Mitglieder werden in Fünferblocks immer auf zwei Jahre gewählt – jeweils drei aus Afrika, eines aus Osteuropa und eines aus den verbleibenden Staaten.
Um eine Resolution zu verabschieden, müssen mindestens neun der 15 Sicherheitsratsmitglieder zustimmen. Die ständigen Mitglieder verfügen dabei über ein **Vetorecht**; jedes von ihnen kann also durch eine Ablehnung jede beliebige Resolution verhindern, wenn sie ihren (Sicherheits-)Interessen zuwiderläuft. *Autorentext*

Erklärfilm Vereinte Nationen

Mediencode: 72051-07

M 5 ● Die „Familie" der Vereinten Nationen

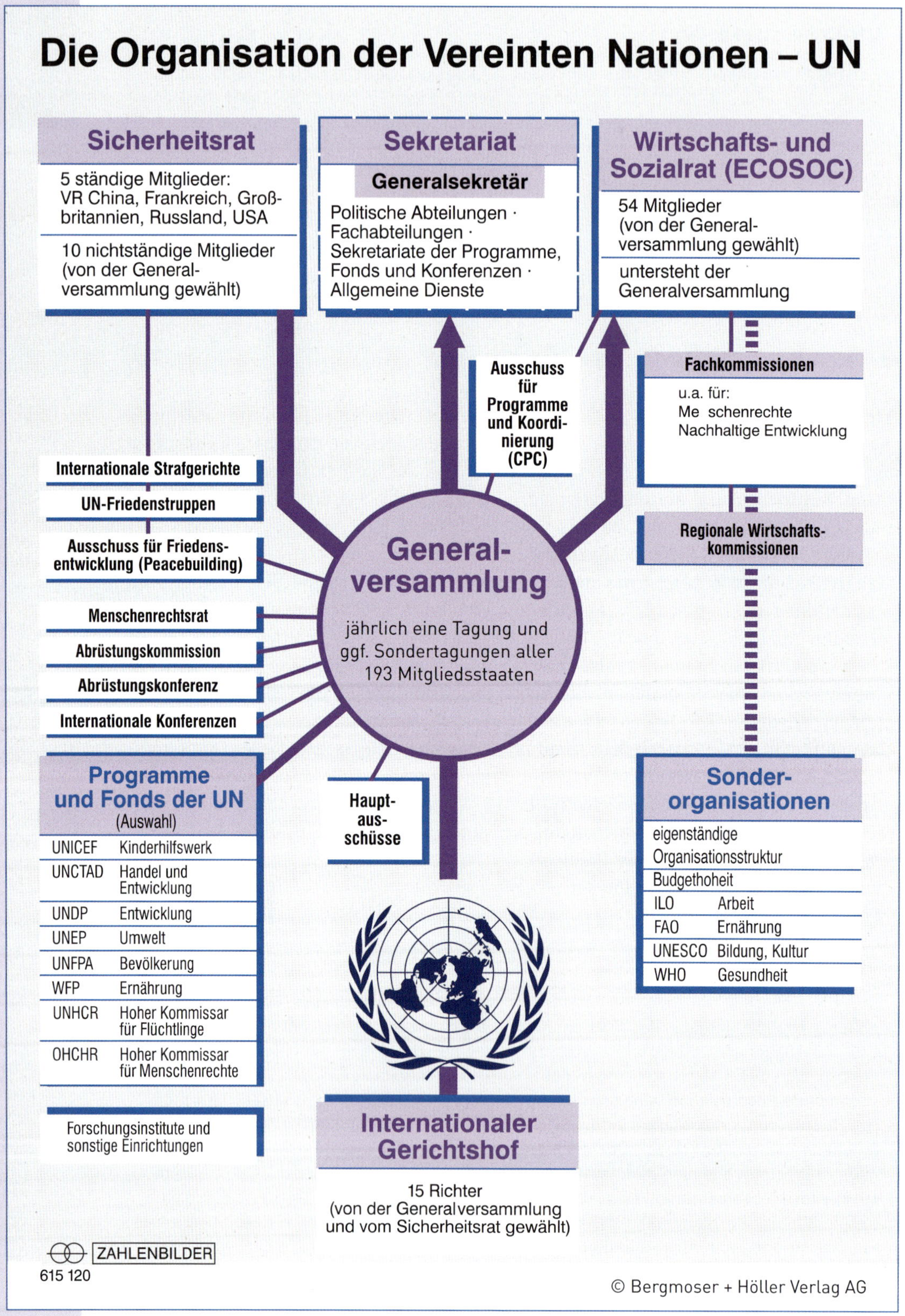

M 6 Erfolglose UNO? Ein Kommentar

Die UNO [...] ist ein kompliziertes Netzwerk aus inzwischen 193 souveränen Nationalstaaten mit oftmals sehr unterschiedlichen Interessen. Diese Staaten bestimmen das Handeln „der UNO". Ob sich „die UNO" überhaupt um ein Problem kümmert oder nicht, ob sie dabei erfolgreich ist oder scheitert – das ist immer Ergebnis der Interessen von Mitgliedstaaten, die sich in den Entscheidungen des Sicherheitsrats, der Generalversammlung oder anderer Gremien und Institutionen des UNO-Systems entweder durchsetzen oder nicht. Wobei sich die Mitgliedstaaten mit hohem politischem, wirtschaftlichem und militärischem Gewicht besonders häufig durchsetzen [...].

Diese Tatsache [...] hat inzwischen selbst bei vielen langjährigen Befürwortern der UNO zur resignativen bis zynischen Abkehr von der Weltorganisation geführt. Diese Haltung ist verständlich. Doch sie übersieht, dass die UNO trotz aller Unzulänglichkeiten und Widersprüche in den letzten 70 Jahren viel erreicht hat. [...]

Richtig ist: Gemessen an dem in der Gründungscharta von 1945 formulierten Hauptziel, „künftige Generationen vor der Geißel des Krieges zu bewahren", ist die UNO [...] gescheitert. Mehr als 260 bewaffnete Konflikte fanden in den letzten sieben Jahrzehnten statt – oftmals verbunden mit Völkermord und anderen schweren Menschenrechtsverletzungen.

Doch ohne die UNO und ihre Bemühungen zur Beilegung gewaltsamer Auseinandersetzungen hätten viele dieser Konflikte noch länger gedauert, noch mehr Tote und Verwundete gefordert und noch mehr Zerstörungen hinterlassen. [...] [Zudem] bot die UNO den Rahmen für die Vereinbarung zahlreicher internationaler Normen, Regeln und Verträge zu Rüstungskontrolle und Abrüstung, Menschenrechten, Umweltschutz und Sozialstandards sowie auf zahlreichen anderen Gebieten. Diese Normen, Regeln und Verträge haben die Erde zwar nicht in ein Paradies verwandelt. Aber sie trugen immerhin dazu bei, die Lebensbedingungen für viele der inzwischen über sieben Milliarden Erdbewohner in zahlreichen Bereichen zu verbessern. Eine Auflösung der 1945 gegründeten UNO würde den Rückfall in die Brutalität weitgehend ungeregelter zwischenstaatlicher Beziehungen bedeuten.

Tatsächlich bedarf es heute einer funktionierenden und handlungsfähigen Weltorganisation mindestens so dringend wie nach dem Zweiten Weltkrieg. Unterentwicklung, Aids, Hunger, Umweltzerstörung, Terrorismus, Massenvernichtungswaffen, Konflikte um Wasser, fossile Energieträger und andere Ressourcen – das sind heute die zentralen globalen Herausforderungen. Die Völker und Staaten dieser Erde werden diese Herausforderungen – wenn überhaupt – nur bewältigen können durch vermehrte kooperative Anstrengungen im Rahmen einer politisch, finanziell und strukturell gestärkten UNO.

Andreas Zumach, www.taz.de, 7.3.2015

Aufgaben

1. Beschreiben Sie die Bedeutung, die die UN-Generalversammlung der internationalen Kooperation beimisst (M 3, M 4).
2. Stellen Sie sich vor, dass es die UNO oder eine vergleichbare Organisation nicht gäbe. Schildern Sie die wahrscheinlichen Folgen für somalische Bürgerkriegsflüchtlinge in Kenia.
3. Arbeiten Sie mögliche Schwierigkeiten der Kooperation innerhalb der UNO heraus (M 5, Info „Generalversammlung", Info „Sicherheitsrat").
4. Beurteilen Sie den Aufbau und die Zielsetzung der UNO vor dem Hintergrund der Position Andreas Zumachs (M 4–M 6).

H zu Aufgabe 3
Vergleichen Sie den Sicherheitsrat mit der UN-Generalversammlung bzw. dem Generalsekretär. Erschließen Sie sich die beiden UN-Organe im ersten Schritt arbeitsteilig und nutzen Sie im zweiten Schritt für den Vergleich die Kategorien „Zusammensetzung", „Macht/Einfluss" und „Entscheidungsverfahren".

4.1.3 Kann die UNO humanitäre Hilfe weltweit erfolgreich leisten?

M 7 ● Versorgungsprobleme in Dadaab?!

Das Welternährungsprogramm (WFP) hat große Schwierigkeiten, seine Tätigkeiten in Dadaab zu finanzieren, und senkte daher die Lebensmittelrationen [...] [im Sommer 2015] um 30 Prozent. Das bedeutet, dass die tägliche Kalorienversorgung, die die Flüchtlinge erhalten, ungefähr ein Drittel unter dem absoluten Minimum liegt, das die UNO selbst empfiehlt. [...] „Ich glaube, dass sich die Welt anderen aufkommenden Notsituationen zugewandt hat wie der in Syrien", sagt [der Arzt John] Kiagora. „Es existieren keine langfristigen Lösungen für die hiesige Bevölkerung."

Einige glauben, dass die kenianische Regierung den [heimlichen] Plan verfolgt, Flüchtlinge [durch die Mangelversorgung] aus Dadaab herauszudrängen. „Das internationale Hilfssystem bringt sie in eine Abhängigkeitssituation und gibt ihnen dann nicht genug zum Überleben. Das ist vollkommen inakzeptabel", sagt Charles Gaudry der Missionsschef von [der Nichtregierungsorganisation] Ärzte ohne Grenzen in Kenia. „Manchmal glaube ich, dass sie es so schlecht machen, um den Somaliern das Gefühl zu geben, das Lager verlassen zu müssen."

Wojciech Treszczynstzi, Nick Thomson, www.cnn.com, Abruf am 12.4.2017 (eigene Übersetzung)

M 8 ● Umfang der UN-Nothilfeprogramme im Vergleich

	Humanitäre Hilfe der UNO 2015 weltweit	Länderdaten Niedersachsen
Personen	**125 Millionen** Hilfsbedürftige erreicht	**7,93 Millionen** Einwohner (31.12.2015)
Ausgaben	**25 Milliarden** US-Dollar Gesamtumfang (ca. 23,7 Milliarden Euro)	**28,7 Milliarden** Euro nach Haushaltsplan 2016 (davon ca. 8,8 Mrd. Euro für Versorgung und soziale Sicherung)
Einnahmearten	(freiwillige) Beiträge von Regierungen, ca. ein Drittel private Spenden	Steuern und Abgaben

Autorengrafik

M 9 Kann die UNO ausreichend helfen?

a) Wo hilft die UNO mit wie viel?

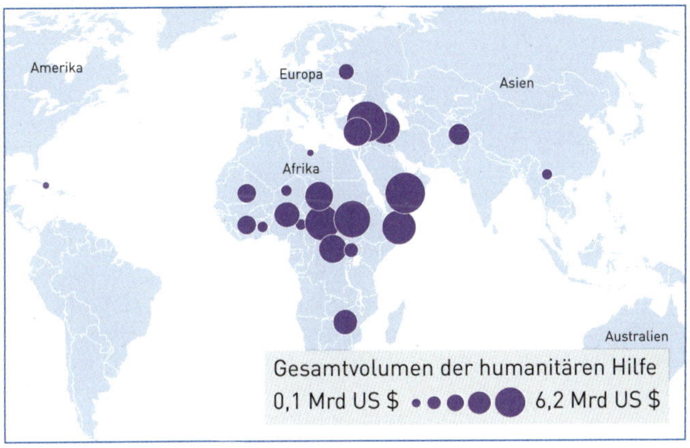

Zahlen: Vereinte Nationen

b) Finanzierungslücke bei der UNO-Hilfe

40 Milliarden Dollar würden für humanitäre Hilfen gebraucht, sagte die Vize-Vorsitzende des Ausschusses [für humanitäre Fragen der UNO], Kristalina Georgieva, es fehlten derzeit aber rund 15 Milliarden [...]. [Einem] [...] Bericht zufolge gibt die internationale Gemeinschaft jährlich 25 Milliarden Dollar für humanitäre Hilfen aus – zwölfmal so viel wie im Jahr 2000. Wegen der wachsenden Zahl an Konflikten und Naturkatastrophen steigt auch der Bedarf an Hilfsgütern weiter, heißt es in dem Bericht. [...] Mit einem weltweiten Bruttoinlandsprodukt von fast 78 Billionen Dollar müsse die Weltgemeinschaft das nötige Geld eigentlich aufbringen können.

nck/dpa/AP, www.spiegel.de, 17.1.2016

M 10 Ein Vorschlag zur Finanzierung humanitärer Hilfe

Der neunköpfige [UN-]Ausschuss [...] schlägt [...] einen kleinen freiwilligen Solidaritätszuschlag von fünf oder zehn Cent auf Luxusartikel und Dienstleistungen vor, wie etwa auf Eintrittskarten für Sportveranstaltungen, Konzerte oder Unterhaltungsevents. So könnten stabile Einnahmen für humanitäre Projekte generiert werden. Auf eine verpflichtende Abgabe konnte sich der Ausschuss nicht einigen. Vorbild sollte eine Abgabe auf Flugtickets sein, die ursprünglich von Frankreich vorgeschlagen worden war. Zwischen 2006 und 2011 wurden damit von nur zehn teilnehmenden Ländern 2,3 Milliarden Dollar eingenommen.

nck/dpa/AP, www.spiegel.de, 17.1.2016

Humanitäre Krisen aktuell

Humanitäre Krisen werden aktuell dokumentiert auf http://reliefweb.int/, dem Amt für die Koordinierung humanitärer Angelegenheiten (OCHA) der UNO.

Aufgaben

1. Schildern Sie, welche Bedeutung eine 30%ige Kürzung der Lebensmittelrationen für Flüchtlinge wie Guled, aber auch Frauen und Kinder, haben wird (M 7, Kap. 4.1.1).
2. Erklären Sie (hypothesenartig) die Ursachen der Unterfinanzierung von Lagern, wie denen in Dadaab, sowie der humanitären Hilfe der UNO allgemein (M 7–M 9, Kap. 4.1.2).
3. Beurteilen Sie den Vorschlag des UN-Gremiums, zur Finanzierung der humanitären Hilfe einen freiwilligen Solidaritätszuschlag einzuführen (M 10).

H zu Aufgabe 2
Beachten Sie dabei auch die Institutionenstruktur der UNO (Kap. 4.1.2, M 5).

4.1.4 Nothilfe für Menschen in Unrechtsregimen? Die UNO im „Aid-Dilemma"

M 11 ● Hilfe nicht gleich Hilfe?

Hilfsorganisationen unterbrechen Arbeit mit der UNO

Mehr als 70 [nichtstaatliche] Hilfsorganisationen haben [Anfang September 2016] ihre Zusammenarbeit mit den Vereinten Nationen in Syrien ausgesetzt. In einem offenen Brief beklagen die Hilfsorganisationen, dass die syrische Regierung zu großen Einfluss auf die Arbeit der UNO nehme. [...] Zu den Hilfsorganisationen gehört die „Syrian American Medical Society (Sams)" und der „Syrische Zivilschutz", die auch unter dem Namen „Weißhelme" bekannt ist. Allein diese beiden Organisationen stehen für die humanitäre Versorgung von etwa sechs Millionen Syrer. Die Hilfsorganisationen äußern große Bedenken über die Strategie der Uno, wie Hilfe am besten in die [von Regierungstruppen] belagerten [und von Rebellen gehaltenen] Gebiete gebracht werden soll. Sie unterstellen den UNO-Strategen, dass sie mit dem Regime von Diktator Bashar al-Assad [der sogar die eigene Zivilbevölkerung mit Giftgas und Fassbomben angreift] zu eng kooperieren würden und dadurch eine Partei im syrischen Bürgerkrieg bevorzugen würden.

Konstantin Hofmann, www.faz.net, 8.9.2016

M 12 ● Wie viele benötigen humanitäre Hilfe in Syrien?

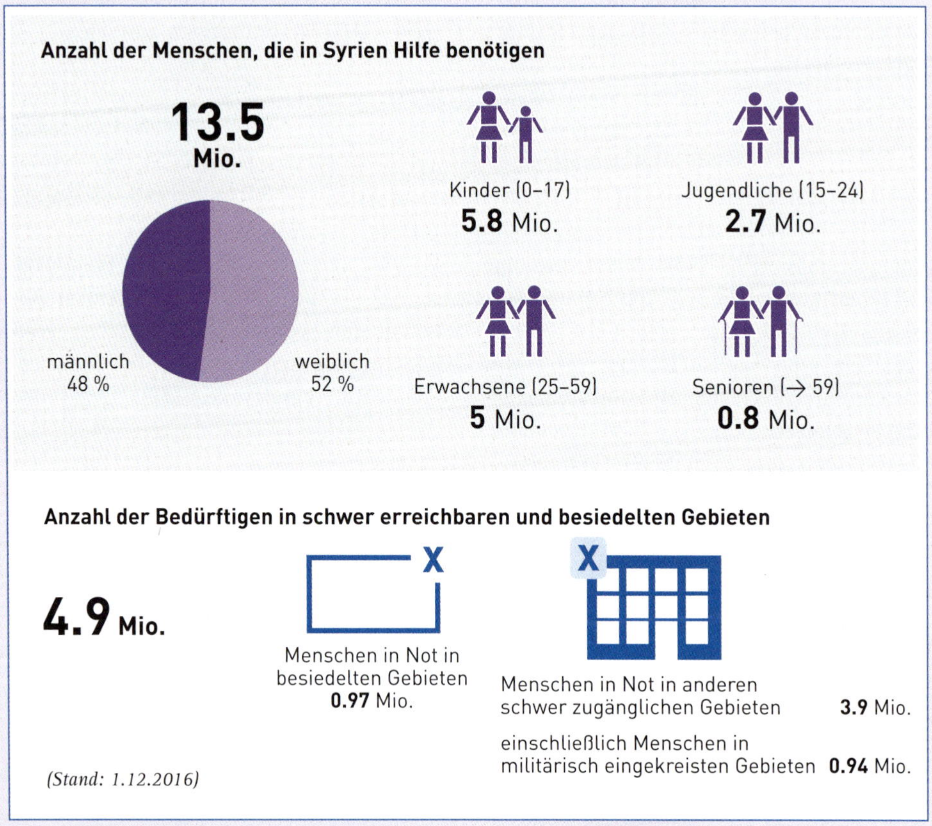

Zahlen: United Nations Office for the Coordination of Humanitarian Affairs (UNOCHA), Humanitarian Needs Overview 2017

VERTIEFUNG

M 13 Kontrovers diskutiert: Zugunsten humanitärer Hilfe mit dem Regime kooperieren?

a) Die UNO im „Aid Dilemma"

Nach internationalem Recht regelt die Regierung eines Landes den Zugang zu ihrem Gebiet. [...] Im Konflikt in Syrien, in dem eine Vielzahl von Akteuren agiert, fungiert das Regime unter Assad als Ansprechpartner für von ihm kontrollierte Gebiete. Da das syrische Regime durch seine Luftwaffe und wechselnde Frontverläufe aber außerdem auch Zugriff auf andere Landesteile hat, die von verschiedenen bewaffneten Oppositionsgruppen kontrolliert werden, wird eine Erlaubnis, humanitäre Hilfsgüter zuzustellen, zunächst für das gesamte Land beim Regime eingeholt. Dies bedeutet, dass das Regime zu einem gewissen Grad Einfluss darauf nimmt, wer welche Hilfe wo bekommt. Ein Vorwand, den das Regime exzessiv ausnutzt, um zu verhindern, dass beispielsweise lebensnotwendige Medikamente in Gebiete der Oppositionsgruppen gelangen. [...] Im Bericht des VN-Generalsekretärs [= Generalsekretär der Vereinten Nationen] an den Sicherheitsrat zu Beginn des Jahres werden die Auswirkungen dieser Praxis deutlich. So hat das syrische Regime den Zugang zu sechs von 18 belagerten Orten blockiert und damit über 250.000 Menschen Hilfe verweigert. [...] Schwer [...] wiegen die direkten Interventionen des syrischen Regimes, das zusätzlich Gesetze verabschiedet, welche die Arbeit der Vereinten Nationen und von Nichtregierungsorganisationen erheblich erschweren oder ganz ausbremsen sollen. Dazu zählen Importverbote türkischer Produkte oder das Bestehen darauf, dass alle Medikamente in Syrien beschafft werden müssen. Dies bedeutet erhebliche Preissteigerungen in der logistischen Abwicklung von Hilfslieferungen oder eine unzureichende Versorgung der betroffenen Bevölkerung, da bestimmte Güter innerhalb Syriens gar nicht erst beschafft werden können.

Von Vorkommnissen dieser Art wurde regelmäßig in den Medien berichtet. Trotzdem kooperieren die Vereinten Nationen weiterhin mit den syrischen Behörden, um ihre Hilfslieferungen durchzuführen. Dafür gibt es gute Gründe. Zum einen kontrolliert das Regime wichtige Gebiete, die Abstimmung mit Damaskus führt deshalb theoretisch dazu, dass große Teile der notleidenden Bevölkerung erreicht werden. Zum anderen sind die Vereinten Nationen auf Assad angewiesen, damit sie weiter Zugang nach Syrien erhalten. Wird ihnen der Zugang komplett verweigert, erhält niemand ihre Hilfe. Nicht zuletzt kann so die Sicherheit für humanitäres Personal und ihre Hilfe am besten gewährleistet werden.

Claudia Jach, www.dgvn.de, 11.9.2016

Dilemma
(auch: Zwickmühle) Situation mit zwei Entscheidungsmöglichkeiten, in der beide Entscheidungen zu einem unerwünschten Ergebnis führen; möglich auch: Trilemma, Polylemma

b) Die UNO kuscht vor Diktator Assad

Wer humanitär hilft, muss unparteiisch, unabhängig und neutral sein – so die Forderungen des Büros zur Koordination humanitärer Angelegenheiten der UN (OCHA). Hilfsgüter müssen auch im Krieg alle Menschen unabhängig von ihren politischen Ansichten erreichen. Als einziges Kriterium zählt die Bedürftigkeit. Außerdem muss die Hilfe unabhängig von den politischen, wirtschaftlichen und militärischen Zielen einzelner Kriegsparteien sein. Und humanitäre Akteure dürfen sich in Konflikten nicht auf eine Seite schlagen, indem sie Verantwortlichkeiten verschweigen.

Alle diese Vorgaben scheinen in Syrien nicht zu gelten. Nahrungsmittel und Medikamente gibt es dort nur von [Präsident] Assads Gnaden, der syrische Präsident benutzt die UN als Erfüllungsgehilfen seiner Strategie des Aushungerns. UN-Vertreter kuschen, beschönigen Bedarfspläne für Hilfsprogramme und weigern sich, Verbre-

VERTIEFUNG

chen des Regimes klar zu benennen. [...]
Hier die Fakten: Fast die gesamte international finanzierte UN-Hilfe – 3 Milliarden US-Dollar von 2011 bis 2015 – geht in Regierungsgebiete. Das Welternährungsprogramm in Damaskus liefert 96 Prozent der Nahrungsmittel dorthin. Außerdem finanzieren die UN dort Programme zur Unterkunft, Gesundheitsversorgung und Bildung der Geflüchteten. Dagegen wurden 2015 nur 1,4 Prozent der Menschen in abgeriegelten Gebieten erreicht. Obwohl der Weltsicherheitsrat die UN ermächtigt hat, auch ohne Genehmigung des Regimes Hilfe zu leisten, unternehmen die UN-Organisationen nichts ohne Assads Okay. [...]
Die Vereinten Nationen sprechen von 600.000 Zivilisten in abgeriegelten Gebieten und betonen, alle Konfliktparteien verfolgten die Strategie des Aushungerns. Das ist formal richtig, verzerrt aber die Realität. Denn während die Terrormiliz „Islamischer Staat" einen Teil der Stadt Deir al-Sor abriegelt und islamistische Rebellen in der Provinz Idlib die beiden Orte al-Fu'ah und Kafraja belagern, hungert das Regime laut der Organisation Siege Watch im Umland von Damaskus 47 und in der Provinz Homs 4 Orte aus. Dabei ist es erheblich effektiver als die Regimegegner. Die eingeschlossenen Bewohner von Deir al-Sor etwa werden aus der Luft versorgt, die von Assad abgeriegelten Gebiete dagegen nicht, weswegen auch nur dort Menschen verhungern.
Mehr als 600 Syrer sind bislang an Unterernährung und mangelnder medizinischer Versorgung in Folge von Regimeblockaden gestorben. Als es in Madaja im Dezember 2015 die ersten Hungertoten gab, führten die UN den Ort nicht mal auf ihrer Liste der belagerten Gebiete. Damals kostete ein Kilo Reis in Madaja 256 Dollar, in Fu'ah und Kafraja 1,25 Dollar.
Die von Verantwortlichen genannten „Sicherheitsbedenken" bei der Lieferung von Hilfsgütern wirken dabei mitunter vorgeschoben. Denn im östlichen Umland von Damaskus sind Konvois in der Vergangenheit durch das belagerte Duma gefahren, um Ware nach Dschobar zu bringen. Die Hilfsgüter wurden nur deshalb nicht in Duma abgeladen, weil es das Regime nicht genehmigt hatte – und nicht, weil es zu gefährlich war. [...]
Menschen fliehen in Assads Regionen, weil sie wissen, dass sie dort von den UN versorgt werden. Gleichzeitig überlässt die Regierung die humanitäre Arbeit den UN und kann die dadurch gesparten Ressourcen für ihre militärischen Ziele verwenden. Die internationale Gemeinschaft kümmert sich also um Assads Bevölkerung, sodass dieser mehr Geld für Chlorgas, Fass- und Brandbomben ausgeben kann.

Kristin Helberg, Die Tageszeitung, 13.9.2016

M zu Aufgaben 1 und 2
Erschließen Sie sich die Positionen Jachs und Helbergs arbeitsteilig in Kleingruppen und inszenieren Sie ein kurzes Doppelinterview mit den beiden und einem Moderator in einer aktuellen Fernsehsendung zum Thema „Humanitäre Hilfe im syrischen Bürgerkrieg".

Aufgaben

1. Fassen Sie die Positionen und Argumentationen Claudia Jachs und Kristin Helbergs zur UN-Hilfspolitik in Syrien zusammen (M 13).
2. Arbeiten Sie mögliche Strategien des syrischen Präsidenten Assad heraus, humanitäre Hilfen für seine Zwecke zu nutzen (M 13b).
3. „UN sollte Hilfe an das Regime nur noch dann leisten, wenn sie zugleich die Menschen in den von der Opposition kontrollierten Gebieten erreichen können." (Kristin Helberg) Nehmen Sie Stellung zu dieser Forderung (M 11–M 13).

Bedarf an humanitärer Hilfe
M 2, M 9a

Zurzeit erreicht die humanitäre (Not-)Hilfe der UNO ca. 125 Millionen Menschen weltweit und umfasst ein Volumen von ca. 25 Milliarden US-Dollar. Damit wird einerseits Menschen geholfen, die unmittelbar in Existenznot geraten sind, denen aber aufgrund eigener Schwäche der Staat, in dem sie sich aufhalten, nicht hilft. Andererseits werden Menschen auch langfristig (z.B. in Flüchtlingslagern) versorgt. Das Gros der humanitären Hilfsmittel fließt dabei in den äquatornahen Teil Afrikas sowie in den Norden der Arabischen Halbinsel (Syrien, Irak, Jordanien).

UNO als supranationale Institution humanitärer Kooperation
M 3, M 4

Anders als noch vor dem Zweiten Weltkrieg entwickelte sich – auch durch erweiterte mediale Berichterstattung aus allen Teilen der Welt – eine immer stärkere Tendenz zur **globalen Verantwortungsübernahme** bei humanitären Katastrophen, die von den betroffenen Staaten nicht alleine zu bewältigen sind. Die UNO als Zusammenschluss nahezu aller Staaten der Erde ist die prädestinierte Organisation zwischenstaatlicher Kooperation zur Bewältigung humanitärer Krisen, die in ihrer **Charta** u.a. die Lösung sozialer und wirtschaftlicher Probleme verankert hat.

Einrichtungen der UNO zur humanitären Hilfe
M 2, M 5

Die UNO unterhält mehrere Nebenorgane und Sonderorganisationen, die u.a. für humanitäre (Not-)Hilfe zuständig sind: Der Hohe Kommissar für Flüchtlinge (**UNHCR**) ist zuständig für die Versorgung von Flüchtlingen und Staatenlosen. Das Kinderhilfswerk (**UNICEF**) betreibt neben Nothilfe auch Entwicklungspolitik für Kinder. Das Welternährungsprogramm (**WFP**) ist die wichtigste Institution der UNO zum weltweiten Kampf gegen Hunger. Allein das WFP erreicht nahezu 100 Millionen Bedürftige im Jahr.

Probleme bei der Realisierung humanitärer Hilfe
M 5, M 9b

Grundsätzlich bestehen – neben logistischen Problemen in den oft schwer zugänglichen oder umkämpften Hilfsgebieten – zwei miteinander zusammenhängende strukturelle Schwierigkeiten der humanitären UN-Nothilfe: Erstens sind die humanitären Organisationen der UN der Generalversammlung unterstellt, die aber – anders als der UN-Sicherheitsrat – keine bindenden **Resolutionen** (Beschlüsse) verabschieden kann. Zweitens ist die humanitäre Hilfe von den Zahlungen wohlhabender Mitgliedsstaaten abhängig. Diese manchen zwar Zusagen, erfüllen diese aber oftmals nur teilweise, wodurch ein jährliches **Finanzierungsdefizit** von 15 Milliarden US-Dollar entstanden ist.

Die UNO im humanitären Hilfe-Dilemma
M 13

Beim Versuch, Menschen v.a. in diktatorischen Regimen und/oder Bürgerkriegsgebieten zu helfen, gerät die UNO immer wieder in ein Dilemma: Sie scheint auf die Kooperation mit der Regierung, die teilweise selbst Bürgerkriegspartei ist oder Teile der eigenen Bevölkerung unterdrückt, angewiesen zu sein, um Bedürftige überhaupt erreichen zu können. Also sieht sie sich zu Eingeständnissen an die Regierung gezwungen. Kritiker befürchten, dass dadurch die Regierung direkt oder indirekt mehr Hilfe (Finanzmittel...) erhält und gleichsam durch die UNO gestärkt wird. Teilweise verweigern deswegen Nichtregierungsorganisationen die Zusammenarbeit mit der UNO in einigen Gebieten (z.B. Syrien).

4.2 Die Agenda 2030 – sinnvolle UN-Ziele für nachhaltige Entwicklung?

4.2.1 Hatte die UNO bis 2015 ihre Millenniumsziele erreicht?

M 1 Wesentliche Millenniumsziele (2000-2015) erreicht? Eine Selbsteinschätzung der UNO

Auf der 55. Generalversammlung der Vereinten Nationen (sog. „Millenniumsgipfel") wurden acht sogenannte Millenniums-Entwicklungsziele beschlossen, die bis 2015 umgesetzt werden sollten. Die UNO schätzt den Umsetzungserfolg besonders wichtiger Ziele wie folgt ein:

Ziel 1: Beseitigung der extremen Armut und des Hungers

- Die extreme Armut ist in den letzten 20 Jahren deutlich zurückgegangen. 1990 lebte fast die Hälfte der Bevölkerung der Entwicklungsländer von weniger als 1,25 US-Dollar pro Tag. Dieser Anteil ist 2015 auf 14 Prozent gesunken.
- Weltweit fiel die Zahl der in extremer Armut lebenden Menschen zwischen 1990 und 2015 um mehr als die Hälfte, von 1,9 Milliarden auf 836 Millionen. Die größten Fortschritte stellten sich seit 2000 ein. [...]

Ziel 2: Verwirklichung der allgemeinen Grundschulbildung

- In den Entwicklungsregionen stieg die Netto-Bildungsbeteiligungsquote im Grundschulbereich zwischen 2000 und 2015 von 83 auf 91 Prozent.
- Im selben Zeitraum sank die Zahl der Kinder im Grundschulalter, die keine Schule besuchen, weltweit fast um die Hälfte, von 100 auf schätzungsweise 57 Millionen. [...]

Ziel 4: Senkung der Kindersterblichkeit

- Zwischen 1990 und 2015 sank die Sterblichkeitsrate von Kindern unter fünf Jahren weltweit um mehr als die Hälfte, von 90 auf 43 Sterbefälle je 1.000 Lebendgeburten. [...]

Bei vielen Millennium-Zielvorgaben waren die Fortschritte weltweit gesehen erheblich, [...] es bestehen noch immer große Lücken. [...]

Zwischen den ärmsten und den reichsten Haushalten und zwischen ländlichen und städtischen Gebieten bestehen große Disparitäten [=Unterschiede]

[...] Kinder aus den ärmsten Haushalten besuchen viermal häufiger keine Schule als die aus den reichsten. Die Sterblichkeitsrate von Kindern unter fünf Jahren liegt für die ärmsten Haushalte fast doppelt so hoch wie für die reichsten. [...]

Klimawandel und Umweltzerstörung unterhöhlen bereits Erreichtes, und die Armen leiden am meisten

Die weltweiten Kohlendioxidemissionen sind seit 1990 um mehr als 50 Prozent gestiegen. Die Weltgemeinschaft steht weiter vor der dringenden und kritischen Herausforderung, gegen den unverminderten Anstieg der Treibhausgasemissionen und die damit verbundenen wahrscheinlichen Folgen des Klimawandels wie veränderte Ökosysteme, extreme Wetterereignisse und Risiken für die Gesellschaft anzugehen. [...]

Millionen Menschen leiden weiter unter Armut und Hunger und haben keinen Zugang zu Grundversorgungseinrichtungen

Trotz enormer Fortschritte leben selbst heute noch rund 800 Millionen Menschen in extremer Armut und leiden Hunger. Mehr als 160 Millionen Kinder unter fünf Jahren sind für ihr Alter zu klein, weil sie nicht genug zu essen haben. Derzeit besuchen 57 Millionen Kinder im Grundschulalter keine Schule.

Vereinte Nationen, Millenniums-Entwicklungsziele. Bericht 2015, New York 2015, S. 4-6, 8

M 2 Millenniumsziele falsch gesetzt und verfehlt?

Süddeutsche Zeitung: Herr Pogge, auf der UNO-Generalversammlung im Jahr 2000 haben sich die Vereinten Nationen auf die sogenannten Millenniumsziele geeinigt [...]. Wurden die Ziele erreicht?

Thomas Pogge: Die Formulierung der Ziele hat gebracht, dass man in der Öffentlichkeit über extreme Armut in Afrika oder die Dringlichkeit von Malarianetzen gesprochen hat. Insofern sind sie ein Erfolg. Sie zwingen uns, über die Ärmsten der Armen nachzudenken, was schön ist und wichtig. [...]

Wie lautet die Definition von Armut?

Laut Weltbank lebt ein Mensch in extremer Armut, wenn er im Monat über weniger als 38 – oder pro Tag 1,25 – Dollar verfügt. Doch diese Festlegung wird dem komplexen Thema nicht gerecht und hat verheerende Folgen. [...] Wenn [nämlich] eine Regierung sich damit brüsten möchte, etwas gegen die Armut zu tun, dann konzentriert sie sich auf die Menschen, die knapp unter diesen 1,25 Dollar liegen, weil es weniger braucht, sie aus der Armen-Statistik zu tilgen. Die Ärmsten der Armen, die gar nichts haben, lässt sie links liegen. Zweitens: Der Betrag von 1,25 Dollar wird für jedes Land per Kaufkraftparität berechnet, ein Faktor, der ausgleichen soll, dass man in Entwicklungsländern für dasselbe Geld mehr kaufen kann als in den USA. Aber auch da läuft einiges schief, weil bei der Berechnung dieses Faktors die Preise aller möglichen Waren und Dienstleistungen berücksichtigt werden, die für Arme völlig irrelevant sind. Ob Computer oder Flugtickets weniger kosten, spielt keine Rolle, wichtig ist der Preis von Grundnahrungsmitteln, und die sind in Entwicklungsländern zwar billiger als in den USA, aber nicht um so viel, wie die Kaufkraftparitäten unterstellen.

Wie müsste man Armut Ihrer Meinung nach messen?

Ein von mir geleitetes Forschungsteam hat während einer vierjährigen Feldarbeit mit Tausenden sehr armen Menschen darüber diskutiert, was Armut ist, woraus sie besteht und wie man sie erkennt. Daraus haben wir 15 Dimensionen abgeleitet: Fehlender Zugang zu Nahrung etwa, zu Gesundheitsvorsorge, Kleidung, Wasser, sanitären Anlagen und auch fehlender Schutz vor Gewalt. Der differenziertere Blick ermöglicht effektivere Maßnahmen, der Armut beizukommen. Eine Zahl wie diese 1,25 Dollar sagt wenig aus. [...] Die Menschheit ist so reich und entwickelt, dass niemand mehr an Malaria oder Hunger sterben müsste und dennoch passiert das, jede Sekunde.

Interview: Sacha Batthyany, Süddeutsche Zeitung, 27.11.2015

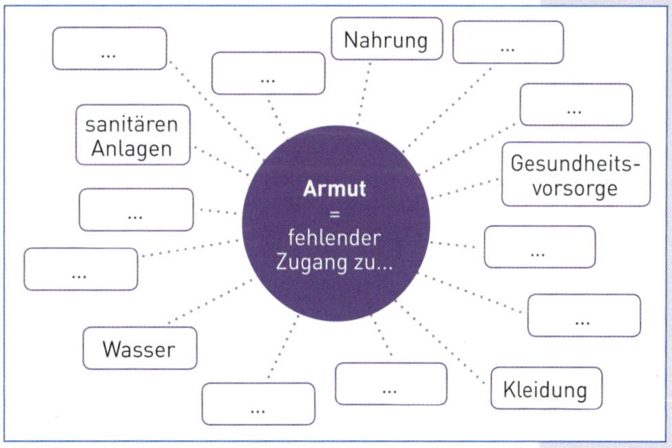

Autorengrafik

Thomas Pogge (*1953), Professor für Philosophie und internationale Angelegenheiten an der Yale University sowie auswärtiges Mitglied der Norwegischen Akademie der Wissenschaften

Aufgaben

1. Geben Sie wieder, inwieweit die UNO wichtige Teile der selbst gesetzten „Millenniums-Entwicklungsziele" für erreicht hält (M 1).
2. Arbeiten Sie wesentliche Dimensionen von Thomas Pogges Kritik an den Millenniumszielen und deren Umsetzung heraus (M 2).
3. Entwickeln Sie Ideen, wie Folgeziele nach den Millenniumszielen von der UNO sinnvollerweise gesetzt werden müssten. Formulieren Sie ein Ziel exemplarisch aus.

METHODE

Karikaturen analysieren

Karikatur: Scharwel, 20.9.2010

Interpretations-hilfe

Auf der 65. Sitzung der UN-Generalversammlung Ende Juli 2010 wurde u.a. das Menschenrecht auf Zugang zu sauberem Trinkwasser und das auf Zugang zu sanitären Anlagen per Resolution bekräftigt. Dieses Recht ist Teil des bereits bestehenden Menschenrechts auf Gesundheit.

Warum sollte ich Karikaturen analysieren können?

Politische Karikaturen begegnen den meisten Menschen - anders als Texte und auch Statistiken - im Alltag eher selten, meist nur in (überregionalen) Tageszeitungen, manchmal in Internetforen.

Die Fähigkeit, eine Karikatur analysieren zu können, ist dennoch von Bedeutung, weil es sich bei ihr erstens um die knappste Form handelt, seine eigene Meinung zu einem politischen Sachverhalt äußern zu können. Zweitens schult das Deuten von Karikaturen die eigene Ironie- und auch Urteilsfähigkeit, da ihre Aussagen häufig mit dem Gegenteil des tatsächlich Gemeinten bildlich ausgedrückt werden und die Position des Zeichners zur eigenen Stellungnahme herausfordert. Drittens sind Karikaturen (historisch) bedeutsam, da mit ihnen seit über 250 Jahren politische und gesellschaftliche Missstände angeprangert werden und die Karikaturisten dafür nicht selten verfolgt wurden. Auch wurden (und werden in vielen Ländern noch) Karikaturen zensiert und vor der Öffentlichkeit verborgen, da Kritik an den Herrschenden nicht zugelassen war/ist. Viertens können die Karikaturenbetrachter viel über bildliche Symbolsprache erfahren, da Karikaturisten sehr häufig mit tradierten Symbolen für Staaten, Gruppen, Organisationen oder auch Zustände (Friedenstaube, Ölzweig...) arbeiten.

Was muss ich bei einer Karikaturenanalyse beachten?

Bei einer politischen Karikatur handelt es sich um eine zugespitzte Meinungsäußerung eines Zeichners zu einer politischen, gesellschaftlichen oder ökonomischen (Streit-)Frage in Form eines gezeichneten Bildes oder einer Bild-Text-Kombination. Dabei werden bestimmte Eigenheiten von Personen oder Charakteristika von Umständen überzeichnet, nicht selten auch ironisierend dargestellt. Die Karikatur verfolgt die Zwecke der Provokation und -

damit verbunden – die Anregung zu eigenen Meinungsbildung. Daher verzichtet die Karikatur bewusst auf eine differenzierte Argumentation.
Daraus ergeben sich vier Hauptschwierigkeiten der Karikaturenanalyse: Aufgrund ihrer zeichnerischen Verdichtung werden erstens in der Beschreibung häufig für die Deutung wesentliche Details vergessen (z.B. die Mimik von Figuren) oder die Beschreibung wird unsystematisch. Zweitens kann es schwerfallen, die Karikatur in einen (aktuellen) politischen Zusammenhang einzuordnen. Drittens hängt es vom Grad des Vorwissens ab, ob die Bedeutung von Symbolen und von Ironie verstanden wird. Und viertens ist es nicht immer einfach, die Gesamtaussage der Karikatur (also die Position des Zeichners) exakt zu bestimmen.

Mögliche Schrittfolge zur Karikaturenanalyse

Hier wird eine idealtypische Schrittfolge skizziert, wobei die Schritte zwei und drei auch getauscht und die Schritte zwei und vier miteinander verzahnt werden können.

Schritt	Beschreibung
(1) Formalia nennen	Nennen Sie Zeichner, Veröffentlichungsmedium und -datum. Nennen Sie den Titel – falls vorhanden. Schließen Sie möglicherweise aufgrund des Zeichners und des Veröffentlichungsmediums bereits auf eine politische Stoßrichtung der Aussage.
(2) Karikatur kontextualisieren	Ordnen Sie die Karikatur (vorläufig) in einen politischen Zusammenhang ein: Zu welcher politischen Streitfrage bzw. welchem politischen Problem bezieht der Zeichner Stellung?
(3) Karikatur beschreiben	Gehen Sie vom Allgemeinen ins Detail: Geben Sie zunächst einen Überblick über den Bildaufbau und die Hauptelemente. Beschreiben Sie dann die Elemente und deren wichtige Details (z.B. Mimik). Wenn Sie allgemein bekannte Symbole erkennen (deutscher Michel, gallischer Hahn...), können Sie deren Bedeutung auch hier bereits nennen.
(4) Karikatur deuten	Deuten Sie nötigenfalls erst die Hauptelemente der Karikatur einzeln: Um wen oder was handelt es sich? Formulieren Sie eine Gesamtdeutung der Karikatur: Welche Position vertritt der Zeichner zu der politischen Frage? Welches „Argument" stellt er zeichnerisch dafür in den Vordergrund?
(5) Karikatur bewerten	Die Karikaturenanalyse erfordert nicht zwingend die Bewertung der Güte der Karikatur. Hier können Sie kurz ausführen, in welchen wesentlichen Punkten Sie die Karikatur für gelungen halten, in welchen Sie Veränderungsmoglichkeiten sehen. Machen Sie diese konkret.
(6) eigenes Urteil bilden	Zu einer Karikaturenanalyse gehört eine eigene Positionierung zur Aussage eigentlich nicht. Wenn Sie zur Karikaturenaussage Stellung nehmen möchten, gehen Sie auch unbedingt auf das „gezeichnete Argument" des Karikaturisten ein. Sie können auch weitere Argumente abwägend aufwerfen.

METHODE

Aufbau einer (schriftlichen) Karikaturenanalyse

Gliederungsaspekt der Aufgabenbearbeitung	inhaltliche Anforderungen (inkl. Beispielen)
Einleitung	→ Nennung des Zeichners, des Titels sowie des Veröffentlichungsmediums und -datums *„Die titellose Karikatur stammt von Schwarwel und ist am 20.9.2010 erstmals veröffentlicht worden. Das Veröffentlichungsmedium ist nicht angegeben."* → Bereits hier kann der vermutliche politische Kontext angedeutet werden: *„Mit der Karikatur bezieht sich Schwarwel auf nicht eingelöste Entwicklungsversprechen der reichen an arme Staaten innerhalb der UNO hinweisen."*
Beschreibung	→ Beschreibung des allgemeinen Bildaufbaus: *„Die Karikatur in Schwarz-Weiß zeigt einen Ausschnitt eines runden, hallenartigen Innenraums mit einem besetzten Rednerpult in der Mitte des Hintergrunds. Über dem Redner, dessen Gesicht offenbar auf einen Großbildfernseher weiter links oben übertragen wird, prangt ein großes Emblem mit umkränzter Weltkugel. Der Bildvordergrund wird von Männern eingenommen, die auf symmetrisch angeordneten Stühlen oder Bänken zu sitzen scheinen und zum Redner blicken."*
	→ Beschreibung wichtiger Bildelemente und zentraler Details: *„Der Raum zeigt eine UN-Generalversammlung, die ironisch mit ‚UNO-Tage der globalen Mega-Versprechen' betitelt ist. Der Redner fragt das Plenum zunächst: ‚Wer hat noch ein Versprechen an die 3. Welt?', und ergänzt: ‚...bedenken Sie: nicht dessen Erfüllung, sondern allein die Geste zählt!' Die vom Betrachter aus gesehen linke Hälfte der Anwesenden quittiert diese Aussage mit grimmigem Blick (heruntergezogene Mundwinkel, verengte Augen), knapp die rechte Hälfte meldet sich und sieht enthusiastisch aus (leicht zum Lachen geöffneter Mund, hochgezogene Augenbrauen)."*
Deutung und Gesamtaussage	→ Deuten Sie zunächst wichtige Bildelemente inkl. Symbolen. → Ordnen Sie die Karikatur begründet in einen aktuellen (politischen) Zusammenhang ein. → Kommen Sie dann zu einer Gesamtdeutung: *„Der Zeichner kritisiert einerseits das Verhalten der Vereinten Nationen, weitreichende Zusagen (zu Finanzhilfe...) an Entwicklungsländer zu machen, die dann nicht eingehalten werden und von vornherein nicht auf Einhaltung angelegt sind. Andererseits problematisiert er das Verhalten vieler Delegierter (reicher Industrienationen), solche symbolische Politik nahezu begeistert mitzutragen."*

4.2.2 Die Agenda 2030 – entwicklungspolitischer Durchbruch?

M 3 ● Auf welchen Grundlagen fußt die Agenda 2030?

1. Wir, die Staats- und Regierungschefs und Hohen Vertreter, [...] haben heute [am 25.9.2015] neue globale Ziele für nachhaltige Entwicklung beschlossen.
2. Im Namen der Völker, denen wir dienen, haben wir einen historischen Beschluss über einen umfassenden, weitreichenden und die Menschen in den Mittelpunkt stellenden Katalog universeller und transformativer [allgemeingültiger und aufgrund von Reflexion anpassbare] Ziele und Zielvorgaben gefasst. Wir verpflichten uns, uns unermüdlich für die volle Umsetzung dieser Agenda bis im Jahr 2030 einzusetzen. Wir sind uns dessen bewusst, dass die Beseitigung der Armut in allen ihren Formen und Dimensionen, einschließlich der extremen Armut, die größte globale Herausforderung darstellt und eine unabdingbare Voraussetzung für eine nachhaltige Entwicklung ist. Wir bekennen uns dazu, die nachhaltige Entwicklung in ihren drei Dimensionen – der wirtschaftlichen, der sozialen und der ökologischen – in ausgewogener und integrierter Weise herbeizuführen. [...]
4. Wir verpflichten uns, auf dieser großen gemeinsamen Reise, die wir heute antreten, niemanden zurückzulassen [...] und wir werden uns bemühen, diejenigen zuerst zu erreichen, die am weitesten zurückliegen.

Generalversammlung der Vereinten Nationen, Transformation unserer Welt: die Agenda 2030 für nachhaltige Entwicklung, A/RES/70/1 New York, 2015, S. 3

M 4 ● Welche humanitären Ziele setzt sich die Weltgemeinschaft?

Am 25. September 2015 beschlossen die 193 Mitglieder der Vereinten Nationen in der UN-Generalversammlung die „Weltweiten Ziele für nachhaltige Entwicklung“ (Global Goals for Sustainable Development). Diese 17 Ziele (konkretisiert in insgesamt 169 Zielvorgaben bzw. Maßnahmen), die bis 2030 umgesetzt werden sollen, lösten die acht sogenannten „Millenniumsziele“ der UNO (von 2000 bis 2015) ab. Die aktuellen Ziele lauten:

1. Armut in allen ihren Formen und überall beenden
2. Den Hunger beenden, Ernährungssicherheit und eine bessere Ernährung erreichen und eine nachhaltige Landwirtschaft fördern
3. Ein gesundes Leben für alle Menschen jeden Alters gewährleisten und ihr Wohlergehen fördern
4. Inklusive, gleichberechtigte und hochwertige Bildung gewährleisten und Möglichkeiten lebenslangen Lernens für alle fördern
5. Geschlechtergleichstellung erreichen und alle Frauen und Mädchen zur Selbstbestimmung befähigen
6. Verfügbarkeit und nachhaltige Bewirtschaftung von Wasser und Sanitärversorgung für alle gewährleisten

7. Zugang zu bezahlbarer, verlässlicher, nachhaltiger und moderner Energie für alle sichern

8. Dauerhaftes, breitenwirksames und nachhaltiges Wirtschaftswachstum, produktive Vollbeschäftigung und menschenwürdige Arbeit für alle fördern

9. Eine widerstandsfähige Infrastruktur aufbauen, breitenwirksame und nachhaltige Industrialisierung fördern und Innovationen unterstützen

10. Ungleichheit in und zwischen Ländern verringern

11. Städte und Siedlungen inklusiv, sicher, widerstandsfähig und nachhaltig gestalten

12. Nachhaltige Konsum- und Produktionsmuster sicherstellen

13. Umgehend Maßnahmen zur Bekämpfung des Klimawandels und seiner Auswirkungen ergreifen

14. Ozeane, Meere und Meeresressourcen im Sinne nachhaltiger Entwicklung erhalten und nachhaltig nutzen

15. Landökosysteme schützen, wiederherstellen und ihre nachhaltige Nutzung fördern, Wälder nachhaltig bewirtschaften, Wüstenbildung bekämpfen, Bodendegradation beenden und umkehren und dem Verlust der biologischen Vielfalt ein Ende setzen

16. Friedliche und inklusive Gesellschaften für eine nachhaltige Entwicklung fördern, allen Menschen Zugang zur Justiz ermöglichen und leistungsfähige, rechenschaftspflichtige und inklusive Institutionen auf allen Ebenen aufbauen

17. Umsetzungsmittel stärken und die Globale Partnerschaft für nachhaltige Entwicklung mit neuem Leben erfüllen

Vereinte Nationen, Regionales Informationszentrum der Vereinten Nationen für Westeuropa (UNRIC), www.unric.org, Abruf am 18.1.2018

Info

Nachhaltigkeit

Spätestens mit dem sogenannten Brundtland-Bericht der UNO aus dem Jahr 1987 wurde der ursprünglich forstwirtschaftliche Begriff Nachhaltigkeit umfassend definiert: Nachhaltige Entwicklung gilt seitdem als „eine Entwicklung, die gewährt, dass künftige Generationen nicht schlechter gestellt sind, ihre Bedürfnisse zu befriedigen, als gegenwärtig lebende". Dabei gilt diese Aussage für die gesamte Weltbevölkerung (räumliche Dimension mit der Konsequenz der Umverteilung des Wohlstands von Nord nach Süd) und ist überdies in die Zukunft gerichtet (zeitliche Dimension der „Generationengerechtigkeit"). Der Nachhaltigkeitsgedanke sollte dabei in den drei relevanten Dimensionen Politik, Wirtschaft und Soziales berücksichtigt werden und bezieht sich dabei vor allem auf Umwelt- und Ressourcenschonung.

Autorentext

Zur Bindungswirkung von Beschlüssen der **UN-Generalversammlung**
→ vgl. Kap. 4.1.2

M 5 Kontrovers diskutiert: Sind die Ziele für nachhaltige Entwicklung sinnvoll?

a) Sinnvolle humanitäre Zielsetzung bis 2030

Die 2030-Agenda und die SDGs [Sustainable Development Goals] haben [...] eine neue Qualität. [...] Erstens gelten die Ziele diesmal für alle Länder, nicht wie bisher nur für Entwicklungsländer. Dahinter steht der Anspruch, Armutsbekämpfung nicht mehr isoliert anzugehen. Stattdessen sollen Lebensstile weltweit in Richtung Nachhaltigkeit transformiert [= umgewandelt] und menschenwürdige Lebensstandards für alle realisiert werden, ohne die Ressourcen unseres Planeten zu übernutzen. [...]
Zweitens ist es besser gelungen, die ökologische, ökonomische und soziale Dimension nachhaltiger Entwicklung in alle Ziele zu integrieren und Wechselwirkungen angemessener abzubilden. So soll etwa eine nachhaltige Landwirtschaft nicht nur helfen, den Hunger zu beenden. Sie soll dabei auch Ökosysteme wie gesunde Böden und die biologische Vielfalt erhalten, sie soll Klimaveränderungen gewachsen sein, und sie soll für existenzsichernde Einkommen der Bauern sorgen. Außerdem folgen die Ziele zumindest teils einem menschenrechtlichen Ansatz. So soll bis 2030 extreme Armut beendet und der Zugang zu sauberem Trinkwasser und Nahrung für alle ermöglicht werden. [...] Drittens fühlen sich die Mitgliedstaaten der Vereinten Nationen den neuen Zielen viel stärker verpflichtet. [...] [Die] neuen Ziele [wurden] nicht von wenigen Experten festgelegt, sondern in einem dreijährigen, transparenten und auf Verständigung angelegten Prozess verhandelt und im Konsens beschlossen. Begleitet wurde dies von Konsultationsverfahren, [...] auch über Online-Plattformen, globale Kampagnen und nationale Dialogveranstaltungen. Zwar gab es auch diesmal das bei den Vereinten Nationen übliche Gerangel um Formulierungen im Abschlussdokument, aber insgesamt hat dieser Prozess eine stärkere Identifikation der Staatenvertreter und vieler zivilgesellschaftlicher Gruppen mit den Zielen geschaffen als je zuvor. [...] Viertens [...] schließlich legt die 2030-Agenda von Anfang an [...] Wert auf Folgeprozesse. [...] So soll nicht nur jährlich Bilanz gezogen werden, es sollen auch die Ursachen mangelnder Fortschritte diskutiert und ein Austausch über erfolgreiche Umsetzungsstrategien organisiert werden. Auch national sollen die Regierungen gegenüber ihren Bürgern Rechenschaft ablegen.

Marianne Beisheim, 2030 Agenda für nachhaltige Entwicklung, in: Stiftung Wissenschaft und Politik, Kurz gesagt, 24.9.2015

b) Umsetzungsprobleme und innere Widersprüche

Nehmen die 193 UN-Mitgliedstaaten dieses Programm [der Sustainable Development Goals] wirklich ernst, müssten sie den Pfad hin zu einer radikalen sozial-ökologischen Transformation einschlagen, der vor allem aber auch die Verhältnisse in den Industrieländern verändern würde. Berührt wären davon nicht nur die Konsumgewohnheiten und Produktionsmuster, die einen hohen Verbrauch natürlicher Ressourcen zur Folge haben. Es müsste beispielsweise auch hierzulande um Gerechtigkeitsfragen gehen – bis hin zur Umverteilung von Reichtum. Die UN-Entwicklungsagenda liefert jetzt quasi den Kompass. Es wird nun darauf ankommen, ob und wie sich die einzelnen Länder – sowohl innen- als auch außenpolitisch – daran orientieren. Die Fortschritte sollen regelmäßig anhand globaler Indikatoren überprüft werden [...]. Die Entwicklung in Sachen Nachhaltigkeit wird dann jährlich ein UN-Fortschrittsbericht dokumentieren. Ob das Programm für eine globale Wohlfahrt und einen weltweiten sozialen Wandel vorankommt, wird allerdings davon abhängen, dass alle Länder ambitionierte

Transformation, sozial-ökologische
bewusst angestoßener oder unbeeinflusster, aber nie vollständig steuerbarer Prozess des gesellschaftlichen, wirtschaftlichen und (umwelt-)politischen Wandels; z.B. deutliche Änderung der Produktionsweisen und des Konsumverhaltens hin zum übergeordneten Ziel der Umweltbewahrung

nationale Pläne zur Umsetzung der Agenda verfolgen und Prioritäten setzen. Es wird spannend zu beobachten sein, welche der 17 Ziele die einzelnen Staaten akzentuieren [= besonders betonen / hervorheben] und welche finanziellen Ressourcen sie für ihre Bemühungen aufwenden. Dabei dürfte schon jetzt klar sein, dass in Ländern mit großer Armut vieles an den fehlenden Mitteln scheitern wird.
Viel problematischer aber ist, dass ein tieferer Blick in die Ziele und Unterziele die Widersprüchlichkeit der Agenda offenbart. Ziele und Unterziele stehen dabei nicht nur in Konkurrenz, sie schließen sich offensichtlich auch aus. Am frappierendsten [= erschütterndsten] ist das bei den ökonomischen und umweltpolitischen Zielvorgaben. So basieren die SGDs immer noch auf dem tradierten [= althergebrachten] Wachstumsmodell, das die Fortschritte der menschlichen Entwicklung sichern soll, mit einem Schutz der natürlichen Ressourcen aber kaum in Einklang zu bringen ist.

Tobias Schwab, www.fr.de, 25.9.2015

M 6 ● Neue UNO-Ziele karikiert

Karikatur: Timo Essner, 27.9.2015

M 7 ● Informationsarmut abbauen – ein weiteres Entwicklungsziel?

Armut, das ist gemeinhin Mangel an Essen, Kleidung oder an anderen Dingen des täglichen Lebens. Das Kinderhilfswerk der Vereinten Nationen hat diesen Begriff nun erweitert: um die Informationsarmut. Jugendliche, die nicht online gehen können, sind die neuen Verlierer, stellen die Unicef-Berichterstatter in ihrer groß angelegten Studie fest. [...]
Das Internet hat das Aufwachsen von Kindern und Jugendlichen weltweit massiv verändert. So können viele Kinder mangelnde Schulbildung und drohende Armut durch das Internet überwinden. Gleichzeitig verschärft die Digitalisierung die [weltweite] Ungleichheit laut Unicef dramatisch. [...] 346 Millionen Jugendliche in den Entwicklungs- und Schwellenländern, insbe-

sondere in Afrika, sind laut Unicef komplett abgeschnitten vom digitalen Universum. Es handelt sich geschätzt um 29 Prozent der jungen Menschen weltweit. In Afrika sind drei von fünf Heranwachsenden zwischen 15 und 24 Jahren offline. Zum Vergleich: In Europa beträgt das Verhältnis 1 zu 25.
Dabei geht es nicht nur um die Hardware, sondern auch um sprachliche Barrieren: 56 Prozent aller Webseiten sind heute auf Englisch – selbst wenn Heranwachsende Zugang zum Netz haben, verstehen sie die Inhalte oft nicht. Oft sind die Inhalte auch nicht auf sie zugeschnitten, sie finden keine Themen, die wirklich mit ihrem Leben zu tun haben. Wie viele Webseiten zum Beispiel beschäftigen sich damit, dass Kinder drei Stunden am Tag laufen müssen, um Wasser für ihre Familie zu holen?
Das Interesse an Wissen scheint bei allen Kindern gleich zu sein, die Chancen, aufs Internet zuzugreifen, aber sind es nicht. [...] „Es gibt keinen technischen Zugang", klagt ein Junge, 15, der in einem Flüchtlingslager in Jordanien lebt. Oder: „Ich muss das iPad mit der ganzen Familie teilen, ich habe es ganz wenig für mich."
Jeder dritte Internet-Nutzer weltweit ist heute jünger als 18 Jahre. Doch bisher werde zu wenig getan, um Heranwachsende vor den Gefahren zu schützen und ihnen sicheren Zugang zu qualitativ hochwertigen Online-Inhalten zu ermöglichen, kritisiert Anthony Lake, Exekutiv-Direktor von Unicef. Deshalb lautet seine Forderung: Alle, wirklich alle

In einem Zentrum für benachteiligte Kinder in der Hauptstadt von Burundi werden Rechner mit vorinstallierten Lerninhalten zur Verfügung gestellt. Unter Anleitung von Sozialarbeitern sollen die Kinder den Umgang mit Computern erlernen. UNICEF unterstützt das Pilotprojekt.

Familien müssen sich einen Anschluss an die digitale Welt leisten können. Im Sinne von Gleichheit und Gerechtigkeit müssten die Kosten für den Internetzugang gesenkt und mehr öffentliche Hotspots eingerichtet werden. Privatwirtschaft und öffentliche Organisationen, so Lake, müssten mehr für Kinder relevante Inhalte in ihren Sprachen entwickeln. [...]
Eine große Rolle spielen [Smartphones] [...] in den Flüchtlingslagern, wo viele Kinder mangels Schulen im Internet lernen, mithilfe von Videos und digitalen Übungsanleitungen – die günstiger sind als Schulbücher. „Es gibt keine Bibliothek im Flüchtlingslager. Ich nutze das Telefon, um Hausaufgaben in Biologie zu machen.", sagt Ali Amine, 18, der im Tschad lebt.

Ulrike Heidenreich, Ohne Computer wissen wir gar nichts, Süddeutsche Zeitung, 11.12.2017

Aufgaben

1. Charakterisieren Sie die übergeordnete Zielsetzung und die konkreten Ziele für eine weltweit nachhaltige Entwicklung der UNO (M 3, M 4).
2. Arbeiten Sie am Beispiel von zwei bis drei Zielen heraus, was deren Umsetzung für Ihren ganz konkreten Alltag, z.B. Ihre Konsumgewohnheiten, bedeuten würde (M 4, M 5b).
3. Erläutern Sie Chancen und Grenzen der Ziele für nachhaltige Entwicklung (M 5).
4. Analysieren Sie die Karikatur (M 6).
5. Nehmen Sie aus Ihrer Sicht Stellung zu den Zielen für nachhaltige Entwicklung der UNO.
6. Das Ziel eines (barriere-)freien bzw. erschwinglichen Internetzugangs für alle Jugendlichen und Familien weltweit sollte als achtzehntes Ziel für nachhaltige Entwicklung aufgenommen werden. Beurteilen Sie diese Forderung (M 7).

H zu Aufgabe 1
Beachten Sie Art, Umfang und Adressaten der Entwicklungsziele.

H zu Aufgabe 2
Betrachten Sie z.B. die Ziele 10, 12 sowie 13 und befragen Sie dazu ggf. auch ältere Verwandte oder Bekannte.

ORIENTIERUNGSWISSEN

Millenniumsziele erreicht?
M 1, M 2

Auf dem sogenannten **Millenniumsgipfel** im Jahr 2000 setzte die Generalversammlung der UNO acht Entwicklungsziele fest, die in den kommenden 15 Jahren erreicht werden sollten. In einigen Bereichen gab es erkennbare Erfolge: So konnte die Kindersterblichkeit gesenkt werden, viel mehr Kinder als zuvor erhalten eine Grundschulbildung und AIDS, Malaria und Tuberkulose wurden – auch mit finanzieller Unterstützung privater Stiftungen – weiter eingedämmt. Allerdings sind auch zentrale Ziele, wie z.B. die **Armutsbekämpfung**, nicht vollständig erreicht. Daneben wird der Armutsbegriff der UNO (Leben von weniger als 1,25 US-Dollar am Tag) strukturell kritisiert: Er sei viel zu wenig differenziert, denn Armut umfasse viel mehr Faktoren als nur die verfügbaren Geldmittel.

Die Ziele für nachhaltige Entwicklung der Agenda 2030
M 4

Abgelöst wurden die Millenniumsziele (MDGs) im Jahr 2015 durch die 17 „Weltweiten Ziele für nachhaltige Entwicklung" (**Sustainable Development Goals, SDGs**). Daran fällt im Vergleich mit den MDGs auf, dass nicht mehr allein die Entwicklungsländer bzw. deren Bürger Adressaten der Ziele sind, sondern grundsätzlich alle Staaten der Erde. Die Ziele spiegeln auch die Erkenntnis wieder, dass Produktionsverfahren und Konsum in den westlichen Industriestaaten und auch den Schwellenländern (z.B. China) nicht nachhaltig sind und zu schwerwiegenden Folgen in weniger entwickelten Staaten führen.

SDGs sinnvoll gesetzt?
M 5–M 7

Befürworter begrüßen diese integrierte Perspektive, die dazu führe, dass die **Verursacher** von unökologischem Wirtschaften und Verkehr sowie sozial problematischem Massenkonsum auf der nördlichen Halbkugel als Profiteure der weltweiten Ungleichverteilung **stärker in die Verantwortung** genommen werden sollen. Zusätzlich werten sie es als echten Fortschritt, dass vergleichsweise **klare Vereinbarungen** getroffen worden seien, die Zielerreichung in Etappen zu kontrollieren.

Kritiker bemängeln jedoch, dass die Ziele den **Entwicklungsbegriff verwässern** würden, da jedes Land prinzipiell zum Entwicklungsland geworden sei (z.B. entweder hinsichtlich der Mangelversorgung oder hinsichtlich zu hoher Treibhausgasemissionen). Dazu komme noch, dass die Vielzahl von Zielen und Maßnahmen deren **Umsetzung deutlich erschwere**.

Außerdem stünden bestimmte Ziele in einem **Spannungsverhältnis** zueinander. Ein breites Wirtschaftswachstum stehe dem Ziel des nachhaltigen Umgangs mit Ressourcen und dem Klimaschutz gegenüber. Zudem seien bestimmte Ziele nur mit gravierenden Änderungen der Lebensstile in den wohlhabenden Ländern zu verwirklichen und damit nur sehr schwierig durchsetzbar.

Die Agenda 2030 in der Karikatur

Agenda 2030: UNO beschließt Nachhaltigkeitsziele

Karikatur: Paolo Calleri, 27.9.2015

Klaus Mielke: „Entwicklungsland Deutschland"

Dass die SDGs [Sustainable Development Goals aus der Agenda 2030] universell angelegt sind, macht nun aus allen Staaten der Welt Entwicklungsländer und alle müssen ihren Entwicklungspfad nachhaltig gestalten. Es geht also nicht mehr „nur" um Entwicklungspolitik für die Armen und für die Schwachen, für die die Ziele große Wohlstands- und Entwicklungsschritte bedeuten, sondern sehr viel mehr auch um die Industrie- und Schwellenländer, die unverzüglich beginnen müssen, ihre massiven Fehlentwicklungen wie die überzogene Ausbeute von Natur und Ressourcen zu korrigieren. [...] Der Terminus „Entwicklungsland Deutschland" ist durch die Annahme der SDGs [...] plötzlich zu einer offiziellen Fragestellung für Deutschland [...] geworden.

Klaus Mielke, Deutschland – Motor in Europa, in: politische ökologie 143, 2015, S. 101f.

Klaus Mielke ist Vorstandsvorsitzender der Entwicklungs- und Umweltorganisation „Germanwatch", die mit dem Ziel der Gerechtigkeit für den globalen Süden die Politik und Wirtschaft im globalen Norden beeinflussen möchte.

Aufgaben

1. Beschreiben Sie die Karikatur.
2. Analysieren Sie die Karikatur – auch vor dem Hintergrund der Aussage Klaus Mielkes.
3. Nehmen Sie Stellung zu der Vorstellung von Deutschland als einem „Entwicklungsland".

Meine Lebensziele oder: „Die Auktion des Lebens“

In der „Auktion des Lebens“ stehen jedem Spieler 100 Dukaten zur Verfügung. Setzen Sie alles auf ein Lebensziel, das für Sie unverzichtbar ist? Oder verteilen Sie Ihr Budget auf mehrere Ziele? Was bedeutet es für Sie, ein bestimmtes Ziel nicht zu ersteigern? ...

glückliche Partnerschaft

eigene Kinder

hohes Einkommen

Leben und Arbeiten im Ausland

Beruf/Job, in dem mir andere sagen, was zu tun ist/mit klaren Arbeitsabläufen

Beruf/Job, in dem ich meine eigenen Ideen und Interessen einbringen kann

Gesundheit und körperliches Wohlbefinden

großes Vermögen (Kapital, Immobilien)

ein enger, stabiler Freundeskreis, der viel gemeinsam unternimmt

Beruf/Job mit Arbeitszeiten, die mir viel Freizeit lassen

Arbeitsstelle, bei der ich mein Hobby zum Beruf machen kann

im Alltag anderen helfen, mich für die Gesellschaft engagieren

5

Berufs- und Studienorientierung

Mit dem Eintritt in die gymnasiale Oberstufe beginnt für Sie auch eine intensive Auseinandersetzung mit der eigenen Lebensplanung, in deren Mittelpunkt die Berufs- und Studienorientierung steht. Dieser Prozess wird im Rahmen des Politik-Wirtschafts-Unterrichts der 11. Klassen sowie weiterer schulischer und außerschulischer Aktivitäten angeleitet und kann von Ihnen in einem Portfolio dokumentiert werden. Wichtiger Ausgangspunkt der eigenen Berufs- und Studienwahl sind Ihre eigenen Interessen, Neigungen, Einstellungen und Fähigkeiten. In Kapitel 5.1 erhalten Sie Anregungen, diesen realistisch nachzuspüren. Ihre persönlichen Überlegungen werden eingebettet in sozialwissenschaftliche Konzepte zur Bedeutung von Arbeit für den Einzelnen.
In Kapitel 5.2 vollziehen Sie am Beispiel Hannovers die Analyse eines regionalen Wirtschaftsraumes nach, die Sie anschließend selbstständig auf Ihre eigene Region übertragen können.
In Kapitel 5.3 erarbeiten Sie die Strukturen, Chancen und Risiken unterschiedlicher Wege in den Beruf und lernen so, relevante Informationen für Ihre eigene Berufswegeplanung zu erheben und zu gewichten. Kapitel 5.4 gibt Ihnen abschließend einige Hinweise zur Vorbereitung (Bewerbung) und Durchführung des Praktikums.

Was wissen und können Sie schon?

Führen Sie in der Klasse oder in mehreren Kleingruppen die „Auktion des Lebens“ durch. Im Einzelnen:

1. Legen Sie individuell Ihre Ziele und Strategie für die Auktion fest.
2. Führen Sie unter Leitung eines Auktionators die Auktion durch.
3. Protokollieren Sie öffentlich den jeweils erzielten Preis sowie individuell, auf welche Lebensziele Sie erfolglos geboten haben.
4. Reflektieren Sie die Übertragbarkeit der „Auktion des Lebens“ auf Ihre eigene Lebensplanung. Berücksichtigen Sie dabei sowohl Lebensziele, die Sie ersteigert haben, als auch solche, auf die Sie erfolglos geboten haben. Legen Sie Ihre Reflexion in Ihrem Portfolio (→ Methode „Portfolio“) ab.

KOMPETENZEN

Am Ende dieses Kapitels sollten Sie Folgendes wissen und können:

... Ihren persönlichen Ausbildungsweg kriterienorientiert planen und reflektieren.

... Möglichkeiten und Anforderungen von Ausbildungen und Studiengängen in bestimmten Berufsfeldern und Themengebieten kennen.

... die Chancen des regionalen und überregionalen Wirtschaftsraumes und Ausbildungsmarktes analysieren und beurteilen.

... Ihre Praxiserfahrungen während des Betriebspraktikums adressatengerecht darstellen und im Hinblick auf den weiteren Lebensweg reflektieren.

METHODE

Ideen entwickeln – Informationen sammeln – Entscheidungen treffen. Mein Portfolio zur Berufs- und Studienorientierung

Was ist ein Portfolio?

Ein Portfolio ist zunächst nicht mehr (aber auch nicht weniger) als eine Mappe, in der man Dokumente, Informationen, Darstellungen, Arbeitsergebnisse etc. zu einem bestimmten Themenbereich oder zu einer übergeordneten Aufgabenstellung sammelt und für sich sowie für andere dokumentiert.

Wozu ein Portfolio zur Berufsorientierung?

Ihre individuelle Berufsorientierung und letztlich zu treffende Berufs- bzw. Ausbildungsentscheidung ist ein längerer Prozess, der sicherlich mit dem Besuch des 11. Jahrgangs nicht abgeschlossen sein wird. Um diesen Prozess zu systematisieren und um sich zu einem späteren Zeitpunkt noch an eigene Überlegungen erinnern zu können, ist es sinnvoll, in einem Berufsorientierungs-Portfolio wichtige Informationen und Überlegungen im Zusammenhang Ihrer Berufswahl zu sammeln und zu dokumentieren. So können Sie auch zu einem späteren Zeitpunkt noch einmal hineinschauen und sich über bestimmte Aspekte oder frühere Überlegungen vergewissern. So wird das Berufsorientierungs-Portfolio zu einem langjährigen Begleiter, den Sie während weiterer freiwilliger Praktika oder weiterer Informationsveranstaltungen in den Schuljahrgängen 12 und 13 fortführen können. So geführt kann das Portfolio darüber hinaus bei Bewerbungen um Ausbildungsplätze oder Studienplätze (duales Studium) hilfreich sein. Immer mehr Unternehmen erwarten, dass ihre Bewerber dokumentieren, dass sie sich im Vorfeld mit ihrer Berufswahl strukturiert auseinandergesetzt haben.
Ihr Portfolio wird sich „etappenweise" mit Ihrer Dokumentation zu einzelnen Arbeitsschritten und wichtigen Überlegungen zur Berufsorientierung füllen, sodass Sie am Schluss einen umfassenden Überblick über Ihre eigenen Stärken und Interessen, mögliche Berufe und Ausbildungsgänge oder das Bewerbungsverfahren in den Händen halten.
Dieses Schulbuch bietet Ihnen unterschiedliche Anlässe, Ihr Portfolio zu erarbeiten:

- In diesem **Kapitel 5** finden Sie Informationen und Arbeitsanregungen zu „klassischen" Schritten der Berufs- und Studienorientierung: Klärung der eigenen Interessen und Fähigkeiten – Informationsbeschaffung über Ausbildungs- und Studienmöglichkeiten – Anleitung zum Praktikum

- Zusätzlich finden Sie in **Kapitel 1 und 2** eigens gekennzeichnete Aufgabenstellungen, die Sie zu einer Reflexion des Gelernten hinsichtlich Ihrer eigenen Lebensplanung anregen. In Auseinandersetzung mit diesen Aufgabenstellungen können Sie Ihre Vorstellungen von Ihrem „idealen" zukünftigen Arbeitsplatz genauer schärfen.

Was ist bei der Gestaltung zu beachten?

Besonderen Eindruck hinterlässt ein professionell gestaltetes Portfolio, für das Sie vielfältige Anregungen und Vorlagen im Internet und zum Teil auch in gängigen Textverarbeitungsprogrammen finden:

- Das Portfolio sollte soweit möglich am Computer gestaltet werden.
- Arbeiten Sie mit einem einheitlichen Layout, also: gleiche Schrifttypen (schnörkellos, nicht verspielt), Schriftgrößen und Seitenränder auf allen Textseiten, eine einheitliche Unterscheidung von Überschriften, Zwischenüberschriften und Text etc.
- Gliedern Sie Ihr Portfolio nach thematischen Aspekten (z.B. Selbsterkundung – Bewerbungstraining – Informationen zu möglichen Ausbildungen – Informationen zu möglichen Studiengängen) und legen Sie ein entsprechendes Register an.
- Ergänzen Sie Ihre eigenen schriftlichen Ausarbeitungen um gesammelte Materialien (z.B. Praktikumsbescheinigungen, ausgewertete Informationsbroschüren zu Ausbildungs- und Studiengängen).

5.1 Kann ich, was ich will – will ich, was ich kann? Meine Neigungen und Fähigkeiten unter der Lupe

5.1.1 Welche Bedeutung hat Arbeit für meine Lebensplanung? Anregungen aus den Sozialwissenschaften

M 1 Welchen Stellenwert hat Arbeit im eigenen Leben?

a) Bedeutung von Arbeit im Verhältnis zu anderen Lebensbereichen

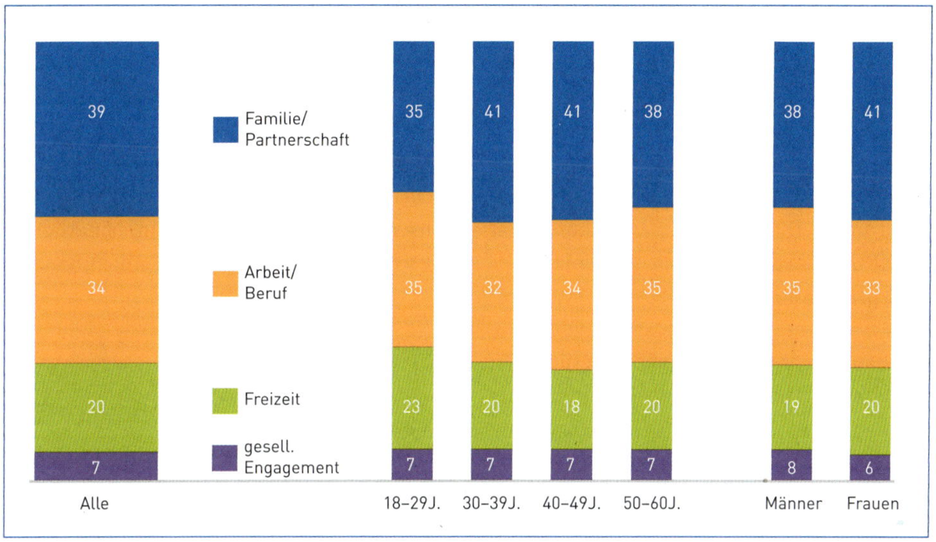

b) Arbeiten trotz Reichtum?

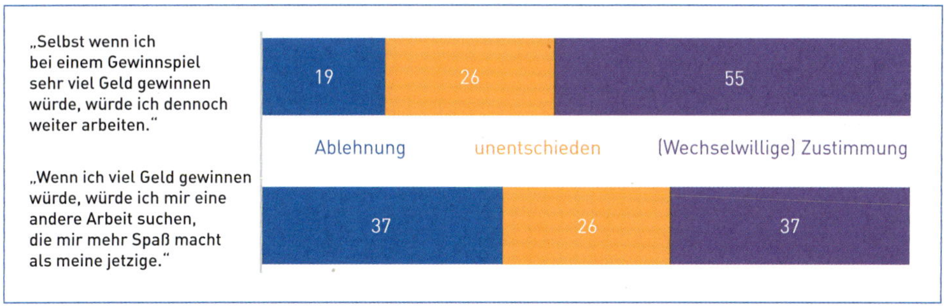

Die Umfrageergebnisse basieren auf einer Online-Befragung von 1.062 Beschäftigten im Alter zwischen 18 und 60 Jahren.

Zahlen: Bertelsmann Stiftung, Bedeutung der Arbeit. Ergebnisse der Befragung, Gütersloh 2015, S. 3, 5

M 2 (Gute) Arbeit – unverzichtbar für die eigene Identität?

Herr Vogel, die Maschinen sind in der Lage, immer neue Aufgaben zu erledigen – ist das das Ende der Arbeit?

Berthold Vogel: Digitale Technologien haben ein extremes Rationalisierungspotenzial, und viele vor allem ausführende Tätigkeiten – im kaufmännischen Bereich, der Verwaltung, den nicht-personennahen Dienstleistungen – werden bald automatisch laufen. Aber Ende der Arbeit? Da bin ich skeptisch.

Warum?

Als ich anfing zu arbeiten, wurde hier noch mit Schreibmaschine gearbeitet. Da wurden zig Schriftstücke rumgereicht oder diktierte Bänder, die umgeschrieben werden sollten. Das waren Tätigkeiten, die gibt es heute nicht mehr. Die Sekretärin von damals ist damit theoretisch arbeitslos geworden.

Und praktisch?

Sind neue Aufgabenprofile entstanden. Die ehemaligen Sekretärinnen übernehmen heute zum Beispiel komplette Buchgestaltungen. Dank der neuen Technologien arbeiten sie viel selbstbestimmter, führen nicht nur aus, sondern gestalten. Man sollte nicht bei jedem technischen Wandel Angst haben, dass nun das Ende der Arbeitswelt auf uns zukommt.

Das Thema Arbeit ist oft mit Ängsten verbunden.

Richtig. Weil Arbeit ja nicht nur Geld bedeutet. Arbeit definiert unsere Identität, verschafft uns Anerkennung und das Gefühl, ein vollwertiges Mitglied der Gesellschaft zu sein. Man merkt das, wenn man mit Arbeitslosen spricht: dass die den Eindruck haben, gar keinen Zugang mehr zur Öffentlichkeit und zum gesellschaftlichen Leben zu haben. Um Arbeit dreht sich in unserer Gesellschaft alles. In bäuerlichen Gesellschaften arbeitet man, um zu essen.

Interview: Lars Gaede, „Arbeit definiert unsere Identität“, ein Soziologe über die Angst vorm Roboterbüro, www.wired.de, 25.5.2015

*Berthold Vogel (*1963) ist Soziologe am Soziologischen Forschungsinstitut Göttingen (SOFI).*

Info

Anerkennung in und durch Arbeit

„Anerkennung“ bezeichnet eine positive Bewertung von Akteuren bzw. ihrer Eigenschaften durch ihre Umwelt. [...] Ein Beschäftigter kann als Arbeiter ein geringes soziales Prestige besitzen [Makroebene gesamtgesellschaftlicher Strukturen], aber wegen seiner Leistungen im Betrieb anerkannt sein [Mesoebene der sozialen Gebilde], dennoch wegen seiner eitlen Umgangsformen unter den Kollegen wenig Anerkennung erfahren [Mikroebene der persönlichen Beziehungen]. [...]

Anerkennung übersetzt Ungleichheitsstrukturen und normative Erwartungen in die [individuelle] Identität. Menschen sehen sich nämlich im Spiegel der Anderen und bewerten sich im Lichte der allgemeinen gesellschaftlichen Erwartungen und der Anerkennungskriterien in der engeren [...] Umwelt. Eine obere Position in Strukturen sozialer Ungleichheit ist nicht nur Ausdruck besonderer Anerkennung, sondern prägt die Anerkennungschancen der Einzelnen ebenso wie ihre Anerkennungserwartungen. Andererseits aber ist Anerkennung ein Anspruch, den Menschen an ihre Umwelt richten. Sie entwickeln ihre Identität in Auseinandersetzung mit den Erwartungen Anderer. Sie erleben unterschiedliche Anerkennungskriterien und müssen sich entscheiden, welche sie für sich übernehmen wollen, und sie erfahren eine Diskrepanz zwischen ihrem Selbstbild [einerseits] und ihren Erfahrungen von Anerkennung und Missachtung [andererseits].

Stephan Voswinkel, Art. ‚Anerkennung‘, in: Hartmut Hirsch-Kreinsen, Heiner Minssen (Hg.), Lexikon der Arbeits- und Industriesoziologie, Berlin 2013, S. 17

M 3 Wenn Arbeit die Person missachtet: Entfremdung

Der [für die Analyse von Arbeit bedeutsame] Begriff der Entfremdung wurde maßgeblich von Karl Marx geprägt. Marx [...] unterschied [in seinen „Historisch-philosophische[n] Manuskripte[n]“ 1844] die Entfremdung des Menschen vom Produkt, vom Akt der Produktion, vom Menschen selbst sowie die Entfremdung des Menschen von seiner Gattung [...].

Mit der Entfremdung der Arbeiter vom Produkt der Arbeit ist gemeint, dass Menschen selbst zur Ware werden, wenn sie Produkte herstellen, die ihnen nicht gehören. Vielmehr verdienen die Unternehmer am Produkt und an den Arbeitern. Die Entfremdung der Arbeiter von der eigenen Tätigkeit meint, dass Arbeit nicht zur Befriedigung eines inneren Bedürfnisses dient, sondern eher als Zwang gesehen wird, sein eigenes Überleben zu sichern. Dies führt zu einer Entfremdung der Arbeiter von der Gattung des Menschen. Der Mensch zeichnet sich durch die Fähigkeit aus, ein Bewusstsein zu haben, aus dem er Kunst und Wissenschaft hervorbringt. Arbeit, die primär zur Existenzsicherung dient, führt jedoch zu einer Entfremdung, da die Aufgaben des Menschen frei von physischen Bedürfnissen sein sollten. Dies bewirkt schließlich eine Entfremdung der Menschen untereinander, denn so wie zu seiner eigenen Arbeit ist er auch zur Arbeit der anderen Menschen entfremdet [...].

Die Entfremdung ist für Marx eine objektive Kategorie, die den Produktionsverhältnissen innewohnt. Dieses objektive Verständnis von Entfremdung ist unabhängig von den subjektiven Erfahrungen, Gefühlen und Aussagen der Arbeiter selbst. Somit gehört entfremdete Arbeit zum Wesen des Kapitalismus [...].

Caroline Ruiner, Maximiliane Wilkesmann, Arbeits- und Industriesoziologie, Paderborn 2016, S. 59

Karl Marx

Karl Marx (1818-1883) war ein deutscher Philosoph und Ökonom, dessen Analysen der kapitalistischen Wirtschaftsordnung in seinem Hauptwerk „Das Kapital“ bis heute diskutiert werden. Gemeinsam mit Friedrich Engels (1820-1895) verfasste Marx das „Kommunistische Manifest“ (1847/48) und legte damit die programmatischen und theoretischen Grundlagen für die Idee des Kommunismus.

Charlie Chaplin in seinem Spielfilm „Moderne Zeiten“ von 1936 (Uraufführung), der die moderne Arbeitswelt zum Inhalt hat.

Aufgaben

1. Analysieren Sie die Umfragedaten zur Bedeutung von Arbeit (M 1).
2. a) Arbeiten Sie aus dem Interview M 2 die Bedeutung von Arbeit für das Individuum heraus.
   b) Vergleichen Sie die Aussagen des Interviews (M 2) mit den Umfrageergebnissen M 1.
3. Erläutern Sie den Entfremdungsbegriff nach Karl Marx (M 3).

- Positionieren Sie sich selbst zu den Items der Umfrage (M 1).
- Reflektieren Sie – unter Berücksichtigung der Begriffe Identität, Anerkennung und Entfremdung – die Bedeutung von Arbeit für Ihren persönlichen Lebensentwurf.

M zu Aufgabe 1
Führen Sie eine Befragung mit den gleichen Fragen in Ihrer Klasse/Ihrem Jahrgang durch und dokumentieren Sie die Ergebnisse.

F zu Aufgabe 2a
Beziehen Sie dabei auch das Konzept der Anerkennung (Infobox) mit ein.

5.1.2 Meine Interessen und Einstellungen

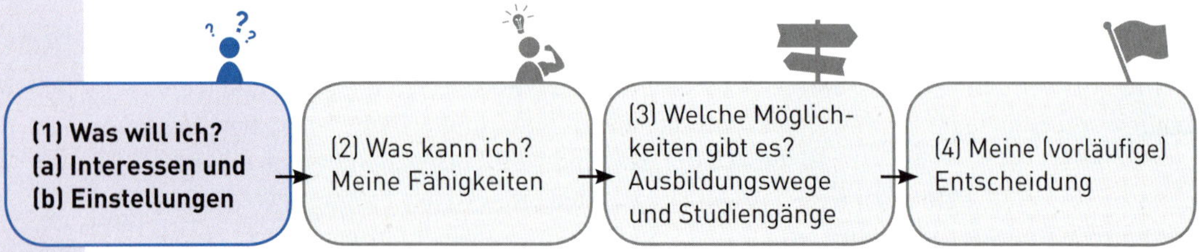

M 4 ● Interessen und Einstellungen als Aspekt der Ausbildungs- und Studienplanung

Menschen sind unterschiedlich veranlagt: Was den einen fasziniert, lässt die andere kalt, was die eine perfekt können möchte, reizt den anderen absolut nicht. Das gilt auch für berufliche Interessen und Neigungen. Viele Menschen sehen es als ideal an, wenn die spätere berufliche Tätigkeit sich mit den Bereichen decken würde, auf die man neugierig ist und die den eigenen Interessen entsprechen. Beruf und Arbeit nehmen im Leben soviel Zeit in Anspruch, dass man darauf achten muss, wie sehr das berufliche Tun mit den eigenen Interessen und Einstellungen in Einklang steht.

Beim beruflichen Einstieg – ob Ausbildung oder Studium (vgl. Kap. 5.3) – können die eigenen Interessen zwar noch am besten berücksichtigt werden, aber zu diesem Zeitpunkt fehlt oft die klare Einsicht, was genau man eigentlich möchte bzw. für welche konkurrierenden Interessen man sich entscheiden soll. Insofern ist es unerlässlich, sich über seine wahren Interessen – für welche Themen und Sachverhalte bin ich bereit, viel (Lebens-)Zeit einzusetzen? – Rechenschaft abzulegen.

Die meisten Berufe und Arbeitssituationen stehen zudem mit unterschiedlichen gesellschaftlichen Werten in Beziehung. Daher sollte sich jeder fragen: Wofür möchte ich mitverantwortlich sein, wofür nicht? Was möchte ich mit meiner Arbeit erreichen, was möchte ich vermeiden?

Das Arbeitsleben zwingt zwar häufig zu Kompromissen, aber der Start sollte doch zu dem passen, was man für sich selbst für wichtig erachtet. Wem beispielsweise das Thema Umwelt-/Klimaschutz sehr wichtig ist, der wird in seiner Berufswahl darauf achten, diesem Ziel zumindest nicht entgegen wirken zu müssen. Natürlich werden diese Einstellungen im Berufsleben häufig nicht hundertprozentig realisierbar sein, aber vor einer systematisch angelegten Missachtung der eigenen Wertvorstellungen sollte man sich besser bewahren. Schließlich trägt die möglichst große Übereinstimmung von beruflicher Tätigkeit und individuellen Wertvorstellungen maßgeblich zur Zufriedenheit mit dem eigenen Tun bei. Somit sollte auch die Erkundung der eigenen Lebensziele und Wertvorstellungen am Beginn Ihrer Berufs- und Studienorientierung stehen.

Autorentext

Karikatur: Thomas Plassmann

M 5 ● Lebensziele und Wertvorstellungen

Religion und Glaube
Heimat
Urlaub und Reisen
Dienst an der Umwelt
Dienst am Menschen
öffentliche Anerkennung
politische Verantwortung/politischer Einfluss
Reichtum
Forscher- und Erfindergeist
Kunst und Kultur
Tätigkeit im Ausland
berufliche Sicherheit
Haus und Grundbesitz
Freundschaft
Kinder
Sport und Freizeit
Gesundheit
Schönheit
Karriere
Entscheidungsmacht

Abteilungen einer Buchhandlung
Biographien; Reise und Erholung; Zeitgeschichte; Gesundheit und Fitness; Sprachführer; Zeitgenössische Romane; Physik und Technik; Politik und Gesellschaft; historische Romane; Geld und Wirtschaft; Mensch und Leben; Haus und Garten; Theologie und Glaube; Kriminalromane; Kunst und Kultur; Comic und Manga

Berufliche Kurzprofile
1) Elisabeth S., 42 Jahre, Stationsleiterin in einem Seniorenwohnheim
2) Siegfried W., 56 Jahre, Leiter des Ordnungsamtes im Landratsamt
3) Nabil N., 37 Jahre, art director in einer Werbeagentur
4) Ronny B., 39 Jahre, Außendienstmitarbeiter einer Pharmafirma
5) Nabil S., 28 Jahre, Entwicklungsingenieur für Windkraftanlagen
6) Aysche H., 30 Jahre, Assistenzärztin für Chirurgie am Klinkum
7) Rita O., 51 Jahre, Geschäftsführerin eines Textilunternehmens
8) Horst M., 40 Jahre, Gymnasiallehrer für Deutsch und Religion

Aufgaben

1. Stellen Sie sich folgende Situation vor: Sie sind für drei Wochen in einer Buchhandlung eingeschlossen, die ein sehr breites Sortiment bereithält. Für Verpflegung und Schlafmöglichkeiten ist gesorgt. Sie dürfen sich aller Bücher bedienen. Sie verfügen über kein Smartphone und keinen Internetzugang.
   a) Bearbeiten Sie das Gedankenexperiment, indem Sie die folgenden Leitfragen beantworten:
      - Zu welcher Art von Büchern würden Sie spontan greifen? Wie würden Sie sich den Büchern nähern (stöbernd oder systematisch) und wie mit ihnen umgehen (wenige intensiv lesen, viele anschauen)?
      - Wie würden Sie sich entscheiden, wenn Ihnen der Zugang zu nur drei Abteilungen gewährt würde?

   b) Tauschen Sie sich zu zweit oder in einer Kleingruppe über Ihre Ergebnisse aus. Gibt es für Sie einen Zusammenhang zwischen dem Gedankenexperiment und Ihrer eigenen Berufs- und Studienwahl?
2. a) Einzelarbeit: Schauen Sie sich die Liste von Einstellungen und Werten an (M 5). Ordnen Sie diese entsprechend Ihrer persönlichen Einschätzung in drei Gruppen ein: - sehr wichtig - wichtig - weniger wichtig
   b) Bilden Sie Dreiergruppen und tauschen Sie sich über Ihre Wertegruppen aus. Begründen Sie Ihre Entscheidungen.
   c) Diskutieren Sie in Ihrer Kleingruppe: Welche Werte und Einstellungen besitzen oder benötigen Menschen, deren berufliches Kurzprofil Ihnen in der Randspalte vorgestellt wird? Welche der oben genannten Werte und Einstellungen dürften für diese Berufsvertreter entscheidend sein, welche sind wichtig, welche spielen keine Rolle? Um welche Werte und Einstellungen würden Sie dabei den o.g. Katalog erweitern?

- Reflektieren Sie Ihre Erfahrungen des Gedankenexperimentes in Ihrem Portfolio.
- Reflektieren Sie, inwiefern Ihre individuellen Wertvorstellungen Ihre Berufswahl beeinflussen bzw. beeinflussen können. Gehen Sie dabei beispielsweise auf Berufe und Tätigkeiten ein, die Sie aufgrund Ihrer Wertehierarchie ausschließen.

5.1.3 Meine Eigenschaften und Fähigkeiten

M 6 ● Fähigkeiten als Aspekt der Berufs- und Studienorientierung

Wenn man wissen will, was aus einem werden soll, muss man zunächst herausfinden, wer man ist. Dazu gehören zentral die eigenen Fähigkeiten. Hier lohnt ein Blick auf die schulischen Erfahrungen:

- In welchen Fächern fällt mir das Lernen leichter, in welchen tue ich mich schwer?
- Welcher Lerntyp bin ich? Gelingt es mir, Gelesenes schnell verstehend aufzunehmen, oder muss ich es mühsam auswendig lernen?
- Kann ich nur mit äußerem Druck gut lernen oder fällt es mir leicht, mich selbst – aus eigenem Antrieb – zum Lernen zu motivieren?

Aber auch über den schulischen Lernkontext hinausgehende Eigenschaften haben eine große Bedeutung für die eigene Berufs- und Studienwahl:

- Welche (lernrelevanten) Persönlichkeitsmerkmale (z.B. Ausdauer, Kontaktfähigkeit, das Aushalten von Konflikten, die Bereitschaft, Verantwortung zu übernehmen) zeichnen mich aus?
- Wie stark bin ich körperlich und seelisch belastbar? Kann ich Stresssituationen/-zeiten gut bewältigen, wie nahe geht mir das Leid anderer Menschen?

Eine realistische Einschätzung der eigenen Fähigkeiten und ihrer Passung zu favorisierten Ausbildungswegen schützt vor Misserfolgen bzw. erhöht den eigenen Erfolg und damit auch die Zufriedenheit mit der eigenen Entscheidung.

Fähigkeiten sind aber keine statische Größe. Der Mensch entwickelt sich, Fähigkeiten können wachsen oder in den Hintergrund treten, neue Lebenserfahrungen und äußere Einflüsse beeinflussen die eigene Persönlichkeit, bestimmte Fähigkeiten können bewusst erworben und trainiert werden. Für die anstehende Lebensplanung ist dennoch der realistische Blick auf den Ist-Stand unverzichtbar. Die oben genannten Stichworte machen bereits deutlich, wie vielfältig die Aspekte sind und welch hohes Maß an Ehrlichkeit sich selbst gegenüber dabei notwendig ist. Leichter tut man sich meist damit, anderen eine Rückmeldung zu ihren Fähigkeiten zu geben, weshalb gerade auch diese Fremdwahrnehmung im eigenen Reflexionsprozess genutzt werden sollte.

Autorentext

Aufgaben

1. a) Nehmen Sie eine Selbsteinschätzung Ihrer Fähigkeiten vor (M 7).
   b) Geben Sie eine Kopie des Persönlichkeitsprofils an Personen weiter, die Sie gut kennen und lassen Sie eine Fremdeinschätzung Ihrer Person vornehmen.
2. Werten Sie in Kleingruppen Ihre Selbst- und Fremdeinschätzungen aus.
   a) Vergleichen Sie zunächst für jedes Gruppenmitglied die Selbst- und Fremdeinschätzungen.
   b) Formulieren Sie für jedes Gruppenmitglied eine berufliche Richtung, die sich aus den Ergebnissen ergeben könnte.

Reflektieren Sie die Selbst- und Fremdwahrnehmungen Ihres Persönlichkeitsprofils:
- Wo liegen gegenwärtig meine Stärken, worin bestehen derzeit meine Schwächen?
- Inwiefern stimmen Selbst- und Fremdwahrnehmung zu meinem Persönlichkeitsprofil überein, welche Unterschiede gibt es?
- Was wusste ich bereits über mich, was habe ich Neues erfahren?
- An welchen Fähigkeiten möchte ich gerne im Verlauf der Oberstufe arbeiten, um ein bestimmtes Ziel zu erreichen?

H zu Aufgaben 2a
Welche Gemeinsamkeiten, welche Unterschiede fallen Ihnen auf?

H zu Aufgaben 2b
Dabei geht es noch nicht um einen endgültigen Beruf! Viel wichtiger sind die Richtung und die Begründung – formulieren Sie diese positiv („Ich könnte mir dich gut als ... vorstellen, weil ...“).

M 7 ● Meine Fähigkeiten und Eigenschaften – mein Persönlichkeitsprofil

Eigenschaften	schwach ausgeprägt				stark ausgeprägt		
	-3	-2	-1	0	1	2	3
kann gut organisieren							
effektiv							
schnell							
ausdauernd							
belastbar							
entschlossen							
gute Fachkenntnisse							
arbeitet fehlerfrei							
einsatzbereit							
begeisterungsfähig							
aktiv							
gewissenhaft							
fähig zu rationalisieren							
selbstständig							
verantwortungsbereit							
zielstrebig							
zuverlässig							
gute Auffassungsgabe							
gutes Gedächtnis							
intelligent							
konzentriert							
lernfähig							
logisch denkend							
problemlösend							
kreativ							
konfliktfähig							
ausgeglichen							
diszipliniert							
ehrgeizig							
aufgeschlossen							
flexibel							
kontrolliert gern							
motivierend							
objektiv							
sensibel							
teamfähig							
tolerant							
kommunikationsfreudig							

Nach: Doris und Frank Brenner, Karrierefaktor Self Assessment, Freiburg 2004

5.1.4 Wie finde ich, was zu mir passt? Weiterarbeit mit Selbsttests

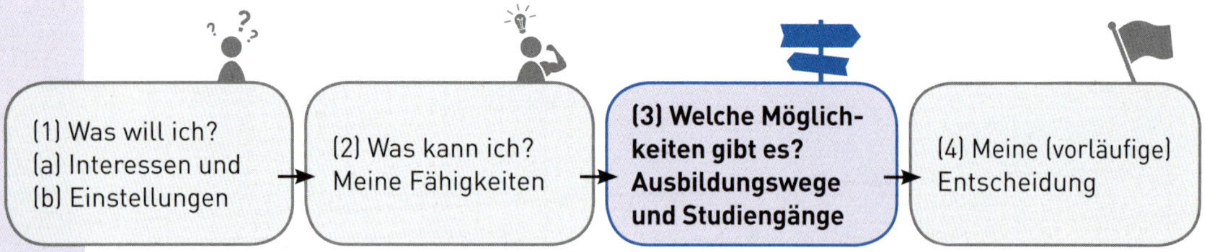

M 8 ● Interessen- und Kompetenztests: Wege der Informationsgewinnung

Die Welt der Ausbildungs- und Studiengänge sowie der Berufe bzw. Berufsfelder erscheint heute schier unübersehbar. So verzeichnet der u.a. von der Bundesagentur für Arbeit betreute Online-Studienführer studienwahl.de derzeit 17.726 Studiengänge an bundesdeutschen Hochschulen (Stand: 9.10.2017). Angesichts dieser Vielzahl von Optionen orientieren Sie sich möglicherweise vorschnell an Ihnen – durch Familie und Bekanntenkreis – Bekanntem, ohne möglicherweise für Sie interessante Alternativen in den Blick zu nehmen. Hilfen in diesem „Dschungel" bieten einige Testverfahren, die Sie in vielen Fällen kostenlos und ohne großen organisatorischen Aufwand online durchführen können. Zu unterscheiden sind dabei

- **Interessenstests**, die über vielfältige Fragen und zu bewertende Aussagen Ihre Interessen und Neigungen erheben. Der Grundannahme folgend, dass Sie vor allem in Ausbildungs- und Studiengängen langfristig erfolgreich sein werden, die mit Ihren tatsächlichen Interessen und arbeitsbezogenen Neigungen und Werte übereinstimmen, werden als Ergebnis Studienfelder vorgeschlagen, mit denen Sie sich im Anschluss (vgl. Kap. 5.3) näher beschäftigen können.
- **Leistungs- und Kompetenztests**, in denen Sie unterschiedliche – im Schwierigkeitsgrad meist ansteigende – Aufgaben lösen müssen, für die zum Teil nur begrenzte Zeit zur Verfügung steht. Die Aufgaben bilden dabei sehr unterschiedliche Fähigkeitsbereiche (Textverständnis, mathematische Modellierung, naturwissenschaftlich-technisches Verständnis etc.) ab, die in Studiengängen unterschiedlicher Fachbereiche zu den zentralen Anforderungen gehören, sodass diese Tests eine vorsichtige Prognose hinsichtlich Ihrer Eignung für das Studium bestimmter Fächergruppen erlauben. Teilweise sind diese Tests auf einem relativ hohen Niveau angesiedelt, weshalb Sie diese nicht gleich zu Beginn der 11. Klasse nutzen sollten.

Zu dieser Kategorie zählen auch Tests, die die Eignung für bestimmte Fächergruppen testen. In einigen Bundesländern ist der Nachweis über das Absolvieren (nicht aber das „Bestehen"!) eines solchen Selbsttests Voraussetzung für die Einschreibung in einen entsprechenden Studiengang.

Autorentext

M 9 ● Online-Selbsttests – eine Auswahl

- Das Berufe-Universum der Bundesagentur für Arbeit vereint Interessens- und Fähigkeitentests und empfiehlt auf Grundlage der Testergebnisse Ausbildungsberufe: www.portal.berufe-universum.de
- Studieninteressenstest der Hochschulrektorenkonferenz (HRK): www.hochschulkompass.de/studium-interessentest.html
- Interessen- und Kompetenztests, die an unterschiedlichen Ausgangssituationen (keine Studienidee – grobe Richtung – recht klare Festlegung) ansetzen: www.arbeitsagentur.de → Schule, Ausbildung und Studium → Studium
- BORAKEL, ein – sehr anspruchsvoller – kombinierter Interessens- und Kompetenztest der Ruhr-Universität Bochum: www.ruhr-uni-bochum.de/beratungstool/mein-berufsweg.htm
- OrientierungsTest des Landes Baden-Württemberg (Interessens- und Leistungstest): www.was-studiere-ich.de

Am besten führen Sie einen Selbsttest zu Hause durch, wenn Sie nicht gestört werden.

Aufgaben

- Führen Sie mindestens einen der Online-Selbsttests durch und dokumentieren Sie dessen Ergebnisse.

  Wichtig: Schaffen Sie sich für die Durchführung unbedingt eine störungsfreie Atmosphäre, damit Sie den Test ohne Unterbrechung konzentriert durchführen können.
- Reflektieren Sie die Durchführung und die Ergebnisse des Tests anhand folgender Leitfragen:
  - **Durchführung:** Was ist Ihnen leichtgefallen, was schwer? Über welche Aufgaben und Anforderungen waren Sie irritiert?
  - **Ergebnisse:** Haben Sie die Ergebnisse in Ihrer bisherigen Selbsteinschätzung bestätigt? Welche neuen Erkenntnisse über Ihre eigenen Interessen und Fähigkeiten haben Sie gewonnen? Wie könnte dies Ihre Berufs- und Ausbildungsplanung beeinflussen?

5.2 Als zukünftiger Student oder Azubi einen regionalen Wirtschaftsraum analysieren

5.2.1 Elemente eines regionalen Wirtschaftsraums

M 1 Perspektiven auf einen regionalen Wirtschaftsraum

Ein regionaler Wirtschaftsraum kann aus umfassender wissenschaftlicher Perspektive betrachtet werden. Dient die Analyse aber dazu, eigene ökonomische Entscheidungen (z.B. Berufs-/Studienplatzwahl, Unternehmensgründung...) zu treffen, ist es hilfreich, eine Perspektive auf den Wirtschaftsraum festzulegen und nach dieser die zu untersuchenden Daten auszuwählen. Mögliche Perspektiven, die sich auch überschneiden können, sind:

die (zukünftige) Unternehmerin

- ist vor allem interessiert an harten (und ggf. weichen) Standortfaktoren, die er für sein Unternehmen/seine Produktionsstätte gewichtet;
- ist – je nach Unternehmensausrichtung – interessiert an den Beziehungen zu anderen Wirtschaftsräumen.

die (zukünftige) Arbeitnehmerin/ Auszubildende/Studierende

- interessiert sich für Angebote von Arbeits- bzw. Ausbildungsstellen oder Studienplätzen;
- wünscht sich Karrieremöglichkeiten und (als Arbeitnehmer) häufig eine unbefristete Anstellung, um vor Ort seinen Lebensmittelpunkt zu bilden.

der Konsument

- interessiert sich primär für günstige Produktpreise, ein reichhaltiges Angebot und eine möglichst hohe Qualität von Verbrauchsgütern;
- sucht bezahlbaren Wohnraum, Naherholungsmöglichkeiten sowie ggf. kulturelle und Bildungsangebote.

der kritische Wirtschaftsbürger

- fragt auch nach der ökologischen Bilanz der konsumierten Produkte bzw. der Produktionsprozesse;
- begrüßt humane Arbeitsbedingungen und Arbeitnehmerrechte;
- möchte die historische Gewordenheit von Wirtschaftsräumen kennen, um diese besser zu verstehen.

Autorentext nach: Landesinstitut für Schulqualität und Lehrerbildung Sachsen-Anhalt (LISA), Methoden zur Untersuchung eines regionalen Wirtschaftsraums, Halle/Saale 2012, S. 4

zu **Standortfaktoren** → vgl. Kap. 2.2.1

Regionaler Wirtschaftsraum

Anzahl zusammenhängender Kommunen, deren Wirtschaft Gemeinsamkeiten und Vernetzungen aufweist und dadurch von benachbarten Wirtschaftsräumen unterscheidbar wird; dabei kann ein Wirtschaftsraum sogar Staatsgrenzen überschreiten.

Verdichtungsräume, ländliche Räume

Verdichtungsräume sind Räume mit hoher Bevölkerungsdichte (z.B. Großstädte und deren Umgebung). Ländliche Räume weisen demgegenüber eine eher geringe Bevölkerungsdichte auf und werden oft überdurchschnittlich land- und forstwirtschaftlich genutzt.

M 2 ● Leitfragen zur Analyse eines Wirtschaftsraums

Um einen regionalen Wirtschaftsraum zielgerichtet zu analysieren, ist es zunächst wichtig, eine Perspektive auszuwählen (vgl. M 1). Denn aus der Perspektive ergibt sich die Auswahl der zu beantwortenden Fragen. Folgende Fragen sind insg. denkbar:

Allgemeine Angaben zum Wirtschaftsraum

- Welche Städte und Gemeinden und welche Fläche insg. umfasst der Wirtschaftsraum?
- Wie liegt der Wirtschaftsraum geografisch?
- Weist der Wirtschaftsraum topografische Besonderheiten bzw. Charakteristika auf?
- Wie viele Menschen (im erwerbsfähigen Alter) leben in dem Wirtschaftsraum?
- Wie ist die Altersverteilung in dem Wirtschaftsraum?

Entstehung/Entwicklung des Wirtschaftsraums

- Seit wann ungefähr besteht der Raum als zusammenhängender Wirtschaftsraum?
- Welchen bedeutenden Veränderungen war der Wirtschaftsraum seit seinem Bestehen unterworfen (Strukturwandel)?
- Welche der (historisch jüngeren) Veränderungen könnten Auswirkungen auf die (nähere) Zukunft des Wirtschaftsraums haben? Welcher Art könnten diese Auswirkungen sein (Art der Beschäftigung, Zahl der Arbeitsplätze...)?

Infrastruktur/öffentliche Daseinsvorsorge

- Wie ist die Verkehrsinfrastruktur (für Personen- und Gütertransport) ausgebaut (Straßennetz, Bahn, Flughäfen, Häfen)?
- Welche Bildungseinrichtungen gibt es (Schulen, Hochschulen, Volkshochschulen...)?
- Welche und wie viele Kinderbetreuungseinrichtungen existieren (Krippen, Kindergärten...)?
- Welche Unternehmen stehen für Wasser-, Elektrizitäts- und Gasversorgung zur Verfügung?
- Wie dicht ist das medizinische Versorgungs- bzw. das Pflegenetz (Krankenhäuser, Rettungsdienste, Ärzte, mobile Pflegedienste, Pflegeheime...)?
- Wie gut sind die Kommunikationsmöglichkeiten ausgebaut (Mobilfunk- und Internetanbindung)?
- Welche kulturellen Möglichkeiten und Freizeit- bzw. Naherholungsangebote stehen zur Verfügung?
- Welche regionalen Informationsmöglichkeiten existieren (Zeitung, Radiosender...)?

Unternehmen und Beschäftigung

- Wie viele Menschen arbeiten in dem Wirtschaftsraum?
- Wie viele Erwerbsfähige sind arbeitslos? Wie hoch ist die Arbeitslosenquote?
- Welche wirtschaftlichen Branchen prägen den Wirtschaftsraum? Gibt es Leitbranchen?
- Welche (Groß-)Unternehmen prägen den Wirtschaftsraum? Gibt es Schlüsselunternehmen?
- Wie verteilen sich die Beschäftigten auf die wirtschaftlichen Branchen?
- In welchen Branchen und Großunternehmen werden wie viele Ausbildungsplätze angeboten?

Autorentext nach: Institut für Ökonomische Bildung, Analyse eines regionalen Wirtschaftsraumes, www.marwilo.de, Abruf am 3.8.2017

Aufgabe

Erstellen Sie – vor einer weiterführenden Recherche – in Gruppen eine hypothetische Mindmap zu Ihrem Wirtschaftsraum. Legen Sie dazu zunächst eine Perspektive fest und wählen Sie Ebenen und die Leitfragen aus, die Sie zur perspektivischen Beschreibung des Wirtschaftsraums benötigen. Beantworten Sie diese Fragen – soweit möglich – aus Ihren Kenntnissen und Vorstellungen heraus.

5.2.2 Die Wirtschaftsregion Hannover aus Perspektive zukünftiger Arbeitnehmer

M 3 ● Allgemeine Daten zur Wirtschaftsregion Hannover

Die Wirtschaftsregion Hannover besteht aus der Landeshauptstadt Hannover und zwanzig weiteren Kommunen (vgl. M 4).

	absolut	Rangplatz
Fläche	2.291 km²	15
Bevölkerung (davon Landeshauptstadt Hannover)	1,132 Mio. (532.163)	15
Bevölkerungsentwicklung 2011-2016	+3,5 %	
Sozialversicherungspflichtige Beschäftigte (2016)	487.986	14
Bruttoinlandsprodukt je Einwohner (D = 100)	115	9
Studierende		
• an der Leibniz Universität	26.318	
• an den anderen 12 (Fach-)Hochschulen	21.154	
Auszubildende/Berufsschüler (2015)	41.416	

Eckdaten der Region Hannover im Vergleich der 21 Verdichtungsräume in Deutschland

Zahlen: Region Hannover, Wirtschaftsreport 2016 für die Region Hannover, Hannover 2017, S. 8; Region Hannover, Trends und Fakten 2017, Hannover 2017, S. 6, 31-33

Zugfahrzeiten (ICE) von Hannover nach

Stadt	Dauer (Std:Min)
Berlin	1:35
Bremen	0:59
Dortmund	1:38
Dresden	3:52
Frankfurt a.M.	2:19
Hamburg	1:15
Köln	2:38
Leipzig	2:40
München	4:35
Nürnberg	3:02
Stuttgart	3:54

Zahlen: Region Hannover, Trends und Fakten 2017, Hannover 2017, S. 5

M 4 ● Lage und Verkehrsinfrastruktur der Wirtschaftsregion Hannover

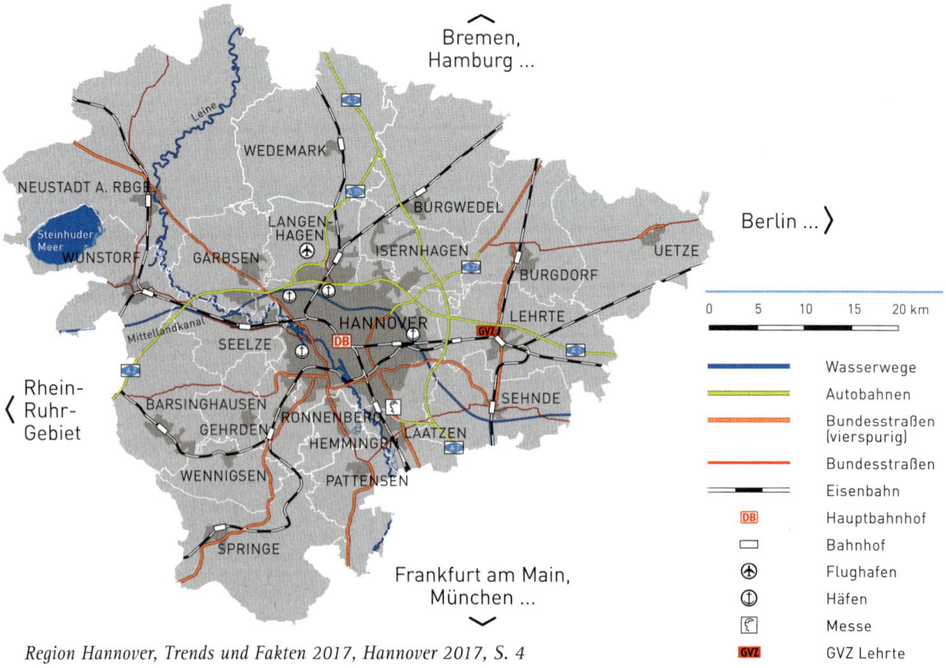

Region Hannover, Trends und Fakten 2017, Hannover 2017, S. 4

M 5 ● Hannovers Leitbranchen

[I]nsbesondere die Gesundheitswirtschaft, die Logistikwirtschaft, die wissensbasierten unternehmensnahen Dienstleistungen sowie das Handwerk [sind] von beschäftigungspolitischer Bedeutung für die Region [...]. Eine hohe Spezialisierung weist die Region darüber hinaus im Messe- und Kongresswesen, in den Finanzdienstleistungen und der Automobilwirtschaft auf. [...] In den kommenden Jahren wird das Erwerbspersonenpotenzial [...] deutlich sinken, weil zahlreiche Beschäftigte altersbedingt aus dem Erwerbsleben ausscheiden werden, ihnen aber nicht in gleichem Umfang Nachwuchskräfte gegenüberstehen. Die hierdurch entstehende Lücke ist derzeit bei bestimmten hochqualifizierten Tätigkeiten und Dienstleistungen spürbar. Künftig ist damit zu rechnen, dass Fachkräfteengpässe immer mehr Qualifikations- und Berufsgruppen erfassen.

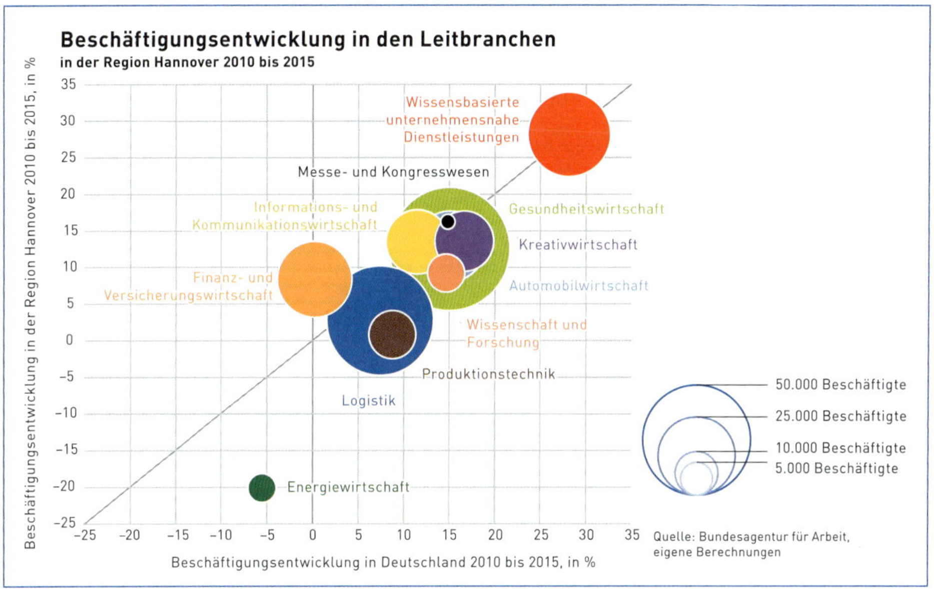

Region Hannover, Wirtschaftsreport 2016 für die Region Hannover, Hannover 2017, S. 5f.

Anteil der Beschäftigten in Hannover, Leitbranchen

Branchen	Anteil in %
Gesundheitswirtschaft	13,8
Logistikwirtschaft	11,2
wissensintensive unternehmensnahe Dienstleistungen	6,8
Finanz- und Versicherungswirtschaft	5,2
Automotive	4,9
Information und Kommunikation	4,7
Kreativwirtschaft	4,3

Nur sozialversicherungspflichtig Beschäftigte (Stand: 2015)

Zahlen: Region Hannover, Wirtschaftsreport 2016 für die Region Hannover. Hannover 2017, S. 22, 26-30, 34-36, 40

M 6 ● Gesundheitswirtschaft in der Region Hannover

In der Region Hannover spielen gesundheitsbezogene Versorgungsdienstleistungen eine zentrale Rolle. Hannover ist ein bedeutender Klinikstandort mit zahlreichen Einrichtungen in öffentlicher, gemeinnütziger oder privater Trägerschaft. Besondere Spezialisierungen bestehen in der Region in den Bereichen Neurochirurgie, plastische Chirurgie, Kinderchirurgie sowie Mund-, Kiefer- und Gesichtschirurgie. Diese Kompetenzen an den verschiedenen Häusern sowie die weit über die Grenzen der Region hinaus bekannte Medizinische Hochschule [mit ihren fast 8.000 Beschäftigten] tragen zur großen überregionalen Bedeutung bei. [...] Regionale Akteure aus dem Life-Science-Bereich sind international bekannt für die Herstellung von Cochlea-Implantaten [= spezielle Art von Hörprothese], Tissue Engineering [= Herstellung künstlichen Gewebes] oder auch die Transplantationsforschung. Viele junge Unternehmen dieses Branchensegments haben sich im Medical Park Hannover angesiedelt. Des Weiteren gibt es in der Region Hannover zahlreiche Unternehmen aus dem Gesundheitshandwerk und der Medizintechnik.

Region Hannover, Wirtschaftsreport 2016 für die Region Hannover, Hannover 2017, S. 28

M 7 Die größten Unternehmen aus der Wirtschaftsregion

Unternehmen	Umsatz in Mio. €	Beschäftigte weltweit	Branchen
1. Continental AG und Conti Tech	44.599,8	250.109	Automobil-Zulieferindustrie
2. TUI AG	20.520,4	71.441	Tourismus
3. Volkswagen Nutzfahrzeuge	10.341,0	20.800	Straßenfahrzeugbau
4. AGRAVIS Raiffeisen AG	6.943,5	6.233 (deutschlandweit)	Agrarhandel
5. Dirk Rossmann GmbH	5.024,6	26.318	Groß- und Einzelhandel (Drogerieartikel)

Zahlen: Nord/LB Regionalwirtschaft, Niedersachsenreport, Ausgabe 2016, Hannover 2016, S. 7

M 8 Arbeit(slosigkeit) im Vergleich

a) Entwicklung der Arbeitslosenquoten

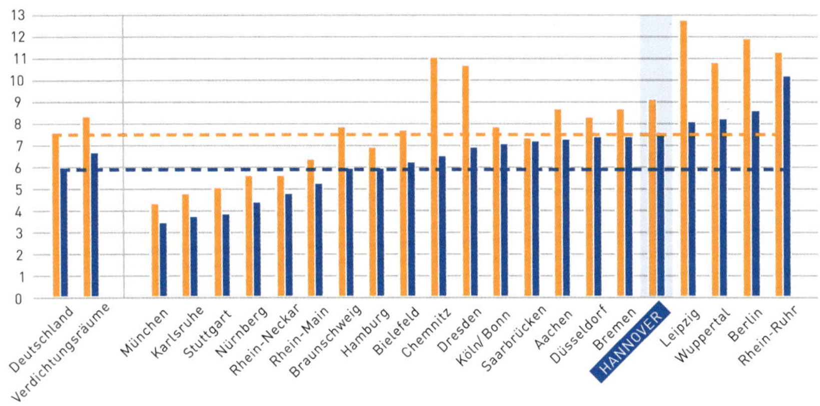

Quelle: Arbeitsmarktstatistik, Bundesagentur für Arbeit, eigene Berechnungen

b) Entwicklung der Beschäftigung

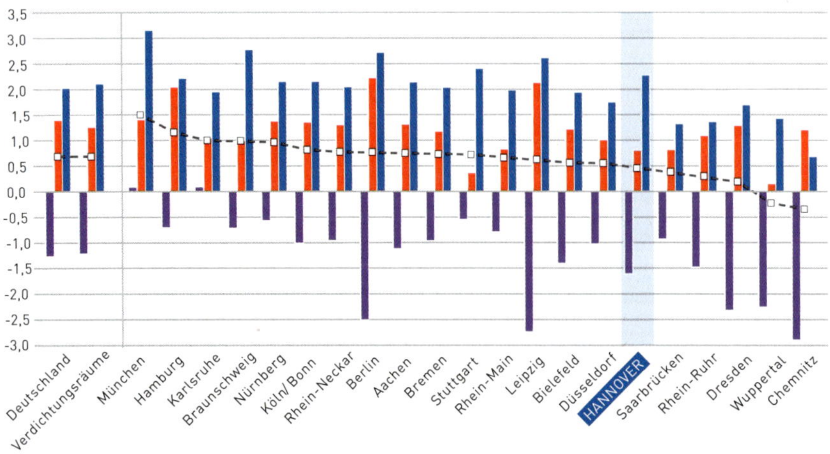

Quelle: Beschäftigungsstatistik der Bundesagentur für Arbeit, eigene Berechnungen

Zahlen: Region Hannover, Wirtschaftsreport 2016 für die Region Hannover, Hannover 2017, S. 12, 19

M 9 ● Universitätsstudium in Hannover

An der Leibniz Universität Hannover (LUH) werden 85 Studienfächer in ca. 170 Studien- und Teilstudiengängen angeboten. Die Fächer sind in 9 Fakultäten organisiert. Als ehemalige technische Universität ist die LUH Mitglied im TU9 German Instituts of Technology e.V., einem Kooperationsnetzwerk neun der führenden technischen Universitäten Deutschlands.

Studienfächer mit den höchsten Studierendenzahlen (Wintersemester 2016/17):

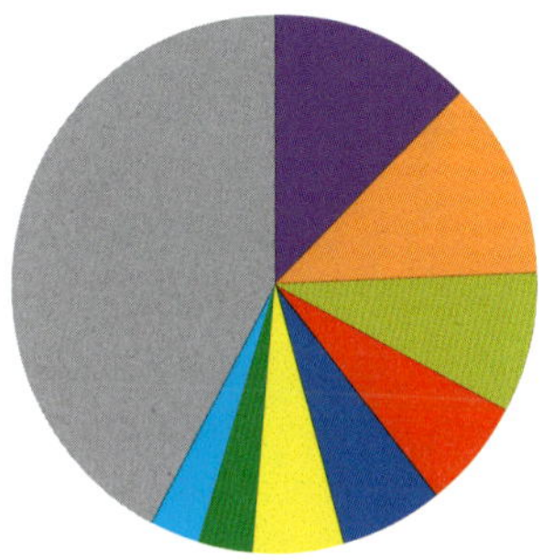

Zahlen: Präsidium der Leibniz Universität Hannover (Hg.), Zahlenspiegel 2017, Hannover 2017, S. 21

M 10 ● Beliebte Ausbildungsberufsfelder in Hannover

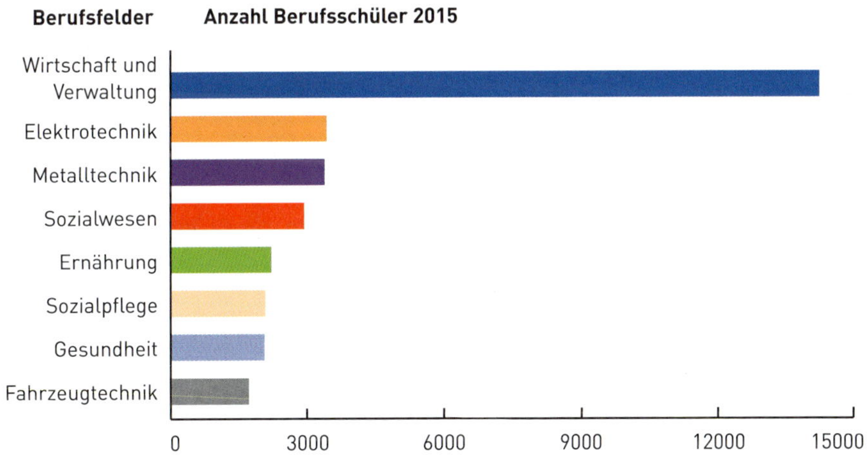

Zahlen: Region Hannover, Trends und Fakten 2017, Hannover 2017, S. 31

Aufgaben

1. Analysieren Sie den regionalen Wirtschaftsraum Hannover aus der Sicht eines zukünftigen Arbeitnehmers/Azubis/Studenten (M 3–M 10).
2. Charakterisieren Sie die Wirtschaftsregion Hannover (M 3–M 10). Wo liegen ökonomische Schwerpunkte?
3. Beurteilen Sie Ihre persönlichen Zukunftschancen in der Wirtschaftsregion Hannover.

Medizinische Hochschule Hannover (MHH)

An der 1965 gegründeten MHH studierten im Jahr 2015 insg. 3.424 Personen Medizin, Zahnmedizin und verwandte Fächer.

https://www.mh-hannover.de (Abruf am 3.8.2017)

Mietpreise im Vergleich

	einfach	mittel
Berlin	5,80	7,85
Bremen	6,00	7,75
Frankfurt a. M.	7,80	9,00
Hamburg	7,50	9,25
Hannover	**5,70**	**7,90**
Leipzig	4,60	5,55
München	10,20	12,60
Stuttgart	9,30	10,90

Preisspiegel 2015/16 in Euro pro Quadratmeter Wohnfläche in Nicht-Neubauten (Baujahr ab 1949)

Zahlen: Region Hannover, Trends und Fakten 2017, Hannover 2017, S. 42

H zu Aufgabe 3
Berücksichtigen Sie dabei Ihre Interessen, Fähigkeiten und bisherigen Absichten zur Studien- bzw. Berufswahl.

METHODE

Posterpräsentation – (m)einen regionalen Wirtschaftsraum präsentieren

Wozu ist eine Posterpräsentation nützlich?

Die Präsentation mithilfe eines (wissenschaftlichen) Posters hat zwei wesentliche Vorteile: Erstens sind die Informationen (Bilder, Texte, Grafiken) auf einem Poster – anders als bei einer PowerPointPräsentation – gleichzeitig präsent und länger betrachtbar. Sie können auch dauerhaft an einem Ort (dem Klassenzimmer) bleiben. Zweitens zwingt der vergleichsweise kleine Raum auf dem Poster zu äußerster **Verknappung, Verdichtung, Strukturierung und Veranschaulichung der Informationen.** Die Textmenge wird gegenüber jedem anderen Präsentationsmedium deutlich verringert. Ein gut gemachtes Poster zeigt immer auch, dass der Vortragende die dargestellte Materie gut verstanden hat und sie daher auf den Punkt bringen kann.

Was muss ich bei einem Poster bedenken?

Der geringe Platz auf dem Poster ist aber nicht nur dessen größter Vorteil, sondern er erzeugt auch die wesentlichen Schwierigkeiten. Denn die Informationen müssen erstens einerseits deutlich reduziert werden, ohne andererseits etwas Wesentliches zu vergessen oder unverständlich zu machen. Außerdem sollte das Poster zweitens weniger durch Texte, sondern primär durch aussagekräftige Bilder und grafische Darstellungen (wie Diagramme) geprägt sein. Texte müssen auf Schlüsselbegriffe und Kernaussagen reduziert werden. Drittens gibt es keine festgelegte Struktur für ein Poster, der man folgen könnte; diese muss man vielmehr aus (dem gewählten Schwerpunkt) der Sache heraus entwickeln.
Für ein Poster ergeben sich daher folgende unterschiedlich gewichtige **Qualitätskriterien:** inhaltliche Nachvollziehbarkeit und Tiefe, Schlüssigkeit der Struktur, Anschaulichkeit und Übersichtlichkeit, Originalität der Darstellung, Verfolgbarkeit der Quellen (Herkunftsnachweise der Informationen).

Schritte zur die Erstellung eines Posters

Die Schrittfolge stellt nur einen Vorschlag dar. Oft greifen die Schritte ineinander. So ist es z.B. häufig sinnvoll, bereits eine Analyseperspektive festzulegen (Schritt 2), bevor Informationen gesammelt werden (Schritt 1), um diese gezielter suchen zu können.

Arbeitsschritt	Was ist zu tun?
(1) Sammeln von Informationen	Recherchieren Sie alle möglichen Informationen über den von Ihnen betrachteten regionalen Wirtschaftsraum.
(2) Auswahl der Informationen unter Berücksichtigung der gewählten Perspektive	Nicht unbedingt zwingend sollen Sie den regionalen Wirtschaftsraum in Gänze vorstellen. Wenn Sie (zuvor) eine Perspektive für die Analyse des Wirtschaftsraums festgelegt haben (Arbeitnehmer, Unternehmer, Konsument, kritischer Wirtschaftsbürger), wählen Sie die für diese Sicht bedeutsamen Informationen aus.
(3) Beschreibung der Adressaten	Überlegen Sie, wem Sie den regionalen Wirtschaftsraum präsentieren werden (jüngeren Schülern, Ihrer Klasse, Eltern?). Über welche Vorkenntnisse und über welche Sprachfähigkeiten verfügen die Angesprochenen?
(4) Auswahl prinzipiell geeigneten Materials (Bilder, Grafiken, sehr kurze Texte)	Blicken Sie nun kritisch auf Ihre gesammelten Informationen und wählen Sie **nur das essenziell notwendige Material** aus: Mehr als vier bis fünf Bilder und Grafiken verträgt das Poster nicht!

(5) Ausprobieren von möglichen (Teil-)Strukturen und Festlegung auf eine sinnvolle Struktur	• Überlegen Sie, in welche **Richtungen das Poster „gelesen"** werden soll: Von oben nach unten? Von links nach rechts? In Spalten? In Zeilen? Von innen nach außen? • Sollen auch Flussdiagramme o.Ä. in die Struktur eingebaut werden? • Denken Sie hier bereits daran, **Freiflächen** zu **erhalten**, um das Poster nicht überladen wirken zu lassen. Das zeugt davon, dass Sie das Thema vollauf erfasst haben und reduzieren können. • **Skizzieren** Sie Ihr Poster zunächst auf einem A4-Blatt.
(6) Gestaltung und Fertigstellung des Posters	• Der **Inhalt steht im Vordergrund**! Keine technisch noch so anspruchsvolle Umsetzung wiegt inhaltliche Schwächen auf. • Formulieren Sie eine selbsterklärende, knappe **Überschrift**. • Die „Einführung" des Themas auf dem Poster sollte Interesse wecken und daher auch visuell besonders ansprechend sein. • Vermeiden Sie unbedingt alle möglichen Ablenkungen der Adressaten beim Betrachten des Posters (z.B. zu viele Farben, zu detaillierte Informationen...). • Das Layout sollte einheitlich sein (also z.B. immer dieselbe Schrifttype). • Nutzen Sie eine **Schrift ohne Serifen** und eine **Schriftgröße**, die auch noch aus knapp zwei Metern Entfernung lesbar ist. Es lohnt sich, die Textbausteine vorzuschreiben und nicht sofort auf dem Poster zu fixieren.

Mögliche Aufbauvarianten eines Posters

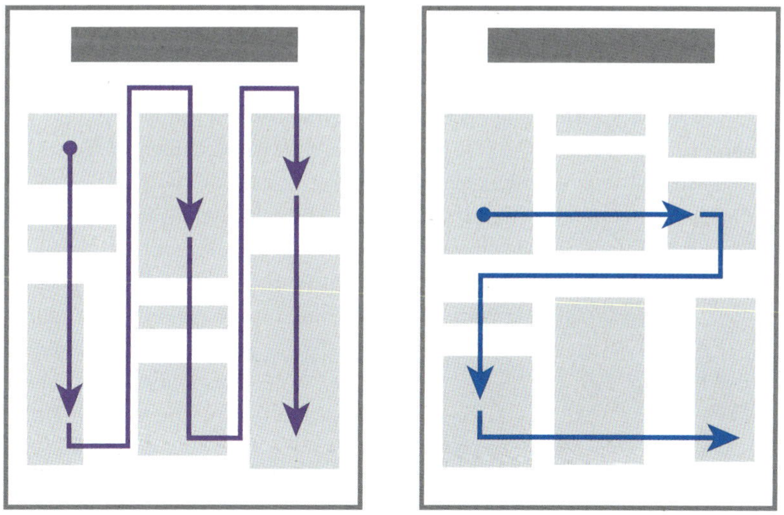

Aufbauvarianten von Postern in Spalten und Zeilen

5.3 Studium oder (vorher) Ausbildung – was unterscheidet klassische Wege nach der Schule?

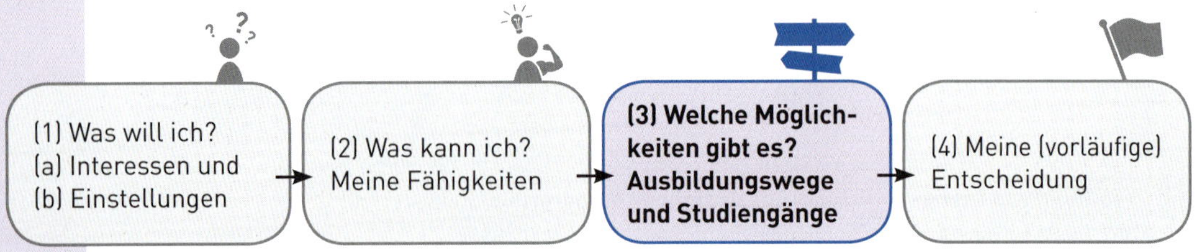

5.3.1 Raus aus der Schule, rein in die Praxis – die Berufsausbildung

M 1 ● Worauf zielt eine Berufsausbildung? Beispiel Mediengestalter

Duale Ausbildung

vor allem in Deutschland und der Schweiz verbreitetes System der Berufsausbildung in den Lernorten Betrieb und Berufsschule

Die Ausbildung zum Mediengestalter wird in den beiden Fachrichtungen „Digital und Print" sowie „Bild und Ton" angeboten. Generelle Ziele der Ausbildung zum Mediengestalter Bild und Ton und seine Einsatzgebiete werden im Folgenden beschrieben.

Die Ausbildungsdauer beträgt 3 Jahre. Mediengestalter Bild und Ton/Mediengestalterinnen Bild und Ton

- stellen Bild- und Tonprodukte her;
- können aufgrund ihrer breit angelegten Ausbildung in allen Schritten des Produktionsprozesses eingesetzt werden – von der Bild- und Tonaufnahme, Bildmischung, Bild-Tonnachbearbeitung bis zur Wiedergabe;
- können sich schnell an den unterschiedlichen Arbeitsplätzen einarbeiten und mit der Redaktion bzw. Kunden sowie mit dem Produktionsteam zusammenarbeiten.

Die Ausbildung zum/r Mediengestaler/in Bild und Ton ist vielfältig.

Die Einsatzgebiete spiegeln betriebliche Aufgabengebiete wider [...]. Folgende Einsatzgebiete wurden festgelegt:

- Außenübertragung,
- Studioproduktion,
- szenische und dokumentarische Produktion EB-Produktion,
- Bildmontage, AV-Grafik, Effekte, Tonaufnahme, -schnitt, -synchronisation und -mischung,
- Radioproduktion und -sendung,
- Fernsehproduktion und -sendung,
- Organisation von AV-Produktionen,
- Produktion von Bild- und Tonmaterial für crossmediale Produkte. [...]

Mediengestalter Bild und Ton/Mediengestalterinnen Bild und Ton sind bimedial ausgebildet, d.h. können sowohl kombinierte Bild-Ton-Produkte als auch reine Tonprodukte herstellen und gestalten. Neben technischen Qualifikationen gehören zu diesem Beruf insbesondere gestalterische und herstellungsorganisatorische Qualifikationen. Die drei Qualifikationsbereiche

- Organisation,
- Technik und
- Gestaltung

nehmen jeweils rund ein Drittel der Tätigkeit ein.

Bundesinstitut für Berufsbildung, Mediengestalter Bild und Ton/Mediengestalterin Bild und Ton, Bonn 2006, S. 7

M 2 ● Wie strukturiert sich eine Ausbildung?

Die Struktur und die Teilziele der Ausbildung werden in einem **Ausbildungsrahmenplan** festgelegt, der sich bei einem Mediengestalter Bild und Ton in insg. 13 Lernfelder gliedert (vgl. M 3b). Ein Ausschnitt aus einem solchen Rahmenplan könnte so aussehen:

Teil des Ausbildungs-/ Berufsbildes	zu vermittelnde Fertigkeiten, Kenntnisse und Fähigkeiten	zeitliche Richtwerte in Wochen in den Monaten	
		1 – 18	19 – 36
Herstellen von Bild- und Tonaufnahmen	a) beleuchtungstechnische Geräte aufbauen und bedienen b) Aufnahme- und Regiegeräte bedienen c) Kameras abgleichen und aussteuern d) Beschallungsanlagen einschließlich Effektgeräte aufbauen und bedienen e) Ton aussteuern sowie Ton angeln	18	
	Bild- und Ton nach redaktionellen und gestalterischen Gesichtspunkten aufnehmen, insbesondere f) Kamerastandorte, -bewegungen und Bildausschnitte festlegen g) unterschiedliche Situationen ausleuchten h) Mikrofone für unterschiedliche Situationen auswählen und positionieren i) Sicherheitsvorschriften für Produktionen mit temporären Aufbauten und mit Publikum einhalten		20

Ausbildungsvergütung Mediengestalter Bild und Ton

1. Jahr	ca. 530,- €
2. Jahr	ca. 620,- €
3. Jahr	ca. 710,- €

Zahlen: www.ausbildung.de

M 3 ● Berufsschule und Prüfungen eines Mediengestalters

a) Unterricht in der Berufsschule

Der Unterrichtsumfang der Berufsschule beträgt mindestens 12 Wochenstunden. Er besteht aus berufsbezogenem und berufsübergreifendem Unterricht und umfasst berufliche Lerninhalte und eine berufsbezogene Erweiterung der vorher erworbenen allgemeinen Bildung, insbesondere in den Bereichen deutsche Sprache, Fremdsprache, Politik oder Wirtschaft, Religion (Ethik) und Sport. [...] Der berufsbezogene Unterricht der Berufsschule umfasst in der Regel 8 Wochenstunden. Er richtet sich nach den von der Kultusministerkonferenz beschlossenen Rahmenlehrplänen [...].
[Der Berufsschulanteil eines Mediengestalters in der dualen Ausbildung beträgt 13 Schulwochen à 5 Tage. Dieser kann in Blöcken oder wöchentlich ausbildungsbegleitend erteilt werden.]

Ständige Konferenz der Kultusminister der Länder in der Bundesrepublik Deutschland: Rahmenvereinbarung über die Berufsschule, Bielefeld 2015, S. 4

Verdienstmöglichkeiten Mediengestalter Bild und Ton

Einstiegsgehalt
ca. 1.850,- €

Gehalt mit mehrjähriger Berufserfahrung in öffentlich-rechtlichen Rundfunkanstalten
bis 2.600,- €

Monatliches Bruttogehalt (also vor Abzug von Einkommenssteuer und Abgaben an die gesetzlichen Sozialversicherungen)

Zahlen: www.ausbildung.de

b) Berufsbezogener Unterricht eines Mediengestalters Bild und Ton

Der berufsbezogene Unterricht wird gemäß der 13 Lernfelder strukturiert, für die jeweils ein Stundenkontingent vorgesehen ist.

Nr.	Lernfelder	Zeitrichtwerte in Unterrichtsstunden		
		1. Jahr	2. Jahr	3. Jahr
1	Den AV-Medienbetrieb und dessen Produkte präsentieren	40		
2	Bild- und Tonaufnahmesysteme bereitstellen und in Betrieb nehmen	80		
3	Postproduktionssysteme in Betrieb nehmen	80		
4	Bild- und Tonaufnahmen konzipieren und organisieren	80		
5	Bild- und Tonaufnahmen erstellen		80	
6	Bild- und Tonaufnahmen bearbeiten		80	
7	Bild- und Tonprodukte technisch und gestalterisch analysieren		80	
8	AV-Medienproduktionen wirtschaftlich planen und abwickeln		40	
9	AV-Medienproduktionen rechtlich absichern			40
10	Übertragungs- und Kommunikationssysteme einsetzen			40
11	AV-Medienproduktionen vorbereiten und durchführen			80
12	Postproduktionen planen und durchführen			80
13	AV-Medienprodukte bereitstellen, verwalten und weiterverwerten			40
Summe: insgesamt 840 Stunden		**280**	**280**	**280**

Ständige Konferenz der Kultusminister der Länder in der Bundesrepublik Deutschland, Rahmenlehrplan für den Ausbildungsberuf Mediengestalter Bild und Ton/ Mediengestalterin Bild und Ton, Bielefeld 2008, S. 6

c) Prüfung im Rahmen der Mediengestalter-Ausbildung

Nach 18 Monaten findet eine Zwischenprüfung statt, die aus einer Arbeitsprobe von höchstens 30 Minuten und einer handlungsorientierten schriftlichen Aufgabe von maximal 120 Minuten besteht. Die Abschlussprüfung am Ausbildungsende setzt sich jeweils zur Hälfte zusammen aus praktischen Arbeitsergebnissen (Arbeitsproben, ein Ton- oder Bild-Ton-Produkt...) sowie drei praxisbezogenen, handlungsorientierten schriftlichen Aufgaben (zwischen 45 und 180 Minuten Länge).

Autorentext nach: Bundesinstitut für Berufsbildung, Mediengestalter Bild und Ton/Mediengestalterin Bild und Ton, Bonn 2006, S. 11, 16, 49

M 4 Haben Ausbildungsberufe Zukunft?

Eine ganz bestimmte Sache, die Deutschland seit Jahrzehnten erfolgreich exportiert, kann man weder anfassen noch kaufen. Es handelt sich [...] um die duale Berufsausbildung. Die Kombination aus beruflicher Praxis im Betrieb und theoretischer Ausbildung in der Berufsschule gelte weltweit als Vorbild [...]. [...]

Hierzulande sinkt die Zahl der Ausbildungsverträge [aber] von Jahr zu Jahr. Zuletzt lag sie bei 500.000, das waren 50.000 Verträge weniger als noch 2011. [...] Innerhalb von nur sieben Jahren hat sich der Anteil der Auszubildenden an den Gesamtbeschäftigten mehr als halbiert. Das ist dramatisch, finden Clemens Wieland und Lars Thies, die Autoren [einer] Bertelsmann-Studie, denn es berge „die Gefahr, dass langfristig weniger Fachkräfte beruflich qualifiziert werden als die Betriebe benötigen". Schon mit den heutigen Ausbildungszahlen werde es knapp: „Um die große Zahl an Fachkräften zu ersetzen, die in den nächsten 15 bis 20 Jahren in den Ruhestand gehen, ist der derzeitige Anteil der Auszubildenden an den Beschäftigten in allen Bundesländern zu gering." [...]

Die Ursachen für den Mangel lassen sich recht klar benennen: Weil die Zahl der Geburten sinkt, werden die Jahrgänge der Schulabgänger kleiner – und von den wenigen Absolventen streben immer mehr ein Studium statt einer Ausbildung an. [...]

Zumindest dieses Phänomen ist hausgemacht, findet Industriesprecher Schöffmann: „Man war ein Jahrzehnt lang immer stärker auf der Jagd nach einer immer höheren Akademikerquote, auf Druck der OECD." Die Organisation für wirtschaftliche Zusammenarbeit und Entwicklung rügte noch 2015 die Bundesrepublik für ihre niedrige Akademikerquote. Die liegt bei knapp 30 Prozent, wohingegen Länder wie Luxemburg und Großbritannien auf 50 Prozent kommen [...]. Besonders in den weiterbildenden Schulen hat der internationale Wettbewerb um Akademiker dazu geführt, dass die Berufsausbildung kaum noch ein Thema ist. Im Gespräch über Karrieremöglichkeiten gehe es meist um Studiengänge und nicht mehr um die betriebliche Ausbildung, monieren [= bemängeln] Kritiker. So gewännen viele Eltern und Schüler den Eindruck, dass beruflicher Erfolg nur noch über die akademische Schiene möglich sei. Von einer „Verschiebung der Wahrnehmung hin zum Akademiker" spricht Stefan Sell, Arbeitsmarktforscher und Professor für Sozialpolitik. [...] Akademiker aber hat dieses Land im „leicht konstanten Überangebot" und zwar bis ins Jahr 2030. Das zumindest legen die Zahlen von Sell nahe [...]: Ihnen zufolge werden bis dahin rund fünf Millionen Akademiker auf den Markt drängen, ihn aber nur 3,2 Millionen altersbedingt verlassen. Mit mittlerer Qualifikation hingegen träten rund 4,5 Millionen Beschäftigte weniger in den Arbeitsmarkt ein als ihn verließen.

Nadine Oberhuber, Die Azubis werden knapp, www.zeit.de, 22.5.2017

Aufgaben

1. Beschreiben Sie die Ausbildung und die Tätigkeitsbereiche eines Mediengestalters Bild und Ton (M 1–M 3).
2. Arbeiten Sie heraus, welche Fähigkeiten und Interessen Bewerber mitbringen sollten, um im Beruf Mediengestalter dauerhaft erfolgreich und zufrieden sein zu können.
3. Beurteilen Sie die allgemeinen Chancen, sich (a) erfolgreich um einen Ausbildungsplatz zu bewerben und (b) nach absolvierter Ausbildung eine interessante und auskömmliche Arbeitsstelle zu finden (M 4).

Recherchieren und dokumentieren Sie analog zum Mediengestalter einen Ausbildungsberuf, der Sie interessieren könnte. Prüfen Sie anschließend, ob dieses Berufsbild tatsächlich Ihren Fähigkeiten und Zukunftsvorstellungen entspricht.

H zu Aufgabe 2
Nennen Sie drei bis fünf Interessen und Fähigkeiten und beziehen Sie sich dabei auf die in Kap. 5.1, M 7 genannten.

5.3.2 Nach dem Abi an die Uni – das Hochschulstudium

Fach-/Hochschule

Bachelor- und Masterstudiengänge werden an Universitäten angeboten, aber auch an den stärker anwendungsorientierten Fachhochschulen. Es ist grundsätzlich möglich, sich nach einem FH-Bachelor an einer Universität für einen Masterstudiengang einzuschreiben.

Leistungspunkte (LP)

auch **Kreditpunkte** (KP), „Credit Points"; beziffern den Arbeitsaufwand, der notwendig ist, um an einem Modul erfolgreich teilzunehmen. Ein LP an einer deutschen Universität wird dabei mit 30 Arbeitsstunden für die Teilnahme an sowie die Vor- und Nachbereitung von Lehrveranstaltungen und Prüfungen veranschlagt. Bis zum Bachelorabschluss soll ein Student demnach 5.400 Stunden gearbeitet haben.

Modul

eine oder mehrere thematisch zusammenhängende Lehrveranstaltungen (Vorlesungen, Seminare, Übungen); mit Erbringen der erforderlichen Leistung abgeschlossen

M 5 ● Aufbau eines Bachelor-Studiengangs

Die über 17.000 verschiedenen Studiengänge (Stand: Wintersemester 2016/17) an deutschen Hochschulen unterscheiden sich teilweise wenig, teilweise gravierend voneinander. Ihre große Zahl kommt vor allem dadurch zustande, dass die meisten Studiengänge heute aus zwei Teilen bestehen, dem Bachelor- und dem Master-Studium. Dabei ist bereits der Bachelor der erste berufsqualifizierende Abschluss.

Beispielhaft wird ein Bachelor-Studienaufbau für das beliebte Fach Wirtschaftswissenschaft an der Carl von Ossietzky Universität Oldenburg dargestellt:

Fach-Bachelor Wirtschafswissenschaften (Stand: 1.10.2017)

6. Semester (SoSe)	Bachelorarbeit mit begleitendem Kolloquium (12 KP + 3 KP)			Berufsfeldbezogenens Praktikum mit begleitender Lehrveranstaltung (12 KP + 3 KP)		
5. Semester (WiSe)	Schwerpunktmodul 3* (6 KP)	Schwerpunktmodul 4* (6 KP)	Schwerpunktmodul 5* (6 KP)	PB-Modul 4 (6 KP)		PB-Modul 5 (6 KP)
4. Semester (SoSe)	Schwerpunktmodul 1* (6 KP)	Schwerpunktmodul 2* (6 KP)	PB-Modul 3 Empfehlung: Wiss. Arbeiten in den Wirtschaftswissenschaften (6 KP)	Bürgerliches Recht und Handelsrecht (6 KP)	Grundlagen des EU-Wirtschaftsrechts und Grundzüge des Arbeitsrechts (6 KP)	Corporate Finance (6 KP)
3. Semester (WiSe)	Makroökonomische Theorie (6 KP)	Human Resource Management (6 KP)	Einführung in das Marketing (6 KP)			PB-Modul 2 Empfehlung: Statistik II für Wirtschaftswissenschaftler (6 KP)
2. Semester (SoSe)	Mikroökonomische Theorie (6 KP)	Statistik I (6 KP)	Financial Accounting (6 KP)	Beschaffung, Produktion und Logistik (6 KP)		PB-Modul 1 Empfehlung: Empir. Forschungsmethoden (6 KP)
1. Semester (WiSe)	Einführung in die VWL (6 KP)	Managerial Accounting (6 KP)	Buchhaltung und Abschluss (6 KP)	Einführung in die BWL (6 KP)		Mathematik für Ökonomen (6 KP)

■ 5 Basismodule	30 KP
■ 5 Aufbaumodule	30 KP
■ 5 Akzentsetzungsmodule	30 KP
■ 5 Schwerpunktbereichsmodule*	30 KP
■ 5 Professionalisierungsmodule	30 KP
■ 1 Bachelorarbeitsmodul (inkl. Kolloquium)	15 KP
■ 1 Praktikums-/Auslandmodul	15 KP

* Zur Wahl stehen fünf Schwerpunktbereiche: BWL, VWL, Recht, Ökologie und Nachhaltigkeit, Wirtschaftsinformatik. Aus einem dieser Schwerpunktbereiche sind fünf Module zu wählen.

BWL = Betriebswirtschaftslehre
VWL = Volkswirtschaftslehre
PB-Modul = Modul im Professionalisierungsbereich

www.uni-oldenburg.de, Abruf am 8.1.2018

Info

Universitäre Lehrveranstaltungen und Prüfungsformate

An Hochschulen gibt es drei bis vier „klassische" Typen von Lehrveranstaltungen. In **Vorlesungen** halten Professoren oder andere akademische Lehrer Vorträge, die zumeist nicht durch andere Arbeitsformen unterbrochen werden. Geprüft werden die darin erworbenen Kenntnisse der Studierenden zumeist in Klausuren, seltener in mündlichen Prüfungen oder Kolloquien.

Seminare werden hingegen stärker durch die Beteiligung der Teilnehmenden getragen. Zwar werden sie auch durch Lehrpersonal geleitet, „leben" aber von (kürzeren) Vorträgen und Diskussionen der Studierenden.

Akademische Übungen dienen dazu, den (zumeist in Vorlesungen) präsentierten Inhalt zu festigen, indem Aufgaben (aus der Lehrveranstaltung) individuell gelöst und besprochen werden. Geleitet werden sie meist durch dafür bezahlte Doktoranden oder Studenten aus höheren Semestern. Ähnlich sind die Tutorien angelegt, die i.d.R. in den Anfangssemestern Grundkenntnisse vertiefen helfen sollen (z.B. zu Techniken wissenschaftlichen Arbeitens).

Leistungspunkte (LP) werden zumeist durch Prüfungen erworben. In Vorlesungen und teilweise in Seminaren dargestellte Sachverhalte werden oft durch Klausuren geprüft. Mithilfe von Referaten und schriftlichen Ausarbeitungen könnten nicht selten in Seminaren LP gesammelt werden. Dazu kommen noch die beiden schriftlichen Abschlussarbeiten (Bachelor- und Masterarbeit) mit mehrmonatiger Recherche- und Schreibphase.

Die erbrachten Leistungen während und am Ende des Studiums werden unterschieden in nicht benotete Studienleistungen und benotete Prüfungsleistungen. Die Prüfungsleitungen ergeben nach einem bestimmten Schlüssel die Abschlussnote.

Autorentext

M 6 ● Aufbau eines Master-Studiengangs

Nach einem Bachelorabschluss kann man entweder die Universität verlassen oder man hat die Auswahl aus verschiedenen (i.d.R. zweijährigen) Masterstudiengängen. Darauf kann man sich an derselben, einer anderen deutschen Universität oder einer Hochschule im EU-Ausland bewerben. Z.B. bietet die Georg-August-Universität Göttingen fünf Masterstudiengänge in Betriebswirtschaftslehre und vier Masterstudiengänge in Volkswirtschaftslehre an (daneben noch Angewandte Statistik, Wirtschaftsinformatik, Wirtschaftspädagogik sowie Wirtschafts- und Sozialgeschichte). So könnte beispielsweise ein Master of Arts (M.A.) in International Economics mit in etwa folgendem Studienaufbau angestrebt werden. Die Blöcke sind dabei wieder in Module unterteilt:

<table>
<tr><th colspan="7">Master of Arts in International Economics
120 Leistungspunkte</th></tr>
<tr><td rowspan="4">Semester</td><td>4</td><td rowspan="4">VWL Spezialisierung
42 LP</td><td colspan="3">Masterarbeit 24 LP</td><td>4. Semester
30 LP</td></tr>
<tr><td>3</td><td rowspan="3">Fremd-
sprache
12 LP</td><td rowspan="3">Wahl-
bereich
18 LP</td><td rowspan="3">VWL Vertiefung
24 LP
(Pflichtmodule 1. und 2. Semester)</td><td>3. Semester
30 LP</td></tr>
<tr><td>2</td><td>2. Semester
30 LP</td></tr>
<tr><td>1</td><td>1. Semester
30 LP</td></tr>
</table>

Nach: www.uni-goettingen.de, Abruf am 1.8.2017

Verdienstmöglichkeiten M. A. Volkswirtschaft

Einstiegsgehalt
je nach Ausrichtung
2.200 - 3.000 €

mit mehrjähriger Berufserfahrung
je nach Ausrichtung und Verantwortung
4.200 - 7.500 €

Monatliches Bruttogehalt (also vor Abzug von Einkommenssteuer und ggf. Abgaben an die gesetzlichen Sozialversicherungen)

Volker Epping
(*1959) seit 2015 Präsident der Gottfried Wilhelm Leibniz Universität Hannover, seit 1999 Professor für Öffentliches Recht

M 7 Sich für ein Studium entscheiden? Ein Universitätspräsident gibt Auskunft

Herr Epping, wenn Sie es sich wünschen dürften: Welche fachunabhängigen Fähigkeiten und Einstellungen sollten alle Erstsemester bereits mitbringen, um ihr Universitätsstudium möglichst erfolgreich zu gestalten?

Volker Epping: Das lässt sich schwer pauschal beantworten. Begeisterung und Beharrlichkeit für das Fach, aber auch die Bereitschaft, an etwas dran zu bleiben, das sich nicht sofort erschließt, sind auf jeden Fall wichtige Voraussetzungen für ein Studium. Selbstverantwortliches Handeln und die Bereitschaft zur Mitwirkung gehören ebenso dazu, denn Universität und universitäres Lernen und Arbeiten lebt vom Mitmachen. Aber auch das Wissen, dass Studien- und Berufswahl zwei verschiedene Dinge sind und somit die spätere Berufstätigkeit bei Studienaufnahme noch nicht zwingend fest definiert ist, ist wichtig. Jetzt kommt erst einmal die Studienphase!

Last but not least ist die Fähigkeit zur Selbstreflexion enorm wichtig: Wir sprechen hier von der Studieneingangs- und von der Studienphase, im Laufe derer Studierende das Studium kennenlernen und sich auch selbst weiterentwickeln. Daher sollten sie für einen gelingenden Studienverlauf in der Lage sein, sich selbst in ihrem individuellen Studienverlauf zu hinterfragen und zu überprüfen, um im Zweifelsfall auch „Kurskorrekturen" vornehmen zu können.

In welchem Fall sollte sich ein Abiturient /eine Abiturientin eher um einen Ausbildungsplatz als um einen Studienplatz bemühen?

Auch hier gibt es keine einfache oder gar eindimensionale Antwort: Häufig geht es ja gar nicht um ein „entweder ... oder", sondern um den jeweiligen Zeitpunkt. Die Entscheidungsgründe sind so vielfältig wie auch individuell. Wie ich eben schon ausgeführt habe, sind Studien- und Berufswahl zwei verschiedene Themen: Mit einer Berufsausbildung wird eine ganz spezifische Berufstätigkeit erlernt und angestrebt; mit einem Studium hingegen ist eine sehr vielfältige „Ausbildung" verbunden, in dem die Studierenden selbst Schwerpunkte und Vertiefungen setzen, in dessen Verlauf sich verschiedene Möglichkeiten der Berufstätigkeit entwickeln und auch entwickelt werden müssen.

Sie in der Rolle eines Mitarbeiters der Studienberatung: Welche zwei oder drei wesentlichen Fragen würden Sie Abiturienten stellen, wenn es um die Wahl des Studienfaches geht?

Zu den zentralen Fragen gehört selbstverständlich, welche Interessen und welche Fähigkeiten bzw. welche Begabung Studieninteressierte haben und auch selbst bei sich sehen. Genauso wichtig ist aber auch die Erkenntnis über die eigenen Ziele und Wünsche. Wie bereits ausgeführt, ist ein Studium mit einer vielfältigen persönlichen Entwicklung verbunden. Daher gilt es auch eine Vorstellung davon zu entwickeln, „wohin" man individuell möchte.

Die Studienwahl verläuft jeweils individuell: Manche wissen bereits seit Jahren, was sie gern studieren möchten, andere entscheiden sich eher kurzfristig. Genauso unterschiedlich verläuft dann auch der Studienwahlprozess. Die einen wünschen sich detaillierte Informationen zu den inhaltlichen Anforderungen, andere müssen das Studium ausprobieren und kennenlernen und wieder andere benötigen klare Beispiele, welche Tätigkeitsfelder nach dem Studium offen stehen.

Sehen Sie Vorteile darin, bereits vor einem Hochschulstudium eine schulische oder duale Ausbildung absolviert zu haben? Wenn ja, für welche Fächer gilt das vor allem?

Die jüngste Studie zum Thema Studienabbruch identifiziert die schnellstmögliche Studienaufnahme nach dem Erwerb der Hochschulzugangsberechtigung als einen von mehreren Prädiktoren für einen Studienerfolg; der Übergang von der schulischen Lernsituation in die hochschulische mit ihren neuen Herausforderungen fällt dann leichter. Individuell bedingt kann es aber für einzelne auch wichtig sein, nach der Schule erst etwas anderes zu machen, um sich dann erneut auf die Studienphase zu fokussieren. Hier gibt es keine allgemeingültige Aussage und schon gar keine speziellen Fächer, die das bedingen würden. Generell halte ich es für gut, während seines Lebens über den Tellerrand hinaus zu schauen. Eine Ausbildung, aber auch ein Auslandsaufenthalt oder ein längeres Praktikum sind für die Persönlichkeitsentwicklung, aber auch für die Studienwahl sicherlich nicht abträglich, ganz im Gegenteil.

Letzte Frage: Für welche Art akademischer Berufe sehen Sie das größte Zukunftspotenzial in Deutschland?

Ich kann und will mich hier nicht festlegen. Klar ist, dass Bildung unser bedeutendster „Rohstoff" ist und die akademische Ausbildung ein riesiges Potenzial hat.

Hauptgebäude der Leibniz Universität Hannover

E-Mail-Interview: Kersten Ringe, 7.9.2017

Info

BAföG

Die staatliche Förderung nach dem Bundesausbildungsförderungsgesetz soll der Chancengleichheit in der höheren Allgemein- und der Berufsbildung dienen. Man kann Förderung erhalten u.a. an allgemeinbildenden Schulen (ab Klasse 10), an Berufsfachschulen und an Hochschulen. Azubis in einer dualen Ausbildung können kein BAföG beziehen. BAföG können Studierende beantragen, wenn ihr Einkommen (und das ihrer Eltern) zu niedrig ist, um einen Mindestlebensunterhalt zu decken. [Das BAföG für Studierende ist zur Hälfte ein staatlicher Zuschuss, zur Hälfte ein Darlehen. Letzteres muss später (in Raten) zurückgezahlt werden, wenn der Verdienst eine bestimmte Schwelle überschreitet.]

Der BAföG-Höchstsatz für Studenten liegt bei 735,- Euro/Monat (Stand: September 2017).

Nach: www.bafög.de/index.php (Abruf am 9.9.2017)

Aufgaben

1. Beschreiben Sie den Aufbau eines Universitätsstudiums (M 5, M 6).
2. Vergleichen Sie ein Universitätsstudium mit einer dualen Berufsausbildung (M 1–M 7).
3. Beurteilen Sie die Bedeutung der ersten Studien- oder Ausbildungsentscheidung für das Berufsleben eines Menschen in Deutschland (M 1–M 7).

- Recherchieren und dokumentieren Sie analog zur Volkswirtschaftslehre ein (Fach-)Hochschulstudium, das Sie interessieren könnte. Prüfen Sie anschließend, ob dieses Studium tatsächlich Ihren Fähigkeiten, Neigungen und Zukunftsvorstellungen entspricht.
- Schätzen Sie sich begründet selbst: Käme für Sie – nach jetzigem Stand – eher ein Studium oder eine Ausbildung in Frage (M 1–M 7)?

H zu Aufgabe 2
Berücksichtigen Sie dabei Eingangsvoraussetzungen, Dauer, Art der Tätigkeiten und Anforderungen, Verdienst währenddessen und nach dem Abschluss.

5.3.3 Duales Studium – perfekte Mischung aus Theorie und Praxis?

M 8 ● Duales Studium in Zahlen

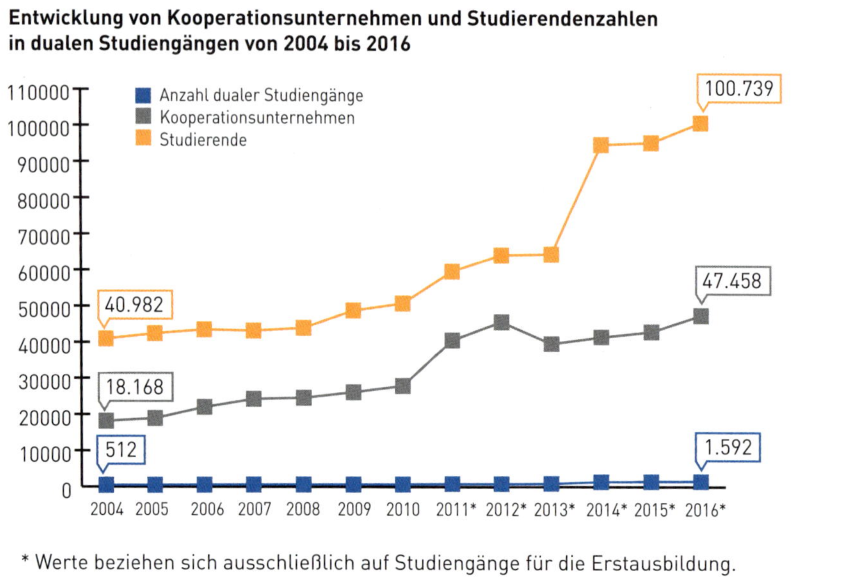

Zahlen: Bundesinstitut für Berufsbildung, Duales Studium in Zahlen 2016, Bonn 2017, S. 9

Semesterferien
umgangssprachlicher Ausdruck für die vorlesungsfreie Zeit, in der aber in nicht unerheblichen Teilen Studien- und Prüfungsleistungen erbracht werden müssen (z.B. Hausarbeiten, Praktika)

Info

Duales Studium

Wer dual studiert, lernt an zwei Orten: an der Hochschule und in einem Unternehmen. Entweder hat man am Ende einen Bachelor und eine abgeschlossene Ausbildung, etwa zum Mechatroniker: Diese dualen Programme [...] [sind] unter dem Stichwort „ausbildungsintegrierend" [zu finden]. Oder man studiert „praxisintegrierend". Das heißt, man sammelt in Praxisphasen [während eines Bachelor-Studiums] viel Erfahrung im Unternehmen, macht aber keine klassische Ausbildung. Rund 70 Prozent aller dualen Studenten entscheiden sich für [letztere] Variante. [...]
Damit ein duales Studienangebot zustande kommt, müssen Arbeitgeber dafür Plätze anbieten. Das tun sie vor allem für Richtungen wie Betriebswirtschaftslehre, Ingenieurwesen und Informatik. Auch im Bereich Soziales und Gesundheit existieren mehr und mehr duale Programme, zum Beispiel für Ergotherapie und Pflege. [...]
Als dualer Student [...] [ist man] gleichzeitig Angestellter [und muss] [...] die Anweisungen des Chefs befolgen [...]. Statt monatelanger Semesterferien wie andere Studenten [...] [hat man] nur so viel Urlaubsanspruch wie Auszubildende: mindestens 24 Werktage im Jahr. Auch die Theoriephasen folgen einem straffen Stundenplan, und oft reicht eine 40-Stunden-Woche nicht. [...]
Dafür bekommt [...] [ein] dualer Student von Anfang an ein Gehalt – etwa 700 bis 1.000 Euro monatlich sind es im ersten Jahr. Große Konzerne zahlen meist mehr als Mittelständler, in Studiengängen mit Wirtschaftsbezug etwa verdient man besser als in technischen oder sozialen Fächern.

Friederike Lübke, dual studieren, www.zeit.de, 29.6.2017

M 9 ● Ist das duale Studium uneingeschränkt empfehlenswert?

Manchmal, wenn Samuel Baum nach Hause kommt und es draußen schon dunkel ist, wünscht er sich, sein Tag hätte mehr als 24 Stunden. Aufgestanden ist er um acht, zehn Stunden hat der 24-Jährige bei seinem Arbeitgeber, der Modekette Peek & Cloppenburg, verbracht. Wenn sich seine Kollegen in den Feierabend verabschieden, legt Baum ein zweites Mal den ersten Gang ein. Abendessen mit der Freundin. Bis in die Nacht hinein büffelt Baum, der in Wirklichkeit anders heißt, Mathematik und Mikroökonomik. [...]
Gute Aufstiegschancen spornen an: „Absolventen dualer Studiengänge sind heiß begehrt", erklärt Susanne Walter, Sprecherin des Berufsbildungsinstituts. Auch Samuel Baum verspricht sich einen besseren Berufseinstieg. Denn eine Stelle [bei der Modekette] ist ihm nach dem Abschluss sicher. [...]
Doch ein duales Studium hat seine Schattenseiten. Für einen gesicherten Berufseinstieg investiert Baum viel: 46 Stunden muss er monatlich im Unternehmen in Essen arbeiten. Neben diesen sogenannten Praxisphasen absolviert er einen theoretischen Teil: Vierwöchige Lernblöcke, die Baum im Rahmen des Klassiker-Studiengangs Business Administration viermal im Jahr im Hörsaal an der Hochschule für Ökonomie und Management in Essen verbringt.
„Das Privatleben bleibt häufig auf der Strecke", erzählt Baum. Als ehemaliger Leistungssportler hatte er früher mehrere Stunden Training täglich. Jetzt geht er nur noch einmal pro Woche, immer sonntags, mit seinen Freunden laufen. „Meine sozialen Kontakte pflege ich beim Sport." Wenn Prüfungen anstehen, werden selbst die Abende nach Ladenschluss zum Lernen zu kurz. Dafür muss Baum Urlaub nehmen.
Immerhin verdient er bereits – anders als viele Vollzeitkommilitonen. Leute aus einkommensschwachen Familien könnten ein Studium auf diese Weise ohne finanzielle Belastung absolvieren, heißt es. Eine nicht repräsentative Umfrage unter 600 dual Studierenden des Internetportals „Wegweiser-duales-Studium" hat allerdings kürzlich ergeben, dass zwei Drittel der Befragten kaum bis gar nicht mit ihrem monatlichen Gehalt auskommen.
Kein Wunder, sagt Kevin Heidenreich, Bildungsexperte beim Deutschen Industrie- und Handelskammertag: Oft kommen auf dual Studierende zusätzliche Kosten durch weite Fahrstrecken zu. Einige bezahlen zwei Wohnungen, eine am Studienort, eine in der Nähe des Unternehmens. Außerdem fallen an vielen privaten Hochschulen Studiengebühren an: Bei Samuel Baum etwa gehen dafür monatlich 295 Euro direkt von seinem Gehalt ab. [...] Nur in manchen Firmen gilt der Tarifvertrag der Lehre auch für die Studierenden. [...] Darüber hinaus haben dual Studierende keinen Anspruch auf BAföG, da sie, weil sie Geld verdienen, meist über der Höchstgrenze liegen. [...]

Carolin Seidel, Ausgelaugt und heiß begehrt, in: die tageszeitung, 31.7.2013

Aufgaben

1. a) Beschreiben Sie die Entwicklung des dualen Studiums in Deutschland (M 8).
   b) Erklären Sie die Entwicklung der Studierendenzahlen im dualen Studium hypothesenartig (M 8, Infobox).
2. Stellen Sie Vorzüge und Nachteile des dualen Studiums einander gegenüber (M 9, Infobox).

- Beurteilen Sie, ob ein duales Studium nach der Schule für Sie infrage käme. Berücksichtigen Sie dabei die Analyse Ihrer Interessen und Fähigkeiten.
- Recherchieren Sie Unternehmen (inkl. kooperierender Hochschulen), die duale Studiengänge anbieten in Branchen sowie Regionen, die für Sie infrage kommen.

Weitere gut verständliche Informationen zum dualen Studium finden sich beispielsweise auf der Seite der Hochschule Osnabrück: www.hs-osnabrueck.de → Studium → Studienangebot → Duales Studium

5.3.4 Sich orientieren und neue Erfahrungen sammeln: Bundesfreiwilligendienst und mehr

Auch wenn Sie den Erwerb einer **Fachhochschulreife** anstreben (schulischer Teil bei Erreichen bestimmter Anforderungen am Ende von Klasse 12), ist ein einjähriger Freiwilligendienst eine sinnvolle Option: Dieser wird als berufsbezogener Teil anerkannt, sodass Sie im Anschluss über die Fachhochschulreife verfügen und die Zugangsberechtigung zum Bachelor-Studium an Fachhochschulen (vgl. Kap. 5.3.2) erhalten – und zwar in allen Fachrichtungen.

M 10 ● Gutes Tun und eigene Kompetenzen erweitern – Erfahrungsbericht aus einem FSJ

Nach dem Abitur gleich ins Studium eintauchen? Das kam für Saskia Krebsz nicht infrage. Die 18-Jährige wollte lieber erst mal praktische Erfahrungen sammeln. Ihre Wahl fiel auf ein FSJ Digital beim Jugendberatungszentrum „Go Europe!" in Magdeburg:
'Go Europe!' ist ein Jugendberatungszentrum, das jungen Menschen in Sachsen-Anhalt europäische Themen und interkulturelle Kompetenzen näherbringen will. Da ich später „Internationale Beziehungen" studieren möchte, hat mich der internationale Aspekt sofort angesprochen. Dass das Jugendberatungszentrum ein FSJ im digitalen Bereich anbietet, ist eine gute Möglichkeit für mich, selbst mitzumachen und hinter die Kulissen zu blicken.

Beworben habe ich mich über das Deutsche Rote Kreuz (DRK), das Freiwilligendienste in verschiedene soziale Einrichtungen vermittelt. Als kurz darauf die Zusage kam, habe ich mich riesig gefreut. Im September 2016 ging es los. Für alle Freiwilligen des DRK begann das Jahr mit einer Seminarwoche, die uns auf unseren Einsatz vorbereiten sollte. Zu Beginn konnte sich jeder von uns – in Absprache mit der jeweiligen Einsatzstelle – aussuchen, welche Projekte wir gerne im FSJ umsetzen würden. Ich entschied mich für die digitalen Bausteine „Umsetzung einer digitalen Kampagne" sowie „Digitales Storytelling". Außerdem haben wir die Aufgabe bekommen, ein Jugend-Bar-Camp mit verschiedenen Workshops rund um das Thema Medien zu organisieren.

In meiner Einsatzstelle „Go Europe!" habe ich mich Dank der lockeren Atmosphäre schnell eingelebt. Wir organisieren viele spannende Projekte. Viel zu tun gab es zum Beispiel bei den Vorbereitungen für eine internationale Jugendbegegnung, die im Dezember in Magdeburg stattfindet. Meine Aufgabe dabei ist es unter anderem, täglich Meldungen in den sozialen Netzwerken zu veröffentlichen. Mein bisheriges Highlight war aber eine Studienfahrt nach Brüssel, die „Go Europe!" organisiert hat und die ich begleiten durfte. Dort habe ich alles mit der Fotokamera festgehalten. Das hat mir unheimlich Spaß gemacht.

Schon jetzt habe ich viele praktische Einblicke und neue Kompetenzen gewonnen. Bisher kannte ich mich nicht besonders gut mit digitalen Medien aus, jetzt komme ich schon viel besser zurecht. Zum Beispiel habe ich gelernt, wie ein Videoschnittprogramm funktioniert. Außerdem konnte ich viele Kontakte knüpfen, die bestimmt auch für meine berufliche Zukunft hilfreich sind. [...]

Saskia Krebsz, Im digitalen Einsatz, abi>>, www.abi.de, 21.12.2016

Wer besonderes Interesse an Natur und Umwelt hat, kann z.B. ein Freiwilliges Ökologisches Jahr (FÖJ) in Betracht ziehen. Hier ist David Dreves in Wilhelmshaven im Wattenmeer Besucherzentrum mit einem ausgestopften Seehundbaby zu sehen (Februar 2015). Dreves leistet im Besucherzentrum ein Freiwilliges Ökologisches Jahr.

Info

Welche Freiwilligendienste gibt es?

Der Bundesfreiwilligendienst (BFD)	Freiwilliges Soziales Jahr (FSJ) in Pflege Sport, Kultur, Politik u.a.	Freiwilliges Ökologisches Jahr (FÖJ)
Was ist das? Wo kannst du es absolvieren?		
Der BFD wurde 2011 eingeführt und wird in gemeinwohlorientierten Einrichtungen geleistet, etwa in Behinderteneinrichtungen. Aber auch im Zoo, im Theater oder einem Sportverein ist ein BFD prinzipiell möglich.	Es gibt das „klassische" FSJ, bei dem du meistens in einer sozialen Einrichtung, etwa einer Kita, einer Behinderteneinrichtung oder in einem Krankenhaus tätig bist. Du kannst dein FSJ aber auch in der Politik, beispielsweise in der Landtagsfraktion einer Partei, oder einer anderen politischen Einrichtung [absolvieren]. Möglich ist auch ein Einsatz in einem Sportverein (FSJ im Sport) oder einem Theater (FSJ in der Kultur).	Das FÖJ richtet sich an junge Erwachsene zwischen 16 und 27 Jahren, die etwas zum Erhalt der Umwelt beitragen möchten. Einsatzmöglichkeiten gibt es unter anderem bei Natur- oder Tierschutzvereinen, im Forstamt oder in einer Einrichtung der Umweltbildung.
Für wen ist dieser Dienst interessant?		
Bewerbungen und Einstieg sind immer möglich, variieren aber je nach Einsatzstelle und Träger. Daher solltest du früh Kontakt zu deiner Wunscheinsatzstelle aufnehmen.	Die meisten FSJ beginnen Anfang August oder September, den genauen Start legt jedoch die Einsatzstelle fest. Begehrte Plätze werden teilweise ein Jahr im Voraus vergeben, daher solltest du dich früh bewerben.	Die meisten FSJ beginnen Anfang August oder September, den genauen Start legt jedoch die Einsatzstelle fest. Begehrte Plätze werden teilweise ein Jahr im Voraus vergeben, daher solltest du dich früh bewerben.
Was gibt es sonst zu beachten?		
Es wird ein Taschengeld bezahlt, über dessen Höhe die Einsatzstellen entscheiden. Die Höchstgrenze liegt bei 363 Euro, wobei Berufskleidung, Unterkunft und Verpflegung in der Regel gestellt oder die Kosten ersetzt werden. [„Bufdis" sind über den Träger Mitglied der Sozialversicherungen.]	Für den Dienst wird trägerabhängig eine Vergütung bezahlt. Eine Höchstgrenze des Taschengelds ist auf 330 Euro festgelegt. Zusätzlich können Einsatzstellen Verpflegungspauschalen sowie einen Zuschuss für die Unterkunft übernehmen.	Das FÖJ wird von den Ländern finanziert. Dadurch gibt es für jedes Bundesland spezifische Regelungen und auch die Vergütung unterscheidet sich je nach Bundesland. Die Freiwilligen können mit einem Taschengeld von ungefähr 130 und 200 Euro zuzüglich Miet- und Verpflegungszuschuss rechnen.

Zusammenstellung des Autors nach: www.abi.de

Weitere Freiwilligendienste – auch im Ausland

Auch der **Freiwillige Wehrdienst (FWD)** ist eine Form des Freiwilligendienstes, der nach Beendigung der Schulzeit gewählt werden kann.
Es gibt zudem Freiwilligendienste (Weltwärts, Internationaler Jugendfreiwilligendienst, Europäischer Freiwilligendienst, Kulturweit sowie FSJ und FÖJ), die im **Ausland** absolviert werden (können).
Weitere „Auszeiten", die im Ausland absolviert werden (Horizonterweiterung, Spracherwerb), sind „Work and Travel" oder Au-Pair-Tätigkeiten.

Aufgaben

1. Beschreiben Sie die Anforderungen und Gestaltungsmöglichkeiten einer Tätigkeit im Rahmen eines Freiwilligendienstes (M 10).
2. „Gutes Tun und die eigenen Kompetenzen erweitern". Erläutern Sie die mögliche Bedeutung eines Freiwilligendienstes für die eigene Entwicklung und berufliche Orientierung (M 10, Infobox).

- Recherchieren Sie für Sie – und Ihre gegenwärtige berufliche Orientierung – interessante Einsatzmöglichkeiten im Rahmen eines Freiwilligendienstes.
- Reflektieren Sie, inwieweit das Absolvieren eines Freiwilligendienstes nach Beendigung der Schullaufbahn für Sie von Nutzen sein könnte.

Auf den Internetportalen
- www.bundesfreiwilligendienst.de und
- www.bundes-freiwilligendienst.de/stellen

können Sie mögliche Einsatzstellen (Region, inhaltliche Ausrichtung) recherchieren.

5.4 Anleitung zum Praktikum

5.4.1 Wie bewerbe ich mich für ein Praktikum und darüber hinaus?

Tipps und Vorlagen

Auf der Internetseite https://www.azubiyo.de/ (→ Bewerbungstutorial) finden Sie neben weiteren Tipps für die Bewerbung auch Formatvorlagen (word) für professionell gestaltete Bewerbungen sowie Negativbeispiele zum Üben!

M 1 ● Die schriftliche Bewerbung

Um den von Ihnen favorisierten Praktikumsplatz zu erlangen, ist in der Regel eine aussagekräftige und formal überzeugende schriftliche Bewerbung erforderlich. Zugleich können Sie dabei das Bewerbungsverfahren für einen späteren Ausbildungsplatz oder ein duales Studium einüben.

Die Bewerbungsmappe (oder auch die Online-Bewerbung) besteht aus:

1. Anschreiben
2. Lebenslauf mit Foto
3. Kopien der letzten beiden Schulzeugnisse
4. Evtl. Bescheinigungen von Praktika oder Kursen

In dieser Reihenfolge werden die Unterlagen auch in der Mappe geordnet.

Autorentext

M 2 ● Das Bewerbungsanschreiben

a) Das Anschreiben

In Bewerbungs-Ratgebern finden sich häufig die immergleichen Redewendungen wie „... hiermit bewerbe ich mich um ...“, „finde ich reizvoll ...“ . Wenn möglich, sollte man sich von solchen Standardformulierungen lösen und eigene Worte finden. Sich etwas anders auszudrücken ist allerdings immer Chance und Risiko zugleich; flapsige Worte können missverstanden werden.

Ein Anschreiben ist folgendermaßen aufgebaut:

- Absender
- Datum
- Anschrift des Unternehmens
- Betreffzeile: Hier nennt man die Berufs- oder Ausbildungsbezeichnung, auch die Quelle einer Stellenanzeige. „Betreff“ schreibt man aber nicht mehr davor.
- Anrede des Ansprechpartners, am besten persönlich; ansonsten gilt „Sehr geehrte Damen und Herren“.
- Begründung für den Einstellungswunsch: Was motiviert einen für diese Stelle, warum ist man dafür geeignet?

Das Anschreiben sollte nicht länger als eine Seite sein.

Für die Gestaltung gilt: Keine Krakel, keine Verzierungen oder Unterstreichungen!

Autorentext

b) Beispiel: Bewerbungsschreiben

Aysche Fuchs
Bahnhofsallee 5
37081 Göttingen
Tel. 0551/78563412

COMPUTECH AG
Frau Bauer
Ostring 106
26125 Oldenburg

25. August 2018

Bewerbung um einen Ausbildungsplatz Bachelor of Science (DHBW) Wirtschaftsinformatik

Sehr geehrte Frau Bauer,

in der Jobbörse der Bundesagentur für Arbeit hat mich das Stellenangebot Ihrer Firma sehr angesprochen. Ich möchte mich Ihnen gerne vorstellen.

Zurzeit besuche ich das Hainberg-Gymnasium in Göttingen, das ich voraussichtlich im Juni 2019 mit dem Abitur verlassen werde.

Seit ich im Rahmen des Wahlpflichtunterrichts Informatik der Jahrgänge 9 und 10 die Programmierung von Robotern kennengelernt habe, begeistern mich die vielfältigen Möglichkeiten des Einsatzes von Computern. Mit unseren Kursen haben wir mehrfach erfolgreich an regionalen und überregionalen Wettbewerben teilgenommen.
Bei meinem Betriebspraktikum bei der Firma Sartorius AG erhielt ich einen ersten Einblick in kaufmännische Tätigkeiten, besonders hat mir der Kontakt zu Kunden und Lieferanten gefallen.

Sowohl in der Projektarbeit als auch im Praktikum hat mir die Zusammenarbeit in einem Team Spaß gemacht, mich inspiriert und motiviert. Neben meinem Interesse am Umgang mit Computern und der Beschäftigung mit technischen Fragestellungen reizt mich sowohl die Herausforderung, den Wünschen von Kunden als auch den betrieblichen Erfordernissen gerecht zu werden.

Auf Ihrer Internetseite habe ich mich über Ihr Unternehmen ebenso intensiv informiert wie über den Studiengang an der Dualen Hochschule Osnabrück. Der Wechsel zwischen theoretischer Auseinandersetzung im Studium und praktischem Lernen vor Ort – auch an verschiedenen Standorten des Unternehmens – erscheint mir als tolle Möglichkeit, Theorie und Praxis miteinander zu verbinden.

Da ich mich für Ihre Firma und die sich dort stellenden Aufgaben sehr interessiere, bewerbe ich mich um einen Ausbildungsplatz in Ihrem Unternehmen.
Über eine Einladung zu einem persönlichen Vorstellungsgespräch freue ich mich.

Mit freundlichen Grüßen

Aysche Fuchs

Anlagen

Info

Onlinebewerbung

Immer mehr Unternehmen verlangen Online- oder E-Mail-Bewerbungen. Dabei sind genauso Regeln zu beachten:
Online sollte man sich nur auf Wunsch der Firma bewerben und die dafür vorgegebenen firmeneigenen Bewerbungsformulare nutzen. Unterlagen wie z.B. Zeugniskopien schickt man erst auf Wunsch des Unternehmens nach.
Bei einer E-Mail-Bewerbung werden Anschreiben, Lebenslauf, Zeugnisse etc. als Anhang im PDF-Format versandt. Eine Online- oder E-Mail-Bewerbung muss genauso ernsthaft und sorgfältig wie eine postalische Bewerbung verfasst werden. Es gilt, auf vollständige, fehlerfreie Angaben, die komplette Post- und die eigene (seriöse!) E-Mail-Adresse zu achten, über die man kontaktiert werden möchte.
Wer eine eigene Homepage hat, sollte darauf nur verweisen, wenn sie zu dem Berufsbild passt, man sich z.B. in der Computer- oder Medienbranche bewirbt. Auch hier zählt ein seriöser Auftritt. Fotos der letzten Geburtstagsfeier oder aus dem Urlaub sind fehl am Platz.

Autorentext

M 3 ● Der schriftliche Lebenslauf

Der Lebenslauf sollte in tabellarischer Form am Computer erstellt werden. Er wird aspektorientiert gegliedert und innerhalb der Aspekte entweder herkömmlich (chronologisch aufsteigend von der frühesten Station aus) oder in der „amerikanischen Form" (absteigend chronologisch vom aktuellsten Stand ausgehend) aufgebaut. Entscheidend ist dabei ein einheitliches Vorgehen.

a) Aufbau eines tabellarischen Lebenslaufs

1. Überschrift „Lebenslauf"
2. Passfoto (meist oben rechts)
3. Vor- und Zuname
4. Anschrift, Telefon, E-Mail-Adresse
5. Geburtsdatum und Geburtsort, Staatsangehörigkeit
6. Besuchte Schulen
7. Angestrebter Schulabschluss
8. Evtl. Lieblingsfächer in der Schule (vor allem mit Bezug zur Ausbildung)
9. Besondere Kenntnisse, z.B. Sprachen, Computer
10. Evtl. FWD/BFD etc.
11. Evtl. Hobbys
12. Evtl. Ferienjob, Praktikum (Bescheinigung über Praktika beilegen)
13. Ort und Datum
14. Unterschrift

Wichtig ist ein gutes Bewerbungsfoto. Eine gepflegte Erscheinung und ein freundlicher Gesichtsausdruck erwecken auch beim Betrachter einen positiven Eindruck. Man sollte auf keinen Fall Automatenfotos verwenden und beim Fotografen nicht nur eines, sondern gleich mehrere Bilder machen lassen – das Beste für die Bewerbung auswählen!

Autorentext

b) Muster

Lebenslauf

Persönliche Daten

Name:	Aysche Fuchs	
Anschrift:	Bahnhofsallee 5 37081 Göttingen Tel. 0551/78563412	
Geburtstdatum, -ort	30.10.2000 in Göttingen	

Schulbildung

Schullaufbahn:	2007 – 2011	Grundschule Diemarden
	2011 – 2019	Hainberg-Gymnasium Göttingen
	voraussichtlich Juni 2019	Allgemeine Hochschulreife (Abitur)
Sprachkenntnisse:	Englisch (9 Jahre), Spanisch (6 Jahre) Teilnahme an Schüleraustauschprogrammen mit Polen (1 Woche) und Spanien (10 Tage)	
Lieblingsfächer:	Informatik, Englisch, Politik-Wirtschaft	
Prüfungsfächer:	Informatik, Mathematik, Politik-Wirtschaft (eA), Deutsch, Englisch (gA)	

Interessen, Kenntnisse

Praktika/Ferienjobs:	02/2017	Fa. Sartorius AG, 2 Wochen, Systemadministration und Programmierung
	07/2018	Fa. Bosch, 3 Wochen, einfache Verwaltungstätigkeiten
Hobbys:	Computer, Volleyball, lesen	
Ehrenamtliche Tätigkeiten:	Leiterin einer Jugendgruppe Mitarbeit bei der Gestaltung der Schul-Homepage	

Göttingen, 25. August 2018

Aysche Fuchs

c) Checkliste für die schriftliche Bewerbung

☐	Für Anschreiben und Lebenslauf sollte man weißes, unliniertes Papier in DIN A4-Format verwenden, rechts und links jeweils 2,5 cm Rand formatieren.
☐	Das Passbild (kein Automatenfoto) kann schwarzweiß oder farbig sein und z.B. mit Doppelklebeband – nie mit Fotoecken oder Büroklammern! – oben rechts auf dem Lebenslauf befestigt werden. Das Bewerbungsfoto kann auch digital eingefügt werden.
☐	Nur Kopien der Zeugnisse verschicken! Lebenslauf und Bewerbungsschreiben sollte man dagegen für jede Bewerbung neu schreiben.
☐	Pluspunkte gibt es, wenn man im Anschreiben auf Besonderheiten des Unternehmens eingeht.
☐	Datum und persönliche Angaben in Anschreiben und Lebenslauf müssen übereinstimmen.
☐	Vier Augen sehen mehr als zwei: Vor Absenden der Bewerbungsunterlagen sollte man sie von Eltern oder Lehrern noch einmal auf Fehler in der Rechtschreibung, Grammatik oder Zeichensetzung überprüfen lassen.
☐	Die kompletten Bewerbungsunterlagen werden am besten in eine spezielle DIN A4-Bewerbungsmappe oder einen Clip-Hefter geheftet (nicht lochen).
☐	Wichtig: Am besten macht man von jeder schriftlichen Bewerbung eine Kopie, damit man noch weiß, was man geschrieben hat, wenn man zu einem Vorstellungsgespräch eingeladen wird.
☐	Auf ausreichendes Porto achten.

Autorentext

Aufgaben

- Wählen Sie aus dem Stellenmarkt einer regionalen Tageszeitung (Samstag) einen für Sie interessanten Ausbildungsgang (einschließlich duales Studium) aus, recherchieren Sie zu diesem Ausbildungsgang sowie zum Unternehmen, das die Ausbildung anbietet.

ODER

- Suchen Sie ein Unternehmen (bzw. eine Institution) aus Ihrer Region aus, das aufgrund seiner Branchenzugehörigkeit (bzw. inhaltlichen Ausrichtung) für Ihr Praktikum in Frage kommt und recherchieren Sie zu diesem Unternehmen.
- Gestalten Sie eine vollständige schriftliche Bewerbung für den gewünschten Ausbildungsgang bzw. das gewünschte Praktikum.

5.4.2 Erfahrungen in der Arbeitswelt dokumentieren und reflektieren – der Praktikumsbericht

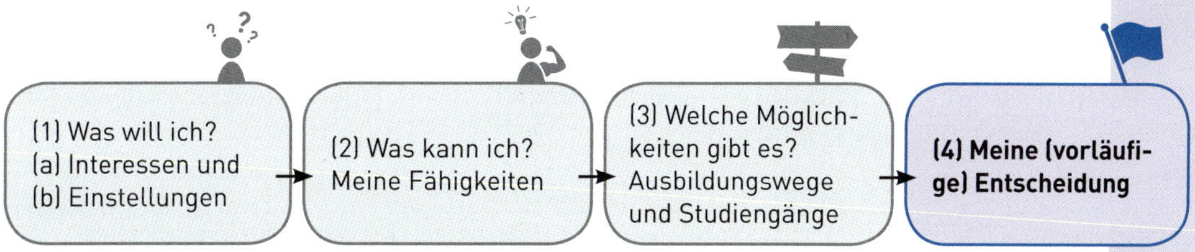

M 4 ● Habe ich meinen Traumberuf gefunden? Arbeitserfahrungen reflektieren

Viele Schülerinnen und Schüler wünschen sich ein Praktikum, das Spaß macht – ein nachvollziehbarer Wunsch, der hoffentlich mit Ihrer Wahl des Praktikumsplatzes in Erfüllung geht. Nach Ihren intensiven Vorüberlegungen zu Ihrer eigenen Berufs- und Studienwahl sollte das Praktikum aber vor allem auch dazu dienen, Ihre bisherigen Überlegungen und (Vor-)Entscheidungen zu überprüfen, um anschließend diese weiter eingrenzen oder bei Bedarf revidieren zu können. Ihre Vorüberlegungen und Erwartungen an das Praktikum (Abschnitt 1) sowie die Reflexion Ihrer Praktikumserfahrungen (Abschnitt 5) bilden wesentliche Bestandteile des Praktikumsberichtes. Anders als in den übrigen Abschnitten bringen Sie sich in diesen reflektierenden Abschnitten mit Ihren eigenen, ganz persönlichen Überlegungen und Wahrnehmungen ein.
Folgende Arbeitsschritte und Leitfragen können Ihnen dabei dienlich sein:

Vor dem Praktikum: Erwartungen klären

Halten Sie schriftlich fest, wie Sie sich den Arbeitsalltag im gewählten Berufsfeld bzw. Praktikumsbetrieb vorstellen. Konkret also:

- Wie verläuft ein „typischer" Arbeitstag? Ist dieser eher eintönig oder abwechslungsreich?
- Sind die Arbeitskräfte vor allem körperlich, geistig oder kommunikativ/empathisch gefordert?
- Sind die Arbeitskräfte eher „Einzelkämpfer" oder „Teamplayer"?
- Welche Anforderungen (Textverständnis, sich ausdrücken können, Umgang mit Zahlen, Umgang mit Technik, Umgang mit Menschen, Organisation und Administration ...) müssen die Arbeitskräfte vor allem bewältigen?
- Genießen die Arbeitskräfte und ihre Tätigkeiten Anerkennung? Können sich die Beschäftigten mit Ihren Tätigkeiten identifizieren oder sind Formen der Entfremdung zu erwarten?
- Für welche dieser – vermutlichen – Anforderungen sind Sie bereits gut gerüstet? Welche dieser Anforderungen könnten Ihnen persönlich Schwierigkeiten bereiten?

→ Verfassen Sie auf dieser Grundlage die Einleitung zu Ihrem Praktikumsbericht. Gehen Sie dabei auch auf die Gründe für Ihre Wahl des Praktikumsbetriebes/Berufsfeldes ein.

Während des Praktikums

Beobachten Sie den Arbeitsalltag (vor allem in den ersten Tagen) möglichst genau und beschreiben Sie anhand der obigen Leitfragen den Arbeitsplatz. Befragen Sie gegebenenfalls auch Ihren Praktikumsbetreuer oder einen Vorgesetzten (insbesondere zum vereinbarten „fachlichen Schwerpunkt"). Vereinbaren Sie dazu vorher bei Bedarf einen kurzen Termin.

Nach dem Praktikum

- Gleichen Sie Ihre Erwartungen an den Arbeitsalltag im gewählten Berufsfeld ab und stellen Sie Gemeinsamkeiten und Abweichungen heraus.
- Reflektieren Sie selbstkritisch, inwiefern der beobachtete Arbeitsalltag mit Ihren Neigungen, Interessen, Fähigkeiten und Wertvorstellungen korrespondiert.

→ Gestalten Sie auf dieser Grundlage die Reflexion und Beurteilung Ihres Praktikums

Autorentext

METHODE

Einen Praktikumsbericht erstellen

In der Regel wird von Ihnen ein ausführlicher schriftlicher Praktikumsbericht gefordert, der benotet wird und dessen Note in die Fachnote Politik-Wirtschaft eingeht. Ungeachtet spezifischer Vorgaben an Ihrer Schule enthält der Praktikumsbericht folgende sowohl darstellende als auch reflektierende Elemente, deren Umfang und Bewertungsgewicht von Ihrer Lehrkraft festgelegt wird.

Arbeitsschritt	Was gehört hier rein?	Beispiel
(1) Einleitung: Erwartungen an das Praktikum	• Gründe für die Wahl des Praktikumsbetriebes/Berufsfeldes • Erwartungen (Hoffnungen, Sorgen) vor dem Praktikum → siehe M 4	• Berufsfeld des Praktikums korrespondiert mit Lieblingsfach in der Schule/mit einem eigenen Hobby • Erwartung, eigene Fähigkeiten (z.B. Programmieren, Aufbau von Netzwerken) weiter ausbauen zu können • Sorge, einer bestimmten Anforderung (z.B. Kundenkontakt in einer Bank) nicht gerecht werden zu können
(2) Vorstellung des Praktikumsbetriebes	• Wirtschaftsstrukturelle Einordnung: Branche/Sektor, Produkte, Bedeutung in der regionalen Wirtschaftsstruktur • ggf. kurze Unternehmensgeschichte • Organisationsstruktur des Betriebes • Berufe und Ausbildungswege im Betrieb • Arbeitsweisen und Arbeitsklima	• Sparkasse: Tertiärer Sektor (Finanzdienstleistungen), als Kreissparkasse starke Verankerung im regionalen Wirtschaftsraum, z.B. als wichtiger Kreditgeber für Unternehmen und private Haushalte • Kleines Start-Up-Unternehmen in der Kreativwirtschaft: kaum erkennbare Hierarchien, geprägt von Teamstrukturen, in denen gemeinsam nach den besten Lösungen gesucht wird
(3) Die eigenen Tätigkeiten im Praktikum	• Beschreibung des eigenen Arbeitsplatzes im Kontext der Betriebsstruktur • Beschreibung selbst ausgeführter bzw. genau beobachteter Tätigkeiten • ggf. exemplarische Tagesberichte zur Verdeutlichung des Arbeitsalltages	• *Die Abteilung ist verantwortlich für ...* • *Die Abteilung arbeitet auf Anweisung des Teamleiters/ auf Anweisung von Vorgesetzten außerhalb der Abteilung/nach Absprachen im Team ...*
(4) Der Wandel der Arbeitswelt unter der Lupe – der fachliche Schwerpunkt	→ siehe M 5	• Mein Praktikumsbetrieb in der internationalen Arbeitsteilung: Standorte und Märkte der Sartorius AG
(5) Reflexion und Beurteilung des Praktikums	• Erfüllung bzw. Nichterfüllung der Erwartungen (vgl. Schritt 1) • Reflexion der Praktikumserfahrungen hinsichtlich der eigenen Berufswegeplanung → siehe M 4	• *Der Arbeitsalltag hat mich sehr (wenig) gefordert, weil ...* • *Der Arbeitsalltag war sehr eintönig/sehr abwechslungsreich, da ...* • *Neu/überraschend für mich war, dass ...* • *Für meinen weiteren Werdegang kann ich mir (nicht) vorstellen, ...* • *Um das zu erreichen, müsste ich während meines weiteren Schulbesuches ...*

Formale Anforderungen
Der Praktikumsbericht sollte am Computer in einem einheitlichen und leserfreundlichen Layout (weitere Tipps, siehe Methode Portfolio) gestaltet werden. Hierzu gehören auch ein Deckblatt mit Angabe des eigenen Namens, der Klasse, des Praktikumsbetriebes und des Praktikumszeitraumes sowie ein Inhaltsverzeichnis.
Selbstverständlich wird auch die sprachliche Richtigkeit des Berichtes bewertet. Planen Sie daher Zeit für Korrekturgänge ein und nutzen Sie die entsprechenden Möglichkeiten Ihres Textverarbeitungsprogrammes!
Autorentext

M 5 ● Den Wandel der Arbeitswelt vor Ort beobachten – der fachliche Schwerpunkt

Das Kerncurriculum für das Fach Politik-Wirtschaft fordert, dass im Praktikumsbericht Bezüge zu den inhaltlichen Schwerpunkten des Faches – also: „Wandel der Arbeitswelt in der globalisierten Wirtschaft“ – hergestellt werden. Dabei geht es darum herauszufinden, inwieweit die aktuell diskutierten Wandlungsprozesse „an der Basis“ im konkreten Betrieb bzw. am konkreten Arbeitsplatz bereits wirksam sind und welche Folgen dies hat.
Konkret könnten Sie in Ihrem individuell zu setzenden Schwerpunkt (Abschnitt 4) einer der folgenden Fragen nachgehen:

Bei Produktionsbetrieben:

Sind die Arbeitsprozesse eher fordistisch oder eher postfordistisch organisiert (vgl. Kap. 1.2.1)?

Bei Dienstleistungsbetrieben:

Welcher Grad der Vereinheitlichung ist erkennbar? In welchem Ausmaß leisten die Beschäftigten „Emotionsarbeit“ (vgl. Kap. 1.1.1, 1.1.3)?

In allen Branchen:

Welche Formen und welches Ausmaß der Flexibilisierung der Arbeit sind zu beobachten (Kap 1.2.2, 1.2.3)?

Werden Tendenzen der „Entgrenzung von Arbeit“ (vgl. Kap. 1.2.2) erkennbar?

Gibt es Beschäftigte, deren Arbeitssituation die zum „Arbeitskraftunternehmer“ (vgl. Kap. 1.2.4) macht?

Welche Rolle spielt die Digitalisierung in diesem Arbeitsumfeld (vgl. Kap. 1.1.4)? Stellt die Digitalisierung in dieser Branche bzw. in diesem Unternehmen eher eine Chance oder eher eine Gefahr dar?

Wie ist mein Praktikumsbetrieb in die internationale Arbeitsteilung eingebunden? Welche Beziehungen zu international agierenden Produzenten und Abnehmern gibt es (vgl. Kap. 2)?

Welche Internationalisierungsstrategie verfolgt mein Unternehmen? Welche Gründe in den Bereichen Beschaffung, Produktion und Absatz legen diese Strategie nahe (vgl. Kap. 2.1, 2.2)?

Leidet der Betrieb/das Unternehmen unter Fachkräftemangel (vgl. Kap. 1.3.1)? Welche Maßnahmen werden ergriffen, um dem Fachkräftemangel zu begegnen?

Die genaue Festlegung Ihres Schwerpunktthemas treffen Sie unbedingt in Absprache mit der Sie betreuenden Lehrkraft! Formulieren Sie dieses Schwerpunktthema unter einer aussagekräftigen Überschrift (z.B. „Digitalisierung bei der Schmidt Aluminium GmbH – Chancen und Risiken“).
Die Ausarbeitung dieses analytischen Teils des Praktikumsberichtes erfolgt – je nach Themenwahl – auf der Grundlage von Befragungen und Beobachtungen im Unternehmen und der Auswertung unterschiedlicher Dokumente (Geschäftsberichte etc.), die vor dem Hintergrund der im Unterricht erworbenen allgemeinen Kenntnisse erfolgt. Da diese Recherchen meist recht zeitaufwendig sind und Ihre Anwesenheit im Unternehmen erfordern, sollten Sie Ihr Thema möglichst frühzeitig festlegen und das Vorgehen planen!

Autorentext

Operatoren für das Fach Politik-Wirtschaft

Die folgenden Operatoren finden Verwendung in den Aufgabenvorschlägen im Zentralabitur.

Operator	Beschreibung der erwarteten Leistung
Anforderungsbereich I	
beschreiben	strukturiert und fachsprachlich angemessen Materialien vorstellen und/oder Sachverhalte darlegen
darstellen	Sachverhalte detailliert und fachsprachlich angemessen aufzeigen
gliedern	einen Raum, eine Zeit oder einen Sachverhalt nach selbst gewählten oder vorgegebenen Kriterien systematisierend ordnen
wiedergeben	Kenntnisse (Sachverhalte, Fachbegriffe, Daten, Fakten, Modelle) und/oder (Teil-)Aussagen mit eigenen Worten sprachlich distanziert, unkommentiert und strukturiert darstellen
zusammenfassen	Sachverhalte auf wesentliche Aspekte reduzieren und sprachlich distanziert, unkommentiert und strukturiert wiedergeben

Anforderungsbereich II	
analysieren	Materialien, Sachverhalte oder Räume beschreiben, kriterienorientiert oder aspektgeleitet erschließen und strukturiert darstellen
charakterisieren	Sachverhalte in ihren Eigenarten beschreiben, typische Merkmale kennzeichnen und diese dann gegebenenfalls unter einem oder mehreren bestimmten Gesichtspunkten zusammenführen
einordnen	begründet eine Position/Material zuordnen oder einen Sachverhalt begründet in einen Zusammenhang stellen
erklären	Sachverhalte so darstellen (gegebenenfalls mit Theorien und Modellen), dass Bedingungen, Ursachen, Gesetzmäßigkeiten und/oder Funktionszusammenhänge verständlich werden
erläutern	Sachverhalte erklären und in ihren komplexen Beziehungen an Beispielen und/oder Theorien verdeutlichen (auf Grundlage von Kenntnissen bzw. Materialanalyse)
herausarbeiten	Materialien auf bestimmte, explizit nicht unbedingt genannte Sachverhalte hin untersuchen und Zusammenhänge zwischen den Sachverhalten herstellen
vergleichen	Gemeinsamkeiten, Ähnlichkeiten und Unterschiede von Sachverhalten kriterienorientiert darlegen

Anforderungsbereich III	
begründen	komplexe Grundgedanken durch Argumente stützen und nachvollziehbare Zusammenhänge herstellen
beurteilen	den Stellenwert von Sachverhalten oder Prozessen in einem Zusammenhang bestimmen, um kriterienorientiert zu einem begründeten Sachurteil zu gelangen
entwickeln	zu einem Sachverhalt oder zu einer Problemstellung eine Einschätzung, ein Lösungsmodell, eine Gegenposition oder ein begründetes Lösungskonzept darlegen
erörtern	zu einer vorgegebenen Problemstellung eine reflektierte, abwägende Auseinandersetzung führen und zu einem begründeten Sach- und/oder Werturteil kommen
sich auseinandersetzen	zu einem Sachverhalt, einem Konzept, einer Problemstellung oder einer These usw. eine Argumentation entwickeln, die zu einem begründeten Sach- und/oder Werturteil führt
Stellung nehmen	Beurteilung mit zusätzlicher Reflexion individueller, sachbezogener und/oder politischer Wertmaßstäbe, die Pluralität gewährleisten, und zu einem begründeten eigenen Werturteil führt
überprüfen	Inhalte, Sachverhalte, Vermutungen oder Hypothesen auf der Grundlage eigener Kenntnisse oder mithilfe zusätzlicher Materialien auf ihre sachliche Richtigkeit bzw. auf ihre innere Logik hin untersuchen

Niedersächsisches Kultusministerium 2017

Hinweise zur Bearbeitung von Aufgabenstellungen

Bis zum Abitur wird von Ihnen gefordert, mit Operatoren formulierte Aufgaben zu bearbeiten. Im Folgenden werden sieben häufig verwendete Operatoren näher erklärt, um Ihnen die Bearbeitung der Aufgaben zu erleichtern.

zusammenfassen

Sie sollen unter Beweis stellen, dass Sie einen fachspezifischen Text hinsichtlich seiner zentralen Aussagen „verstehen", indem Sie diesen mit eigenen Worten zusammenfassen.

Drei Gesichtspunkte sind hier zentral:
- die **inhaltliche Reduktion**; dabei ist zu beachten, dass oft in den Aufgaben ein Aspekt genannt wird, zu dem die Ausführungen zusammengefasst werden sollen. Alles andere sollte weggelassen werden.
- die **Strukturiertheit**; häufig ist es sinnvoll, sich vom Aufbau des Ausgangstextes selbst zu lösen und eine eigene sinnvolle Struktur für die Zusammenfassung zu finden.
- die **sprachliche Distanzierung**: Verwenden Sie durchgängig eigene Formulierungen (Ausnahme: Fachbegriffe) und grammatische Distanzierungsmittel (insb. Konjunktiv der indirekten Rede)

einordnen

Sie sollen – wie bei allen Aufgaben des Anforderungsbereichs II – fundierte Fachkenntnisse nachweisen, hier indem Sie diese in einem neuen Zusammenhang anwenden. Sie wählen sie bewusst aus und stellen diese nachvollziehbar dar.

Bearbeitungstipp: Stellen Sie sich einen nur wenig vorgebildeten Leser vor! Nichts ist „selbstverständlich", sondern muss diesem Leser genau erklärt werden (Fachbegriffe definieren, Zusammenhänge genau darstellen etc.).

Hier sind zwei unterschiedliche Aufgabenformate vorstellbar: erstens Aufgaben, die genau angeben, in welchen Sachverhalt eine Position eingeordnet werden soll („*Ordnen Sie Bofingers Position in die Theorie der nachfrageorientierten Wirtschaftspolitik ein.*"); zweitens – und wahrscheinlicher – eine offenere Aufgabenstellung („*Ordnen Sie Benjamin Barbers Konzept ‚Starke Demokratie' demokratietheoretisch ein.*"). Beim zweiten Typus sollten Sie bei der schriftlichen Beantwortung der Aufgabe zunächst kurz darlegen, welche Demokratietheorien Sie zur Einordnung heranziehen. Dann können Sie ähnlich vorgehen wie bei der Aufgabenstellung → „vergleichen".

In beiden Varianten geht es oft darum, die im Material nicht unbedingt explizit geäußerten Grundannahmen etc. Fachkonzepten zuzuordnen und diese Zuordnung erklärend zu belegen.

erläutern

Hier sollten Sie unter Beweis stellen, dass Sie eine im vorliegenden Material nicht weiter begründete, aber allgemein als zutreffend angesehene Aussage („Sachverhalt") auf der Basis fundierten Fachwissens umfassend erklären können. Dadurch zeigen Sie, dass Sie gegebene Aussagen tief zu durchdringen verstehen.

Zwei Hauptschwierigkeiten beinhaltet der Operator „erläutern":

- Zum Ersten weist der Sachverhalt häufig mehrere zu erläuternde Dimensionen auf, die zunächst von Ihnen identifiziert und in der Einleitung zur Aufgabenbearbeitung dargestellt werden müssen. Materialbeispiel: *„Das Problem des anthropogenen Klimawandels stellt eine der Hauptbedrohungen für die Menschheit dar und konnte politisch bislang allerhöchstens in Ansätzen politisch gelöst werden."* Hier finden sich drei zu erläuternde Aspekte, nämlich erstens die Menschengemachtheit der globalen Erwärmung, zweitens die Behauptung, der Klimawandel sei eine globale Hauptbedrohung, und drittens die fehlende politische Lösung.
- Zum Zweiten müssen sinnvolle Beispiele und/oder Theorien zur Verdeutlichung der Aussage angeführt werden.

Materialbeispiel: Das Bedrohungspotential des Klimawandels könnte am Beispiel bereits einsetzender Versteppung und daraus resultierender Nahrungskonkurrenz inkl. Hungermigration verdeutlicht werden. Zusätzlich wäre es möglich, das Nichtzustandekommen umfassender politischer Lösungen (Scheitern von Klimagipfeln) mit der Rational-choice-Theorie systematisch zu analysieren.

vergleichen

Vergleiche sind kein Selbstzweck, sondern dienen in der Regel dazu, die Spezifika eines Sachverhaltes durch die Abgrenzung von einem „verwandten" Sachverhalts zu erhellen.

Bearbeitungstipps: Vergegenwärtigen Sie sich die mögliche Zielsetzung des Vergleichs (Darlegen der Spezifika eines Sachverhalts durch Analogie und Abgrenzung), um eine problemorientierte Einleitung formulieren und tragfähige Vergleichskriterien entwickeln zu können.

Erfahrungsgemäß bereitet die **Kriterienorientierung** des Vergleichs die meisten Schwierigkeiten. Empfehlenswert ist daher in einem ersten Schritt, zur Vorbereitung auf die schriftliche Beantwortung der Aufgabe eine Matrix mit (min.) drei Spalten anzulegen: In der linken Spalte werden Vergleichskriterien festgehalten (die Sie in der Regel selbst finden müssen), zu denen dann die Spalten gefüllt werden.

	Fordismus	Postfordismus
Gesellschaftliche und technologische Rahmenbedingungen		
Produktionsweise		
Produkteigenschaften		
Unternehmensorganisation		
Rolle und Qualifikation der Arbeitskräfte		
Konsummuster		
...		

Nicht immer müssen miteinander verglichene Gegenstände Gemeinsamkeiten und Ähnlichkeiten und Unterschiede aufweisen. Denkbar ist z. B. auch, dass sich nahezu ausschließlich Unterschiede finden.

Gemeinsamkeiten bzw. Ähnlichkeiten sowie Unterschiede könnten in einem zweiten Schritt farbig markiert werden. Im dritten Schritt kann der eigene Text anhand der Kriterien oder – meist empfehlenswerter – nach Gemeinsamkeiten und Unterschieden strukturiert werden, wobei die stärksten Übereinstimmungen/Unterschiede zuerst bzw. zuletzt genannt werden sollten.

begründen

Der Operator ist vergleichbar mit „beurteilen" und „sich auseinandersetzen". Wesentlicher Unterschied: Es wird von Ihnen keine eigene Positionierung verlangt, sondern „lediglich" das strukturierte argumentative Untermauern eines vorgegebenen Gedankens.

Bearbeitungstipp: Achten Sie genau auf die Aufgabenstellung: Ist gefordert, den Grundgedanken aus eine ganz bestimmten Perspektive zu begründen? Wenn ja, kann das Auswirkungen auf die Strukturierung der Argumentation haben.

Richten Sie bei der Bearbeitung der Aufgabe Ihr Augenmerk u.a. auf folgende Aspekte:

- Verdeutlichen Sie sich zunächst die **Ausgangslage** der Aufgabenstellung: Formulieren Sie hierzu die zu begründende Aussage/These mit eigenen Worten.
- In der Planung der Aufgabenbearbeitung ist es sinnvoll, zunächst eine **Argumentsammlung** anzulegen. Argumente können <u>auch</u> ex negativo entwickelt werden, also in einer Darstellung dessen bestehen, was geschähe, wenn der Gedanke nicht umgesetzt würde.
- Die entwickelten Argumente können Sie an Urteilskriterien anbinden, müssen es aber hier nicht zwingend.
- Finden Sie eine **schlüssige Anordnung der Argumente**: Bei eher unzusammenhängenden Argumenten können Sie zentrale von weniger starken Argumenten trennen. Sachlich zusammengehörige Argumente sollten Sie so anordnen, dass die innere Logik für den Leser erkennbar wird (z.B. Ursache → Auswirkung → erwartete Folgen).
- Möglicherweise ergeben sich auch zwei oder **mehrere voneinander getrennte Begründungsstränge**. Versuchen Sie nicht zwangsweise, solche zu einer einzigen Begründung zusammenzufügen, sondern beschreiben Sie lieber im Einleitungsteil Ihr Vorgehen.

entwicklen

Der Operator erfordert (anders als alle anderen im Anforderungsbereich III), dass Sie selbst ein Lösungskonzept bzw. eine Einschätzung erstellen und keine vorgefundene beurteilend kommentieren.

Achten Sie bei der Planung und Verschriftlichung der Aufgabe auf folgende sechs Punkte:

- Ein Lösungskonzept setzt sich häufig aus mehreren **Teillösungen für zentrale Problembestandteile** zusammen. Finden Sie für jede dieser wesentliche Problemursachen mindestens einen Lösungsansatz.
- Achten Sie unbedingt darauf, Problemursachen und nicht (nur) -folgen zu „bekämpfen".

Bearbeitungstipp: Beachten Sie die Aufgabe genau bzw. legen Sie bereits bei der Planung der Aufgabenbearbeitung fest, ob es sinnvoll ist, eine Einschätzung bzw. einen Lösungsvorschlag aus einer bestimmten **Perspektive** heraus und/oder für einen bestimmten **Adressaten** zu entwickeln.

- Häufig gibt es mehrere (miteinander nicht unbedingt vereinbare) Teil-Lösungsansätze. Wählen Sie jeweils einen aus und halten Sie die Begründung für die Auswahl stichwortartig fest.
- Achten Sie bei der Kombination der Teil-Lösungsansätze, dass Sie einander nicht „stören".
- Zur Verschriftlichung: Entweder präsentieren Sie – nach einer kurzen Einleitung – Ihre Gesamtlösung und erläutern diese in einem gesonderten schriftlichen Teil. Oder Sie präsentieren immer einen Lösungsansatz für eine wesentliche Problemursache und begründen diesen unmittelbar im Anschluss.
- Sie können am Ende der Aufgabe auch die politische Durchsetzbarkeit Ihres Vorschlags begründet einschätzen, auch wenn dies nicht zwingender Teil der Aufgabe ist.

erörtern

In Ihrer Erörterung (und das gilt genauso auch für die Operatoren **„beurteilen"** und **„Stellung nehmen"**) sollen Sie unter Beweis stellen, dass Sie ein gegebenes Problem unter Nutzung Ihres Fachwissens und der Übernahme unterschiedlicher Perspektiven vielschichtig abwägen können. Es wird eine rein sachorientierte Sprachwahl verlangt.
Der erwartete Text unterscheidet sich daher deutlich von sich einseitig und oft polemisch positionierenden (Zeitungs-)Texten, die immer wieder auch Gegenstand des PoWi-Unterrichts sind.

Fünf Punkte sind wesentlich zu beachten:

- Ein politisches Urteil sollte unbedingt kategorial (Legitimität, Effizienz, Grundwerte) erfolgen und diese **Urteilskategorien** sollten je nach Problemstellung in **Kriterien** (z. B. Durchsetzbarkeit, Kosten, Legalität, Repräsentativität, Gleichheit, Freiheit, Sicherheit...) aufgefächert sein. Bei der schriftlichen Entfaltung von Argumenten sollten diese jeweils explizit den Kriterien zugeordnet werden, um dem Leser eine Orientierung zu ermöglichen.
- Der Operator „erörtern" fordert zwingend die Anführung von Pro- und Kontraargumenten.
- Jedes dieser Argumente muss durch einen (empirischen) **Beleg**, ein schlüssiges **Beispiel** oder eine **logische Herleitung** untermauert werden. Grenzen Sie diese umfassend und verständlich ausgearbeiteten Argumente stets durch Absätze ab.
- Die Argumente können auf zweierlei Weise angeordnet werden: Wenn Sie sich klar gewichten lassen, bietet sich das „**Sanduhrenmodell**" an (zuerst die Pro-, dann die Kontragesichtspunkte oder umgekehrt, endend mit dem überzeugendsten Argument für die eigene Meinung). Entkräften sich jeweils einzelne Argumente inhaltlich sinnvoll, ist das Modell „**dialektische Erörterung**" empfehlenswert (abwechselnd jeweils ein Pro- und ein Kontraargument auf der gleichen inhaltlichen Ebene, endend mit dem überzeugendsten Argument für die eigene Meinung).
- Im Schlussteil der Erörterung sollte die **eigene Position eindeutig geäußert** werden.

Bearbeitungstipp: Um Ihre Erörterung stimmig zu gliedern, muss Ihr Schreibziel, also die vertretene Position, im Voraus klar sein.
Hilfreich kann es hierfür sein, die Problemstellung in Form einer Meinungslinie zwischen den Enden „stimme vollauf zu" und „stimme überhaupt nicht zu" zu visualisieren und die eigene Position als Schreibziel darin zu markieren.

Geiz macht arm

Das 20. Jahrhundert ist zur Hälfte vorbei, da registriert Jean Fourastié, dass Maschinen in den Fabriken und auf den Feldern immer mehr Arbeit übernehmen. In Industrie und Landwirtschaft, die lange dominierten, wird der Mensch weniger gebraucht, schreibt der Ökonom 1949. [...] Die anbrechende „Dienstleistungsgesellschaft" beschere den Menschen [aber] weniger schmutzige und besser bezahlte Jobs, häufig mit dem Kopf statt mit den Händen wie in Fabrik und Feld. [...]

Heute [...] findet tatsächlich nur noch jeder vierte Deutsche in der Industrie Beschäftigung. Drei Viertel dagegen sind Dienstleister. Und jene besser bezahlten Kopfarbeiter, die [Fourastié] vorausahnte, sind überall anzutreffen.

Allerdings profitieren längst nicht alle von dieser Dienstleistungsgesellschaft. Bei vielen Service-Jobs bleiben die Menschen beruflich zurück. Von wegen Kopfarbeit: Was Paketboten oder Altenpfleger, Kellner oder Verkäuferinnen überwiegend mit ihren Händen leisten, ist häufig unsicher und schlecht bezahlt. „Trotz Konjunkturbooms verdienen sieben Millionen Deutsche weniger als 9,60 Euro die Stunde", sagt DGB-Chef Reiner Hoffmann, „die meisten sind Dienstleister." [...]

Es lohnt sich, gerade jetzt nachzudenken, warum das so ist – und was sich ändern lässt. [...] Eine Ursache ist, dass sich für viele Arbeitnehmer jedenfalls bei der Bezahlung als Nachteil erweist, was er für einen Vorteil hielt. [...] Anders als die Produktion sind Dienstleistungen personengebunden, also schlechter durch Maschinen zu ersetzen. Die Jobs sind relativ sicher. Soweit der Vorteil.

Ohne Maschinen aber lässt sich auch ihre Produktivität schwerer verbessern, ihre Leistung pro Person. Ein wesentlicher Treiber für Lohnsteigerungen wie in der Industrie fällt damit aus. Denn wenn Fabrikwerker jedes Jahr dank technischer Hilfe mehr Autos herstellen, kann die Firma ihren Lohn erhöhen, ohne dass ihre Kosten [pro Stück] steigen. Wenn dagegen Köche nicht mehr Mahlzeiten kochen und Altenpfleger nicht mehr Alte pflegen als zuvor, steigert mehr Lohn die Kosten. [...]

Dabei gäbe es Möglichkeiten, die Bezahlung [...] zu verbessern. Der Koch kann zwar nicht viel mehr Mahlzeiten kochen als im Jahr zuvor, ohne die Qualität zu reduzieren. Er kann aber produktiver sein, indem er leckerer oder gesünder kocht, also die Qualität steigert – wofür der Kunde womöglich mehr zahlt. Hier aber zeigen sich Differenzen zur Industrie. Während Kunden ständig mehr für Neuwagen zahlen, die ihnen Hersteller als Premium suggerieren, zögern sie im Restaurant oder beim Friseur. Geiz ist geil – und zerstört Fourastiés Hoffnung, Konsumenten würden bereitwillig für individualisierten Konsum von Diensten zahlen. [...] Es liegt [also auch] an den Bürgern, ob sie als Konsumenten [...] verhindern, dass sich die Unterschiede in der Gesellschaft noch vergrößern [...].

Alexander Hagelüken, Süddeutsche Zeitung, 25./26.11.2017

Aufgaben

1. Fassen Sie Hagelükens Aussagen zur Entlohnung im Dienstleistungssektor zusammen.
2. Erklären Sie die Entwicklung des Dienstleistungssektors in Deutschland. Beziehen Sie sich dabei auch auf die Drei-Sektoren-Hypothese.
3. „Es liegt [also auch] an den Bürgern, ob sie als Konsumenten [...] verhindern, dass sich die Unterschiede in der Gesellschaft noch vergrößern." Überprüfen Sie diese Annahme Hagelükens.

MUSTERKLAUSUR

Die Klausur bezieht sich auf Inhalte von **Kapitel 1**.

Bearbeitungszeit (insg.): 90 Minuten

Konjunkturboom
auch: Hochkonjunktur; Phase mit (weitgehender) Auslastung der Produktionskapazitäten in einer Volkswirtschaft sowie (sehr) hohem Beschäftigungsstand, tendenziell steigenden Löhnen und Preisen

Zur Methode **„Texte strukturiert zusammenfassen"** → vgl. Kap. 1.1.4

Lösungsskizze	Formulierungshilfen
Aufgabe 1	
• Der **Einleitungssatz** sollte neben den Formalia (Autor, Erscheinungsmedium und -datum, Textsorte) die **Kernaussage/n** des Textes enthalten. Beachten Sie dabei aber unbedingt – falls vorhanden – den Fokus der Aufgabenstellung (hier „Entlohnung im Dienstleistungssektor") • Zu referierende **Hauptaussagen** sind: • Der Soziologie Jean Fourastié habe in der Mitte des 20. Jahrhunderts – richtigerweise – angenommen, dass der tertiäre Sektor (Dienstleistungssektor) gegenüber dem primären (Landwirtschaft) und dem sekundären (Industrie) expandieren werde. • Er vermutete, dass diese Verschiebung zu einer Abnahme harter körperlicher Arbeit und gleichzeitig zu einer deutlichen Zunahme der Einkünfte der Arbeitenden führen werde. • Allerdings haben sich die Einkünfte von Dienstleistenden erheblich ausdifferenziert: Es gibt abhängig Beschäftigte und Selbstständige im tertiären Sektor mit überaus hohen Einnahmen. Gleichzeitig findet sich ein erheblicher Teil der Dienstleistenden in weit unten liegenden Einkommensbereichen. • Hierbei handelt es sich v.a. um Berufe im Verkauf, in der Gastronomie, der Pflege und um Paketdienstleister. • Die schlechten Löhne kämen zustande durch den Umstand, dass sich die Produktivität in diesen Bereichen kaum durch verbesserten Maschineneinsatz erhöhen lasse. • Außerdem seien die deutschen Kunden nicht bereit, für verbesserte Dienstleistungsqualität mehr zu bezahlen.	• **Einleitung** mit Nennung der Kernaussage: *In seiner Kurzanalyse der Entwicklung der Wirtschaftssektoren in Deutschland, erschienen in der Süddeutschen Zeitung vom 25./26.11.2017, stellt Alexander Hagelüken u.a. dar, dass sich die Bezahlung in Dienstleistungsberufen heutzutage stark ausdifferenziert habe.* • **Wiedergabe der Kernaussagen/-thesen/-argumente:** *Der Verfasser legt dar/führt aus/begründet/erklärt dies mit/erläutert/betont/beweist/belegt/untermauert/plausibilisiert/stützt dies mit/zieht dazu heran/zeigt auf/führt zusammen/argumentiert/grenzt sich ab von...* • Sprachliche Mittel zur Verknüpfung von referierten Gesichtspunkten können sein: *Zum ersten... zum zweiten.../darüber hinaus/ ergänzend/damit zusammenhängend/diesen Gedanken weiterführend/zentral für den Verfasser ist/daneben/außerdem*
Aufgabe 2	
• Sie können zu Beginn einen kurzen Überblick über die Struktur Ihrer Aufgabenlösung geben. • Zunächst sollte die Drei-Sektoren-Hypothese in Grundzügen erklärt werden: • Bei den drei Wirtschaftssektoren handelt es sich um „Land- und Forstwirtschaft/Fischerei" (primärer Sektor), „Industrie" (sekundärer) und den „Dienstleistungssektor" (tertiärer). • Die Anteile, den die drei Sektoren jeweils an einer gesamten Volkswirtschaft haben, bemessen sich erstens an der Zahl der Beschäftigten im jeweiligen Sektor sowie zweitens am Anteil des jeweiligen Sektors an der volkswirtschaftlichen Leistung (Bruttoinlandsprodukt). • Die Hypothese besteht nun darin, dass sich eine Volkswirtschaft mit fortschreitender Entwicklung immer weiter von der Dominanz des primären („Agrargesellschaft") über die des sekundären („Industriegesellschaft") zu einer Vorherrschaft des tertiären Sektors („Dienstleistungsgesellschaft") bewegt. • (Manche Autoren behaupten, dass sich ein vierter Sektor etabliert habe – Information – und dass die heutige Gesellschaft sich auf dem Weg in die „Informationsgesellschaft befinde.) • Die von Hagelüken dargestellte Entwicklung des Dienstleistungssektors untermauert die Drei-Sektoren-Hypothese: • In Deutschland stieg der Anteil des Dienstleistungssektors zwischen 1850 und ca. 1950 lediglich stetig von ca. 10% auf ca. 20%. Aber zwischen 1950 und 2010 stieg	**Möglicher Struktur-Überblick:** *In einem ersten Schritt werde ich die Drei-Sektoren-Hypothese in ihren Grundzügen darstellen, um dann in einem zweiten Schritt mit deren Hilfe die konkrete Entwicklung des Dienstleistungssektors in der Bundesrepublik Deutschland zu erklären.*

Lösungsskizze	Formulierungshilfen
der Anteil deutlich steiler (aber ebenfalls nahezu linear) auf ca. 78%, wobei sich die Entwicklungsdynamik im 21. Jahrhundert sogar noch etwas steigerte. In der frühen Mitte der 1970er Jahre „überholte" der volkswirtschaftliche Anteil des Dienstleistungssektors in Deutschland erstmals den der Industrieproduktion. • Zu erklären ist dieses Phänomen einerseits mit den enormen technologiebedingten Produktivitätssteigerungen in Landwirtschaft und Industrie. Diese setzten erstens potenzielle Arbeitnehmer für Dienstleistungsberufe frei. Zweitens stieg die Dienstleistungsnachfrage durch die erheblichen Einkommenssteigerungen der Jahre 1950 bis 1970. Drittens wurden (einfache) industrielle Konsumgüter durch die Verlagerung der Produktion in Länder mit extrem niedrigen Herstellungskosten deutlich verbilligt, was wiederum Mittel für den Konsum von Dienstleistungen freisetzte.	
Aufgabe 3	
• Der **Einleitungssatz** sollte die zu diskutierende Frage/These/Forderung und deren Urheber sowie optional einen ersten Hinweis auf die eigene Position aufweisen. Sinnvoll kann es auch sein, einen kurzen Überblick über den gewählten Aufbau der Argumente zu geben. • Es wird eine **eindeutige** und wohlbegründete **Positionierung** (hier zur These Hagelükens) von Ihnen gefordert. • Wenn Sie sich zu einer politischen Forderung oder Entscheidung positionieren (was hier aber nicht der Fall ist), sollte die **Argumentation kategorien-/kriteriengeleitet** erfolgen. • **Inhaltsaspekte**: • Hagelüken begründet seine Annahme anscheinend schlüssig, indem er ausführt, dass im Dienstleistungssektor kaum technologiebedingte Produktivitätsfortschritte gemacht werden können und dass daher auch die Einnahmen pro Dienstleistung und damit auch nicht die Gehälter gesteigert werden können. • (Den einzigen ihm plausiblen Ausweg erkennt er in einer Qualitätssteigerung der Dienstleistung, die von Kunden mit höheren Preisen honoriert werden müsste.) • Gegen diese (monokausale) Argumentation lässt sich erstens einwenden, dass ja auch die schlecht bezahlten Dienstleistenden wiederum Dienstleistungskunden sind. Würden sie zunächst besser bezahlt, könnten sie auch mehr Geld für hochwertigere Dienstleistungen aufwenden, zumal gerade geringer entlohnte Personen Mehrverdienste eher schnell in Konsum umsetzen werden als besserverdienende. • Zweitens individualisiert Hagelüken das Problem tendenziell und blendet die systemische Ebene zu stark aus. Starke gesellschaftliche Ungleichheiten (v.a. im Bereich von Einkommen, aber auch Vermögen) können durch politische Regulationen eingedämmt werden. Der 2015 geschaffene Mindestlohn ist ein solcher Eingriff. • Der **Schlussteil** enthält noch einmal ihr eindeutiges Urteil (Achtung: Widersprüche zur Einleitung und zum Hauptteil vermeiden!) und referiert Ihr zentrales Argument in knappen Worten.	• **Möglicher Einleitungssatz:** *Im Folgenden überprüfe ich Alexander Hagelükens Annahme, dass es auch „an den Bürgern [liege], ob sie als Konsumenten [...] verhindern, dass sich die Unterschiede in der Gesellschaft noch vergrößern.". Dabei setze ich mich mit Hagelükens zentralen Überlegungen auseinander und begründe zum Schluss/am Ende meine zustimmende/ablehnende Haltung.* • **Zwischen Argumenten/Argumentblöcken** für die eine bzw. die andere Seite bieten sich folgende sprachliche Überleitungen an: *die Kritiker/Befürworter hingegen argumentieren damit.../auf der einen Seite... auf der anderen Seite.../ Entkräftet wird diese Aussage schlüssig durch die Überlegung.../ Dem setzt die andere Seite das sehr starke Argument entgegen, wonach...* • Für **Überprüfungsaufgaben** können z.B. folgende sprachliche Wendungen genutzt werden: *diese Begründung scheint (nicht) sehr schlüssig, weil.../dieser Annahme kann (kaum) zugestimmt werden aufgrund von.../(nicht) nachvollziehbar ist die Aussage... wegen.../die Schlussfolgerung ist (nicht) plausibel hergeleitet, da...* • **Möglicher Schlusssatz:** *Insbesondere wegen der... lehne ich ab/ kritisiere ich/befürworte/unterstütze ich Alexander Hagelükens These von der Bedeutung der Konsumenten für die Bezahlung von Dienstleistern.0*

Unterrichtsmethoden

Amerikanische Debatte

▶ **Ziele:** Perspektivübernahme, Erarbeitung, Artikulation und Argumentation kontroverser Positionen; kommunikatives Handeln

▶ **Orte im U.:** Phase der Urteilsbildung

▶ **Ablauf:** Variante der Pro-Kontra-Debatte (vgl. S. 218): Die Klasse wird in Pro- und Kontra-Gruppen eingeteilt, die auf der Grundlage von Texten oder des vorangegangenen Unterrichts unterschiedliche Positionen zur Debattenfrage erarbeiten. Die Gruppen bestimmen die jeweiligen Diskutanten, deren Anzahl je nach Klassenstärke unterschiedlich sein kann. Die Diskutanten sitzen gegenüber und der Moderator eröffnet die Debatte und erteilt einer Seite das Wort. Das erste Argument wird genannt, die gegnerische Seite greift das Argument auf, versucht es zu widerlegen und nennt ein weiteres Argument, das wiederum von der anderen Seite aufgegriffen wird (siehe Abbildung). Sollten am Ende der Reihe noch nicht alle Argumente ausgetauscht sein, wird von vorne begonnen.
Der Moderator achtet auf die Einhaltung der Reihenfolge sowie der Redezeit und beendet die Debatte. Die Zuschauer bewerten im Anschluss die Diskussion.

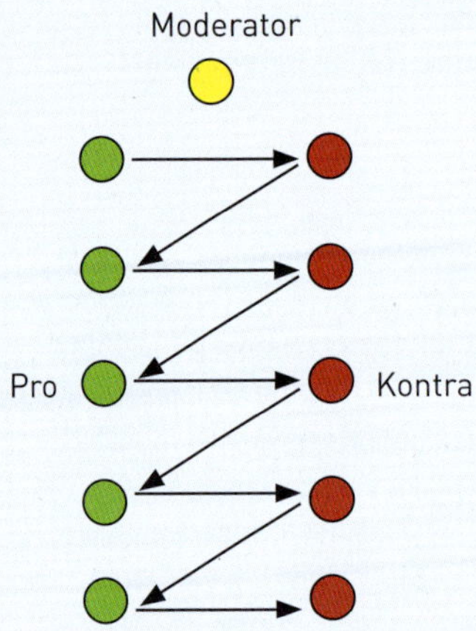

▶ **Unbedingt beachten:** Zuspitzung der Themenstellung auf eine Ja-Nein-Frage (Entscheidungsfrage).
Da die Debatte eine hoch formalisierte Form der Diskussion ist, sollten die Regeln unbedingt eingehalten werden. Die Redezeit sollte unbedingt begrenzt werden. Die Amerikanische Debatte ist deutlich anspruchsvoller als die „einfache“ Pro-Kontra-Debatte, da die Diskutanten mit jedem Beitrag Bezug auf den Vorredner nehmen müssen. Sie empfiehlt sich vor allem für „starke“ Lerngruppen.

Ampelkartenabfrage

▶ **Ziele:** Festlegung auf eine eindeutige eigene Position; Ermittlung eines Meinungsbildes der Gesamtgruppe

▶ **Orte im U.:** erste Meinungsabfrage, Einleitung der abschließenden Urteilsbildung

▶ **Ablauf:** Jeder Teilnehmer erhält eine grüne und eine rote Karte. Zu einer politischen Streitfrage (die als Entscheidungsfrage formuliert ist) oder einer kontroversen These positionieren Sie sich nach kurzer Bedenkzeit auf ein Zeichen des Lehrers, indem Sie entweder die grüne (Zustimmung) oder die rote Karte (Ablehnung) deutlich sichtbar hochhalten. Enthaltungen oder Zwischenpositionen sind nicht zugelassen. Einzelne Teilnehmer (ggf. im Blitzlichtverfahren auch alle) werden aufgefordert, ihre Meinung mit ihrem Hauptargument zu begründen. Dieses Argument kann auch in der Vorbereitungszeit stichwortartig bereits auf der (laminierten) Karte notiert werden.

▶ **Unbedingt beachten:** Alle Teilnehmer müssen sich gleichzeitig positionieren. Ein Meinungswechsel und eine Diskussion sind während der Ampelkartenabfrage nicht vorgesehen.

Fish-Bowl-Diskussion

▶ **Ziele:** Perspektivübernahme, Erarbeitung, Artikulation und Argumentation unterschiedlicher Positionen; kommunikatives Handeln

▶ **Orte im U.:** Phase der Urteilsbildung

▶ **Ablauf:** Eine Kleingruppe diskutiert in einem Innenkreis in der Mitte des Raumes ein Thema, während die übrigen Schüler in einem Außenkreis darum herumsitzen („Fish-Bowl"), die Diskussion genau verfolgen und den Diskutanten im Anschluss eine Rückmeldung zum Diskussionsverhalten und Argumentation geben. Ein Moderator im Innenkreis leitet die Diskussion. In der Diskussionsrunde steht ein Stuhl mehr als es Teilnehmer gibt. Den freien Platz kann jemand aus der Beobachtergruppe einnehmen, um Fragen zu stellen oder seine Meinung einzubringen. Danach verlässt er die Diskussionsrunde wieder.

▶ **Variante:** Der Zuschauer verbleibt in der Diskussionsrunde, dafür verlässt ein anderer Diskutant die Runde und macht seinen Stuhl für einen anderen frei.

▶ **Unbedingt beachten:** Fragestellung sollte möglichst offen sein und in der Diskussion verschiedene Richtungen ermöglichen.

Variante Sitzkreis

- Moderator
- Gruppensprecher
- freier Stuhl
- Schüler

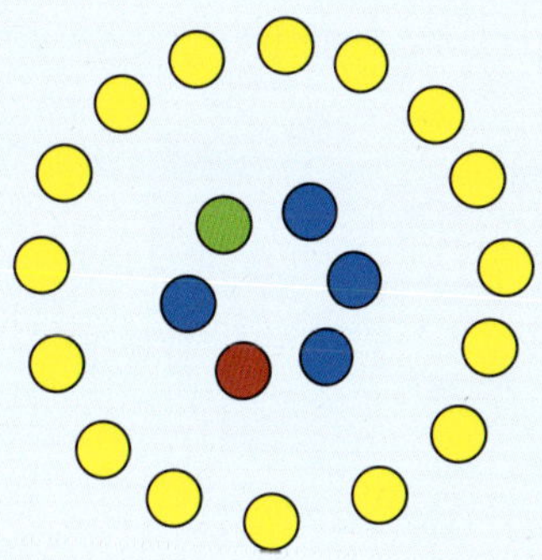

Gruppenpuzzle

▶ **Ziele:** Arbeitsteilige selbstständige Erarbeitung und Präsentation von (Teil-) Inhalten

▶ **Orte im U.:** Erarbeitung, Schaffung einer breiten Informationsbasis

▶ **Ablauf:** Ein Thema wird in unterschiedliche, möglichst gleichwertige Teilthemen/ -aufgaben (= Puzzleteile) unterteilt, die in Gruppen erarbeitet werden. Das Gruppenpuzzle arbeitet mit zwei Gruppenformen (Stamm- und Expertengruppe) und wird in drei Phasen durchgeführt:

1. In der ersten Phase werden die Schüler in Stammgruppen eingeteilt. Jedes Mitglied erhält eine Teilaufgabe (= Puzzleteil) einer Gesamtaufgabe, die es erarbeitet und für die es zum „Experten" wird.

2. In der zweiten Phase treffen sich alle „Experten", die dieselbe Teilaufgabe bearbeitet haben, in den sog. Expertengruppen, tauschen sich aus, klären offene Fragen und vertiefen ihr Expertenwissen.

3. In der dritten Phase kehren die Experten in ihre jeweilige Stammgruppe zurück und informieren die Mitglieder der Stammgruppe über ihre Erkenntnisse (=Zusammensetzung der Puzzleteile).

▶ **Unbedingt beachten:** Nach dieser Phase muss jedes Gruppenmitglied über alle Teilaspekte eines Themas (= Puzzleteile) informiert sein. Die Teilergebnisse sollten zu einem Gesamtergebnis zusammengeführt werden.

Mindmap

▶ **Ziele:** Anschauliche Strukturierung von Informationen oder Themen; Entfaltung eines Themas und Vernetzung mit bereits bestehendem Vorwissen

▶ **Orte im U.:** Einstieg, (Beginn der) Erarbeitung eines Themas; Entfaltung eines Themengebiets, z.B. bei der Vorbereitung eines Referats, ggf. systematische Sicherung der Kernergebnisse einer Unterrichtsreihe

▶ **Ablauf:**

1. Verwenden Sie ein unliniertes Blatt DIN-A4 (oder größer), legen Sie es quer und schreiben Sie das Thema Ihrer Arbeit groß in die Mitte des Blattes.

2. Sammeln Sie wesentliche Aspekte zu Ihrem Thema und schreiben diese von den Hauptästen abgehend auf Ihr Blatt. Überlegen Sie genau, welche (Schlüssel-) Begriffe Sie hier verwenden, denn durch diesen Schritt strukturieren Sie Ihr Thema grundlegend.

3. Ergänzen Sie nun weitere Informationen zu den Teilaspekten, indem Sie kleinere Äste auf der zweiten (oder dritten) Gedankenebene anlegen.

4. Vervollständigen Sie abschließend Ihre Mindmap, indem Sie an jedem Ast passende Begriffe und Ideen ergänzen.

▶ **Unbedingt beachten:** Um das Mindmapping zu erlernen, empfiehlt es sich, in der vorgeschlagenen Weise vorzugehen. Entwickeln Sie dann mit der Zeit Ihren eigenen Stil.

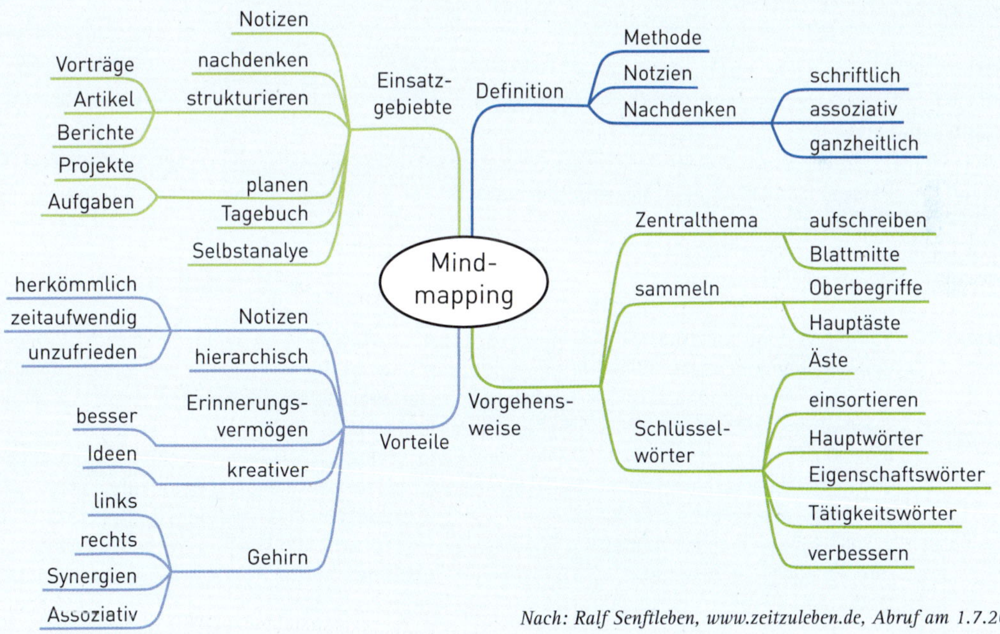

Nach: Ralf Senftleben, www.zeitzuleben.de, Abruf am 1.7.2015

Podiumsdiskussion

- **Ziele:** Perspektivübernahme, Erarbeitung, Artikulation und Argumentation unterschiedlicher Positionen; kommunikatives Handeln

- **Orte im U.:** Phase der Urteilsbildung

- **Ablauf:** Zur Vorbereitung werden unterschiedliche Positionen zu einer bestimmten Thematik (in Gruppenarbeit) erarbeitet (Rollenübernahme). Ein Moderator (in der Regel die Lehrperson) führt thematisch in die Diskussion ein, stellt die teilnehmenden Figuren und ihre jeweilige Position kurz vor. Darüber hinaus gibt er die Regeln bekannt:
  Zunächst soll jeder Diskutant seine Position in einem kurzen Statement (max. zwei Minuten) vorstellen. Nach Abschluss dieser ersten Runde können die übrigen Teilnehmer darauf Bezug nehmen. Der Moderator wahrt absolute Neutralität, stellt im Verlauf der Diskussion Gemeinsamkeiten und Unterschiede in den Positionen heraus, fragt nach, präzisiert, macht auf Widersprüche aufmerksam und setzt neue Impulse oder provoziert, um die Diskussion weiterzuentwickeln. Er achtet auf eine gleichmäßige Verteilung der Redeanteile und zieht am Ende der Diskussion eine Bilanz.

- **Variante:** Die Zuschauer erhalten Rollenkarten und bewerten aus ihrer jeweiligen Position heraus die Diskussion.

- **Unbedingt beachten:** Da die Moderatorenrolle äußerst anspruchsvoll ist, sollte sie nur in erfahrenen Lerngruppen an einen Schüler übertragen werden. Auf ein entsprechendes Setting (Podium, Bühne) achten.

Pro-Kontra-Debatte

- **Ziele:** Perspektivübernahme, Erarbeitung, Artikulation und Argumentation unterschiedlicher Positionen; kommunikatives Handeln

- **Orte im U.:** Phase der Urteilsbildung

- **Ablauf:** Einteilung der Klasse in Pro- und Kontra-Gruppen und Erarbeitung der jeweiligen Positionen. Die Gruppen benennen einen Diskutanten. Moderator gibt das Thema bekannt und führt im Publikum eine erste Abstimmung durch. Jeder Debattenteilnehmer stellt seine Position in einem Kurzstatement vor (max. 2 Minuten). Hier empfiehlt sich ein Wechsel zwischen den Pro-Kontra-Positionen. In dieser Phase wird noch nicht aufeinander Bezug genommen. In der folgenden freien Aussprache (max. 10 Minuten) tauschen die Teilnehmer ihre Argumente aus, nehmen aufeinander Bezug. Am Ende sollen Mehrheiten für eine bestimmte Position gewonnen werden. Nach der freien Aussprache geben die Diskutanten ein Schlussplädoyer (max. 1 Min.) ab und werben noch einmal für ihre Position. Im Anschluss wird eine Schlussabstimmung im Publikum, den Adressaten der Debattenteilnehmer, durchgeführt.

- **Unbedingt beachten:** Zuspitzung der Themenstellung auf eine Ja-Nein-Frage (Entscheidungsfrage)
  Da die Debatte eine hoch formalisierte Form der Diskussion ist, sollten die Regeln unbedingt eingehalten werden. (Zeitmanagement)

Positionierung im Raum, Meinungslinie

▶ **Ziele:** Festlegung auf eine eindeutige eigene Position; Ermittlung eines Urteilsbildes der Gesamtgruppe; ggf. Erhebung von Vorausurteilen (Meinungslinie)

▶ **Orte im U.:** abschließende, kriteriengeleitete Urteilsbildung; ggf. Einleitung der Urteilsbildung

▶ **Ablauf:** Der Unterrichtsraum wird durch zwei vorgestellte (oder auch mit Krepp-Band markierte) Koordinatenachsen durchschnitten; der Ursprung dieses Koordinatensystems liegt in der Mitte des Raumes. Jeweils eine der Achsen repräsentiert entweder die übergeordneten Urteilskategorien Legitimität und Effizienz oder aber themenrelevante Teilkriterien dieser Kategorien (R Urteilsbildung, Kap. 6.1.4) wie z. B. Wirksamkeit und Nebenfolgen (Effizienz) sowie Partizipation (Legitimität). Nach einer Vorbereitungszeit positionieren sich alle Teilnehmer gemäß ihres eigenen Urteils im Koordinatensystem (z. B. bei voller Zustimmung zu Effizienz und Legitimität in der äußersten Ecke des entsprechenden Quadranten im Raum; z. B. bei hoher Legitimität und mittlerer Effizienz auf der Legitimitätsachse ganz an der Raumseite „hohe Legitimität"). Einzelne Teilnehmer werden aufgefordert, ihre Meinung mit ihrem Hauptargument zu begründen.

▶ **Variante:** Bei der Meinungslinie entfällt (a) entweder die Zuordnung zu Kategorien oder es wird (b) lediglich abgefragt, ob eine politische Maßnahme o. ä. entweder als (il)legitim oder als (in) effizient anzusehen ist.

▶ **Unbedingt beachten:** Alle Teilnehmer müssen sich gleichzeitig positionieren. Alle Positionen im Raum sind zugelassen. Ein Meinungswechsel und eine Diskussion sind während der Positionierung im Raum nicht mehr vorgesehen. Die Raumaufteilung sollte im Vorfeld visuell verdeutlicht werden.

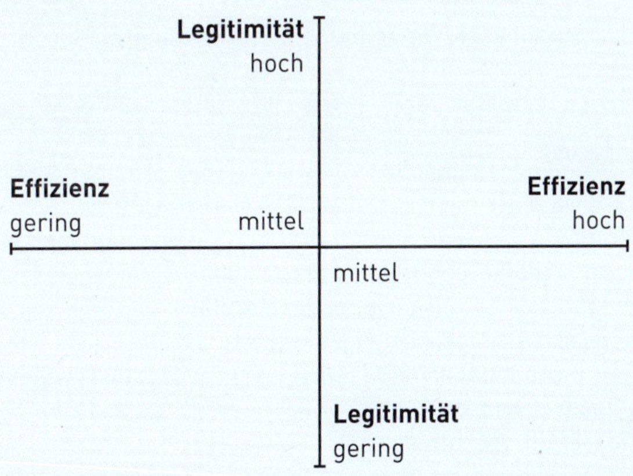

Strukturierte Kontroverse

- **Ziele**: Intensive Vorbereitung der Urteilsbildung vor allem durch Perspektivübernahme
- **Orte im U.:** Einleitung von Urteilsbildungsphasen
- **Ablauf:** **Phase 1** – Materialgebunden werden zu einer politischen Entscheidungsfrage Argumente (inkl. Belegen, Beispielen) für die eigene Position erarbeitet. Zudem wird (in Partner- oder Kleingruppenarbeit) eine möglichst überzeugende Argumentationsstrategie entwickelt.
  Phase 2 – Ein (ggf. moderiertes) Streitgespräch zwischen Pro- und Kontra-Gruppen wird mit wechselseitigem Rederecht durchgeführt.
  Phase 3 – Die entgegengesetzte Position wird, allerdings ohne erneute Materialauswertung, eingenommen und aus dieser wird vor dem Hintergrund der ersten Diskussion eine geeignete Argumentationsstratege gegen die eigene Meinung entwickelt.
  Phase 4 – Ein erneutes Streitgespräch wird – in der neuen Rollenverteilung – durchgeführt. Im Anschluss werden die Rollen verlassen, die Teilnehmer können sich kurz über die Erfahrungen innerhalb des Settings austauschen und es wird zur Urteilsbildung übergeleitet.
- **Unbedingt beachten:** Die ungewohnte Fremdposition sollte mit Ernsthaftigkeit vertreten werden. Die Argumente und Strategien sollten (ggf. durch Protokollanten) festgehalten werden, um sie in der anschließenden Urteilsbildung ggf. klären und gewichten zu können.

Tableset / Placemat

- **Ziele:** Erhebung von Vorkenntnissen/Vorstellungen, Entwicklung von Ideen
- **Orte im U.:** Vor der eigentlichen thematischen Erarbeitung, im Rahmen der Möglichkeitserörterung
- **Ablauf:** Es werden 4er-Gruppen gebildet. Jede dieser Gruppen erhält ein quadratisches Papier (mindestens A3-Breite). Knapp die Hälfte der Fläche des Blattes wird durch ein aufgedrucktes Quadrat eingenommen, dessen Seiten immer den gleichen Abstand zum Blattrand aufweisen. In diesem Quadrat steht ein Begriff, eine Frage oder eine Aussage (zu Begriffen kann assoziiert, Fragen können beantwortet, Aussagen können erklärt oder beurteilt werden).
  Phase 1 – Jede/r Schüler/in bearbeitet die gegebene Aufgabe für sich selbst und trägt seine Lösung in das vor ihr/ihm liegende Seitenfeld des Papiers leserlich (stichpunktartig) ein.
  Phase 2 – Das Quadrat wird im Uhrzeigersinn gedreht, sodass jedes Gruppenmitglied die Ansätze der anderen zur Kenntnis nehmen kann.
  Phase 3 – In der Gruppe können Nachfragen gestellt und Klärungen herbeigeführt werden.
  Phase 4 – Die Gruppe entwickelt auf der Grundlage ihrer Ideen aus Phase 1 bis 3 eine gemeinsame Lösung für die Aufgabe, die sie gut lesbar im inneren Quadrat festhält. Diese kann im Anschluss präsentiert und mit den anderen Gruppenergebnissen verglichen werden.
- **Variante:** Die Gruppen können auch unterschiedliche Aufgaben erhalten. In Phase zwei können die Gruppenmitglieder bereits Fragen oder weiterführende Ideen mit einer anderen Farbe in den anderen Feldern eintragen.
- **Unbedingt beachten:** Während Phase eins und zwei wird nicht gesprochen. Für die Phasen müssen klare Zeitvorgaben gegeben werden, damit sinnvoll in die jeweils nächste Phase übergeleitet werden kann.

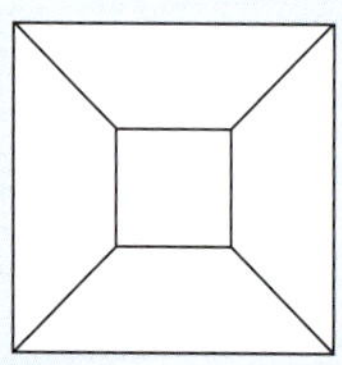

Table-Set für 4 Personen

Register

*Die zentrale Fundstelle eines Begriffs ist **fett** gedruckt.*

adidas AG, Herzogenaurach – S. 97; akg-images, Berlin – S. 155;

Baaske Cartoons / Thomas Plaßmann, Müllheim – S. 156; Bergmoser + Höller Verlag, Aachen – S. 130; BLOCK Transformatoren-Elektronik GmbH, Verden – S. 77; Bundesagentur für Arbeit, Nürnberg – S. 55; Bundesministerium für Arbeit und Soziales, Berlin – S. 30; Bündnis Entwicklung Hilft 2017 – S. 122;

Paolo Calleri, Ulm – S. 149; Christliche Initiative Romero, www.ci-romero.de – S. 60;

Deutscher Industrie- und Handelskammertag e.V., Berlin – S. 116; dpa Infografik – S. 23, 91, 102; dpa Picture Alliance / AP Photo / bsnyder – S. 124; - / AP Photo / Natacha Pisarenko – S. 92 (2); - / Ulrich Baumgarten – S. 129; - / FrankHoermann / SVEN SIMON – S. 14; - / Imaginechina / Xie Zhengyi – S. 88; - / Carmen Jaspersen – S. 180; - / KEYSTONE / CHRISTIAN BEUTLER – S. 14; - / Jochen Lübke – S. 60; - / Ruppert Mayr – S. 126; - / Photoshot – S. 86, 128; - / Themendienst / Andrea Warnecke – S. 28; - / Bernd Von Jutrczenka – S. 56; - / Zentralbild / Thomas Schulze – S. 147; - / Zentralbild / Jan Woitas – S. 44; - / Zentralbild / Bernd Wüsteneck – S. 51; - / ZUMA Press / Zakir Hossain Chowdhury – S. 60; - / ZUMA Press / Zhao Dingzhe – Cover; - / ZUMA Press / ZUMA Wire / Gabriel Romero – Cover;

Prof. Dr. Volker Epping, Leibniz Universität Hannover – S. 176;

Fotolia / Daniel Ernst – S. 185;

Arnd Hawlina, Köln – S. 84;

INFOGRAPHICS Group GmbH, Berlin – S. 10; Institut der deutschen Wirtschaft, Köln – S. 49, 54, 55;

KUKA AG, Augsburg – S. 16;

Prof. Dr. Stephan Lessenich, LMU München – S. 94;

mauritius images / imageBROKER / Björn Kietzmann – S. 124;

OAK & FIR Photography, Hilversum – S. 14;

Schwarwel / toonpool.com – S. 140; Shutterstock / Danomyte – S. 26; Statista GmbH, Hamburg – S. 96; Statistisches Bundesamt, Wiesbaden – S. 42, 69;

Thinkstock / iStockphoto / AndreaObzerova – S. 161; - / iStockphoto / bernardbodo – S. 98; - / iStockphoto / Bet_Noire – S. 82; - / iStockphoto / Bojan89 – S. 24; - / iStockphoto / compuinfoto – S. 110; - / iStockphoto / FlairImages – S. 118; - / iStockphoto / fotokostic – S. 92; - / iStockphoto / gpointstudio – S. 118; - / iStockphoto / iprogressman – S. 104; - / iStockphoto / kzenon – S. 14; - / iStockphoto / max-kegfire – S. 98; - / iStockphoto / mije_shots – S. 177; - / iStockphoto / monkeybusinessimages – S. 117; - / iStockphoto / PeterHermesFurian – S. 125; - / iStockphoto / philipimage – S. 170; - / iStockphoto / Tevarak – S. 64; - / iStockphoto / UberImages – S. 118; - / iStockphoto / Waldemarus – S. 60; - / iStockphoto / Zapp2Photo – Cover; - / Photodisc – S. 100; - / Stockbyte / Jupiterimages – S. 9; TIE Internationales Bildungswerk e.V., Frankfurt – S. 89 (2); toonpool.com / Kostas Koufogiorgos – S. 40; - / Timo Essner – S. 146;

www.globalgoals.com – S. 143/144; www.sozialpolitik-aktuell.de – S. 22 (2), 40, 41, 42, 49; www.wikimedia.org – S. 127; - / Tobias Klenze / cc-by-sa 3.0 – S. 139; - / UNHCR / cc-by-sa 3.0 – S. 126; - / Walter Rademacher / cc-by-sa 3.0 – S. 103.